U0562467

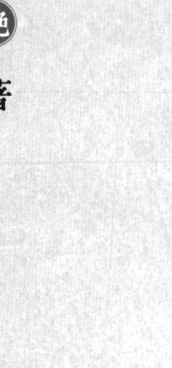

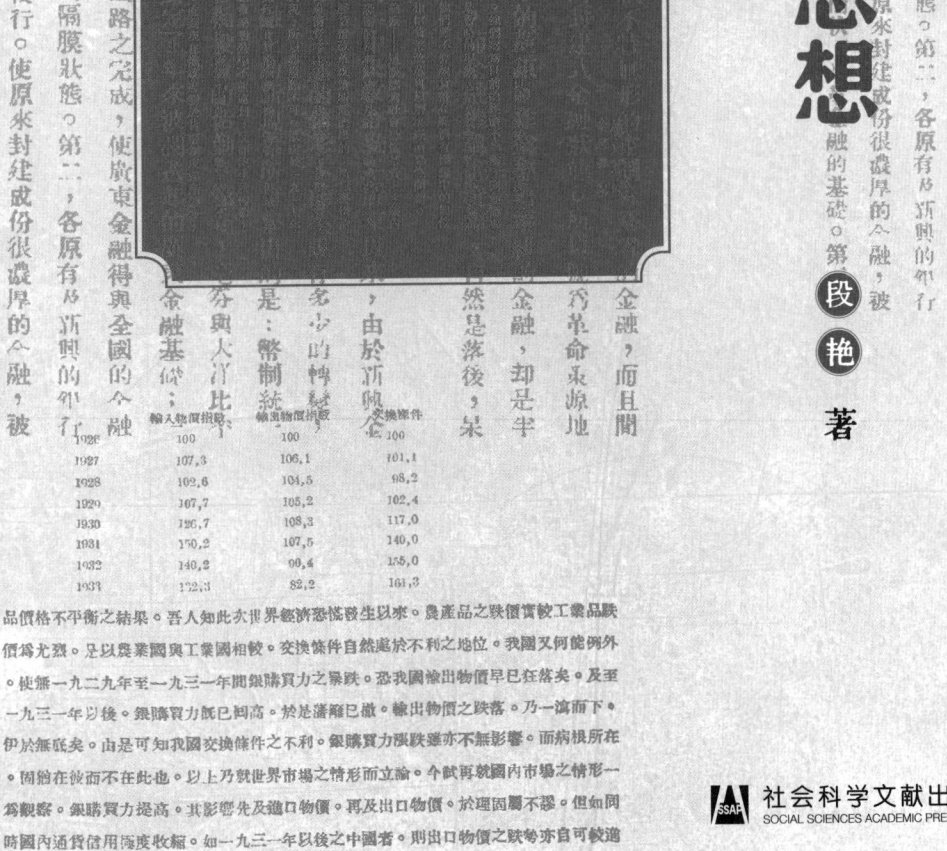

民国时期的币制改革思想

段艳 著

社会科学文献出版社
SOCIAL SCIENCES ACADEMIC PRESS (CHINA)

本书为国家社科基金项目"民国时期的币制改革思想研究"
（项目号：14BJL016）成果

目 录
CONTENTS

前　言 / 001

第一章　晚清时期近代币制改革思想的发端 / 005
　　一　"重钱贱银"论 / 005
　　二　大钱制度说 / 008
　　三　恢复制钱议 / 012
　　四　发行纸币论 / 016
　　五　自铸银元说 / 025
　　六　银元单位问题的论争 / 029
　　七　变通钱法改铸铜元说 / 035
　　八　清末货币本位之争 / 043

第二章　民国初年的币制改革思想（1912—1927） / 074
　　一　金汇兑本位论 / 074
　　二　银本位论 / 095
　　三　金本位论 / 122
　　四　纸币制度论 / 132
　　五　金银并行之说 / 136
　　六　整理币制说 / 140
　　七　废两改元论 / 161
　　八　币制改革政策 / 172

第三章　南京国民政府统治前期的币制改革思想（1927—1937）／230

- 一　甘末尔金汇兑本位论／231
- 二　改良银本位的种种设想／238
- 三　废两改元思想／253
- 四　徐青甫的虚粮本位论／257
- 五　刘振东的有限银本位论／263
- 六　通货管理论／267
- 七　阎锡山的物产证券论／275
- 八　褚辅成的货币革命论／280
- 九　刘冕执的能力本位制／283
- 十　国民政府法币改革思想及相关评论／287
- 十一　其他币制改革思想／317

第四章　全面抗战时期的币制改革思想（1937—1945）／337

- 一　全面抗战时期币改思想的特点／337
- 二　全面抗战初期的币制改革思想／340
- 三　全面抗战中后期的币制改革思想／348

第五章　抗战胜利后的币制改革思想（1945—1949）／372

- 一　抗战胜利后币制改革思想概述／372
- 二　治理通货膨胀的学说／392
- 三　国民党政府的金圆券改革及国人的评论／407
- 四　马列主义货币理论和资本主义货币理论之借鉴与批评／427

结　语／435

- 一　民国币制改革思想的进步性／435
- 二　民国币制改革思想的局限性／438

参考文献／440

前　言

随着金融在现代经济中地位的凸显和民国历史资料的深入挖掘，民国金融思想逐渐成为金融学界和历史学界共同关注的热点议题。但民国金融思想史研究在学界目前还是一个薄弱领域，至今尚无币制改革思想的专题研究。

经历过沉重的白银危机和相当惨重的恶性通货膨胀，民国时期，时人纷纷著书立说，为币制改革献计献策。民国时期的币制改革思想相当丰富，远不止现有研究成果所提及的代表性人物的主张和学说。笔者试图全面搜集相关史料，深入研究民国时期的币制改革思想，并为解决现时货币问题提供启示。

一　国内外研究现状

20世纪80年代以来，中国货币思想史研究取得了许多重大成果。叶世昌的《中国货币理论史》上册和萧清的《中国古代货币思想史》先后于1986年和1987年出版。叶世昌、李宝金、钟祥财的《中国货币思想史》下册和姚遂的《中国金融思想史》先后于1993年和1994年出版。前者对自鸦片战争至解放战争时期中国的主要货币理论进行了论述，其中包括对清末至民国时期币制改革思想的探讨。2001年，由张家骧主编的《中国货币思想史》出版，这是一部上起先秦、下讫当代，贯通古今的中国货币思想史研究之作。但是，关于民国时期货币思想的断代史研究成果至今未见。侯厚吉、吴其敬主编的《中国近代经济思想史稿》（黑龙江人民出版社，1984）第3册覆盖的历史时期是1905—1919年。书中对孙中山的钱币革命论、朱执信的货币思想、廖仲恺的货物本位论、章太炎的金融观点、梁启超的货币思想有所论述，并简要介绍了盛宣怀、周学熙、梁士诒的货币银行观点。钟祥财的《法币政策前后中国的货币理论》（上海社会科学院出版社，1995）对20世纪30年代法币政策前后中国的货币思想进行了梳理和研究。

就民国金融思想而论，学者们带着一种崇高的使命感来研究中国和世界的货币金融理论，围绕如何建立一个独立的有利于中国民族工商业发展的货币制度和金融体系问题展开了广泛的讨论。无论是研究视野，还是研究深度，民国时期的金融思想都达到了中国近代史上的最高峰。然而，长期以来由于思想意识的局限和民国史料整理的困难，民国金融思想的研究成为中国金融思想史研究的"塌陷区"。进入21世纪，民国金融思想的研究才开始快速发展，并取得一些专题性的研究成果，但总体上仍显薄弱。朱华雄的博士学位论文《民国金融思想研究》认为，民国时期的金融思想围绕三大主题——金属本位制、纸币制度、反通货膨胀而展开。朱华雄等的《民国时期金融思想发展中的三大流派和三大主题》（《贵州财经学院学报》2007年第1期）认为民国时期金融思想的基本流派可归结为三——中国传统的金融思想、西方金融理论、马克思主义金融学说。

就思想史的分析方法而言，"精英思想史"的研究范式沿袭已久，具有很强的生命力。以往对民国金融思想的研究，基本上都是以当时的著名学者、金融家等作为金融思想产生与传播的考察重点。然而，考虑到民国金融思想的特殊性，若纯粹以某一人物的代表性思想为核心进行分析，也会有一定的不足。其一，近代史的研究较容易受到外界因素的干扰。对民国时期"代表性人物"的判定有时存在某些困难，尤其是在搜集史料时颇有局限。已公开的一些档案资料表明，民国时期有许多金融家的经营管理思想极具价值，然而他们中的一部分随国民党定居台湾，因而在很长一段时间里，其思想创见湮没无闻。如果根据公认的"代表性人物"进行研究，很可能会有所遗漏，得出片面的结论。其二，目前思想史研究的倾向是由"精英思想史"到"社会思想史"。随着人类文明的进步，社会话语权逐渐由集中趋向分散，社会思想结构日益呈现多元化的趋势。民国时期，传媒业高度发达，话语权不再被少数精英垄断，普通民众对金融问题也发表了大量的讨论和见解。他们的思想"卑微"却十分活跃，他们没有著作等身，而是通过报刊、普及读物等留下了大量对于"金融"的理解印记。因此，在对代表性人物金融思想进行微观分析的基础之上，增加对当时普通民众发表在报刊上的相关言论的整理和研究，有利于更全面、更客观、更准确地把握民国金融思想的真实面貌。

二 基本观点、研究思路和研究方法

"货币问题"著作集中是民国时期比较特殊的学术现象。近代中国币制十分复杂，自清朝末年开始，至1935年"币制改革"之前，中国始终没有统一的货币体系。当时在同一时间同一地点流行过多种多样的货币，人们对此往往无所适从，社会经济毫无秩序可言。更重要的是，国家的统一和近代工商业的巨大发展要求迅速建立起统一的国内市场，以降低交易成本，并增强中央政府对经济的控制力。这些矛盾最终都归结为币制问题。因此，从民国初建一直到20世纪30年代中后期，社会各界对如何改革币制都倾注了极大的热情，从学界到政界再到商界，人们纷纷建言献策。与此同时，与货币制度相关的研究也充分活跃，在货币金属理论、货币价值理论、通货膨胀理论、货币发行理论、货币史甚至货币收藏与鉴赏等领域都涌现出不少颇有价值的著述。

民国时期，货币问题自始至终吸引着金融研究者的目光，每年都有为数众多的相关论著发表、出版。其历史原因在于：1935年法币改革之前，中国未能建立起统一的货币制度，统一币制问题是争论焦点；全面抗战期间，如何用货币手段抗击日寇的经济侵略，成为金融学者殚精竭虑的重大使命；抗战后国民党政府在国统区滥发金圆券，造成货币体系的灾难性崩溃，货币问题再次成为直接关系国计民生的最主要的经济问题。理论研究是对现实世界的映照，货币类著作的涌现，凸显了民国时期货币制度的混乱状况。货币论争从未停息。

本书立足于近代中国币制改革思想形成和发展的国际国内大背景，重点整理和分析民国时期的币制改革思想全貌。以时间为经，以币制改革思想的内涵为纬，把时人的相关著作思想及各类人士在报刊上发表的相关言论和学说都纳入整理和研究的范围，试图对民国时期的币制改革思想展开全面、客观、准确的描述和分析。

本书采用的研究方法主要如下。

其一，历史法与逻辑法相统一的方法。即用历史的方法给出民国币制改革思想的时间序列，并描述各思想之间的相互关系。按照币制改革思想内容的逻辑顺序和结构，将其分为若干领域和专题，分门别类地考察其发生、发展的规律。并用逻辑法从整体上揭示币制改革思想自身发展的客观规律。本书采用"历史法与逻辑法相统一"的方法，试图科学地揭示民国时期的币制改革思想及其变化发展规律。

其二，经济思想史与经济史研究相结合的方法。一方面大量参阅和搜集有关民国币制改革思想的文献，经过仔细分类、梳理、概括，完成史料的积累过程，从经济史的角度研究和描绘民国币制改革思想的历史进程；另一方面，从经济思想史的角度研究和分析在不同时期某一思想的不同论述、时代背景、产生效果等，从中把握这一思想的形成过程和发展脉络，以便认识和把握其深化和发展的历史进程，努力实现经济思想史和经济史研究方法的有效结合。

本书的创新之处主要有如下几点。

第一，金融史研究是近年学术界一个热点研究方向，民国金融思想研究尚待进一步深入，本书作为民国时期币制改革思想的专题研究，全面搜集整理了相关史料，大量运用史料佐证、还原和研究。

第二，资料的丰富为研究奠定了基础。在分析币制改革的相关观点时，本书采用代表人物和普通民众相结合联系的方法，体现了精英思想史和社会思想史研究的结合。

第三，搭建了近代中国币制改革思想框架，分历史阶段进行深入论述，以币制改革为主线，兼顾人物思想的贡献和政策分析，提高了研究的整体性。

第四，把握了金融发展的重要性，并从币制改革思想切入，将经济思想史和经济史研究相结合，揭示了民国时期币制改革思想的发展流变规律。

第一章　晚清时期近代币制改革思想的发端

鸦片战争后，中国战败宣告了禁烟失败，"银荒"危机比战前更加严重，迫使全国上下继续寻求新的解决方案——币制改革，这是近代币制改革思想的发端。

一　"重钱贱银"论

道光二十一年（1841），江西巡抚吴文镕上《设法贵钱贱银疏》曰："银之为物，既非若铜、铅、锡、铁，随时矿采，而耗银之事又百出不穷。银之贵，非由钱之多，只以日趋于少，即日形其贵。此时正宜设法用钱，以济银之不足。……用银之款，可代以用钱，财用因以少裕。"① 根据"银贵并非由于钱多"的论证，时人纷纷主张"重钱贱银"，即扩大钱的流通范围，增加钱的流通数量，逐渐以钱的行使来代替银的行使。殊不知由用钱到用银是货币史上的进步，是社会经济发展的结果，不是人力所能强制的。

道光二十四年（1844），吴文镕再次奏请"重钱贱银"。可见他并没有认清形势，更不清楚"银荒"之成因，以为通过将各省岁支二千余万两"改折收钱放钱"，就可使"钱之势少价贵""银之势多价贱"。事实上，1830—1856年的中国"银荒"危机是在19世纪上半叶全球金银减产与世界经济萧条的国际大背景下发生的。英国为争夺白银财富，将大量鸦片输入中国，引起中国白银大量外流，"银荒"危机发生。白银外流不仅造成中国

---

① 吴文镕：《设法贵钱贱银疏》，见《清朝经世文续编》卷五十八及《吴文节公遗集》，转引自魏建猷《中国近代货币史》，黄山书社，1986，第10页。

白银通货严重紧缩，也导致铜钱供给增加率下降，从而使中国货币供给不足的危机严重恶化。中国落后货币体系下银铜供给的不稳定性、银钱比价的不稳定性、银两储蓄倾向带来的不稳定性、信用体系的滞后性也在其中起到了某种程度的作用。①

道光二十五年（1845），御史刘良驹上《请饬定银钱划一章程疏》，曰："论者谓银价之昂由于银少，然臣窃考唐、宋以前中国数千年上下通行之宝，惟钱耳。明初用银，犹为厉禁，至中叶始定税银折纳白金之令。相沿至今，民间输官之物皆用银，而犹谓之钱粮，是其明证。……伏思出纳二端，银钱皆所以权用，不宜偏有低昂，应请嗣后定为银钱兼用之制。"② 因此他主张重视制钱，规定银钱的法定比价，依一定的比率，用钱做官府的收支。③ 这是一种似是而非的理论，是一种非历史主义的、违背社会发展规律的理论。我们知道要勉强抑低银的地位、提高钱的地位，结果只是徒然，根本不能解决任何问题。

道光二十六年（1846）二月初一日，内阁奉上谕："银钱并重，本系制用常经，果能随时酌核，不使轻重相悬，裕国便民，两有裨益，未可辄称窒碍，不思设法变通。着该督抚等各就地方情形，详细体察，悉心妥议具奏。务使法立可以推行，不致滋弊，毋得任听属员巧为推诿，稍存畏难苟安之见，仅以一奏塞责。"④ 同年，侍读学士朱嶟建议贵钱济银，他说："此议若行，于民无扰，于兵无亏，于官有益。"朱嶟错误地认为，"今日之患，不在钱荒而在钱滥，欲救其弊，固莫利于收钱，尤莫利于停铸"。"可以用钱之处则用钱，必须用银之处则用银，大约附近则用钱，致远则用银，银

---

① 段艳、陆吉康：《1830—1856年中国"银荒"危机成因考辨》，《云南财经大学学报》2012年第2期。

② 《军机大臣穆彰阿等摺——据御史刘良驹所奏议拟定银钱并用试行章程》（道光二十六年二月初一日），中国人民银行总行参事室金融史料组编《中国近代货币史资料》第1辑上册，中华书局，1964，第105页。

③ 《军机大臣穆彰阿等摺——据御史刘良驹所奏议拟定银钱并用试行章程》（道光二十六年二月初一日），《中国近代货币史资料》第1辑上册，第105页。

④ 《侍读学士朱嶟摺——建议贵钱济银》（道光二十六年），《中国近代货币史资料》第1辑上册，第109页。

钱并用,即可银钱并收,子母相权,赢缩有制,能敛轻而为重,能散重而为轻,则价自平矣。"① 同年三月三十日,军机大臣穆彰阿等指出,朱嶟条奏"不知现在银贵钱贱,实由银少,非由钱多","若中外鼓铸同时减停,设银与钱绌,小民将何以为用?……惟是重钱以平银价,实为今日切要之务"。②

咸丰元年(1851)九月二十一日,礼部侍郎曾国藩上奏折建议银钱并用。他说:"窃惟十年以来,中外臣工奏疏言钱法者,前后不下十余人,皆思贵钱贱银以挽积重之势,而臣所深服者,惟二十四年吴文镕一疏、二十五年刘良驹一疏、二十六年朱嶟一疏。此三疏者,皆奉旨交军机大臣会同户部议奏,户部又交各省议复。旋以外间复奏议论不一,此事停搁不行。臣反复思惟,民生切害之痛,国计日绌之由,实无大于此者。谨就三臣原奏所及,参以管见,拟为银钱并用章程数条。"③ 殊不知,"今日之患,不特银荒,而钱亦荒","既以钱供赋,则钱用不可不充,钱法不可不饬,而铜禁亦不可不严"。④ 清政府制定银钱比价以钱代银的企图以失败告终。正如黄恩彤所言:"银价日昂,固由于银少,而不关乎钱多,今欲扬钱以抑银,勿论万不能行,即使强束以法,务令银与钱平,恐国计民生,卒不能实有裨益。……今钞法之难行,不待言已,银之日少,末如何已,金之不多,亦可知已。言者但知钱可抵银,而欲有所低昂操纵于其间,初不思官局铸钱之弊,滇省运铜之艰,及铜课日形短缩之可虑,略无所区画变通。所谓不揣其本,而齐其末,诚未见其有济也。"⑤

---

① 《上谕——令各省议覆银钱并用章程》(道光二十六年二月初一日),《中国近代货币史资料》第1辑上册,第109—113页。
② 《军机大臣穆彰阿等摺——会议朱嶟贵钱济银之建议》(道光二十六年三月三十日),《中国近代货币史资料》第1辑上册,第114—115页。
③ 《礼部侍郎曾国藩摺——建议银钱并用》(咸丰元年九月二十一日),《中国近代货币史资料》第1辑上册,第115页。
④ 《缪梓摺——建议以钱代银》,《中国近代货币史资料》第1辑上册,第122页。
⑤ 《黄恩彤覆刘玉坡督部论银钱变通书》,《中国近代货币史资料》第1辑上册,第122—123页。

二 大钱制度说

道光年间，"忧银少而思胜之以钱，始有铸大钱之议"。道光十七年（1837），王鎏著《钞币刍言》，提倡"铸当百、当十大钱以便民用"的通货膨胀政策。① 道光十八年（1838），邱嘉穗著《铜钞议》，反对发行纸币而主张铸造铜钞，即大钱。但他并未提倡通货膨胀政策。

道光十八年八月，广西巡抚梁章钜奏请铸当十、当五十、当百、当五百、当千共五品大钱。在梁章钜看来，货币只不过是便利商品交换的一种计算单位或符号，"其贵贱之权亦操之自上耳"。他说："上之权可以顷刻变人之贵贱，独不可以顷刻变物之贵贱乎？……现在江、浙、闽、广东南数省习用洋钱，不过取其轻利便于交易耳，今若铸为大钱，其用即与洋钱无异。与其用外国之所铸，何如用中国之所行？"② 这是一种名目主义的观点。同年十一月初八日，户部议奏驳梁章钜铸大钱议，大钱"需铜较少，获利转多，即多其品种，重其工本，私铸者亦能肆其巧诈"，"而私铸之难防，莫此为甚"，故"殊难准行，应毋庸议"。③ 同日，内阁奉上谕："现在京外各局，铜铅均属赢余。钱法通行已久，并无窒碍。梁章钜所请改铸之处，着毋庸议。"④

道光二十二年（1842）十一月，御史雷以諴上《变通钱法摺》，以钱与钱比率悬殊，主张增铸一两大钱，当作百钱之用，和制钱相辅而行，既可以平银价，又可以济财政的穷困。他说："夫以重钱视银，则银为母，而重钱为子以权之，而母可以省其力；以重钱视制钱，则制钱为子，而重钱为母以权之，而子可以畅其流。惟须铸造有法，行使有渐，放之于民，仍当

---

① 杨端六：《清代货币金融史稿》，武汉大学出版社，2007，第86—87页。
② 《广西巡抚梁章钜片——建议铸造当十至当千大钱》（道光十八年八月二十二日），《中国近代货币史资料》第1辑上册，第143页。
③ 《管理户部潘世恩等摺——驳梁章钜铸大钱议》（道光十八年十一月初八日），《中国近代货币史资料》第1辑上册，第144页。
④ 转引自杨端六《清代货币金融史稿》，第87页。

收之于官。酌多寡而悉协其宜，设禁令而不至于扰。兵民莫不见信，上下自然流通，行之二三年，由近达远，积小为大。按照银七钱三之例，总计京畿及外省各项钱粮，每岁可抵银六七百万两，博采而俭用，以少而当多，无宝钞断烂之虞，而可收交子、会子之用。且行之闽、粤、三江地方，并可以敌洋银。盖洋银成色尚分美恶，若重钱则有真无伪，即着实亦轻便也。理财之法似无有善于此者。"① 同年十二月初十日，户部议驳雷以諴铸当百钱之建议，理由如下："现在京城市肆制钱五百名为一千，而其实民间贸易止作五百之用，是一钱尚不能当两钱之用，而欲以一两重钱当百钱之用，恐商民难以听从。且大钱若行，私铸更易，论工本则轻而又轻，论利息则倍益加倍。即谓制造精工真赝无难立辨，不知奸巧之辈何事不可以弊混，何物不可以伪为？稽查更难周密。原奏又称行之闽、粤、三江地方，可敌洋银。夫铜与铜轻重尚虞其不敌，岂铜与银使用反可以相蒙？此增铸重钱适以开私铸之弊，而无裨财用之实证也。"②

道光二十三年（1843）十二月，御史张修育建议仿普尔当十钱例铸大钱。张修育与梁章钜的观点颇为相似，片面地"以为银钱之贵贱操之自上，偏于用银则银贵，偏于用钱则钱贵"。③ 道光二十四年正月初九日，军机大臣字寄陕甘总督富呢扬阿、陕西巡抚李星沅，奉上谕："回疆所用当五、当十普尔钱文，行使多年，颇称便利，因思陕西、甘肃二省相距非远，地方情形大略相同，当可仿照铸行，疏通圜法。着富呢扬阿、李星沅体察情形，妥议章程具奏。"④ 同年三月二十一日，陕西巡抚李星沅上奏，称"陕省仿铸普尔钱不便行用"。

道光二十五年（1845），吴嘉宾也主张铸造大钱，但以铜的市价为

---

① 《御史雷以諴摺——建议铸一两重当百钱》（道光二十二年十一月十八日），《中国近代货币史资料》第1辑上册，第146页。
② 《管理户部潘世恩等摺——议驳雷以諴铸当百钱之建议》（道光二十二年十二月初十日），《中国近代货币史资料》第1辑上册，第150页。
③ 《御史张修育摺——建议仿普尔当十钱例铸大钱》（道光二十三年十二月初七日），《中国近代货币史资料》第1辑上册，第151页。
④ 《廷寄——著陕甘总督富呢扬阿等仿铸普尔钱上谕》（道光二十四年正月初九日），《中国近代货币史资料》第1辑上册，第153页。

准，照成本铸造。此法将铸钱余利归零，可减少私铸，并不能救"钱少之病"。①

道光二十六年八月，安徽巡抚王植请变通钱法，改铸大钱，自当三至当五十为五等，旋为户部驳斥。王植说："思欲救银之穷，必求广银之用。黄金少而不可恃，钞币虚而不易行，则仍惟有重钱之一法。然积重既久，势有难返。抬价患民之不遵，停铸则钱且日少。此只宜暗为转移，而不可明与之争也。且论者但言银贵，而臣则窃虑钱荒。何者？积本太重则官钱开铸者日少，铜价涌贵则奸徒私销者日多。朝廷饷运以银为重，民间日用尤以钱为急。银之贵病在国而民间受之。设并钱皆少，将若之何？故臣窃谓今日欲救银贵之弊，正当多铸钱以济其穷。而官铸钱一千用铜铅七斤八两，工本之费率三四千，势必不给，似宜变通成法，改铸大钱。"②

道光二十八年（1848）十一月，给事中江鸿升奏请铸工本相当之当五十、当百大钱。他说："臣愚再四筹维，此时欲济银之不足，惟有铸大钱一法，以与银参酌并用，庶足以济银价之平也。……臣愚请铸当五十、当十大钱，工本必如其五十、十文之数，铜质必净，轮廓必精，铢两必准，奸民即欲私铸，而无利可图，不待严刑而自止矣。臣复思从古利权无不操之自上，诚能于库贮出纳，以大钱与银搭放，仍以大钱与银兼收，法立而民信，上下相为流通，则银价自平，而官民无不均便也。"③ 可见，江鸿升的建议与吴嘉宾的主张相似。殊不知，"工本相当之当五十、当百大钱"虽可防止私铸，但无法保证其实际购买力与面值相等。

咸丰初年建议铸大钱的有四川学政何绍基、御史蔡绍洛、刑部尚书周祖培、大理寺卿恒春、巡防王大臣绵愉等。咸丰二年（1852）四川学政何绍基奏请"铸用大钱，以复古救时"，被批"交户部存记，若有可行时，不妨采择入奏"。随着太平天国战争的发展，清廷财政日益困窘，御史蔡绍

---

① 转引自杨端六《清代货币金融史稿》，第88页。
② 《安徽巡抚王植摺——请铸大钱》（道光二十六年八月初六日），《中国近代货币史资料》第1辑上册，第155页。
③ 《给事中江鸿升摺——请铸工本相当之当五十、当百大钱》（道光二十八年十一月初十日），《中国近代货币史资料》第1辑上册，第157页。

第一章　晚清时期近代币制改革思想的发端

洛、刑部尚书周祖培、大理寺卿恒春、户部尚书孙瑞珍都主张铸大钱，清廷上下的态度趋于一致，皆以铸大钱以裕度支为可。于是，咸丰三年（1853）三月，户部议定《铸大钱章程》，同月十八日即行开铸。① 大钱制度说实际上就是想为清廷增加财政收入。大钱制度则是清廷为应付军费开支而采取的滥发货币的通货膨胀政策。事实上，大钱制度的实行不仅没有解决"银荒"危机，反而造成币制更加混乱，产生新的通货膨胀危机。②

当时反对铸大钱的议论也不少。咸丰三年开铸大钱以前，包世臣在《再答王亮生书》中说："尊议又兼铸当十、当百大钱以济现钱之乏，而严铜禁以饬钱法云云。钞法一行，则现钱足用而私铸自息。铜禁之严，莫如宪庙，其时政事无不令行禁止者，而铜禁竟不能行，何况可必于今日乎？"③ 包世臣指出，铸发法定价值高于实际价值的铜钱，必会导致私铸泛滥成灾。户部侍郎王茂荫、左庶子庞钟璐、御史蔡征藩等也奏陈大钱利弊，极力反对。④ 王茂荫说："论者又谓：'国家定制，当百则百，当千则千，谁敢有违？'是诚然矣，然官能定钱之值，而不能限物之值；钱当千，民不敢以为百，物值百，民不难以为千。"⑤ 王茂荫的论述一针见血、直指要害：尽管国家有权铸发大钱，有权规定货币的面值，但国家无法规定货币的实际购买力。在一定条件下，国家权力确能保证价值符号按它的名义价值正常流通。然而，当时正值内忧外患之际，晚清政府无法限制大钱数量，更不能保持大钱回笼渠道畅通，因此日益贬值的大钱无法获得人民的信任，大钱制度改革必然以失败告终。

---

① 魏建猷：《中国近代货币史》，第73—74页。
② 段艳："银荒"危机促使咸丰朝整改货币发行（1830—1856年）》，《玉林师范学院学报》2014年第3期。
③ 转引自杨端六《清代货币金融史稿》，第87页。
④ 《户部侍郎王茂荫摺——论行大钱利弊》（咸丰三年十一月二十一日），《中国近代货币史资料》第1辑上册，第208—213页。
⑤ 《户部侍郎王茂荫摺——论行大钱利弊》（咸丰三年十一月二十一日），《中国近代货币史资料》第1辑上册，第208—209页。

三 恢复制钱议

道光二十五年，吴嘉宾著《钱法议》，称："窃谓用钱当以斤两权之，铸钱轻重亦当于铜价准之，钱贱于铜，则有私毁之患；钱贵于铜，则有私铸之患。小民图利，非严法所能杜。惟使之无利，则自息。"① 这是为杜绝私铸、私毁之患，强调制钱轻重至关重要，主张制钱实际价值应与其法定价格保持一致。反对钱币的名义价值超过它的实际价值，这是一种金属主义的观点。然而吴嘉宾对国家铸币制度的认识比较片面。

1850—1887 年，大量白银回流中国，中国的白银通货因而有所增加，1857 年以后，银钱比价回落至 1500 文/两上下，长达 30 余年（1827—1857）的"银贵钱贱"时期结束。铜钱价格的回升满足了大众的交易与储藏需要，铜钱需求随着铜钱价格的上升而增加。② 由于铜对银的价格上涨，制钱的重量不得不减轻。咸丰五年（1855），陕甘总督易棠指出，"甘肃省铜价甚贵"，"若制钱分两仍按每文重一钱二分鼓铸，非独工料过重，亦易启奸民私销改铸之弊"，宜"每钱一文减为八分，每千以重五斤为率"。同治六年（1867），福建船政后学堂刑部主事钟大焜拟请变法铸钱议，也主张减轻制钱的重量，并提议："仿照私铸之法，略帮船政轮机以资磨滤，当不致再有亏折。"他认为，"用机器鼓铸，铜少而工精，则奸民无力私铸，铜少则不能毁。兼此三者，较之内地钱币尚为得法"。③

同治元年（1862）七月，湖广总督官文上奏，请规复制钱。他说："钱法首重流通，制用尤贵均一。自咸丰三四年以后，京城因兵饷不继，部议搭放银票、宝钞及当百、当十大钱，以致银价增长十余倍，每银一两，换制钱至二三十串之多，物价日增，兵民交困。……亟宜筹复旧制，一体行用制钱。"④

---

① 转引自杨端六《清代货币金融史稿》，第 4—5 页。
② 段艳：《1830—1949 年中国货币危机与币制改革》，广西民族出版社，2016，第 96 页。
③ 转引自杨端六《清代货币金融史稿》，第 15、42 页。
④ 《湖广总督官文摺——请规复制钱》（同治元年七月十八日），《中国近代货币史资料》第 1 辑下册，第 511 页。

第一章 晚清时期近代币制改革思想的发端

同治六年,太平军已完全失败,捻军亦接近尾声,清廷军费支出略见减少,财政状况略有好转,于是考虑改革大钱。同年十一月上谕说:"前因铜斤缺乏,鼓铸当十大钱,原为一时权宜之计,行之日久,不无流弊,近来市廛行使,暗中折减,于国用民生均有未便。惟欲规复圜法,必须筹备制钱,京师自通行大钱以来,所有制钱大都运往外省,若欲鼓铸新钱,又非一二年所能骤复,户部议令滨临江海各省筹解制钱,实为便捷之法。"①这是以恢复制钱为改革大钱的办法。当时大部分人都认为这是比较合理的办法,因为在大钱行使以后,制钱的价格变动较小,而且只见提高不见降低,制钱的信用算是相当巩固,这时以恢复制钱来补救大钱弊病,似乎是最适当的办法。不过,因铜价在当时已涨至每百斤价值银十三四两,这一方面使政府铸钱亏本,另一方面,使私毁、自铸盛行,因而小钱充斥市面,"各省每百文小钱有多至七八十文者,且查汕头、潮州各处有全用小钱,天津、上海既用短陌之钱,尚不免掺和小钱,福建全省则自二三十文至七八十文不等"。②事实上,清政府当时所铸一部分新制钱,已减至每文重一钱,且铜铅各半,但仍不能禁止私铸和小钱,所以一般人多主张恢复分量较轻的制钱。船政学堂监督、刑部主事钟大焜在《请变法铸钱议》中说:"揆之当今时势,合京师各直省各码头银价铜价一切科合,似须于汉之五铢,唐之开通元宝,洋人之香港一文,三者之间量度取中,铸库平八分之钱,方可以塞私铸私毁之源,而钱法乃宜古而宜今,有利而无弊。"③

光绪二年(1876)十月,通政使于凌辰上奏,称"当十大钱价贱银昂,请复制钱"。他说:"夫大钱本属一时之权宜,苟时值可已,虽稍有所补犹当改图,况其徒损于上而无益于下乎?臣愚以为法已弊则损益贵相权,政因时乃变通以尽利。相应请旨饬下户、工两局,将大钱停铸,即以铸大钱工料改铸制钱。……并请饬下该衙门明白宣示,现虽改铸制钱,而当十大

---

① 《廷寄——据户部奏密饬两湖江浙赣粤解钱至津上谕》(同治六年十一月),《中国近代货币史资料》第1辑下册,第514页。
② 钟大焜:《请变法铸钱议》,转引自魏建猷《中国近代货币史》,第80—81页。
③ 钟大焜:《请变法铸钱议》,转引自魏建猷《中国近代货币史》,第81页。

钱与制钱并行不悖，其银价货行，听商民以大钱制钱各定各价，交易悉听其便，断不至势涉纷扰。而京、外一气相通，制钱且源源而来，大小相权，亦无畸重畸轻之弊。一转移间，裕国便民，上不损而下益，未有易于今日者。"① 光绪九年（1883）十一月，给事中周鹤上陈北京钱市紊乱情况，请规复制钱。他说："夏秋之间，风闻有改铸制钱之议，开钱店者因不敢多蓄大钱，诚恐改铸之后，价有低昂，致有亏本之虑。是以不敢蓄钱，亦不敢出票，浸至以票易钱，有加三加五之说，若非搀和私铸，何以至此。商人既恐亏本，故店面收闭；钱价朝夕不同，故人心惶惑。若不趁此改复制钱，流弊伊于胡底。……则世事既形其艰，民生日见其蹙，所系良非浅鲜。"②

光绪十二年（1886），清政府对于恢复制钱也积极起来。是年六月，醇亲王会同军机大臣、户部、工部筹议恢复制钱，议定"以三年为期，徐图规复，先令直隶、江省各督抚添购机器制造制钱，并饬例应鼓铸制钱各省，一体赶紧开炉铸造，当经照所请行"。③ 可是在半年之后（光绪十三年正月），户部根据实际考察及各省督抚咨复，认为"机器制造，工本过巨，京局开炉，恐滋市井疑虑"，乃改请"饬令湖北等省搭解制钱运京备用"。这在各省，是因为铸制钱无利可图，所以借口机器制造工本过巨；在中央，则因为太平天国战争以后，财政一直困窘，停铸大钱改铸制钱，是一笔很大的负担，同时对于恢复制钱后可能发生的金融纷扰，也不能不有所顾忌，虽然清政府郑重宣布当十大钱仍与制钱并行。恢复制钱之议给货币金融带来的影响，特别是对于大钱行使的影响，在光绪十三、十四年极为严重，则属事实。④

清政府的官员大多认为私毁、私铸是这一时期"钱荒"危机产生的重要原因，所以他们大多建议收回当十大钱，改铸制钱。⑤ 光绪十三年

---

① 《通政使于凌辰摺——当十大钱价贱银昂请复制钱》（光绪二年十月初六日），《中国近代货币史资料》第1辑下册，第516页。
② 《给事中周鹤摺——请规复制钱并陈北京钱市紊乱情况》（光绪九年十一月二十八日），《中国近代货币史资料》第1辑下册，第516—518页。
③ 《上谕——限户部一年内将开铸制钱事宜办理就绪》（光绪十三年正月十三日），《中国近代货币史资料》第1辑下册，第524页。
④ 魏建猷：《中国近代货币史》，第81—82页。
⑤ 《中国近代货币史资料》第1辑下册，第515—524页。

(1887)正月十三日，上谕：限户部一年内将开铸制钱事宜办理就绪。"规复制钱，仍准搭用当十大钱"，① 然而，因"铜斤"筹集困难，铸造一钱二分标准制钱亏本过多，京局及各省局减铸停铸的现象依旧盛行。于是，有钟大焜等拟请改铸机制轻钱，认为"铸库平八分之钱，方可以塞私铸私毁之源"。② 1886年，闽浙总督杨昌濬等率先在福建开始以机器铸造八分五厘重的制钱。③ 1887年，清政府规定："嗣后每钱一文，均以重一钱为率。京局及各省一律照办，不得稍有参差。"④ 实际上，在这之后，因铸钱成本过巨，各省纷纷效法福建，铸造不足一钱重的小制钱，于是相继出现了一钱、八分五厘、八分、七分四厘、七分、六分、五分等不同大小不同样式的小制钱。即使这样，铸钱还是多有亏本。各省钱币局因铜价高昂，工本倍增，亏损过甚，纷纷关机停炉。而各省"钱荒之弊"丝毫没有任何改善，至1897年钱价仍"未尽平减"。⑤

张之洞在两广总督任内，奏《请用机器试铸制钱摺》(1888)，说："臣比年以来，久欲整顿圜法，惟旧例办法亏耗过多，限于物力，未能举办。上年(1887)，与广东布政使高崇基详筹熟商，博采众议，惟用机器制造，则钱精而费不巨。当经电致出使英德各国大臣，考究机器价值及铸造之法。迭接使英大臣刘瑞芬函电，喜敦厂机器全副，每日作工十点钟，能铸造铜钱二百七十万个。"⑥ 1890年，两广总督李瀚章等奏称，机铸制钱亏折，请准改铸每文重八分之新钱。⑦ 光绪二十二年(1896)，张之洞调任湖广总督时，又奏《请购机建厂广造制钱以济民用摺》，将原拟制造枪炮的机器，改

---

① 《中国近代货币史资料》第1辑下册，第524页。
② 《钟大焜拟请改铸轻钱议》，《中国近代货币史资料》第1辑下册，第560页。
③ 《闽浙总督杨昌濬摺——报告已着手试办机铸八分五厘制钱》(光绪十二年七月十二日)，《中国近代货币史资料》第1辑下册，第557—559页。
④ 《廷寄——著直隶购机试铸新钱》(光绪十三年正月二十七日)，《中国近代货币史资料》第1辑下册，第530页。
⑤ 《户部尚书麟书等摺——钱荒由于私销请饬防止》(光绪二十三年十二月十六日)，《中国近代货币史资料》第1辑下册，第551页。
⑥ 转引自杨端六《清代货币金融史稿》，第42—43页。
⑦ 《两广总督李瀚章等摺——机铸制钱亏折请准改铸每文重八分之新钱》(光绪十六年闰二月二十六日)，《中国近代货币史资料》第1辑下册，第575页。

作铸钱之用。① 张之洞主张："铸成后，或发商易银，或购买官物，或搭放饷项，按照市价，临时酌量，务顺群情，不限定搭放成数，亦不预定折合银数，以免军民受累。"② 1898年，清廷为"推广鼓铸"，再令各省铸八分制钱，③ 然直隶等省因铸钱亏损仍旧奏请缓铸。④ 由此可见，规复制钱的举措，非但对于解决"钱荒"危机不起作用，反而严重地扰乱了制钱制度。

四 发行纸币论

在鸦片战争前夜，即有王鎏、张履、包世臣等人讨论发行纸币。

道光十七年（1837），王鎏著《钞币刍言》，主张禁银而行钞，使人君操钱币之权。⑤ 王鎏鼓吹无限制发行不兑现纸币，对货币的本质和职能做了完全名目主义的解释。他过分夸大国家权势的作用，错误地以为只要纸币可以用来纳税，就能保持其币值的稳定。不兑现纸币确是要依靠国家的"权势以行之"，但其币值能否稳定，国家权势是无能为力的。要维持纸币币值稳定，保证纸币对国家的支付能力只是起码条件，还必须做到兑现或控制发行数量，而这两条却是王鎏所反对的。

包世臣也赞成发钞政策："足下（王鎏）征引五六百年已事，并及成就，以明行钞非衰世苟且之法，非小人务财用之举，甚盛心也。"但"尊议云，造百万即百万，造千万即千万，是操不涸之源云云，从来钞法难行而易败，正坐此耳"。包世臣主张有限制的发钞政策："初届造钞，以足一岁钱粮之半为度。陆续增造，至倍于岁入钱粮这数，循环出入，足利民用即

---

① 转引自杨端六《清代货币金融史稿》，第42—43页。
② 张之洞：《粤省购办机器试铸制钱疏》（1888年），贺长龄、魏源辑《清经世文编》之四《皇朝经世文续编》卷六十《户政》三十二"钱币下"。
③ 《廷寄——再令各省铸八分重制钱》（光绪二十四年十二月十五日），《中国近代货币史资料》第1辑下册，第577页。
④ 《户部尚书敬信等摺——覆奏直隶铸钱亏损请缓铸》（光绪二十五年三月二十六日），《中国近代货币史资料》第1辑下册，第577—578页。
⑤ 转引自杨端六《清代货币金融史稿》，第99页。

止。"① 他认为纸币只是"救弊之良策",而不是"理财之大经",纸币的作用是"辅钱之不及"。他主张纸币面值从一贯至五十贯,发行量以相当于岁入钱粮的一倍为限,按市价卖钞收银。关于纸币兑现,包世臣没有提出具体办法,但提到了虚实相权原则。包世臣的行钞方案比较符合实际,但仍不能付诸实施。②

道光二十九年(1849),缪梓指出"可以胜银之弊者惟钱,而钱苦其重滞而难行,可以疏通钱法者惟钞",也主张发行纸币。他反对滥发纸币,称:"以楮为缗,出之甚易。出之易,故日多,多则轻,轻则阻。"主张纸币可以兑钱,"钞轻则放钱而纳钞,钞重则给钞而贮钱",做到"轻重相资,虚实相用"。但他对行钞的作用做了过于乐观的估计。③

咸丰初年建议行钞的有陕西道御史王茂荫、翰林院检讨沈大谟、福建巡抚王懿德、江苏巡抚杨文定、署镶红旗蒙古都统花沙纳等。

咸丰元年九月,陕西道监察御史王茂荫上奏《请行钞并胪陈钞法十条摺》,反对铸大钱,请行可兑现之钞票,并拟钞法十条。他认为,"先求无累于民,而后求有益于国,方可以议立法"。④ 故其中第一条便是清除钞之"十弊"。王茂荫指出,古来行钞之弊,"盖有十端"。⑤ 因此,他提出了以实运虚的行钞之法。第一,拟定钞之价值为两种,十两和五十两。第二,酌定钞之数量。"钞无定数,则出之不穷,似为大利,不知出愈多,值愈贱。"第三,精钞之制,杜绝仿造之弊。"钞质必厚实,如上等江绸。篆文必细致……如此则造伪甚难,辨识甚易,伪造之弊,庶几可杜。且绸质较

---

① 转引自杨端六《清代货币金融史稿》,第99页。
② 叶世昌、李宝金、钟祥财:《中国货币理论史》,厦门大学出版社,2006,第160页。
③ 叶世昌、李宝金、钟祥财:《中国货币理论史》,第186—187页。
④ 《御史王茂荫摺——请行钞法》(咸丰元年九月十九日),《中国近代货币史资料》第1辑上册,第317页。
⑤ 具体为:一则禁用银而多设科条,未便民而先扰民。二则谋擅利而屡更法令,未信民而先疑民。三则有司喜出而恶入,适以示轻。四则百姓以旧而换新,不免多费。五则纸质太轻而易坏。六则真伪淆而难识。七则造钞太多则壅滞,而物力必贵。八则造钞太细则琐屑,而诈伪滋繁。九则官吏出纳,民人疑畏而难亲。十则制作草率,工料偷减而不一。见《御史王茂荫摺——请行钞法》(咸丰元年九月十九日),《中国近代货币史资料》第1辑上册,第318页。

足经久，亦不致遽虞觕烂矣。"第四，明定行钞之法。"立法必自京师始"，每年所发钞票之十分之一，应先"分颁五城御史，令传属内殷实之银号，当堂将钞酌为颁发，取具领状，由城移送银库"。余钞"酌分各直省大都会及东南两河，交各督抚饬省会州县发交钱粮银号"。"其有无钱粮银号之州县，或交官盐店与典铺。"因为"盐店、典铺亦皆与官吏较亲"。"银号领钞，准与微利"，使纸币在商业周转过程中得以流通。"倘书吏再有需索之弊，许该捐生银号等指名呈究，该管官即严行惩办，庶几民情无所疑畏矣。"① 按这种办法发行，钞币对政府来说只是一种向银号取银的凭证，取得的银永远归政府所有，不必归还。该设想十分巧妙，完全从国家的利益考虑。领钞银号为钞票流通付出双重代价，既要缴银给政府，又要付银给要求兑现的持钞者。② 第五，筹钞之通，规定领钞者可向银号兑银；银号得钞，可为办解钱粮之用。令"各该银号以银易钞"，"既听各处行用，且可为捐生上兑捐项，办解钱粮，并无苦累"。"如或故意勒掯，不肯兑换，或兑换扣减不肯如数，许民人指控，治之以罪。凡民畏与官吏交，而不畏与银号交，如此而疑畏之弊益除矣。"③ 第六，广钞之利。"内而顺天府、五城，外而督抚、州、县，令出示晓谕，使民咸知此意，听民人等向银号兑换行用，并听为随处上纳钱粮、兑换银钱之用。""京、外各行钞银号，均饬于招牌上加钞字，有持钞至者，均投兑换，毋许抑勒。各州县解藩库者，均令于钞正面之旁注明某年月日某州县恭解。至民间辗转流通，均许背面记明年月，收自何人，或加图记花字。遇有伪钞，不罪用钞之人，惟究钞所由来，逐层追溯，得造伪之人而止。如此而民无用钞之苦矣。"第七，确定换钞之法。"部库令一人专司钞之出入。每收钞时，必详审钞之正反面，不必待其昏烂，但钞之背面图记花字注写略已将满者，即付送制造局，各省收钞遇有似此者，即作解项解部库，部库亦即付送制钞局，使民间无换

---

① 《御史王茂荫摺——请行钞法》（咸丰元年九月十九日），《中国近代货币史资料》第1辑上册，第318—320页。
② 叶世昌、李宝金、钟祥财：《中国货币理论史》，第190页。
③ 《御史王茂荫摺——请行钞法》（咸丰元年九月十九日），《中国近代货币史资料》第1辑上册，第320页。

钞需索之虑。各省解部者，亦令于钞正面之旁，注某年月日某省解；钞局于原制钞簿上对明年月字号，注明某年月日销。将钞截角，另贮一库。""如系已销之号，而尚有未销之钞，则取当年制钞标识簿核对前后两钞，何者真伪，立可辨认。按伪钞背面各图记追究由来，则伪造无不破矣。"第八，严钞之防。"制钞行钞各法，非不力思防弊，然恐法久而弊仍生。再请法行之后，不得令有更张，致民观听惶惑以坏法；造钞之制，不得渐减工料，致失本来制度以坏法；民人有伪造者，即照钞文治罪，不得轻纵以坏法。如是而坏法之弊庶几可杜。"第九，"称提有法"，收发有度。"自来法立弊生，非生于法，实生于人。顾生弊之人，商民为轻，官吏为重。商民之弊，官吏可以治之。官吏之弊，商民不得而违之也。今于商民交易，虽力为设法不经官吏之手，然官吏果欲牟利，从而需索扣减，亦复何难。商民兑换，一有扣减，即不敢用，将使虚名徒悬，而利不通于上下。……故行钞尤贵称提有法。称提之法则在经国大臣相时之轻重而收发操纵之，庶几可以经久。"①

当时太平天国运动已然兴起，咸丰帝正为财政问题所困扰，遂命王茂荫主持钱法堂发钞计划。然于发钞办法，朝廷上下莫衷一是。咸丰二年，福建巡抚王懿德奏请发行不兑现纸币，户部祁寯藻等反对。翰林院检讨沈大谟、江苏巡抚杨文定各有行钞之奏，均被户部议驳。② 咸丰二年九月，左都御史花沙纳奏请行钞法。③ 到咸丰三年正月又被户部议驳，"与其用久未举行之法而收效稽迟，不如就从前本有之财力图周转"。④ 即反对用钞票，主张行用银票期票。定郡王载铨也反对行钞，并于1852年请发行银票和期票。在户部侍郎王茂荫看来，期票"自属可行"，惟所称用银票之法则不能行。王茂荫说："夫提取存本，固商之本分，亦商所乐从。今欲济急需，则

---

① 《御史王茂荫摺——请行钞法》（咸丰元年九月十九日），《中国近代货币史资料》第1辑上册，第320—322页。
② 《中国近代货币史资料》第1辑上册，第322—329页。
③ 花沙纳说："为今之计，欲求万全之策，莫若酌行钞法一事。因胪列造钞、行钞、换钞三十二条，并敷陈用钞十四利。"见《定郡王载铨等摺——驳花沙纳行钞办法并请发行银票期票》（咸丰二年十二月二十六日），《中国近代货币史资料》第1辑上册，第328页。
④ 《福建巡抚王懿德摺——银票期票办法不便施行》（咸丰三年二月初八日），《中国近代货币史资料》第1辑上册，第337页。

竟提用，俟度支充裕再行发给可耳。若如部议，提本、给票、买票，费三层周折，而仍归于报捐。名避勒捐，而实较捐之费为更甚矣。再查所议官银钱号之法……以为有钱乃始给票，则票实而人可取信；给票不尽取钱，则钱存而利有可余。不知在商贾可行，而国家则不能行也。……此法若行，不数年而银本钱本必成大亏，此臣所谓亏国也。"① 咸丰三年正月初八日，王茂荫奏《请将钞法前奏再行详议》。因战争已持续两年之久，"军需河饷已糜帑二千数百万两，以致度支告匮，筹划维艰"，又"银钱铺户现多关闭"，所以咸丰三年二月十六日上谕说："钞法由来已久，本朝初年亦行之。……俾天下咸知钞为国宝，与银钱并重。……仍着户部妥议速行。其各银号钱铺所用私票，仍令照常行用。如有造谣生事，谓须禁止民间钱票，及以钞发商勒令交银等说者，该旗营、地方各官立即严究造谣之人，拿获惩办。"② 于是作为解决战时财政有效手段的纸币政策开始实行。同年，御史章嗣衡、给事中英绶、惠王绵愉、刑部右侍郎雷以諴、克勤郡王庆惠、江南河道总督杨以增、刑部尚书德兴等先后为推行钞法，向咸丰帝奏报官票宝钞发行后的混乱情况。但是他们提出的各种改善办法都比较片面，于事无补。

咸丰四年三月初五日，王茂荫上奏咸丰皇帝，条陈宝钞停滞情形，建议改善发行办法。③ 然而，军机处议驳王茂荫意见，说："是钞之窒而不行，皆奸商为之害也。……王茂荫身任户部，管理钞局，未能一律办理平匀，惟专利商贾，所见甚偏。……且该侍郎系原议行钞之人，所论专利商而不便于国，殊属不知大体。所奏均不可行。"④ 同年，通政使崇实、克勤郡王

---

① 《户部侍郎王茂荫摺——部议银票银号难行》（咸丰三年正月初八日），《中国近代货币史资料》第1辑上册，第330—331页。
② 《上谕——停止商税等专行钞票》（咸丰三年二月十六日），《中国近代货币史资料》第1辑上册，第343—344页。
③ 王茂荫酌拟四条办法，"以通商情而期转运"：其一，允许钱钞兑换现钱；其二，允许银票兑换现银；其三，允许各店铺用钞换银；其四，允许典（当）铺款项出入"按成搭钞"。见《户部右侍郎王茂荫摺——宝钞停滞情形建议改善发行办法》（咸丰四年三月初五日），《中国近代货币史资料》第1辑上册，第390—393页。
④ 《军机户部摺——议驳王茂荫意见》（咸丰四年三月初八日），《中国近代货币史资料》第1辑上册，第394—395页。

庆惠、郑王端华、闽浙总督王懿德、御史吴艾生等先后上奏,建议改变行钞办法,但均未能改变其失败的命运。

洋务运动时期,黄遵宪提出以银行为纸币的发行和调节机构,这比之前的行钞主张有所进步,但他还没有划分国家和发行银行的界限。① 郑观应主张开设银行,发行银行纸币。他强调纸币要取信于民:"且同一钞票,中国用之而多弊,泰西用之而无弊者,无他,信不信之分耳。民情不信,虽君上之威无济于事;民情信之,虽商贾之票亦可通行。"取信的方法,一是纸币由银行发行,可随时随地向银行兑现,绝不留难;二是官府加强对银行的管理,设商部为管理银行的机构。他主张由官府每年对银行进行一次查核:"钞票行市者若干,本银存行者若干,必使钞本相均,否则再行纠本,查清之后刊登日报,俾众周知。"他批评外商银行在中国任意发行纸币:"若今之洋商所用银票,并不由中、外官吏验看虚实,不论多少,惟所欲为。"要求改变这种"倒持太阿,授人以柄"的局面,创设中国自己的银行并发行自己的银行纸币。② 唐才常作《中国钞币如何定制综论》,主张由各省藩司拨款设立官银行,每年由藩司检查银行所存资本数和发出钞票数。钞票虽分省发行,但随处通用。③ 唐才常深知中国政治的极端腐败,任何好事都会办坏,因此提出严肃法纪的主张。他说:"中国臣民积弊之深,无论公私,一经着手,即思染指以自封殖,则铸钱而或过搀杂质,立钞而或自行伪造,百弊丛生,防局外之人易,防局中之人难,将奈何?曰:是当严立科条,以商君之法,行循名核实之政。"④

---

① 叶世昌、李宝金、钟祥财:《中国货币理论史》,第 209 页。黄遵宪根据中外纸币流通的经验,提出可兑现纸币有限发行办法。他说:"诚使国家造金银铜约亿万,则亦造楮币亿万,示之于民,明示大信,永不滥造,防其赝则为精美之式,救其朽则为倒钞之法,设为银行以周转之,上下俱便,此经久之利也。"这一提法对于发行准备的数量及其与纸币数量的关系还不太明确。
② 郑观应:《盛世危言·银行》,转引自叶世昌、李宝金、钟祥财《中国货币理论史》,第 219 页。
③ 唐才常主张纸币流通"本虚实相因之法",仿照西法发行纸币,以便民为目的,而不以富国为动机。唐才常主张发行纸币要以十足的现金准备,认为西人纸币之法是"有一万之银,始发八千之票"。这是对西方货币制度不够了解的表现。
④ 《唐才常集》,中华书局,1980,第 9—13 页,转引自叶世昌、李宝金、钟祥财《中国货币理论史》,第 221 页。

民国时期的币制改革思想

同治元年九月，廪贡生黎庶昌上呈《条陈行钞》，曰："纾今日财赋之穷者，宜莫如行钞。"他主张"天下凡钱粮、关税悉皆收钞，二贯以下收钱，勿畸轻畸重，以钞为母，钱为子，子母相权"，"凡京、外出入，非钞勿纳，务使钞之在手与现钱无异"，"钞本即计岁帑为之"，"钞出之始，听民以银易钞，钞既通行，始禁民间不得以银为币"。① 同年十一月，御史周恒祺上奏，建议发行兑现钞票。他说："臣维钞法之行，必先示民以信，而示民以信必使持钞者可以取银，以钞取银必先立钞本，收发一律。"②

清末纸币理论可以说是纯粹的财政观点。这些提倡发行纸币者鼓励政府采取通货膨胀政策解决财政赤字。他们片面强调印造钞票可救财政之急，并且错误地认为，发行纸币既可减轻税负，又能使国家达到富强。殊不知，过分增加没有物资保证的货币发行，就会发生通货膨胀，造成物价上涨，致使居民生活水平下降，并进一步加深清末币制的紊乱程度。

虽然上述纸币理论都有片面和幼稚的地方，但这些为清末的纸币制度的实行做了初步的理论准备。光绪二十二年，张之洞奏请设立湖北官钱局并发行钱票银元票。他说："湖北省钱少价昂，商民交困。……臣等与司道熟商，惟有设立官钱局，制为钱票银元票……通行湖北省内外。此票与现钱一律通行，准其完纳丁粮厘税。凡州县丁粮向来以钱赴省易银者，概令由官钱局易银上兑，即以钱供民间持现银及官票来局换钱之需。民间来局换钱者，概照市价。钱票以一千文为一张；银元票以大银元一元为一张。……有此官钱局之钱票银元票流播民间，庶可补现钱之缺乏。"③ 就在上述"舆论"督促之下，中国通商银行于1897年成立，并发行兑换券。光绪二十六年（1900），张之洞在武昌发行官钱票及银元票。光绪三十年（1904），户部银行成立，正式由国家银行发行纸币。

光绪三十一年（1905）二月，给事中彭述奏称理财之道。他说："求其

---

① 《廪贡生黎庶昌呈——条陈行钞》（同治元年九月），《中国近代货币史资料》第1辑下册，第626页。
② 《御史周恒祺摺——建议发行兑现钞票》（同治元年十一月十五日），《中国近代货币史资料》第1辑下册，第630页。
③ 转引自杨端六《清代货币金融史稿》，第165页。

事易而效速者,惟行钞票为最宜。今户部议设银行,银行之利,全恃钞票流通。应由户部制备钞票,定期行用,酌给银行若干,嗣后部库及内务司各衙门一切出纳除未积成两之奇零用银无几外,均用钞票。领票者,可随时向银行换银。交款者必先时向银行易票。周转流通,商民自然乐用。在银行以商家办事,平色稍有不公,人皆可以争论,不至受官吏之欺压。在部库则收放皆票,事归简易,堂司可亲自点验,吏胥无从上下其手。……惟制票应由户部慎选工匠,严密监造。"① 同年三月,户部奏议复给事中彭述请行钞票片,说:"均与臣部拟议者大略相同,自应存之以备参考。至所拟由臣部自行制票一节,臣等亦经议办。惟购买机器、募工匠,非迟之年余,不能集事。银行急须开设,势难久待。"②

光绪三十二年(1906)五月,财政处户部会奏《请分建造纸印刷局厂以资预备摺》曰:"圜法为立国之原,其权固宜操之于上。纸币为便民之计,其制尤宜慎行于先。……诚以纸币之行,全恃信用,一经作伪,其害不可胜言。……要知纸币原冀商民便利,实为财政之机关。果其立法之初,详审周密,先求尽善,必能全收其利,而不受其害。"③

光绪三十三年(1907),邮传部奏准成立交通银行,并准予发行银两票和银元票。光绪三十四年(1908),户部银行改名大清银行,取得代理国家发行纸币的权力。在宣统即位以前,尚有若干银钱行号滥发纸币。此类纸币,既无一定准备,又无固定限额,供过于求,随时有挤兑倒闭不能兑现之危机。加上外国银行发行的各种纸票充斥市场,造成纸票市场极大的混乱。由于复杂的纸币影响国计民生的安定,清廷下定整顿纸币的决心。光绪三十四年,度支部为确保大清银行纸币发行的独占权力及顺利流通,首先电咨各省督抚,禁止外国银行纸币在租界以外地区流通。翌年,清廷复

---

① 《户部奏议覆给事中彭述请行钞票片》(光绪三十一年三月),财政部泉币司编印《币制汇编》第2册第4编《纸币案》,1919,第103—104页。
② 《户部奏议覆给事中彭述请行钞票片》(光绪三十一年三月),《币制汇编》第2册第4编《纸币案》,第104—105页。
③ 《财政处户部会奏请分建造纸印刷局厂以资预备摺》(光绪三十二年五月),《币制汇编》第2册第4编《纸币案》,第106页。

民国时期的币制改革思想

禁止商店发行纸票。①

宣统元年（1909）六月，度支部奏《谨拟通用银钱票暂行章程摺》曰："诚以一纸空据代表金银，既侵纸币之特权，更滋架空之弊害，于国计民生，关系甚大。国家政尚宽大，事关商务，向听商人自行经理。近来行号林立，票纸日多。官视为筹款之方，商倚为谋利之具。倘不设法限制，将官款收放几无现银，市面出入惟余空纸。物价腾贵，民生困穷，其危害何堪设想。……谨拟通用银钱票暂行章程二十条，其间如分别种类、责成担保、限制数目、严定准备、随时抽查、限期收回，使银钱行号专力于存放汇兑之正业，所以保信用，固银根，亦预为划一币制之地。惟积习既深，似未能一时骤加裁制，故此次定章，一切务从宽简，俾商人易于遵从。"②

宣统二年（1910）五月，度支部奏《厘定兑换纸币则例摺》曰："窃维推行币制，当以纸币相辅而行，既便人民之取携，复省国家之铸本，利益殊非浅鲜。惟是纸币一项，学理既极精深，事实尤为繁赜，倘办理不善，将利未见而害先形。……现在新币业经开铸，此项纸币，即应次第发出。"③

---

① 卓遵宏：《中国近代币制改革史（1887—1937）》，台北，"国史馆"，1986，第78—79页。
② 《度支部奏谨拟通用银钱票暂行章程摺（附章程）》（宣统元年六月），《币制汇编》第2册第4编《纸币案》，第109—110页。
③ "发行纸币，固属国家特权，而政府要不可自为经理。近世东西各国，大都委之中央银行，独司其事。诚以纸币关系重要，倘发行之机关不一，势必漫无限制，充斥市廛，物价因之奇昂，商务遂以不振，贻害于国计民生，何堪设想。现拟将此项纸币一切兑换发行之事，统归大清银行管理，无论何项官商行号，概不准擅自发行，必使纸票于纷纭杂出之时，而立收集权中央之效。此其要义一也。纸币发行总数……中国事同一律。其平时，自应以准备数目为发行数目。一遇银根吃紧，需要较多，即由银行体察市情，酌量增发。其应如何明示限制之处，届时由部核定，以资遵守。必使银行任接济市面之责，而仍不准有任意滥发之弊。此其要义二也。纸币之流通，全恃兑换以维信用。倘听其肆意发行，毫无准备，万一变生不测，市面恐慌，兑现者纷至沓来，危险殊难言状。查各国纸币条例，规定綦详，而于准备金，尤为最严之监察。中国发行纸币，事属创图，万不可稍涉空虚，致失国家信用。现拟于现款准备以外，概以有价证券作为担保，必使银行于滋生利息之中，而仍不失保全信用之道。此其要义三也。发行机关，既已委之银行，则酌收税银，亦属国家应得之利益。惟收税之法，考诸各国，不外发行税余、利税二种。揆之中国情势，民力既瘠，利率复昂。倘更按发行成数以征税银，则银行必以借贷为难，恐不免于农工商业多所阻碍。应请于纸币发行之次年起，视银行所得余利，按年征收若干，并以税率分作三期递进，必使银行于税额增长之时，而仍不觉义务负担之重。此其要义四也。"见《度支部奏酌拟印刷局章程摺（附章程）》（宣统二年五月），《币制汇编》第2册第4编《纸币案》，第134—136页。

清廷颁布《兑换纸币则例》十九条,说明发行纸币为国家特权。纸币既便人民取携,又省国家资本,利益非浅鲜,特许大清银行发行纸币,与国币(以银币为主,银辅币、镍币、铜币为辅)相辅而行。其他无论何项官商行号,概不准擅自发行纸票,并令各官银钱号按年收回二成,五年内收尽已发纸票。《兑换纸币则例》明定纸币分为一圆、五圆、十圆、百圆四种,发行数额须由度支部核准,准备须有五成现款存储,其余为有价证券。任何持有纸币者可随时向大清银行照数兑换国币,一般官款出入、商民交易,纸币均应与国币一律行使,不得有贴水折减等情事。①

1910 年,《兑换纸币则例》等有关纸币发行制度的规定,已渐臻完善,只因执行不可能彻底,且一年多之后清政权即告毁灭,所以仍不过纸上文章而已。然就货币思想史而言,此则例是清末对现代货币制度确认的象征,若干条文显示当政者已悉知应如何改进中国的货币制度。②

五 自铸银元说

晚清时期,外国银元的大量流入,加深了外国资本主义的对华经济侵略,不仅使中国币制益趋复杂与混乱,也使现银外流,银价高涨。这在一定程度上推动了中国币制改革。林则徐在道光十三年(1833)请自铸银元,以资抵制,但为部议所驳,未能实行。其所自行仿铸的,又因"其制渺小,全无法度,后又无法以行之",终至"不用"。林则徐是第一个主张自铸银元的,可算近代中国币制改革运动的先觉者。③ 道光二十六年,魏源作《圣武记》④,提出解决货币危机的基本对策是"开矿以浚银之源,更币以佐银

---

① 卓遵宏:《中国近代币制改革史(1887—1937)》,第 79 页。
② 卓遵宏:《中国近代币制改革史(1887—1937)》,第 79 页。
③ 林则徐在奏折中提到:"欲抑洋钱,莫如官局先铸银钱,每一枚以纹银五钱为准,轮廓肉好,悉照制钱之式……"见《两江总督陶澍、江苏巡抚林则徐摺——报告银贵钱贱情形并请铸五钱重银元》(道光十三年四月初六日),《中国近代货币史资料》第 1 辑上册,第 15 页。
④ 魏源说:"今洋钱销融,净银仅及六钱六分,而值纹银八钱有奇,民趋若鹜,独不可官铸银钱以利民用,仿番制以抑番饼乎?"转引自杨端六《清代货币金融史稿》,第 204 页。

之穷";"官铸银钱以利民用,仿番制以抑番饼(洋钱)"。①

咸丰五年二月,福建巡抚吕佺孙建议仿铸外国银元。他说:"民间以其(外国银元)无成色之低昂,无弹兑之轻重,而且取携甚便,习惯自然,是以不胫而走,价虽浮而人乐为用。非特通都大邑人人能辨,即乡僻小邨亦多有认识洋钱之人。不比纹银,必俟有钱铺始能辨其成色,权其轻重。是以民间即有纹银,亦皆兑易洋钱使用。不独市廛交易用之,间阎收藏用之,即州县收纳地丁、漕粮亦无不用之。……臣揆诸时势,参以舆论,惟有仿洋钱之制造为银钱。抑洋钱而予以利权,平银价而渐绝其偷漏,则目前之军需可以裕,将来之国用可以兴,实为便民裕国之一法。"② 同年四月,军机大臣会同户部奉旨议奏,称"吕佺孙仿铸外国银元之议窒碍难行","与其为此创制徒乖政体,而法有难行,何如讲求铜政,精铸大钱而民便于用"。③

咸丰五年,周腾虎作《铸银钱说》,称"为今之计,宜准洋银分两,铸造银钱",④ 喊出了币制改革的呼声。周腾虎也主张自铸银元,他说:"今一仿洋银之式,变其文字以为中国宝货。凡官府与民交易,以及丁银田税关市之征,无不取之于此,便民甚矣,何为而不行耶?"⑤ 周腾虎主张自铸银钱的理由主要是为解决外国银元流通中的弊端,尚未提到收回货币流通的利权问题。⑥

光绪时期,翰林院侍讲龙湛霖等建议仿铸藏式银币;⑦ 给事中方汝绍等建议"仿照番钱样式,每元或一两、或八钱、或五钱、或三钱、或一钱,

---

① 叶世昌、李宝金、钟祥财:《中国货币理论史》,第171页。
② 《福建巡抚吕佺孙摺——建议仿铸外国银元》(咸丰五年二月二十七日),《中国近代货币史资料》第1辑上册,第191—192页。
③ 《军机大臣奕訢等摺——吕佺孙仿铸外国银元之议窒碍难行》(咸丰五年四月二十四日),《中国近代货币史资料》第1辑上册,第193—194页。
④ 《周腾虎:铸银钱说》(咸丰五年),《中国近代货币史资料》第1辑上册,第194—195页。
⑤ 《周腾虎:铸银钱说》(咸丰五年),《中国近代货币史资料》第1辑上册,第195—196页。
⑥ 叶世昌、李宝金、钟祥财:《中国货币理论史》,第203页。
⑦ 龙湛霖指出:"独洋钱一项,银色不过九成,徒以制造精良,行之东南数省,遂与中国足银等……但令一岁中有千万流通,洋人即坐获百万之利。日朘月削,耗于无形,民生困穷,曾不觉悟。"但他只提出仿铸藏式银钱,这种主张并不符合中国历史发展的要求。

第一章 晚清时期近代币制改革思想的发端

分铸银钱五种，周流通用"；两广总督张之洞等则主张仿照洋钱，用机器压铸七钱二分、三钱六分、三分六厘等不同重量的银币。① 他们都极力敦促清政府赶紧改革币制。

光绪六年（1880），郑观应在香港出版的《易言》中有《论铸银》一篇，提出自铸银钱的主张。光绪九年，钟天纬作《扩充商务十条》，其中第四条即铸银币。他说："论其行使之便，一曰成色定，二曰分两准，三曰交易便，四曰取携轻，五曰价值不易低昂，六曰花纹不易假造。较之元宝纹银，倾销之耗蚀，兑换之侵欺，扣短平而掺伪银者，不可同年而语矣。欲收其利权，莫如中国奏明设局，购用机器，自行鼓铸三品之钱。"② 他的这种论说比周腾虎的铸银钱说更为彻底。钟天纬认为当时的币制已极端混乱，必须予以革新，外国银元较之中国的元宝纹银确有许多优点，与其欲"设法禁止，而人情所趋，卒亦无可如何"，不如"奏明设局，购置机器，自行鼓铸"，以收回利权而绝种种积弊，兼以发展商务。就当时的财政金融的情形来说，模仿英制铸银钱和铜钱是非常正确的。他显然是针对那些顽固主张"设法禁止"银元之流而立论的。③ 但铸金钱在当时的中国还不可能实行。钟天纬把统一币制设想得很容易，后来的事实证明并不这样简单。

光绪九年，御史陈启泰建议朝廷铸一钱、二钱、三钱、五钱和一两银钱。他主张铸银钱的理由有二：一是铸制钱困难，用银钱取代制钱的部分流通，使"民间行使，不必专恃铜钱"；二是抵制洋钱，堵塞漏卮。④

光绪十三年正月，两广总督张之洞奏称："粤省拟试造外洋银元，每元重漕平七钱三分，今拟每元加重一分五厘，银元上面铸'光绪元宝'四字，周围铸'广东省造库平七钱三分'十字，并用汉文洋文，以便与外洋交易。支放各种饷需官项，与征收厘捐盐课杂税，及粤省洋关税项向收洋银者，均与洋银一同行用。"⑤ 他依据国家财政与国际贸易的理由，主张自铸银元，

---

① 《中国近代货币史资料》第 1 辑下册，第 632—639 页。
② 魏建猷：《中国近代货币史》，第 114 页。
③ 魏建猷：《中国近代货币史》，第 114 页。
④ 叶世昌、李宝金、钟祥财：《中国货币理论史》，第 212 页。
⑤ 魏建猷：《中国近代货币史》，第 114 页。

强调"铸币便民,乃国家自有之权利"。关于银元的重量,张之洞不懂得恶币驱逐良币的规律,以为分量重的容易通行,因此主张铸得比外国银元重。户部讨论了张之洞的建议,提出铸银元要防止四弊:银价上涨,银源涸竭;炉匠掺假和民间私销私剪;亏损官帑;减低成色取利,流通不畅。要求张之洞"预筹杜绝之方,慎选贤员,切实经理,始终如一,以期推行尽利",不要仓促上马,有始无终。据此,上谕指出:"至所称兼铸银圆一节。事关创始,尚须详慎筹画,未便率尔兴办,着听候谕旨遵行。"①

光绪十五年(1889),张之洞铸成了重库平七钱三分、三钱六分五厘、一钱四分六厘、七分三厘、三分六厘五毫五等银元。他将五等银元样品"恭呈御览",并再次提出铸造银元的请求。他回答了户部提出的四弊:其一,汇丰银行答应供应银条委托代铸,如不够还可向别家洋行购买。其二,炉匠掺假只要经理得人、章程周密就可解决;而民间销毁无利,私铸困难,私剪则容易发现。其三,大小银元兼铸,小银元成色低,不会亏损官帑。其四,成色虽减低,"总期较之外洋所铸成色相符,或且稍胜,民间自无异说,断不肯任意减收,以致自相窒碍"。但对于正式铸造银元的重量,张之洞接受了汇丰银行的建议,"与向有洋钱一律,便于交易",一元银元改为重库平七钱二分,小银元依次类推。这次请求得到了朝廷批准。中国从此进入了用机器自铸银元的时期。②

中国自铸银元以挽回利权、抵制外国货币的初衷是很好的,但"尔时国人于货币之原理,未能洞悉,究不著若何之效果",主要如下:"第一,其成色重量未能精确划一,与外货相形之下,已有逊色。第二,无一定之法价,龙元与制钱间亦无一定之关系。第三,铸币本所以求流通及授受之便利也,而各省所造者皆冠以该省之字样,此不能行于彼,彼不能行于此;不特此也,各省所铸者各有重量成色,一出省界便须贴水,与生银殆无二致。"③

---

① 转引自叶世昌、李宝金、钟祥财《中国货币理论史》,第 213 页。
② 叶世昌、李宝金、钟祥财:《中国货币理论史》,第 213—214 页。
③ 王怡柯:《中国币制考略及近时之改革》,东方杂志社编《货币制度》,商务印书馆,1923,第 36 页。

第一章 晚清时期近代币制改革思想的发端

六 银元单位问题的论争

当时银元的单位问题,有一两与七钱二分两种主张,争论不决。一两银元源于旧有的银两制度,七钱二分银元则仿自流入的外国银元。在光绪十五年(1899)官铸开始以前,该问题尚未被正式提出,及至广东、湖北等省继仿铸七钱二分银元,即有人主张以一两为单位。光绪二十五年冬,军机处电询各省督抚,银元应否改铸一两、五钱、二钱、一钱四种。两江总督刘坤一、湖广总督张之洞、福建巡抚许应骙均电复请仍其旧,不必改铸。这是银元单位论争的开始。当时一般人对于现代货币的知识极缺乏,不知道一国应确立本位货币制度,也不知道单位问题的重要,各省铸造银元,皆因循苟且,以应一时之急。直至光绪三十年美国国际汇兑调查委员会委员精琪建议清政府实行金汇兑本位制被拒绝,全国上下都主张用银本位制,于是银元单位问题再被提起。同年八月,湖广总督张之洞上疏力陈"两"单位的便利,他说:"以前各省所铸银元,均依照墨西哥银元之重,合中国库平七钱二分。中国从前尚未有定划一币制之议,所铸龙元,专为行用各口岸,抵制外国银货进口起见,并未为厘定通国国币起见,本属一时权宜之计,臣前年与坤一会奏,曾经陈明七钱二分重者,系依仿洋银办法……中国一切赋税,皆以两钱分厘计算,而地丁漕项,为数尤为至纤至繁,每县串票不下数十几万张,每人丁漕,多者几两几钱,少者几钱几分、几厘几毫、几丝几忽,畸零繁重,若改两为元,实难折算。……若现定者既名为国币,然仍仿墨西哥银元成式,以库平七钱二分为率,则历年墨元已操积重之势,中国权力事势断难阻使不行。……兹拟即就鄂铸造库平一两重银币,先行试用,以觇商情民情,兼体察各国商人情形,出纳利弊。"①综观张之洞之所述,他主张以两为单位的理由:一是中国一切赋税皆以两为单位计算,不便更改;二是以元七钱二分为单位,恐更不能对抗外国银

---

① 张之洞:《奏请自铸一两银币疏》,《张文襄公全集》卷一九,转引自魏建猷《中国近代货币史》,第121页。

元。而他的办法,则是由湖北先行试铸。张之洞作为一个新旧时代的过渡性人物,从维护货币主权的立场出发,提出以两为单位的银元改革方案,由湖北先行试铸,循序渐进地推行币制改革,深得支持和拥护。光绪三十一年,那桐等与袁世凯商量币制,袁亦主张铸造库平一两银元。财政处遂于当年十月二十三日奏准币制单位,定为库平一两,并经户部奏定《银币分量成色章程》十条。这是中国首次建立比较完整的现代货币制度。于是造币总厂拟随鄂厂之后铸造以两为单位的各种银元。

然而,客观环境不利于这种新币制的推行,清政府不得不取消原议。至光绪三十三年三月,度支部称"惟原拟一两银币与各省旧铸龙元重量不同,奏定以来,外间多以为不便行用。……鄂厂银币前照一两分量试铸,未甚行用,旋即收回镕毁。……美墨日本及南洋诸岛所用银元,皆为合库平七钱二分上下。从前各省铸造龙元,其重量即与之相仿,沿江沿海各处,习用已久。若新币照此鼓铸,自可无滞碍之虞。即用以折合铜币制钱,如大银币一元折合七分二厘之小银币十角,小银币一角折合十文之铜币十枚,铜币一枚折合制钱十文,均以十进位,亦易于操纵。……因民所利,则下令如流水之原,似不如改从七钱二分之制以便推行。……即现在作为通用银币,以及筹画金本位办法,亦似无窒碍",① 后于当年七月初九日颁布《新币分两成色章程》。但是,银元单位问题并未随上述章程的颁布而告解决。是年十一月二十六日,清政府就银元单位和成色问题征询各省督抚意见,各省均有复奏,计主张用一两的十一省,主张用七钱二分的八省;主张足色十成的四省,主张九成的四省。光绪三十四年三月,清政府不得已下令政务处及资政院总裁等会同妥议,终因议论纷纭,数月无结果。至是年八月专使美国大臣唐绍仪回国,奏请实行商约,速定币制。光绪三十四年九月十一日,政务处、资政院会奏《遵议画一币制通用一两银元并拟铸造成色摺》,曰:"用一两与七钱二分,犹未折中一是。……综计各省督抚复奏各节,主用一两者十一省之多;而主用七钱二分者,不过八省;其余

---

① 《度支部奏请先行试铸通用银币以利推行摺》(光绪三十三年三月),《币制汇编》第1册第2编《制造银元铜元时期币制案》,第157—159页。

或主兼用两元,或主改用七钱。"①"夫论国体,则宜求独立,而不可弃主权以从人。论民情则宜顺大同,而不可徇商场以改俗,此为今日立法之根本,即为异日行币之权舆。……如谓人情之便,银元铸造已多,推行较易,不知用元之处,皆合银两而行。用两之处,并无银元可使。从前铸造龙圆,原为抵制墨银起见,国币果能特定,人情熟不信从。至于生计程度,或有币重用奢币轻用俭之说,顾主币必兼辅币而行,五钱更较七钱为便,况小民日用多资钱数,但使铜币无碍于流行,则俗侈无因而助长。如谓财政之宜,银元价近千钱,子母相权,进位较为直捷,不知法偿苟无限制,则市价常有低昂,况公私出入之数,无不以两合钱,若令悉改为圆,则卷尾抹零,适滋纷纠。或就法理而论,谓币应计枚,不应计量,然以圆为币,固可论枚。以两为圆,亦可计数,既无展转折扣之烦,正合重如其文之法。再推而论之,各国交际之间,则洋款向以银两折还,关税亦以库平伸算,洋商贸易概合银盘,镑价盈亏,亦依银市,用两则可悉仍旧贯,利于推行。至于海关流入之墨银,洋行发行之钞票,现虽骤难禁止,终当拟议及之。又况铸造一两银币,财政处奏明有案。湖北新疆等省通行有章,即度支部原议,亦有用银本位则用两尚无大害之说。今本此定议,并采两江督臣端方所奏,多铸五钱银币,一体通行。以此两种为无限法货,再铸每枚一钱及五分两种以辅助之。……至度支部前年奏准试铸七钱二分银币,意取顺民所习,轻而易举,以为暂时通用之法。若议画一币制之法,以垂永久,臣等熟权轻重,向来习用之两钱分厘,势难改废,币制重量,自以库平一两较为合宜。"同日上谕说:"中国两钱分厘,习用已久,实难废改。从前财政处奏定银币重量,亦以两计,着即定为大银币一枚,计重库平一两,又多铸库平五钱重之银币,以便行用。并附铸减成之库平一钱暨五分小银元,以资补助。其两种银币按九八足银铸造,两种小银元,按八八中足银铸造。此项银币,除与外国订有约文照旧核算外,京外大小各衙门库款收发悉归

---

① 《会议政务处资政院会奏遵议画一币制通用一两银元并拟铸造成色摺》(光绪三十四年九月),《币制汇编》第1册第2编《制造银元铜元时期币制案》,第176—183页。

一律，永不准再有补平补色倾镕火耗平余各名目。"①

自这个谕旨颁发以后，争论数年的单位成色问题，似乎要告一段落。但未逾两月，光绪帝和慈禧太后相继病故，政局变动，过去的成案，都成了具文。上海总商会上书度支部说："近改国币，侧闻各大臣持议不一，主张两本位者，或以主权立论，咸谓宜以两计。商等谓主权之行于货币，在有不用外币之实力，不在故矫外币之重量，扰国内之物价以徇之。且度量衡各自有法，计两乃衡法，货币则有自环法，混衡法于环法，比附无理，而民生日用，实受其弊，鄂铸之一两银币，终难行用，可为前车。"② 因此宣统元年，度支部尚书载泽再议币制，又主张实行元单位，认为过去采用两单位缺点甚多，难以实行。同年正月十四日，度支部奏称币制重要，宜策万全，经会议政务处议准，由度支部设局调查。二月十二日，邮传部右侍郎盛宣怀奏请铸一两及七钱二分之银币，以一元半合九七库平实银一两，以期一举两便。四月初六日，度支部奏准暂铸通用银币。宣统二年四月，颁定《币制则例》，规定以元（七钱二分）为单位，定银元为国币，废除银两制度，并确定成色，停止各省自由铸造，将铸币权统一归中央。不久，复奏进币样，雕刻祖模。宣统三年五月，宁鄂两厂开始铸造新式大清银币，定期十月发行。而辛亥革命爆发，所有铸成的银币，被提充军饷，陆续随市价流通市面，仅成为通用银元之一种。于是若干年来的晚清币制改革随着清朝的灭亡而告一段落，终清朝一代，各省还只是铸造通用银元。

光绪三十四年，刘世珩著《划一币制议》，主张新币单位用两。他说："盖一国圜法，莫不自有向来计数起级之旧制。虽一旦设立新币，亦必仍沿旧来习惯起数之制，以为根柢，而新旧通贯，计数乃便。……中国向来民用，授受存付之间，凡遇银款，莫不以两为计数之初级。或曰几两，或曰几百两，或曰几千两，或曰几万两。实未尝闻有以七钱二分为计数之法，而曰几七钱二分，几十之七钱二分，几百之七钱二分，几千之七钱二分者

---

① 《会议政务处资政院会奏遵议画一币制通用一两银元并拟铸造成色摺》（光绪三十四年九月），《币制汇编》第1册第2函《制造银元铜元时期币制案》，第176—183页。
② 魏建猷：《中国近代货币史》，第123页。

也。今若改立新币,不沿用本国从前以两计数之习惯,而反就他国重七钱二分一元之制度,则凡举国公私款项受付出入,向来为银几百两,或几千万两者,至此时将以新币抵付。吾知必以每币七钱二分者,以相为临时核算之支付。既须核算支付,则所为新立计数之圜法,将因斯而仍转为秤量之圜法矣。其流弊实易滋,其改定如未改也。且一国圜法,新改以后,所有金银铜三等,无论如何必须有一种与旧制稍有出入之处。此在各国均为万无可免之事。而筹画之间,避重就轻,必使此与旧习稍有参差之一端,出于价值最低之一种,而后民用亦无不便,积久自能相安。今新立币制,金银两种价值均高,万不可使于旧来价格稍有差异。惟铜币一种,所以补助金银,以御零纤之用。故前文所拟币制,以银一两为起数,而以十递折,下至铜币极小之数,以一厘止。所有银币一枚,折以铜币千枚。较之旧日银质一两,可兑铜钱一千二三百枚者,不无小有参差。然其差在铜位十枚中,不过差之二三。如上及于银,则相差之数必十倍于此。上及于金,则相差之数必数十位于此。此尤不得不加以审慎者也。况币制既立,法偿有限,铜位之用,专驭零纤,绝不便储积之事。新旧相较,虽名相差,而受付既足相均,出入又同一律。以名而言,较旧差十之二三。以实而计,则今日十枚即隐含旧日十二三枚之实值。此盖骤观之而似与昔相差者,而细审之乃可决其于昔毫无轩轾出入之弊者也。"①

宣统元年十二月,盛宣怀在致山东巡抚孙宝琦函文中,明确主张废两论元,每银元重五钱。他认为,"论元不应再论分量","银元重量无关出入","但求套搭合度而已"。盛宣怀认为中国当时宜实行银本位制,"惟铜元目前价甚低,若欲强定十进位,则银元宜轻不宜重"。他说:"以五钱银质换铜元百枚,适当其值……币制划一之后,断不可再作一两论,非废两不能一律论元,此至要也。"②

宣统二年,唐文治上书度支部说:"夫币自有制,沿袭与否,不系乎分

---

① 刘世珩:《划一币制议》(光绪三十四年),《币制汇编》第3册第6编《币制论著上》,第128—130页。
② 《盛宣怀致山东巡抚孙宝琦函——主张废两论元》(宣统元年十二月十八日),《中国近代货币史资料》第1辑下册,第783页。

量之异，所取者实系之便利耳。我国生活程度尚不能废一文之钱，自一文始，十进为一铜元，又十进而为一毫，又十进而为一元，大小相维，此为最便。墨银分量，适与十进之准为宜，可以从划一币制之后，定为每千文值一元。一改用两，则起数之点，必需重定。若从十进，则起点较大，生计骤高，物价骤长，于民生不便。若不从十进，则正币与辅币之比例，数有奇零，人算多一周折。说者谓欧洲之正币辅币亦多不从十进，不知后起者胜于前。自我作法，不妨择至便之途以自处，何必取不便之法而盲从之乎？至调停于用两用元之说者，谓元半适合库平一两，但铸元半之币以代两，则一元之定量仍存，可以十进之。此说实亦甚巧。以愚论之，元半不必别铸一币，但铸半元之辅币，与七钱二分之整元相加，即为库平一两，暂济目前社会未忘计两用银之习，久之计元不计两，则国制固已定矣。故曰重量宜以七钱二分为准。夫币为圜法，不与权法相蒙，故无论用两用七钱二分，皆不当以重量载于币幂。此在各种辅币亦无不然，不徒正币而已也。观于现在之大小银币，皆载重量于幂文，何曾实当等重之块金，则亦可知其无谓矣。"① 同年，汤叡在批评《币制调查研究问题》的文章中说："凡论货币，其首当决定者，为主位问题。……今所用主币，为金为银，原文并未声明。要之论用金用银，但既定元为主币，则只能秤之为一元之币，不许复称为若干钱若干分之币。此名之不可不正也。"②

清季银元制度虽尚属初期形态，始终未能确立银元本位币制，但已由传统向现代迈出重要的一步。单位问题的论争几乎与清季银元制度相始终，这是对确立健全的银元制度的致命打击。本来一两与七钱二分，亦即两与元的单位之争，乃是旧币制与新币制之争，而不是什么货币学理论之争。梁启超说："主一两者与主七钱二分者，皆非有学理以为根据也。叩其说则曰取便民之所习安而已。……夫币制者，欲以齐一国之不齐也。所习既不齐，乃因仍而欲齐之，蔑有当矣。然则欲解决此问题，亦惟有将便习之一

---

① 唐文治：《币制条陈》（宣统二年上度支部书），《币制汇编》第 3 册第 6 编《币制论著上》，第 141—142 页。
② 汤叡：《读币制调查局调查研究问题书后》（宣统二年），《币制汇编》第 3 册第 6 编《币制论著上》，第 225 页。

念除去，而征信诸学理，按切诸事势而已矣。欲征信诸学理，按切诸事势，则其所当研究之问题有五焉：第一，为交易运带之便，则每枚之重量，以何为最适乎？第二，按照人民生活程度，则每枚重量几何，最能与下级补助币相应乎？第三，为国际汇兑之便，每枚重量，以何为最宜乎？第四，将来行虚金本位制，此种银币，为本位金币之代用，其重量若干，则可以免起格里森林原则（格雷欣法则）之作用乎？第五，施行新币时，其重量若干，则可以免前此债权债务之关系大生混杂乎？吾合此诸问题错综研究之，则拟定本位银币一枚之纯重量为六钱六分六厘。"①

七 变通钱法改铸铜元说

19世纪末年，因铜铅价值逐年增长，铸钱亏折过巨，京局及各省铸钱局纷纷减炉停产，大量制钱又被私毁或运出国外，市场上钱价持续增昂，流通中的铜钱严重不能满足市场需求，"钱荒"危机日益严重。②

1897年，江西道监察御史陈其璋率先提出改铸铜元问题。他认为机制铜元与制钱相比具有许多优点，不仅"需铜少而值钱多"，"毁熔无可图利"，"不禁自绝"，而且"花纹精工，伪造难以摹仿"；不仅"工省价廉"，"铢两分等，私铸不能混射"，而且"成式定而抵值准"，"兑换无可抵昂"，"往来商贾便于取携"，"分作三品，市廛实用"；"鼓铸愈多则银价自长"，"行用既广则物价亦平"。③ 1898年，总理衙门章京刘庆汾也呈请改铸铜元，强调铸造铜元"成本极轻，获利增倍"；"制造甚精，分两无几，可杜作伪而免私熔"；"钱价划一，小民厚沾其惠"；"饬官收用，中饱可除，漏卮可杜"。④ 这项建议尽管受到总理各国事务大臣奕劻、御史熙麟等人的强烈反

---

① 梁启超：《币制条议》（宣统二年），《币制汇编》第3册第6编《币制论著上》，第152、156—157页。
② 段艳：《1830—1949年中国货币危机与币制改革》，第167页。
③ 《御史陈其璋摺》（光绪二十三年四月十九日），《中国近代货币史资料》第1辑下册，第652页。
④ 《总理衙门章京刘庆汾呈——请代奏铸铜元》（光绪二十四年七月二十四日），《中国近代货币史资料》第1辑下册，第658—659页。

对，但是总理衙门经过几番讨论和研究，最后决定奏请皇帝批准改铸铜元。清廷对此亦相当重视，并于光绪二十五年四月二十七日派奕劻等试制银元铜钱并酌定章程。①

光绪二十九年（1903）六月初三日，御史徐堉奏《变通钱法改铸铜元摺》，指出"凡铸造铜元"，必先做预算决算之法。"近年以来，财用日窘，赔款过巨，而又振兴新政，处处需财。论者于是有金荒钱荒之说。金荒需铸金镑，钱荒需铸铜元。一转移间，无损于民，而大益于国。然非用外洋豫算决算之法，历核其成本几何，利息几何，费用几何，除耗净存几何？则人行之而利者，我效之则生弊。加以熔铸需费，凿磨需费，看守监督需费，名目繁多，浮销中饱，利不归公，是皆未用豫算决算之法也。"②

光绪二十九年七月，户部奏《铜元宜安定章程专铸红铜元片》，指出钱法有三大弊端：一在价值参差，收放未能一律，以致人不信行；二在偷减成色，轮廓或未精良，以致私铸冒滥；三在奸商贩运，销路畅滞，听其操纵，以致弊病丛生。又"拟凡铸造铜元省份行驶章程，均令照钱上所镌当五当十当二十各数，永远遵守，无论银价涨落，作抵制钱，不得稍有轩轾。凡钱粮税课，向收制钱之款，均准作抵完纳，放款亦一律抵算。如有奸商把持，及不肖官吏抑勒低昂其价，从重治罪"。"至铸造铜元成色分两，尤宜坚持初定章程，质剂必须纯净，轮廓务求精良。庶人知宝重，即私铸亦未易搅混。查红铜铜质较精，一经搅杂显然减色。……拟令各省均仍铸造红铜元，以昭划一。"并"请旨饬下各该省将军督抚，详定章程，预防流弊，以维圜法而保利权"。③

光绪三十一年七月，财政处、户部会奏《筹拟整顿圜法改归一律酌定各省通行章程摺（附章程）》，奏为筹拟整顿圜法，改归一律，酌定各省通行章程。"近年以来，添铸铜元，因制钱短绌，民间乐于行用。而铸造之余

---

① 《中国近代货币史资料》第1辑下册，第663—671页。
② 《户部议覆徐埙奏变通钱法改铸铜元摺》（光绪二十九年七月），《币制汇编》第1册第2编《制造银元铜元时期币制案》，第109—110页。
③ 《户部奏铜元宜安定章程专铸红铜元片》（光绪二十九年七月），《币制汇编》第1册第2编《制造银元铜元时期币制案》，第112—113页。

第一章 晚清时期近代币制改革思想的发端

利,又复甚巨,是以各省争先请铸,纷纷不已。然以自相争竞之故,近来机器铜铅价值,业经见涨,铜元价值亦经见落。若仍复自铸自用,各立门户,恐铜价益涨,钱价益贱,数年之后,新币充满,行销不易,必至渐亏成本。且与各国新定商约,已有立定一律国币之条,若任各省自为风气,恐于划一币制之意,去之愈远。"所附章程十条,其中一条规定,暂行留办"业经开办之局","但准就现在所有机器铸造,不准添机增铸。其未经奏准者,均不得再请设局铸造",并规定铜币成色"由户部颁发祖模,均与总厂所铸一律"。"如有不遵奏定章程者,即时令其停铸,并限令发出各圆收回销毁。"又一条限制各省局每日所铸铜元数量。"以十成计算,约铸当十两者五成,当五、当二者各二成,当二十者一成。其当二以下,则以旧有制钱搭配应用。"嗣后各省所铸铜币,应令该省所设官钱公估等局,酌量市面情形定价,随发随收,持之以信。按照所铸当制钱数目,与制钱一律行用。不准市侩把持,出入减折。亦不准铸局争利,减价发行。至市面铜币有余,即应遵照部议停铸。"章程强调,"铸币乃国家特有之权";"户部总厂铸出各圆,各省均应通用";"凡有贩运造成铜饼,一律严禁入口,以防流弊"。①

光绪三十一年九月,礼科给事中王金镕奏《铜元宜流通行用摺》,曰:"铜元宜不分省分,不论官民一律通用,以坚民信而保利源。"他说:"铜元所以济制钱之穷,以一文抵制钱十文,原为朝廷权益之举。幸民间通用,较当十大钱仅域于京城不能通行各省者颇觉便利。为地方官者,正当迎机提倡,一律通用,庶民间不生疑阻。……官家政教号令,必一秉大公,若均是铜元,彼省者不得用于此省,在民者不得用以交官,揆诸国宝流通之义,恐古今无此政体。现在制钱缺乏,全恃铜元通融市面。若令各省自为风气,殊于圜法有碍。拟请明降谕旨,申明一律通用之义,并饬下户部详划一章程。通行各省,倘地方官有抗旨渔利,阻碍币政者,由督抚严参惩办。"② 光绪三十一年十月,户部议复王金镕摺,称:"国家鼓铸铜

---

① 《财政处户部会奏筹拟整顿圜法改归一律酌定各省通行章程摺(附章程)》(光绪三十一年七月),《币制汇编》第1册第2编《制造银元铜元时期币制案》,第114—121页。
② 《户部议覆给事中王金镕奏铜元宜流通行用摺》(光绪三十一年十月),《币制汇编》第1册第2编《制造银元铜元时期币制案》,第133—135页。

元，原期画一币制，以便流通，非仅为一时权宜之计。自铸造渐广，各处狃于余利，一若以铸币为筹款，本意既失，流弊遂滋。查铜元创始广东，推行各省，其初皆因制钱缺乏，骤得铜元，周转既称便利，亦自到处通行。及各省铸造日多，渐行充斥。臣等知非急筹限制，将无以维持圜法。当经财政处会同臣部奏定章程，令各省铜币先尽本省发行，不得大宗贩运出口。诚虑充斥为害，此项铜元或将有滞碍难行之处，是以禁运者略示限制，实不啻以禁运者保其流通，其各省旧有市面行销并未曾有禁用之事，自应不分畛域，仍旧通行。岂得妄生分别，以隳币制至官民交用。本古今圜法之通义，民间既一律通行，所有丁漕厘课一切交官之款，自应准其交纳，以昭大信。岂有官先不用而徒责民用之理……应请饬下各将军督抚除遵奏章各省铜币不准大宗贩运出口，以防充斥外，其旧有市面行销，及商民来往零星携带铜元，仍当一律通行，不得稍存歧视。至上下流通，尤当官为提倡，出纳一秉大公，庶商民可无疑阻。倘有故意抑勒，倡为交官不用铜元之说，即着从严参办，以昭信用而维圜法。"①

光绪三十一年十月，财政处、户部会奏《各省铸造铜元日益增多圜法紊乱拟请酌定限制摺》，奏为各省铸造铜元日益增多，圜法紊乱，拟请酌定限制，以图补救而归划一。"现查各省铸造铜元，毫无限制……恐将来余利渐少，不特铸局成本亏折堪虞，且钱价愈贱，物价必增，小民生计维艰，地方收款亦暗受亏折。窃恐国法紊乱，市面动摇，公家赔累于上，商民交困于下，贻患后来，关系匪浅。查近与各国新订商约，会有立定一律国币之条，若不于此时亟图补救，迨至不堪收拾，贻笑外人，更将何以自解？臣等共同商酌，现在各省铜元，均已不虞缺乏，非赶为酌定限制，未易施补救之方。……各疆臣自当公忠体国，协力维持，以重圜法而顾大局。……再各省铜元现虽酌定限制，仍准铸造。究系暂时办法，他日充斥过甚，终不免有停铸之时。此项余利，万不可恃。"②

---

① 《户部议覆给事中王金镕奏铜元宜流通行用摺》（光绪三十一年十月），《币制汇编》第 1 册第 2 编《制造银元铜元时期币制案》，第 133—135 页。
② 《财政处户部会奏各省铸造铜元日益增多圜法紊乱拟请酌定限制摺》（光绪三十一年十月），《币制汇编》第 1 册第 2 编《制造银元铜元时期币制案》，第 122—125 页。

第一章 晚清时期近代币制改革思想的发端

光绪三十二年二月，财政处、户部会奏《整顿圜法以防流弊摺》，称："窃以铜币之行，各省争相鼓铸，流弊日滋。……就目下情形而论，收回之事，诸多窒碍，则以先图补救为亟。夫补救之道，大要不外清来源，畅销路。"具体而言，"清来源"包括：禁止大宗贩运；限制鼓铸数目；禁购铜饼以防钱质低劣；购买铜斤必先报部核定。"畅销路"包括：官民绅商宜一律行用；行旅随带铜元出口进口，不逾二千枚者，概不查禁；市面行使，此省地方不得异视彼省铜元；通查各省多寡有无，设法匀拨。"来源清则子母可以相权，销路畅则壅滞可以无患。如此则铜元之跌落或可稍挽，而余利亦或可稍延。其在目前，尚为切近易行之事。而画一之制，亦必从此做起，乃可渐有头绪。顾其尤要者，则在信赏必罚。"①

光绪三十二年七月，财政处、户部会奏《请将铸造铜元局厂酌量归并摺》，曰："为整顿铜币，统筹全局，请酌量归并，以维圜法。……自限制后，银价幸未大涨。惟是现在铸造铜币，多至二十六省，一省或至二三局。限制之数，各省虽多遵照。然江苏已因逾限多铸，经臣等奏停。而各省之请免限制者，亦复不少。若不急行整顿，恐多铸争销之弊，仍难尽免。且铸数虽有限制，而局用不能大减，反致机力余闲，复多坐耗，亦属非计。前署两江督臣周馥因限制后余利无着，尚需赔贴局用，业经电请将宁厂暂停，即其明证。臣等再四筹维，惟有将局厂酌量归并，庶可救近日之弊，收后来之效。前将此意电商铸币各省疆臣，现均陆续电复。直隶督臣袁世凯主定画一价值；湖广督臣张之洞主议归并；前署两江督臣周馥、前署两广督臣岑春煊则请臣处臣部主持其事。余各省，或请定银铜价值，或请增铸银币，或请铸当五以下铜币，或请禁各省争铸。其不愿归并者，大抵因以余利为筹款，恐一经归并，则本省之利尽失，因此多怀观望。惟广西抚臣林绍年，谓圜法重在便民，取足民用而止，官民收发公其出入数语，转为扼要。今欲统筹兼顾，诚非由臣处、臣部居中主持不可。然中国幅员辽阔，若如各国仅设中央一厂，转运恐形不便。惟有相度地势之毗隔，察核

---

① 《财政处户部会奏整顿圜法以防流弊摺》（光绪三十二年二月），《币制汇编》第1册第2编《制造银元铜元时期币制案》，第136—140页。

市场之广狭，比较民间需用之多寡，规合全局，量为归并。"①

尽管清朝官吏纷纷为变通钱法改铸铜元出谋划策，但是清政府改铸铜元的举措不仅没有使中国摆脱"钱荒"危机，反而导致新的铜元危机爆发。正如张毓英所称"铜元充斥，病国病民"："一曰劳动工人束缚之害，二曰商业亏折之害，三曰农业耗损之害，四曰非农非工非商普受之害，五曰债权损失之害，六曰地方公款暗蚀之害，七曰库款短绌之害，八曰国财外溢之害。"② 光绪三十四年二月二十七日，度支部奏《拟令各省铜元局厂暂行停铸摺》。同一天，内阁奉上谕："度支部奏请令各厂暂行停铸铜元一折，现在京外铜元日益加多，民间减折行使，银价愈贵，物价愈昂。前经发款减价收买，铜元仍见充斥，未收实效。着照所请，京外各厂暂行停铸铜元数月，俟铜元价值稍平，察看市面情形，再行复铸，余着照所议办理。"③

宣统元年，翰林院侍讲学士周爱诹奏曰："铜元流弊日滋，宜化畛域以利民用，杜外私以保国权。"同年腊月末，度支部内设之币制调查局颁出《币制调查研究问题》，着重讨论铜元之事。在汤叡看来，"原案所发之问，灭裂混杂，使人茫然不能察其条贯。举其最大之缺点，则有三事：一、既名曰币制问题，而于币制中最重要之事项，若货币系统之组识，货币本位之选定等，概不问及，而惟论铜元之一事，未免本末倒置。二、铜元为现在币制一大梗，注重研究之，原未尝不可，乃今原问十之八九皆论铜元，而其中又忽插一二条论及他事，而所论又无关宏旨，殊不可解。三、即其论铜元，亦似忘却铜元之为辅币，似不解辅币之为何性质，故所发问无一能依据学理，徒乱人意。"④ 宣统二年四月，度支部奏《筹拟旧铸银铜各币

---

① 《财政处户部会奏请将铸造铜元局厂酌量归并摺（附清单）》（光绪三十二年七月），《币制汇编》第2册第5编《造币局厂沿革案》，第171—172页。
② 《度支部奏遵议都察院奏代选举人张毓英等条陈铜元充斥请设法挽救摺》（宣统元年十月），《币制汇编》第1册第2编《制造银元铜元时期币制案》，第184—188页。
③ 《度支部奏拟令各省铜元局厂暂行停铸摺》（光绪三十四年二月），《币制汇编》第1册第2编《制造银元铜元时期币制案》，第173—174页。
④ 汤叡：《读币制调查局调查研究问题书后》（宣统二年），《币制汇编》第3册第6编《币制论著上》，第199—200页。

办法以维币制摺》,曰:"综而言之,内地之银元有限,外来之银元无穷,故收换之功,尤以防浸灌为急务。官铸之铜元虽停,私铸之铜元难禁,故挽救之策,尤以缉伪造为要图。浸灌不防,将吸收终无止日。伪造不缉,将充斥末由稍衰。贻害于币制前途,何堪设想。……铜元银角等票有碍辅币,应遵限制通用银钱票暂行章程办理。"①

宣统二年,梁启超著《各省滥铸铜元小史》,深刻批评滥铸铜元问题。他说:"其时适值义和团变乱以后,各国商约要求我以更改币制。而以我国民现在生活程度论之,则最下级之辅币,实应为主币千分之一。故制钱一项,实为我币制系统所不能缺。前此价格太落,编制颇难。今幸而有此现象,苟能利用之为最低级辅币,先定主币之质量,而于主币与制钱之中间别铸小银元铜元诸品,视人民所需之数而供给之,毋使过多,于以整齐币制,兴民乐利,为事至顺,无所于阂,此真千载一时之机也。而不料当局者漫无学识,唯利是图,乃演此滥发铜元之历史,而流毒至于不可收拾也。"梁启超指出:"夫以今之铜元行使绝无限制,则与辅币之性质恰相反。既非辅币,则民之用之也,只能从其实价。铜元之实价,则每百枚值银四钱四分八厘也,今每银一元换百八十枚,以银元所含纯银量计之,则每枚约值银五钱七分也。今其下落之量犹未及也,苟犹滥铸不已,必将有每元换二百二十枚之一日。自去年二月二十七日,度支部再有停铸之命,或者其迁流所届,止于此乎?然此五局者,犹或以余铜未尽为辞,或以钱荒如故为请。诗曰:鸱鸮鸱鸮,既取我子,无毁我室。呜呼,稍有人心君子,尚其一念此言哉。"②

宣统二年,汤叡著《读币制调查局调查研究问题书后》,直言处置铜元之法。他说:"今欲讲处置铜元之法,则惟有先确定币制系统。系统既定,则使铜元退反辅币之本分,以辅币一定之法则严律之。惟限若干枚以内,作为法币,过此以往,可以无受。夫然后法律所命铜元之名值,可以常保,

---

① 《度支部奏筹拟旧铸银铜各币办法以维币制摺》(宣统二年四月),《币制汇编》第 1 册第 2 编《制造银元铜元时期币制案》,第 230—232 页。
② 梁启超:《各省滥铸铜元小史》(宣统二年),《币制汇编》第 3 册第 6 编《币制论著上》,第 278、285 页。

而不至牵及他币与之俱弊。此实根本解决之法,而亦唯一之补救之法。舍此以外,更无治标法之可言者也。"① 关于规复铜元价格的具体办法,汤叡说:"各国所以维持辅币之法价者,其道有二。第一法,则政府详细调查全国内所需之辅币总数而以法律限定其铸造之额,不得逾额多铸,以免供过于求。……第二法,则民间之用虽有限,而政府之收受则无限。盖一国之中,果须若干辅币,始为适应于供求之率。虽有至明察者,未易具知。苟失其平,或多发则滥,而币制缘此动摇。或少发则渴,而民用因以不便。今用此法,则凡人民纳租税于政府,虽悉用辅币,官吏不能拒。又凡持辅币至国家银行或造币局以易主币者,立与兑换,不准索补水。……是故调和出于自然,伸缩得以如意。政府无随时调查画地分配之烦劳,而币制之行,已圆滑而无所碍。……欲维持辅币,常不能出此二法之外,然第二法优于第一法。……而我国今日则第一法更无从行起。……为今之计,惟有急用第二法。政府收受铜元不设制限,兑换铜元不索补水,使滥铸之额逐渐归还,以俟他日之应机再布而已。……则为今日计,莫急于规复铜元价格,而欲规复铜元价格,舍此道末由。吾人前此所以论币制颁定之迟速,关系国家之存亡,而补救愈迟,则政府与人民所交受之累愈甚者,徒以此耳。"② 至于度支部提到因政府权威不够,法令难行的问题,汤叡说:"币值涨落,与行政权有何关系?但使立法时,能确守不易之学理,恪遵通行之原则,而行政时,则忠实以施行其所立之法,斯下令如流水之原矣,非俟用权利以行其压制也。而不然者,虽最强有力之政府,又岂能用其权以左右市场中物价者哉?……夫国家绝不能以权利制定物价,而能以权利制定量物价之器具,货币也者,非物也,量物价之器而已。此如国家不能以权力制定百物之大小广狭轻重,而能以权力制定度量衡也。"③ 汤叡指出:"吾

---

① 汤叡:《读币制调查局调查研究问题书后》(宣统二年),《币制汇编》第3册第6编《币制论著上》,第202页。
② 汤叡:《读币制调查局调查研究问题书后》(宣统二年),《币制汇编》第3册第6编《币制论著上》,第202—205页。
③ 汤叡:《读币制调查局调查研究问题书后》(宣统二年),《币制汇编》第3册第6编《币制论著上》,第219—220页。

国之患,在前此全国人不解货币之性质,其用银两、铜元等,不以之超然于百物之上,以为量价尺,而使之厕于百物之林,与彼之价共旅进退。夫银也铜也,既不过百物中之一物,则为物价公例所支配,随供求之率以为涨落,固其所也,国家又安得而制之?……夫货币为量价之尺,其各种货币之比价本无从摇动。其有摇动,则皆缘政府自坏其尺而已。既自坏其尺,则虽有权力,而终不能禁其相缘而生之恶果。苟不自坏之,则恶果亦决无自发生,不待用权力也。是故欲保铜元价值之不涨落,除吾所言收受不立限,兑换不索水之外,断无他法。"①

八 清末货币本位之争

19世纪70年代以后,国际金价上升,银价下降。1871—1910年,国际银价下跌了53%左右。② 而中国甲午、庚子两次反侵略战争失败所负担的巨额赔款,合计达6.8亿两,折合英镑105582884镑,因银价暴落,所受镑亏的损失,十分惊人。于是清末人士愈发感觉到非急谋币制改革不可。1900年以后,"与我国通商诸国几尽为金本位国,贸易上甚苦不便。且以银价之涨落,每足致交易上之不安,当时诸先进国乃欲举世用银之国胥改而用金,一扫国际贸易之障碍"。③ 英美帝国主义为了便于其扩大对华经济侵略,对清政府施行压力,迫使其改革币制。1902年签订的中英商约和1903年签订的中美商约中,都有划一币制的规定。"盖银价跌落,货价腾起,购货之国固有加价之虞,而产货之国实无加价之益;用银之国明受折耗之亏,而用金之国阴承牵制之害。"④ 在这种情形之下,各方纷纷提出改革币制的主张,清政府也不得不于光绪二十九年成立财政处,专门负责整理财政和币

---

① 汤叡:《读币制调查局调查研究问题书后》(宣统二年),《币制汇编》第3册第6编《币制论著上》,第220—221页。
② 段艳:《1830—1949年中国货币危机与币制改革》,第114—115页。
③ 王怡柯:《中国币制考略及近时之改革》,《货币制度》,第38页。
④ 《出使大臣梁诚致外务部函——报告与墨西哥大会商银价事》(光绪二十九年闰五月十七日),《中国近代货币史资料》第1辑下册,第1117—1118页。

制。总计当时各种主张，约可分为四派：一是主张金币本位，二是主张金汇兑本位，三是主张银本位，四是主张金银双本位。主张铸用金币者，最初是顺天府尹胡燏棻（1895年），其后是监察御史王鹏运（1895年）、总理衙门给事中盛宣怀（1896年）、户部郎中陈炽（1896年）、通政使司参议杨宜治（1897年）。而具体主张实行金币本位者，是驻俄公使胡惟德（1903年）、驻英公使汪大燮（1907年）和出使美墨秘古大臣张荫棠（1911年）。主张金汇兑本位的是总税务司英国代理人赫德和国际汇兑调查委员会委员精琪（美国人），还有梁启超（1904年）、孙宝琦（1909年）、康有为（1910年）。主张银本位的是张之洞、奕劻、唐绍仪、盛宣怀、唐文治等。主张金银复本位的是刘冕执（1906年）、刘世珩（1908年）。

（一）金币本位说

光绪二十九年九月，驻俄公使胡惟德奏请整顿币制添铸金币。他说："当今环球各国既已皆用金矣，即各大国之属地亦莫不用金……然则居今之世，不有金币以济银币之穷，其为害亦甚显矣。……中国若自有国币，则与各国事同一例，汇兑无虞外耗。国中金银铜三品……则民生国计内治尤裨。如此内外征信，华洋贸易只须计物价涨落之常，不必计银价涨落之害，则盈绌易知，贸易必盛，资本厚集，何事不宜？"① 他的意思是要实行金币本位制，但没有提出本位制的概念，也没有说明主辅币的关系，只是强调币名要和重量名分开。这说明胡惟德对金币本位制度只是懂得一些皮毛。他天真地以为只要中国改用金币，则万事大吉，根本不用担心列强干预牵制，也不用担心无金可铸，更不用担心金币外流。他说："夫巨万之币，本不能仓卒铸成，可先议定借款，分年取款，随借随铸，以轻息利。……惟借款应商各国巨商，而不可商各国政府，方不至为其牵制。"② 试想有哪个巨商愿意借钱给深陷内忧外患困局、贫穷落后的清政府？

---

① 《出使俄国大臣胡惟德摺——请改币制》（光绪二十九年九月二十六日），《中国近代货币史资料》第1辑下册，第1222—1223页。
② 《出使俄国大臣胡惟德摺——请改币制》（光绪二十九年九月二十六日），《中国近代货币史资料》第1辑下册，第1227页。

第一章 晚清时期近代币制改革思想的发端

光绪三十二年十二月，出使英国大臣、外务部右侍郎汪大燮上奏"行用金币"，即实行金币本位制。他说："本位者一成不变，而其他银铜诸副币可以取此相准也。然必有可准不可变之金位，而后副币之值不与非币之块银块铜为转移。若无金位以定之，则银币之位不能处于安固不摇之地，而本实先拨，此各国相率用金之故也。惟是金国日多，则供不给求，而金银之值相去愈远，此又往者用银之国所以必改用金之故也。"① 中国要避免银贱的损失，也只有实行金本位制。汪大燮错误地以为金本位制下的提高银币作价也能通用于外国。当时度支部批评汪大燮，说他要"以法定补助之货用之于外国"，从而"救财政之急，还历年之债"，实在是"言之太易"，"于国际通商货币原理，均未加体验也"。其一，"查国际通商，类皆以货易货，间有金钱银钱贩运出口，只能以其内含金银多少作为生货估值，此公例也。然则铸造低色银钱，任我以法定其准金若干，一贩运出口，亦只有实价而已。……可见提高二成之银币，外人必不肯照法定价值收用。……大抵法定补助之货，西人称之为记号货币，如筹码然。国家信用久孚，维持有法，始足以保持价格，然亦不过通行国内而已。该大臣于若何定位，若何预备，若何维持，皆未提及。国内流通，且不可，更以为可用诸国际贸易，此必无之理也"。其二，汪大燮"于储金之法，未尝有所规画"，"而不察国民生计之实情，规铸羡之利，忘限制之法"，"万一供过于求，则价值不保。其弊且与近日铜元相等，则利未可恃而害已及之"。"各国纸币，必设有相当之金银元作准备，其余亦必有确实证券作抵。其性质不过与借无息之债相等。非凭空可获此巨款也。各国发行纸币之权，类委诸国家银行，又立严法，设专官以监察之。至称对于国外以所值金币为准，对于国内以所值铜币为准，均于货币原理未能明晰。"其三，"又称币值与银铜之值，各不相关，则尤为隔膜之论。……窃维东西各国改良币制，不过为整顿财政之基础，并非以是为筹款之计。该大臣误以银铜辅助币可当本位金币各处

---

① 《出使英国大臣汪大燮摺——奏行用金币》（光绪三十二年十二月十五日），《中国近代货币史资料》第 1 辑下册，第 1229—1230 页。

通行，并可施之外国，竟欲借之为筹款之法。在该大臣慨念时艰，观国计之奇绌，遂不觉建言之过当"。①

宣统三年三月，出使美墨秘古大臣张荫棠建议实行金币本位制。他说："今日贫富通塞安危得失之机，尤在于金银本位之问题，若欲改圜法、集财权，必当外察世界竞争之潮流，内审国民生计懋迁之程度，博考详思，庶得条理。……盖外顾列邦商战之局，则万不宜迟，而内察国民生计之途，则又不能速。斟酌两者之间，惟有目前即宣布币制以趋向于金单本位为鹄，改铸法币，策励国民准备一切，二三年后，相察时机，实行金单本位，事易易耳。……资本无着，虽欲改作，只等空谈。……今欲于财政大加振作，即不得已而募公债，借外款，但操之有道，非独无害，臣敢信此举为开富之源也。"②他拟的币制方案，金币以镑为单位，分一镑、二镑、四镑三种，另酌铸二分镑之一（即二圜半）和五分镑之一（即一圜）；银币有一圜（重量七钱二分，价当旧银二元）、五铢（半圜）、四开（四分之一圜）、一铢（十分之一圜）四种；此外还有镍币、铜币、纸币等。"金银比较之价格仿照美国，即等于金一银一五九八八。"国币行用限制为：一圜以下准用铜镍币，五圜以下准用小银钱，十五圜以下准用大银钱，十五圜（即金三镑）以上至二十五圜通用金镑及纸币，二十五圜（即金五镑）以上通用纸币。张荫棠以为只要"操之有道"，就可募公债，借外款，"妥筹本位金之预备也"。他说："至规定币制，银本位固不适宜，即采用虚金本位亦非得策，不如准备实行使用金币。……或谓吾国当用虚金本位制度……但于国民利益无所裨补，行之似易而实难，而金融机关对于欧美用金国仍步步失落，终非久远之图。"③张荫棠看到金币本位制优于金汇兑本位制，因为后者本质上是一种附庸的货币制度，于是建议在中国实行金币本位制，这种想法

---

① 《度支部议覆驻英汪公使奏行用金币折》（光绪三十三年三月），《币制汇编》第1册第2编《制造银元铜元时期币制案》，第141—146页。
② 《出使美墨秘古大臣张荫棠折——建议行用金本位币制》（宣统三年三月初五日），《中国近代货币史资料》第1辑下册，第1243—1245页。
③ 《出使美墨秘古大臣张荫棠折——建议行用金本位币制（附片）》（宣统三年三月初五日），《中国近代货币史资料》第1辑下册，第1245—1249页。

未免太过天真。

以当时情况来说，中国是无法实行金币本位制的。正如梁启超1910年所言："用金（币）本位，必铸金币。欲铸金币，须先蓄金。以我国之大，人民之众，且钞币及其他信用期票等皆未发达，则需用货币额之巨，不问可知。而年来金价腾贵未艾，以我国财力之竭蹶，安从购蓄以为铸币用？此亦行金本位制之一大梗也。虽然，若欲施行纯粹之金本位制，则值此诚为束手。"[1]

（二）金汇兑本位说

当时关于金本位制的讨论，"持论有三：一系以金立之准，而自铸金银铜各等钱；一系只铸特式银钱而议定一不移之金价；一系存金制票陆续推广"。[2] 第一种论点为主张实行金币本位制，后两种皆主张实行金汇兑本位制，其区别在于代表金币在国内流通的是银钱还是纸币。

1903年，外人主张设立由外国专家管理的国家银行，发行银两铸币和钞票，为中国建立一个没有金币的金本位制。同年，外商商会讨论中国币制，主张先行统一货币。日本银行家为中国设计与日元"相联系"的金币。[3] 很显然，帝国主义者企图控制中国币政。同年二月初六日，赫德致外务部，建议改行虚金本位币制。他说："银价若无一定准则，势必凡事受其牵制而无成效之可睹。……只得就现用之银筹一定而不移之法。……惟其中见有一法，尚属中国力所能为且行之数年必能收效，其意谓若中国多金改铸金镑固佳，然不铸金钱而定一银钱准则，亦属可行。借人之金以改铸，不但系原可无庸之举，且恐贻累甚深。第一应为者，即立一国家银行，凡国内银钱事件，统归经理。"即主张中国实行金汇兑本位制，以"扫除国际贸易之障碍"。[4] 赫德说："以中国既无大量之金以为本位货币，莫若使中国

---

[1] 梁启超：《币制条议》（宣统二年），《币制汇编》第3册第6编《币制论著上》，第169—170页。
[2] 《中国近代货币史资料》第1辑下册，第1107页。
[3] 《中国近代货币史资料》第1辑下册，第1100—1101页，原载《北华捷报》1903年2月25日、4月23日。
[4] 《定立银钱准价节略一》（光绪二十九年二月初六日），《赫德致外务部节略——建议改虚金本位币制》，《中国近代货币史资料》第1辑下册，第1103页。

之银与金定一比价,则交易上银价变动之危险庶可以免。"① 三月十三日,赫德强调:"若拟仍用银钱得一定之金价,大约以上所陈各节缺一不可。此外应如何联络各国银行,以得互相维系之益,关系非小,亦应随时会议酌定善法,且应否由中国自立国家银行亦系紧要之事。"② 为"广推日后商务,并令投资家有稳当之机会",美国博士精琪来华,极力设法说服中国采用金汇兑本位币制。精琪说:"现因汇价涨落无定,故用金与用银国商务之利息,殊难平准。若汇价可以照用金国来往之汇价,俾用一定限制,则以上之局面,便归无有。……但中国创设统一圜法,以金为标准,制造国及输出国将来所得利益极厚。"③

1903年,精琪通过调查南洋群岛、菲律宾及中国实际情形,提出两种办法:其一,先划一全国各种银币,然后为金汇兑本位;其二,不必划一银币,即时改为金汇兑本位。"前者必先铸造全国通行一律之银币,然后以之与金为一定之比价,建立金汇兑本位。后者不论银币如何复杂,先定一若干格兰金为单位,乃铸造一种银币,以代表金单位;通行之后,则各种复杂之银币自可代替之,或禁止之,或收回之,步菲律宾之后尘,而为金汇兑本位。"也就是鉴于中国国内用银较多的社会现实,可用一种银币代表金单位通行全国,至于国际贸易所必需的"真正之金货",则可"借诸外国,存诸世界各大都会之银行,以备国际贸易之汇兑。又或不必即时借大宗之现款,但与外国各大银行定一契约,遇中外贸易,一切支付款项由外国银行汇付,随用随借,而付予利息,较上法颇为直接爽快"。④ 精琪说:"若将目前银圜法改作为金,实与中国利便。盖银价坠落,汇兑无常,即一日之内亦有上下。因现在币制情形,百业颇受亏损。国家付洋债用金,故国计民生之艰窘日甚。因此必须筹谋补救,以期中国虽仍用银币,而有金

---

① 王怡柯:《中国币制考略及近时之改革》,《货币制度》,第38—39页。
② 《定立银钱准价节略二》(光绪二十九年三月十三日),《赫德致外务部节略——建议改虚金本位币制》,《中国近代货币史资料》第1辑下册,第1106页。
③ 〔美〕精琪:《中国新圜法案诠解》(1903年),《币制汇编》第3册第6编《币制论著上》,第6—8页。
④ 王怡柯:《中国币制考略及近时之改革》,《货币制度》,第39—40页。

银汇兑准价,以免不时涨落之虞。"①

光绪二十九年八月十八日,精琪致函驻美公使梁诚,提出关于中国币制之建议。精琪在《中国新圜法条议》中提出的币制改革方案大致为:其一,立即导入金汇兑本位制;其二,聘用外国人担任司泉官,并由列强"监督"币制运营;其三,关于维持新币金平价所需金储备的筹备办法和运行方式等。当时,在中国导入金汇兑本位制,主要存在两方面的疑问:第一,所需金储备如何获得?第二,维持银货的金平价是成功导入金汇兑本位制的重要因素,由谁来负责?②穷困潦倒的清政府只能通过再借外债筹措金储备,这无异于雪上加霜。让具有高度专业性知识的外国人来管理这项工作看似合理,实际上却是给了外国人干预中国币制改革的机会,这无异于出卖国家主权和利益。

民国时期的一位记者青松这样翻译精琪的"条议":"一、颁定圜法,以有一定金价之银币,为国内大宗之币。二、访聘洋员为司泉官,总理圜法。三、司泉官按月刊发详细报告书,报告钱币情形。四、定一单位币,含金若干格林,约等于银一两,以银铸之;其五倍十倍二十倍于单位之币,以金铸之,铸造金币,酌收铸费,不限铸数。五、此单位银币之金价,为一与三十二之比例,每枚重量,略如墨西哥银元,并铸银镍铜辅币。六、用金币银币完纳国家公款,均照法价收受。七、酌定按月推行新币之日期。八、政府与伦敦等巨埠之银行,立一信用往来帐,以便在中国出售金汇票。以较平日银行汇价稍高之数,为一定之汇价,每一汇票至少在新币一万两以上。九、政府如需借款以供维持汇兑之需,可指定一种国家收入,足敷借款本息者作抵。十、铸币盈余,另行积贮,每积至五十万两,即按汇票数目之多寡,以金款分存于伦敦各埠之银行,俟存至若干万两为止。十一、政府可在伦敦等处出售银汇票,以填补金款,其汇价由司泉官定之。十二、规定银行条例,许国家银行或其他可靠之银行,发行钞票,以司泉官监督之。

---

① 〔美〕精琪:《中国新圜法案诠解》(1903 年),《币制汇编》第 3 册第 6 编《币制论著上》,第 9 页。
② 〔韩〕丘凡真:《精琪的币制改革方案与晚清币制问题》,《近代史研究》2005 年第 3 期。

十三、司泉官得委托地方官及银钱行号等，以期从速铸行新币。十四、新币制期以五年内一律施行于通商口岸及其他地方。关税预用新币。至各地方税项，一俟新币推行至该地方后，即改用新币。十五、司泉官及各国代表，得为中国条陈整顿财政。"①

事实上，精琪的《中国新圜法条议》十七条具有明显的政治经济侵略性。② 在政治方面，条议要用外国人（美国人）为司泉官，管理中国一切财政经济。在经济方面，条议要建立殖民主义的金汇兑本位制。这些具有明显侵略性质的条款，遭到中国各阶层的普遍反对。精琪随后作《中国新圜法案诠解》，对这些条款做了辩解。第一，"中国政府洋债及赔款两项，现

---

① 青松：《中国币制概略》，原载《银行周报》第65、66号，第34、35期，1918年9月，见徐沧水编《中国今日之货币问题》，银行周报社，1921，第34—35页。
② 〔美〕精琪：《中国新圜法条议》（1903年），《币制汇编》第3册第6编《币制论著上》，第1—5页。如第一条："中国政府应速定一有效之政策，以期设立圜法。该圜法以能有一定金价之银币为主，其实施以能得赔款国之多数满意为归。"再如第三条："中国办理此事，应派一洋员为司泉官总理圜法事务。该司泉官有权辟用帮办数人，管理制钱局及别项事务为司泉官所指派者。"第四条："司泉官每月刊造详细报告书，申明钱币情形。凡消流、借贷及外国信用汇票等项各若干，皆备载之（原注云：此账目并非中国政府之账目）。凡各国之以赔款事与中国有交涉者，准其所派代表人遇适当时许以查看，且有条陈献替之权。凡此皆为使新币制昭信于各国起见。"第六条："中国应亟铸银币若干万元，通流本国。该银币应有相当之模范，其大小约照墨西哥洋圆，其与彼单位货币之比价，定为三十二换。……"第九条："中国政府为维持银币定价起见，应在伦敦及别处通商巨埠，置备一信用借贷款（Credit Accounts），以便出售金汇票。其汇价较平日银行汇价稍高。譬如按照新制，平日银行伦敦汇价应以新银币一元兑换英金二先令，政府则俟每一元零百分之二兑换二先令时，方卖汇票。此等汇兑归司泉官专理。惟无论何人欲购此汇票，必银数在一万两以上，方许出售。"又如以下数条："十、为设立新圜法，且置备适当支兑之汇款。所需不赀，若政府不能猝备，可以借外债充之。惟应指定一财源作抵。其财源应敷支付利息及偿还资本之用。至管理此财源之法，须令各国之有关系于此事者，咸表同情。十一、所有铸币溢利应另行存贮。一俟贮至五十万两，应按照汇票之多寡，摊分外国各埠之代理人款处存贮。此存贮金款，最少积有若干万两之数方止。十二、倘汇票出售日多，所存金款渐乏，准由政府所派驻外洋代理人收买银汇票，吸回金币，以补其缺。其价目由司泉官临时定夺。十三、应设法颁定银行律。准由国立银行，或别种相当之银行，发行钞票，与通宝同价并用，统归司泉官监督。十四、为推广新币起见，使其流通各省，愈速愈妙，应由司泉官托各省地方官吏或票庄钱庄及可信之商家代为经理此事。……十七、司泉官及各国代表人，有权为中国提议整顿财政。"

欠各国不少,故立此新币制,如欲成就,须得各国满意及允心协助。……由是观之,中国及乐助中国者,于未举行之前,须先求有赔款各国之同意协助"。第二,"美国会议银价大臣,今为中国条陈圜法,实系中国之代表。查美政府原来实应中国政府之请,故特派大臣筹议此事。现在条陈办法,该大臣深信系与中国最相妥善之办法,帮助中国振兴内外商务,支还赔款及他项利益。此办法自应勿与中国自主之权有妨碍,并求与民间习惯相符"。第三,"精通创设及管理新圜法之华人,不可多得,故欲新法办理之妥善,应请西洋专门管理铸钱局及总理圜法者相助。惟一切事务,华人经办者居多。所聘洋员,应按中国委员体制看待。惟最少起首几年,洋员管理,应有大宗裁量之权,以期得有熟练之人帮助,及昭信用而望成效也。今欲尽力以免各国滋生妒忌之心,所应请之数洋人,创立及管理新制,宜由各国擢选,且所用之人不可轻视为外国政府之代表。此实为中国及新制成效之要点"。第四,"如平时生意之用,中国勿庸多存贮金款于本国。在平日局面,银行出卖外国兑金汇票,可照现在市面,一样抽收汇水。假今市面汇价过于平常,政府为维持国币起见,可出卖汇票,在外洋凭票取金,汇价须高于平日银行之汇价。此办法不论何等局面,银币价之跌落,总不得过于政府所纳汇水之数,故政府必应设一信用借贷金款于别国,以备抵用。查金款留存欧美,可得利息,且用此贮款,系属偶之事,故政府可与银行商准,稍出利息,创设信用金借贷款。不论何办法,所费不多。若非时局出于寻常之外,则用存贮欧美款之机会甚少。虽已创设金汇兑本位之圜法,国内一切生意,大抵与用金国办法无甚殊异。且参照以上办法,需用欧美借款亦不甚多。故亦无须为此过虑也"。①

尽管精琪自光绪三十年五月初七日至七月十四日与户部及外务部官员会谈达二十次之多,企图说服中国采用金汇兑本位制,但是,事关中国主权,政府不可含糊。诚如庆亲王致美国政府函稿所云:"中国政府深信中国

---

① 〔美〕精琪:《中国新圜法案诠解》(1903年),《币制汇编》第3册第6编《币制论著》(上),第13、15、24—25、59页。

圜法极须改良，承美国政府雅意，劝中国设立新圜法，足征睦谊。中国已与美国政府简派之专使会议此事，惟中国之圜法为中国之内政，一切自有主权，并不因所列各语受无论何国之限制。"①

江南商务局总办、江苏补用道刘世珩于同年二月写成《银价驳议》，对《中国新圜法条议》和《中国新圜法案诠解》做了逐条批驳。刘世珩反复强调币制是一国的主权，绝不能由外人来控制，并指出精琪方案无视中国的主权。这是非常正确的，但刘世珩对于货币制度本身的批评并没有抓住要害。他把黄金与法定银币的比价（1∶32）理解为金银一般比价，称之为"抬高银价而就金价"，② 这是对金汇兑本位制的误解。

湖广总督张之洞于八月上奏《驳虚定金价铸用金币摺》，亦对精琪方案提出强烈的反对意见。张之洞反对精琪金汇兑本位制方案的第一个理由就是防止外国势力干预中国财政。③ 因为一旦实行金汇兑本位制，西方列强就有了干预中国币制改革的机会，体现为要求由外国人主持币制改革、借用外债和使中国货币依附于外国货币。

张之洞反对精琪方案的第二个理由是金汇兑本位制的核心理论，即银货的金平价固定在 32∶1 不可行。这种反驳实出于对金汇兑本位制核心理论的不完全理解。精琪方案是将"银货"（作为"信用货币"，或者说"代用货币"）和金的比价固定在 32∶1 上，并不是指"现银"（作为"全值货币"）和金的比价（当时的中国人很难理解这一点）。张之洞并没能区分"银货"和"现银"的不同。④

张之洞反对精琪方案的第三个理由是，中国购买力低，用金尚无条件。如果单就中国当时情形而言，张之洞似乎言之成理，然而殊不知中国已深受世界经济大势影响，绝不可能"偏安一隅"，落后的货币体制包括银本位制已经无法适应世界贸易之大势，实行金本位制是大势所趋。考虑到当时

---

① 《庆亲王致美国政府函稿》（1904 年），《中国近代货币史资料》第 1 辑下册，第 1125 页。
② 叶世昌、李宝金、钟祥财：《中国货币理论史》，第 254 页。
③ 邹进文、陈亚奇：《清末货币本位之争——以张之洞、精琪币制思想为中心的考察》，《贵州社会科学》2018 年第 3 期。
④ 〔韩〕丘凡真：《精琪的币制改革方案与晚清币制问题》，《近代史研究》2005 年第 3 期。

中国国弱民穷的特殊国情,可采用金汇兑本位制,即虚金本位,用法定含金量货币(银元或纸币)代替黄金在国内流通。张之洞在这里犯了一个概念性错误,把虚金本位制理解为流通币种材料为金,同时他误以为决定货币本位制的因素完全是经济发展水平。①

1904年,梁启超在《新民丛报》上陆续发表题为《中国货币问题》的文章,批评精琪方案的侵略企图,肯定"精氏原案关于新货币本体之办法,原本学理,适切时势",并做了细致的理论分析。他对张之洞的"论权限问题"表示赞同,但对其"论原案之缺点"则深表不满,批评它"全未达生计学(经济学)学理,一派门外汉语"。梁启超认为,"中国不改革币制,则生计界永无发达之期,始终既必出于改革,早一日则得一日之益,迟一日则受一日之敝";"中国不改革币制则已,苟改革,则其大体势必采用精氏原案";"吾中国若自改之,则吾可以握其主权,而食其利"。②梁启超指出,由于金贵银贱,中国的国际贸易差额要用更多白银补偿,中国对外赔款的实际数额不断增加,银价涨落无常又影响了对外贸易。"以此三因,故中国今日改革币制,必以求得与金本位国有同一之法定平价为第一义。"③这是梁启超主张实行虚金本位制最根本的理由。实行虚金本位制,国内的银币是金币的价值符号,政府需要规定金银币的比价。他说:"故新案主眼,将铸币大权全收揽于中央政府,凡各省之银元局皆罢之。中央政府则调查全国中当有银币若干即可敷用,准此数以为铸造之总额,务使所铸之银无一圆焉失其所,而不得自效用于社会者。夫制既定矣,前此之银锭、银条皆不许为易中之用,其性质与寻常货物无异。"④在这种制度下,银币铸造数量有限制,自然可以维持对金币的法定比价,而同一般的金银比价

---

① 邹进文、陈亚奇:《清末货币本位之争——以张之洞、精琪币制思想为中心的考察》,《贵州社会科学》2018年第3期。
② 梁启超:《中国货币问题》(1904年),《币制汇编》第3册第6编《币制论著上》,第100—101页。
③ 梁启超:《中国货币问题》(1904年),《币制汇编》第3册第6编《币制论著上》,第78—79页。
④ 梁启超:《中国货币问题》(1904年),《币制汇编》第3册第6编《币制论著上》,第82页。

无关。梁启超说:"(虚金本位制)虽号称金本位,而国中实不用一金。政府亦预备金币,而民间有持银易金者,并不给予。惟汇兑于外国,过万金以上者,乃出纳之。……然则需金为用者,惟在国际汇兑之一途。而操纵之妙,即专在此。……其国内通行者,或为银币,或为钞币。苟所发太多,以致金汇票及百物之值,以银钞两币推算,皆觉其涨腾,当此之时,金币(或地金)势不得不出口。……既有信用限制之两法,则平时钱币通行于国内者,自能随国家所定金一银三十二之比价,不至太有所涨落。至其汇出于国外之畸零小数(即所谓正币输送点),苟在平时国内贸易所需易中物之总额,与现存易中物之数适相应,则亦自能从所指定之比价,无大偏畸。"①

梁启超认为,纸币比银币更加适合代替金币通行国内,只是"中国试办改革之始,或未能通行纸币","将来或将发行纸币之权,给予一银行,或给予数银行,苟使办理得宜,实大为币制之利益"。他说:"(纸币)与银币参用,以代表金币,较诸纯用银币以代表金币者,其利益有二端:(一)因市面上所需易中之物,有带循环恒需之性质者,有带额外暂需之性质者,如市面有额外之需,银根骤紧,苟无纸币,则势不得不添铸银币以应之,一过其时,所需复旧,则羡余之银币,流通市面者过多,汇价随之而涨。彼时政府欲维持法价,势不得不发卖外国汇票,以为操纵之计,则其海外代理机关所存贮金款,必至频频动用,支出太多,而银币多积于库底,失其效用,所损亦多。苟有纸币,则当市面额外暂需之数加多时,即增发纸币,其复原减少之时,从而收之。操纵之权,尤简易灵敏,而所陈之两病,可以祛除。(二)以纸币与银币通行国中,则鼓铸之功,更可节省。其费用之廉,亦较倍蓰。凡此皆纸币固有之特长也。"②

---

① 梁启超:《中国货币问题》(1904年),《币制汇编》第 3 册第 6 编《币制论著上》,第 84—88 页。
② 梁启超:《中国货币问题》(1904年),《币制汇编》第 3 册第 6 编《币制论著上》,第 94 页。

第一章 晚清时期近代币制改革思想的发端

光绪三十三年三月，度支部比较虚定金本位四种办法后，①认为："宜先铸新银元，吸收旧日银元与生银。再行推广纸币，收回新银元存储，或变存金块。俟全国通行，徐将纸币变为兑金纸币，或照纸币金价兑银，亦无不可。"其具体做法为："一曰预备施行币制之机关；二曰划一银币，发行纸币；三曰推广纸币，收存银币；四曰改造大银币为小银币。其结束则准市面金银平均价值。铸造金元，改纸币为兑金纸币，如存金不敷用，仍可照市面金价，易银付给。事尚轻而易举，其法较善。惟发行纸币，须多存金。若善为节制，积累经营亦需六七年后，始有成效也。"②

光绪三十三年七月，内阁各部院会议度支部议复驻英汪公使奏行用金币折，曰"有必应照办者三"：一曰铸金币，必须照办。二曰虚定金本位应行照办。"谨案用银之国，改用金币者，始于德，继于日，皆以战胜得赔款多金，遂以改用，是皆所谓金本位。我国无此巨款，万难仿行。无巨款而亦改用者，是为虚定金本位，价值比较既定，金虽不足，以银若干亦可通行。"三曰划一币制应行照办。"中国货币名曰银本位，实则银钱并用。钱粮税则虽按银数收纳，仍责令百姓完钱。下至民生日用，往来贸易，以钱计算者多，而铜钱铜元又复杂糅不一。其用银交易者平色价值离乱参差，甚至一处有数平，一日有数价。近来银元盛行，又各自为风气，中国龙元与外国鹰洋，站人皆任便使用，易钱易物，价又各有高下，彼此皆不相通。

---

① 度支部拟奏办法四种如下："甲、先划一全国银元，逐渐将银元价值抬高至二成后，定兑金之率。乙、下手之时，即定金银比价。国内使用银元，照银元所含银质抛高二成，设法操纵，惟国外汇兑仍须用金。丙、与乙法略同，惟参用纸币以代银元，比之乙法，用款较少。致国外汇兑，金或照金价兑银均可，亦比乙法较便。丁、前美国议改币制，其户部大臣尹顿氏倡议发行兑金纸币，吸收市面之银，藏之国库。凡有人持银到部或造币厂交存，即予以此种纸币。至持纸币换现之时，政府照金价交生银，是以不须多金，可得金本位之用，而无扰乱市场之虞。度支部原奏曾评论以上四种方法，以为甲法自划一银币入手，先五六年，无须维持金价，行之我国似觉平易。但划一之后，逐渐抬高银元价值，其弊害甚多。乙法一面划一，一面即抬高银元价值，可免甲法二次扰动之害。但开办即需款甚大，维持金价亦甚难。若银价大涨，贵于法定之比价，以致银元销熔出口，其害于财政者，比甲法尤甚。丙法需款较少，难亦如之。至丁法，有甲法划一之易，无乙法维持之难。需款既少，危险已轻。"

② 《虚定金本位法》（光绪三十三年三月），《币制汇编》第1册第2编《制造银元铜元时期币制案》，第147—156页。

是改定币制，必先划一权衡，而金银铜三者价值必先有一定比较。"①

宣统元年十二月，山东巡抚孙宝琦奏《详解币制三疑二误并酌拟单数本位及平色法价等差摺》，说："查各国以金为本位，其本位同，而定单数之法不同。有用金而实以金币为单数者……有用金而以银币为单数者……有用金而虚设一单数，不铸金而以纸币代表之者……"孙宝琦认为，"中国将来行金本位"，应择用"虚定单数之法"，即"以纸币代表之，析一金为百分，析一分为二十文。铸五十分以下各等银镍铜币，依分文之数递换。而以五十分银币两枚合抵一金，专备纸币兑取之用"。他的理由是，"虚单数本位者"，既是"省约现金，聚集资本之一策"，又"是单数虚而非虚，本位改而不改"，"使金银两币溢额不及额之患有所消息，而疾舒以势均矣"。"既金银递嬗无形之中，而更具伸缩调和之妙。"孙宝琦说："中国进出口货价，正负相差日远，至逾国家一岁之岁入。此固非发达实业，不足抵制。然所谓差者，非比较物之数量，乃比较价之贵贱也。而贵贱之权衡在币。今日蓄银以铸币，即更无余力出银以收金。而既非以货价易银，必金出而银入，即金贵而银贱。银额增而物产之殖不增，则物贱。用金者以贵金得贱物，则物贱之利归外人。将来用金，又出银以易金，而银无所消纳，且有不能得金之苦。既得之矣，金价贵而物价又随之。外人本以金易货，以货得金，一出一入，全无影响，则物贵之害又归我。而生活愈下之人，受害愈甚，未能料其危险之所至也。今虚悬以单位，而极力发达纸币之信用。凡国家出入，宜多用本位纸币，使流通甚急，无兑现之暇，则现币可少铸，而银金贵贱之势可稍抑。盖新旧过渡时间，宜无异暂以纸币代本位。虽治标之法，亦目前救急之计也。"②

宣统二年，梁启超又作《币制条议》，进一步论述实行虚金本位制的有关问题，并对张之洞的观点提出批评。他指出虚金本位制有四个特色：一是"虚悬一本之标准，以金为之"；二是"政府不铸金币，惟以银币代之，

---

① 《内阁各部院会议度支部议覆驻英汪公使奏行用金币摺》（光绪三十三年七月），《币制汇编》第1册第2编《制造银元铜元时期币制案》，第164—167页。
② 《山东巡抚孙宝琦奏详解币制三疑二误并酌拟单数本位及平色法价等差摺》（宣统元年十二月），《币制汇编》第1册第2编《制造银元铜元时期币制案》，第197—213页。

而以法律规定金银两者比价之率,但其比率必须视市场钱价为稍高";三是"所铸银币,须有限制,使适如全国所需用之额为止";四是"中央银行须相机发卖寄往外国之汇票,又在外国各大市场设立分行,相机发卖寄回本国之汇票,随时操纵出入汇兑市价使与国家法定之比率相应"。① 他引用西方经济学家的话,说虚金本位制是"贫弱国之续命汤"。针对张之洞等人的"最强之论据"——中国人民的生活水平低,不宜采用金本位,梁启超反驳说:"盖与人民生活程度关系最密者,实为最低级之补助货币,而本位币则非其最密者也。"只要最低一级辅币定得适当,人民的小额交易就不会发生困难,这同以何种金属为本位无关。关于国家规定金银比价问题,梁启超更明确地指出:"虚金本位者,以一定重量所铸之金币为尺,而因金币无多,暂以一定重量之银币代之者也……国家虽不能以法律定金块银块之比价,而能以法律定金币银币之比价。既定金币银币之比价,则金块与银块之比价,听其时高时下,而总不能摇币制之基础。"② 考虑到中国银币尚未统一,不能一下子实行虚金本位制,梁启超又提出先实行银本位制,一两年后再改为虚金本位制。梁启超对虚金本位制完全持肯定态度,认为"此法实为银本位国自卫之妙策,我国采行之,有百利而无一害"。他没有考虑到这种制度的实行也包含许多不利因素和危险性。③ 当时中国深陷半殖民地半封建社会的泥潭,财政经济为外人所操纵,政治腐败,经济落后,外汇资金缺乏。在这种条件下,实行金汇兑本位制度,必然会加深中国半殖民地化的程度,仍不能达到稳定金融、促进民族工商业发展的目的。

宣统二年十二月,康有为在《金主币救国议》中,极力主张金本位制。他说,中国采用银本位制,于国于民危害巨大。考虑到黄金数量不足,康有为主张可先实行"法定虚金主币",即虚金本位制。他称虚金本位制为"神方大药,服之可救中国死亡者"。④

金本位派谓:"世界进化,日趋大同,今各国大半已行用金本位制,使

---

① 梁启超:《币制条议》(1910年),《币制汇编》第3册第6编《币制论著上》,第170—171页。
② 梁启超:《币制条议》(1910年),《币制汇编》第3册第6编《币制论著上》,第177、179页。
③ 叶世昌、李宝金、钟祥财:《中国货币理论史》,第273页。
④ 叶世昌、李宝金、钟祥财:《中国货币理论史》,第281页。

一二国独异，则所损必多。且中国近时财政，动需外债，盈虚亏蚀，折耗至巨，苟亦能用金本位者，则将来经济上当可无昔日之患。"但是，"湖广督臣张之洞以虚定金价改用金币，与今日中国情势不合，无益有损，无论授权外人与否，皆不可行"。① 银本位派认为："近时各国文化开明，商业发达者虽已皆用金本位，然而吾国经济现象若此，国民之生活程度又若彼，若必欲行金本位制，则恐利未生而害已起，反足以今社会上生种种困难，殊非审时之道，不如仍用银为本位，庶几得一般行使之利便。"② 日本金井延氏之言曰："世界强国，固皆用金本位矣，然而人口之相较，则用银者实较用金者为多。如印度全国几皆用银本位；用金本位者，惟城镇为然耳。中国币制复杂，虽本位未定，而调查各情况，实以用银为宜。盖中人以下之家过多，寻常人民得银即足，终年所入不及数金，安能行使？"③ 笔名为壹盦的作者参考世界各国币制本位之种种状况，指出货币本位制度"有赖于国家之信用"。他说："国家对于货币上之责任实繁，铸造规定均须十分适宜，然后能得其效果。否则徒为形式上之改良，信用不昭于众者，则一切财政上之补救犹之无济，此则在执行者持平衡断可耳。"④ 王怡柯认为"精琦主张尤力"，"但前清诸王大臣不识世界贸易之大势、货币之原理，对于金汇兑本位制，差愕咋舌，而莫名其妙，恐有非常之危险，遂暂置之"。⑤

事实上，清政府请美国提供币制改革的帮助，是希望美国出面稳定国际金银货币比价，以消除中国在偿付外债和赔款中由银价大幅跌落所造成的巨大损失即"镑亏"，减轻沉重的财政负担。驻美国代办公使沈桐为议银价事致美外部照会并附觉书说："虽赔偿之款，中国现竭力筹付，若各国所定之政策，能使中国定一统国一例之币制，并可销用各国工厂之货，其将来所得利益之重，尚非赔款可比……中国政府特请美国出场，商请各国各

---

① 《度支部议覆驻英汪公使奏行用金币摺》（光绪三十三年三月），《币制汇编》第1册第2编《制造银元铜元时期币制案》，第141—146页。
② 壹盦：《币制本位之参考》，《东方杂志》第9卷第5号，1912年11月，第29—31页。
③ 壹盦：《币制本位之参考》，《东方杂志》第9卷第5号，1912年11月，第29—31页。
④ 壹盦：《币制本位之参考》，《东方杂志》第9卷第5号，1912年11月，第29—31页。
⑤ 王怡柯：《中国币制考略及近时之改革》，《货币制度》，第40页。

力承办。……但中国所望者,即用金国之用银藩属,及用银之国,合力订定办法,以便金银货币,支兑准定,并设法维持所定之比例数而已。"① 美国政府热心中国币制改革,一是为拓展对华贸易和加大对华资本输出力度,二是希望将中国货币纳入以纽约为中心的美元国际集团,以与长期主宰国际贸易的英镑竞争。②

(三) 银本位说

张之洞等清政府官员认为:"论世界之趋势,则应用金本位。论中国之现行,则应用银本位。而论币制进化之理,则由用铜而进于用金,其中必历一用银之阶级。是中国今日之必当先用银本位者,理也,亦势也。"③ "保守主义以为银贱金贵,正内商输出物品之大好机会。外人持少许之金币,可以当我多数之银币,则利我之物价低廉,竞相购致。银价恨其未贱耳,若果极贱,束薪皆可出洋。我之土货畅销,即输入之金融足恃。一改用金,输出之途立窒,输入之途更宽。何者?洋货以镑贵而涨价,以涨价而滞销,此为无形之抵制。用金以后,洋货必且益无阻碍,而悉数灌输也。盖今日销土货抵洋货之策,惟永定银本位之制为最得也。"④ 本币贬值有利于本国土货的出口,减少洋货进口,这无可厚非,但为了"销土货抵洋货"而"永定银本位之制",则有失偏颇。梁启超说:"虽然,以今日我国情形论之,全国资本乏绝,实业人才稀少,加以政治机关种种腐败,无一不为兴业之梗。欲工艺之盛大,遐哉未有其期。而现在每年输入之超过输出者常数千万,银价日落,其购买力日减,物价缘而日腾。吾民日用饮食所费,先受其病。况加以各种外债,总额凡十余万万,皆以金计,年年须辇巨万于外,以偿本息,银价益落,镑亏岁增,其博祸又为人人所共见者耶!若

---

① 《驻美国代办公使沈桐为议银价事致美外部照会并附觉书》(光绪二十九年正月二十二日),《中国近代货币史资料》第 1 辑下册, 第 1112—1113 页。
② 崔志海:《精琪访华与清末币制改革》,《历史研究》2017 年第 6 期。
③ 《会议政务处会奏政院遵议画一币制通用一两银元并拟铸造成色摺》(光绪三十四年九月),《币制汇编》第 1 册第 2 编《铸造银元铜元时期币制案》, 第 176—183 页。
④ 唐文治:《币制条陈》(宣统二年上度支部书),《币制汇编》第 3 册第 6 编《币制论著上》,第 136 页。

夫以四邻列强及其属地悉用金故，我以用银国虱于其间，缘银价涨落之无常，一切懋迁，皆含投机性质，为国际商业之障。而彼我交蒙其害者，抑又无论矣。夫以通义言之，银之不适于为本位既若彼，即以我国特别情形言之，银本位之弊余于利又若此。是故生今日而犹墨守用银之议者，固以持之不能成理矣。"①

光绪三十一年十月二十三日，财政处、户部会奏《拟铸造银币分量成色行用章程摺（附章程）》，拟定重库平一两之银币为本位币，每银元含净纯银九钱六分。所附《拟铸造银币分量成色章程十条》中，第一条明确规定新式银币成色分两；第二条规定"一两银币一枚，当五钱重者二枚，二钱重者五枚，一钱重者十枚，五钱以下银币彼此交换数目，以此类推"；第三条限定辅助货币使用数量，"五钱以下银币，每一次授受，只能用至值银十元即银币十枚为限"；第四条限定新式银币铸造及搭收之数量；第五条规定"各省征收款项向征库平者，均以银币照应收之数征收"；第六条强调"均应一体遵用。至征收关税，仍以库平折合关平，核计征收"；第七条提出"凡以前旧新账目，以及市面贸易，均准照其原定银两平色，折合库平足色银数，以此项银币付给，受者不得异词"；第八条规定，"需用新式银币者，可备银交造币总厂及南北洋、湖北、广东各分厂代为铸造。按照限定成数，以银色所余，抵充铸费。用旧币代铸为新币，则按照内含实银之数，折成库平足银办理"；第九条规定，"货币兑换均照库平足色银公平收兑，不得稍有抑勒。如有商号任意抬抑价值者，从严惩办"；第十条强调此章程应"列入官报，俾众共知"。②

光绪三十三年三月，度支部议复《驻英汪公使奏行用金币摺》，曰："然纯金本位，积金太多，需数亦巨。不纯金本位，则由各国时势所趋，渐次发达而成，均非现在我国所能仿行。虚定金本位，在向不用金之国，改至金本位，乃必经之阶级，但使预备有法，维持有方，举行较易

---

① 梁启超：《币制条议》（1910 年），《币制汇编》第 3 册第 6 编《币制论著上》，第 164 页。
② 《财政处户部曾奏拟铸造银币分量成色行用章程摺（附章程）》（光绪三十一年十月），《币制汇编》第 1 册第 2 编《制造银元铜元时期币制案》，第 126—132 页。

为力。"① 光绪三十四年九月十一日上谕说："币制为财政大纲，各国以金币为主，以银铜各元为辅，规制精密，流通便利，但须累年经营，始克完备，皆非一蹴所能几及。中国财政紊淆，币制亟宜厘定，欲以实金为本位，则巨本难筹。若定虚金为本位，则危险可虑，自应先将银币整齐画一，然后稳慎筹措，徐图进步，将来行用金币，可望妥实无弊。"②

宣统元年闰二月，邮传部右侍郎盛宣怀上奏，建议由中央银行统一币制并拟定划一币制办法。他认为赫德、精琪所主张的金汇兑本位制"须待中国银行开到外埠，方能相机办理，未能一蹴几也"。盛宣怀说："精琪条议将银币金价比银质本价抬高二成……系因近来金价涨落无定，若不抬高，恐国家试铸之金元转旬尽入他国。故欲立汇兑之金币，即不能无金币之价值，欲定汇兑金币之价值，即不能无真实金元之重量，欲定真实金元之重量，即不能无金元与银元交换之等差。"③ 所以，他拟定银本位制办法如下。第一，为将来改行金本位制，拟预定金币二十元、十元、五元共三等；拟兑换纸币一元、五元、十元、百元共四等，"以上纸币统由印刷局一处制造，大清银行一处发用，不准第二处分办。各省官钱局、官商各银行、大小各钱铺均限期将旧票一概收销，不得另出纸币，只准向大清银行领用。凡持此券到大清银行兑换者，一律付给新制银币，将来金币制成，亦用此券兑换，金币并无另式"。第二，"拟银币凡五等，内主币二等、辅币三等"：一元（本位币，换铜元一百枚）、一元半（本位币，重库平一两，换铜元一百五十枚），及辅币五角、二角和一角。"所有需用库平计两之处，即可用此一元半之银元，可元可两，可合可分，专列一等，尤属两便。……五角、二角、一角，皆称补助币。其重量自必照一元递降等差，其纯质亦必照一元稍为轻减。……盖国与民苟能上下相孚以信，当不在重

---

① 《度支部议覆驻英汪公使奏行用金币摺》（光绪三十三年三月），《币制汇编》第1册第2编《制造银元铜元时期币案》，第141—146页。
② 《会议政务处资政院会奏遵议画一币制通用一两银元并拟铸造成色摺》（光绪三十四年九月），《币制汇编》第1册第2编《铸造银元铜元时期币制案》，第176—183页。
③ 《邮传部右侍郎盛宣怀摺——建议由中央银行统一币制并拟定划一币制办法》（宣统元年闰二月十二日），《中国近代货币史资料》第1辑下册，第772页。

量纯质之高低,然国币开办之初,必不可丝毫讹错。重一元之半即命曰五角,重一元十分之二即命曰二角,重一元十分之一即命曰一角。"第三,拟补助白铜币半角,补助青铜币二十文、十文、五文、二文、一文共五等铜元。盛宣怀说:"一元之银币为法货无限制,五角以内之银币以五元为限制……半角以内之白铜币青铜币以一元为限制……今于各等银币之上书明换铜元若干枚,又于各等铜币之上书明以若干枚换银一元,则画一明白,童叟无可欺朦,市侩无可高下,各省官民照律收用,上下不能参差,并责成各处关卡警察查禁私铸。一面责成造币局将新铜币成色加意认真,以日本铜元之重量成分为模范,必无不能信用之理。……若欲以公道收民间永远信用之效,所定十进位当以新银币与新铜币作准则。其旧银币及旧铜币一概收回重铸,用示一律。"①

宣统二年,唐文治上度支部书,作《币制条陈》。关于本位币制,唐文治认为"以金本位为趋向,而必预储现金,铸造实币,乃定金本位之制。今宜暂定银本位之制"。他说:"预备现金敷铸造实币之用,乃可定金本位,今宜暂定银本位也。虽然,非谓金本位之可以缓定也,今日无论如何必实力筹备现金,悉心以金本位为定向。早一日定金本位,即早免一日之害。"②唐文治反对虚金本位制,他说:"顾或者谓急于用金,可用虚金本位之制,以纸币代金币,而仍用银币为兑换之品,特定一银与金之比价,每银一圆,不认为主币,而认为金币一圆几分之一。此从前美人精琦之所主张也。遇以为银圆与金圆之比较既定,则块银与银币之比价,将至无定。各国所以用银币为辅币,而不防定其比价者,以辅币之需用少也。今定虚金本位,而以银元为兑换之品,则并非找零之辅币,实为无制限之正币。且金纸币初行,民未习用,又知其为虚位,益不足以言信用,市面将全恃银圆为周转,仅与金币定一定之比价焉耳。然则块银之价愈低,铸银圆之利愈重,银元之工资较之铜元尤省,利之所在,法不能禁,又将患滥铸银元与私铸

---

① 《邮传部右侍郎盛宣怀摺——建议由中央银行统一币制并拟定划一币制办法》(宣统元年闰二月十二日),《中国近代货币史资料》第1辑下册,第772—777页。
② 唐文治:《币制条陈》(宣统二年上度支部书),《币制汇编》第3册第6编《币制论著上》,第138页。

第一章　晚清时期近代币制改革思想的发端

银元之充斥矣。"① 关于银元重量，唐文治认为，"以七钱二分为准，而不当于币幂载重量文字"。关于辅币，"辅币层级不可太少，而行使不可太多"。唐文治说："其层级当奈何？大率当分银辅币三级，镍辅币一级，铜辅币三级，银辅币三级者，半元及二毫、一毫也。镍辅币一级者，半毫也。铜辅币三级者，当十、当五及一文制钱也。其当二十之辅币，似无足取。"②

当时虽有金汇兑本位之倡议，"而当道仍主张用银本位"，理由有三。其一，中国习惯银铜并用，公私往来多用银两。其二，中国蓄金不多，金矿亦少，恐采用金本位，供求不能适合。其三，人民生活程度不高，不便用金。有此三种理由，故决定用银本位。③ 宣统二年四月，度支部奏《厘定币制酌拟则例摺》，曰："中国向例，银铜并用，究之大宗出入，用银实居多数。现定币制，揆之国家财政情形，民间生活程度，自宜暂以银为本位，一切官款收放，商民贸易，悉以此为价格标准。其穷民交易，以及畸零数目，万不能统一用圆，故又铸造各种辅币以为补助。"④

宣统二年四月十六日，内阁奉上谕："中国国币单位，着即定名曰圆。暂就银为本位，以一圆为主币，重库平七钱二分。另以五角、二角五分、一角三种银币，及五分镍币，二分、一分、五厘、一厘四种铜币为辅币。圆角分厘，各以十进，永为定价，不得任意低昂。着度支部一面责成造币厂迅即按照所拟各项重量成色花纹，铸造新币。积有成数，次第推行。所有赋税课厘，必用制币交纳，放款亦然。"⑤

《币制则例》之大要如下。第一，国币单位定名曰圆。第二，国币种

---

① 唐文治：《币制条陈》（宣统二年上度支部书），《币制汇编》第3册第6编《币制论著上》，第137—138页。
② 唐文治：《币制条陈》（宣统二年上度支部书），《币制汇编》第3册第6编《币制论著上》，第142、143页。
③ 《财政部泉币司提交政治研究会改良币制议案》附录《中国改革币制之过去情形及现今进行方法》（1916年3月），《币制汇编》第2册第3编《铸造新币时期币制案》，第57页。
④ 《度支部奏厘定币制酌拟则例摺（附则例）》（宣统二年四月），《币制汇编》第1册第2编《制造银元铜元时期币制案》，第215—217页。
⑤ 《宣统二年四月十六日内阁奉上谕》，《币制汇编》第1册第2编《制造银元铜元时期币制案》，第218—229页。

类，银币四种：一圆、五角、二角五分、一角。镍币一种：五分。铜币四种：二分、一分、五厘、一厘。第三，圆为主币，五角以下为辅币，计算均以十进。第四，银币重量成色为：一圆重库平七钱二分含纯银九成；五角重库平三钱六分含纯银八成；二角五分重库平一钱八分含纯银八成；一角重库平八分六厘四毫。镍币铜币重量成色另订。第五，主币用数无限制。银辅币用数每次不得过半圆之值，过此限制，受者可以不收。惟向大清银行及其分行分号代理店兑换之时，不在此限。第六，一圆银币，无论何枚，其重量与法定重量相比之公差，不得逾库平二厘。其五角以下各种银币，无论何枚，不得逾库平一厘。各种银币每一千枚合计之重量，与法定重量相比之公差，不得逾千分之三。第七，各种银币无论何枚，其成色与法定之公差，不得逾千分之三。第八，一圆银币，如因行用磨损，致重量不及七钱，一分及五角以下银镍铜币，因行用而磨损显著者，得照数向造币厂及大清银行兑换新币。第九，各种辅币铸造之数，由度支部酌量情形，严定限制。第十，大清银行为国币兑换机关，派专员经理。第十一，新币发行之际，国币一圆五角准合度支部库平足银一两。第十二，新币发行地方，所有从前铸造之大小银圆，暂准各照市价行用。一面由造币厂及大清银行酌照市价，逐渐收换改铸，一面由度支部酌量情形，再行明定期限，逾期一律停止行用。造币厂及大清银行，即照生银收换。第十三，所有各省从前铸造之铜元制钱，仍准各照市价行用，由度支部随时斟酌情形处理。第十四，自该则例奏定日起，限一年内，凡官款出入向例用银者，一律照各该处原收原支平色数目，折合库平足银，再合国币，改换计数之名称。第十五，自该则例奏定后，限一年内，凡官款出入向例用制钱或用银而折合制钱者，一律照本则例奏定日各该处市价，将制钱数目折合库平足银，再合国币，改换计数之名称。其向用银圆或他项钱文者，准照前项办理。第十六，凡开税及邮电轮船各种款目，自本责令奏定后，限一年内由本馆各衙门按照原收原支平色数目，折合库平足银，再合国币，改换计数之名称。其以惯用银元铜元制钱或他项钱文计者，照本责令奏定日各该处市价，折合库平足银，再合国币改换计数之名称。第十七，凡民间债项以银两计者，即照各该处平色，折合库平足银，再合国币，改换计数之名称。其以旧用

第一章　晚清时期近代币制改革思想的发端

银圆铜圆制钱或他项钱文计者，照本则例奏定日各该处市价，折合库平足银，再合国币，改换计数之名称。凡未依本条于债券上改明计数之名称者，嗣后如有争诉，即照本则例奏定日市价作为标准，判令总结债务。第十八，自本则例奏定之日起，所有各省现铸之大小银铜圆，一律停铸。第十九，度支部设立国币化验所，聘用专门技师，将造币厂铸成之国币，抽提分批化验，列表刊布中外。第二十，凡在清国境内，以国币交付者，无论何人，无论何款，概不得拒不收受。①

宣统二年颁布的《国币则例》二十四条②，为中国有史以来最详尽明确的币制条例，除确定国币本位单位外，对各种货币之成色重量、主辅币间之关系和使用数量，以及收兑方式、法律责任都有明确的规定。这说明清政府对现代货币制度的若干概念，如货币的本位制度、单位问题、主辅币的区别等，已有相当的了解。③

梁启超说："此次所颁则例及度支部筹办诸摺，其得失盖参半。"进步之处有：第一，系统整齐明晰；第二，"最低级辅币为一厘，当主币千分之一，与昔日制钱同等，极适于吾民生活程度"；第三，"公差之限谨严"；第四，"一分铜币，暂拟缓铸，实为整顿铜元下手要着"；第五，"旧铜元分年酌定限制，实为铜元善后不激不随之良法"；第六，推行新币，先由折算税率下手，深得其本。不足之处如下：第一，"价格单位，定用六钱四分八厘，以一圆半折合一两，所差至三分八厘之多，恐人民不乐从，不如吾所主六钱六分六厘之便"；第二，"既用十进法，而复铸二角五分之银辅币，甚为无谓"；第三，"五角银币重三钱六分，二角银币重一钱四分四厘，嫌其太与主币之总重量吻合，导人民以称量之心理"；第四，"则例全体之主币不著自由铸造之法"；第五，"辅币不著纳税无限之法"；第六，"办理旧币，准暂照市价行用"。前三项不足"皆末节，无关宏旨"，后三项不足则

---

① 青松：《中国币制概略》，原载《银行周报》第65、66号，第34、35期，1918年9月，徐沧水编《中国今日之货币问题》，第36—39页。
② 参见《度支部尚书载泽摺——厘定币制拟定则例》（宣统二年四月十五日），《中国近代货币史资料》第1辑下册，第784—789页。
③ 卓遵宏：《中国近代币制改革史（1887—1937）》，第77页。

是"最大缺点","是破坏币制","而事实上亦万不能行者也"。①

梁启超认为,《国币则例》"第一条之文,当改为:大清国币以库平六钱四分八厘纯银为价格之单位,名之曰圆"。他说:"据四月十六日上谕及则例第四条所规定,则国币之价格单位七钱二分也。故对开之,则为三钱六分之五角币。四开之,则为一钱八分之二角半银币。五开之,则为一钱四分四厘之二角银币。然则各种辅币,徒以称之,而其总重量得一圆几分之几,而乃命以五角二角等之名也,岂非仍导之称量之心理乎?且既已七钱二分为价格之单位,而实则所含纯银仅有六钱四分八厘,是名价与实价异也。名价与实价异,惟辅币宜然。今以施诸主币,不几治丝而棼乎?""其蔽坐于价格单位之观念,见之不莹,故不言于单位纯量之外,加若干杂质,而惟言于每枚总量中折若干成色,是本末倒置也。"②

梁启超认为,银币作为本位货币,必须允许自由铸造。他说:"窃观此次所颁国币则例,既不着自由铸造之一条,而于价格单位又暧昧其辞,得毋欲揭此七钱二分之名号,而令民持足银七钱二分者,政府乃以一圆以与之易耶?毋惑乎其于交换旧币政策,有许多谬戾也。""凡本位货币,未有不许人民以自由铸造者,此万国之通义也。而则例中竟缺此一条,此又吾所大惑也。循诵部摺,以收换旧币,改铸新币,为最繁难之业。吾以为此业诚繁难也,然惟用自由铸造法,为能执简以驭繁。""然则欲使新币制圆满成就,其道何由?亦曰一圆之主币,许人民以自由铸造而已。质言之,则以实值兑换实值是也。其法则使人民持纯银六钱五分缴纳于造币厂者,厂则立给以一圆之国币,内六钱四分八厘,则国币所含实值也,其二厘则所摊铜价及铸费也。"③

关于"辅币之行用,以有限制为原则,惟对于政府而行用,都不在此

---

① 梁启超:《读币制则例及度支部筹办诸摺书后》(1910年),《币制汇编》第3册第6编《币制论著上》,第265—266页。
② 梁启超:《读币制则例及度支部筹办诸摺书后》(1910年),《币制汇编》第3册第6编《币制论著上》,第230—232页。
③ 梁启超:《读币制则例及度支部筹办诸摺书后》(1910年),《币制汇编》第3册第6编《币制论著上》,第232、243、252—253页。

例",一是"纳税者虽全用辅币,不能拒而不受",二是"持辅币向中央银行或造币局易主币者,当如数兑交"。"今则例第五条云:银辅币用数每次不得过半圆之值,镍铜辅币用数每次不得过半圆之值。过此限制,受者可以不收。惟向大清银行及其分行分号代理店兑换之时,不在此限。"这只是采用了第二法,却不用第一法,很难免"辅币过多之患"。虽然则例第十一条有云"各种辅币铸造之数由度支部酌量情形严定限制","然此则例第十一条如何而始能确生效力,则非采辅币纳税无限制之法为不可也"。"至所定民间行用辅币之限制,银辅币限五圆,镍铜辅币限半圆,似未免过低。日本则辅币限十圆,铜辅币限一圆,似较我为得中也。"①

"则例第十四条云:新币发行地方,所有从前铸造之大小银圆,暂准各照市价行用。……如是则新币非惟不能收整齐严肃之效,徒于千差万别之旧币中,复益以一种新币,增其复杂纷乱而已。而则例中准照市价行用一语,是恐猱之不升木而从而教之也。""在旧币充塞市场,而新币铸数未足之时",最好的办法是,"取国中现在通用之诸内外旧币,一一鉴定其重量成色,取其每枚所含纯银,与新币每枚所含纯银比较,而列为一定之比价,限暂用若干年。在此期限中,照其比价,而暂认为有法币之资格,政府则随收受随改铸","则满期以后,旧币可渐绝迹,而在期限中,亦无扰乱币制之虞矣"。②

梁启超说:"吾以为言收换旧币,万不能以小银元与大银元并为一谈。盖主币与辅币之性质,本绝异也。以吾所主张,则小银元不必汲汲改铸,但用国库收受无限制之法,使其衍溢之部分,得有所归,而不为厉。其余一部分,虽认为法币,使通行市面,阅十年二十年而不病。然则今所最急者,惟大银元改铸问题而已。"③"原摺云所有旧铸大小银元暂准照市价行

---

① 梁启超:《读币制则例及度支部筹办诸摺书后》(1910年),《币制汇编》第3册第6编《币制论著上》,第233、235页。
② 梁启超:《读币制则例及度支部筹办诸摺书后》(1910年),《币制汇编》第3册第6编《币制论著上》,第236、237页。
③ 梁启超:《读币制则例及度支部筹办诸摺书后》(1910年),《币制汇编》第3册第6编《币制论著上》,第243—244页。

用，吾不知所谓小银元照市价行用者，其行用为有限制耶，为无限制耶？持旧铸小银元，向大清银行兑换，大清银行须应之否耶？绎原摺之意，其行用法殆一如其前，则必行用无限制，而大清银行不肯滥应兑换明矣，果尔，则其影响所及当如何？"一是会"使小银元之市价而落至与其实价相等"，则人民损失颇大；二是会造成新辅币不能发行，则例所规定无效；三是"当其未落至实值时，与新铸一圆主币并行于市面，而用之复无限制"，格雷欣法则之作用必起，"而新主币将以次为所驱逐"。"由此观之，则旧小银元准照市价行用，其弊更甚于大银元明矣。故吾所主张者，今惟有暂时少铸银辅币，而以旧小银元为代，而旧小银元行用之法，一遵则例第五条办理，而更加以缴纳租税取受无限之条。则币制不受其牵动，一利也。人民不蒙损矣，二利也。政府则暂免收回改铸之劳烦，三利也。"①

"宣统二年八月，奏改原有之币制调查局为币制局，将实行币制之改革。九月与英德法美四国银行团订借币制实业借款英金一千万磅，并派员前往伦敦，与四国银行团专员讨论币制改革之方针。"②"四国专家对于大清国币条例，大致均表赞同，惟以为一元银币既不自由铸造，即不成为主币，即不得称为银本位。""但宣统三年武汉事起，新币即未照章发行，所有收回旧币之法，亦成为空谈矣。"③

（四）金银双本位说

光绪三十二年，刘冕执在《新民丛报》第16号发表《币制改革略谈》一文，主张实行跛行本位制或金银并行本位制。文章首先强调货币铸造事宜，"中央政府宜善自为之"。其次，从三个方面指陈中国币制改革之方法。

---

① 梁启超：《读币制则例及度支部筹办诸摺书后》（1910年），《币制汇编》第3册第6编《币制论著上》，第263—265页。
② 青松：《中国币制概略》，原载《银行周报》第65、66号，第34、35期，1918年9月，徐沧水编《中国今日之货币问题》，第39页。
③ 《财政部泉币司提交政治研究会改良币制议案》附录《中国改革币制之过去情形及现今进行方法》（1916年3月），《币制汇编》第2册第3编《铸造新币时期币制案》，第58、59页。

第一章　晚清时期近代币制改革思想的发端

第一,"形质之划一","此不能不望政府之速加统治者也";"一两银币,似可渐废货币之秤量制度,而移于货币之个数制度,然此等银货以之为单位则过重。……中国货币不欲改革则已,必欲改革,非将以前银货极力厘正。"第二,"本位之选择","横览列国之大势,则金本位为佳,内顾本国之隐情,则银本位难缺","复本位制恐尚难行",跛行本位制或并行本位制,或可一试。第三,"法律之修明","货币固不全恃法律,然改革货币制度,而不同时改革货币法律,岂得谓为能改币制者乎"。文章最后指出,"币制改革之良否,关系一国经济界之生死,故不得不详审焉";而我国"朝廷下一令曰改革,大臣各具万能,即遂委任一二属员充当总办,开局铸造以应命,亦曰改革。何如此其易也。虽然国民之智识幼稚,政体又习为专制,凡事莫不如是,岂独改革币制然哉"。①

光绪三十四年,刘世珩著《划一币制议》,主张中国实行金银双本位币制。他说:"制金、银、铜三等完全之国币,效日、美、德、法等国双本位,并纸币代表金位之制,以值时价库平银一两之金质,为金单数之本位。除国家所有铸成金币,储之府库,而以纸币发行民间,以为代表金位之用外,凡五钱银币两枚,亦兼为代表金本位,作起数单位之用。凡偿付之数,亦不设以制限。其余自五钱以下银铜各货为本位之辅助品。三等之币,均相维系,价值制有定程。自后国家公帑正供收入之项,概以此三等制币,照章输纳,以期废止从前秤量授受之圜法,而一律改为计数授受之圜法。"②可见,刘世珩对西方的本位制度有误解,他认为当时世界上只有英国实行的是真正的金本位,其余如美国、德国、日本、法国,"虽名为金本位,而实兼有银本位之性质",所以他以为日、美、德、法等国实行的是金银双本位。实际上这些国家的银元是限制铸造的有限法偿币,和银本位及金银双本位无关。

刘世珩提出,"拟中国新立币制金币五种:五十两、二十两、十两、五两、一两;银币四种:一两、五钱、二钱、一钱;铜币六种:五分、二分、

---

① 刘冕执:《币制改革略谈》,《新民丛报》1906年第16号,第27—33页。
② 刘世珩:《划一币制议》(1908年),《币制汇编》第3册第6编《币制论著上》,第109页。

民国时期的币制改革思想

一分即当十、五厘即当五、二厘即当二、一厘即一文。以一两为起数,此种一两之币金银兼用,惟此币专为计数起级之用,可以不铸,以五钱银币两枚、一两纸币一张代之"。他说:"各国均用此制也。查方今东西各国,除英吉利为从金单本位外,其余如日如德如美如法,胥为金银双本位。"①

刘世珩主张,"制三等从金本位,而立法偿之制限者,为恢复金、银、铜三等自然适用之秩序。凡民用往来,其零数仍以铜位。过此数及于银则以银,数及于金则以金"。他说:"国家公帑收入之项,概改归三等制币后,所有三等货币偿付之法,宜制以定限。除金本位实币与代表金本位之纸币,以暨银五钱币两种,从双本位制,其每次偿付自一两起至亿万两,不制以限外,其余自银二钱银币起,至一厘铜币止,每次偿付皆以法律制为定限。仿各国制,凡一厘铜币,每次偿付不得过十枚;二厘铜币,每次偿付不得过二十枚;五分白铜币,每次偿付不得过五十枚;一钱银币,每次偿付不得过一两;二钱银币,每次偿付不得过二两。过此者,无论公私债款,准受付者不纳。以期三等制币,各当其位,各适其用。而国家操完全之法律特权,可以随时预备,而施以维持整齐之力,以杜向昔银铜溷估,乃以供求互异,而生意外之变动也。"②

刘世珩指出,中国拟从金银双本位币制是出于不得已。他说:"今中国既从金银位制,则凡此后实币之支付,固可以五钱之银币,而充兼代之职。以国家纸币发行,以为金位代表,又可以裕金位之用。综以计之,所制造之金币,不过储之府库,以为定银铜之价,坚商民之信用,固无虑有倾溢不支之患者也。惟是币制定后,所最堪注意以经营者盖有二端。一曰金银割合市价之保存。一曰进出口商务所差之正负者也。盖以今日中国之拟从双本位制,为斟酌情势,有万不得已之苦衷在也。一则以中国今日金矿未兴,积蓄未富。若从金单本位,则中国现在国力,既尚未及此纯金之程度。若从银单位,则中国一国独异之势,又不足以御各国之汹流。于是辗转筹维,不得不计出于此。惟是此制既定,所有金单位起数,系以值银一两之

---

① 刘世珩:《划一币制议》(1908年),《币制汇编》第3册第6编《币制论著上》,第110页。
② 刘世珩:《划一币制议》(1908年),《币制汇编》第3册第6编《币制论著上》,第111、115页。

第一章 晚清时期近代币制改革思想的发端

金质割合而成。而银一两之起位,又以值金若干之时价结算而定。两位相维,为全局之根蒂,必移动之毫无,乃秩然而有序。万一两位之价格,因他国之风潮,一有伸缩,则原定割合之值,高下相差,后患斯起。此时低价金位之币,必驱高价金位之币以外趋。而高价金位之币,又必溢低价金位之币以内泛。倾侧既形,操纵难御。倘使中国此时代表金本位之纸币、银币,因此外溢之数过多,则责偿实金之事,或将于是而起,斯不可不预为谋虑者也。将于是而预筹维持保存之策,则非致力精心于进出口之商务不可。盖货币者,百物之易中。譬而喻之,亦如博场之筹码。今若数人相共而博,当彼此互为胜负之交,无不各以彼此所获之数,以互为抵付者。至抵付之不足,则偿之以筹码。迨至终局以后,则胜者所获筹码愈多,其获资亦愈夥。而输者又必偿付以资,以收回分内应有之筹码,此定例也。今以一国与各国互通商市,其情形亦至相同。凡我之货物出口,与彼此之货物进口,其价值在交易之时,盖亦互为抵付。而至结算之际,则以我之出口货物,与彼之进口货物较,乃有差正差负之辨。差正则钱币自然流入,差负则钱币自然溢出。一至钱币流入,则彼所有钱币价值涨缩之权,操之在我。一至钱币溢出,则我所有钱币价值涨落之事,须听之于人。夫至以保我之钱币价格,而听涨缩于人,则我即欲施以操纵维持之术,以保存我原立之制度者,盖已在必不可得之数矣。故欲一国之圜法,能操持以自主,不受制于他人,而永远得立于画一之地位者,如英如美如日等国,其所以奋力经营而毋稍息者,固未敢于区区币制之改立为毕乃事也。"①

可见,刘世珩明白,实行金银双本位制,金银市场比价发生变动时,法定比价难以维持,就会出现劣币驱逐良币现象。他认为解决这个矛盾"非致力精心于进出口之商务不可"。要健全币制,必须致力于国际收支的改善,这是正确的。但是,金银双本位制本身有不可克服的缺陷,即使国际收支顺差,也不可能使金银比价固定不变,也就不可能解决恶币驱逐良币的问题。

---

① 刘世珩:《划一币制议》(1908年),《币制汇编》第3册第6编《币制论著上》,第116—118页。

民国时期的币制改革思想

宣统二年,梁启超著《币制条议》,论中国当急颁币制之故,谓币制颁定之迟速,关系国家之存亡。梁启超从国民生计、财政上及政治上、对外策上三个方面列出了当急颁币制的18条理由:第一,货币为交易媒介,握全国生计之枢纽,币制不定,则国民生计永无发达之期;第二,币制不定,则物价无划一之标准,随金银铜市价之涨落一日数变,物价不与其供求之本率相应,非涨而涨,非落而落,凡百商务皆含有投机的性质,市场不能安矣;第三,物价之对于货币既若是矣,而甲种货币之对于乙种货币,其涨落无定亦如之,故为两重投机的性质;第四,如是则一市之内,混杂既不可名状,若甲市与乙市之交通,甲省与乙省之交通,其棼乱又更甚焉,无异分一国为数十百国,国内之通商汇兑,视对外之通商汇兑,尤为繁难,全国生计机关为之凝滞;第五,币制不定,故为全世界银价下落之大势所压迫,物价日腾;第六,币制不定,故滥铸铜元,滥发纸币,诸恶政相缘而起其极也,至于百货腾涌,一切生银受格里森原则(格雷欣法则)所支配,尽驱逐于海外,其在中国之法币,则无复购买力,一国元气断丧已尽;第七,币制不定,则银行业万不能兴起,一国资本无挹注增长之途,驯至生产事业尽为外人所专;第八,币制不定,则一切税率无确实之标准,租税行政万无整顿之期,中饱之弊无从剔除;第九,币制不定,则预算无从编制施行,即强与行之,而繁杂不可言,作弊亦易,其究也与无预算等;第十,预算既成具文,则国民监督财政之权无所得施,立宪政体全然无效;第十一,币制紊乱之结果,货价日腾,货币购买力日减,则国库每年由租税定额所得之收入愈损其效用,而财政之竭蹶愈甚;第十二,以恶币盛行,故地方官吏赔累不堪,势必仍以他种贪污手段取偿于民,长官虽明知之亦不能察,而吏治将日加坏;第十三,若为补救国币之不足,或弥官吏之赔累,而将各种税率任意折算货币成色,则其祸更烈于增税,必致民不聊生;第十四,恶币既以盛行,将来若不设法补救,则国遂将随以亡,然补救愈迟,则国库之受累愈重;第十五,颁定币制,我与英美德日所定新商约列为专条,故虽属内政,今已变成条约上之义务,若因循不颁,长此紊乱,则外国之干涉必起,更进则必致干涉财政而后已;第十六,币制不定,则以银价涨落无常之故,对于用金国之贸易,全为投机的性质,而国际商业万难发达；第十七，以银价下落之趋势，而我国入口货物远过于出口，故我之亏累愈甚，而每年偿还外债本息之镑亏漏卮，益不知所届；第十八，币制不定，则外国银行纸币无从抵制，而全国金融机关终长为外人所握，得以制我死命。①

梁启超说："今日所当研究者，则金本位、银本位、虚本位三者孰适之问题而已。凡选择本位之标准，略有三端，一曰就币材性质以观其孰适；二曰就国民生活程度以观其孰适；三曰就四邻交通利便以观其孰适。……就第一标准论之，银不逮金，已成通义。……就第二标准论之，则两者各有利害可言，而当视各国情形以为断。……就第三标准论之，则虽人民程度不必用金，而大势所迫，有不得不用者矣。"② 然而，迫于民不聊生、国力衰微、列强环伺的社会现实，清末政府不得不选择暂行银本位制。做出这种选择本身无可厚非，只是《国币则例》尚存诸多不足之处，况且因清政府垮台并未付诸实施，徒成一纸空文。

---

① 梁启超：《币制条议》（1910 年），《币制汇编》第 3 册第 6 编《币制论著上》，第 145—149 页。
② 梁启超：《币制条议》（1910 年），《币制汇编》第 3 册第 6 编《币制论著上》，第 163 页。

第二章 民国初年的币制改革思想（1912—1927）

清朝末年虽然确立了银本位的货币运行体系，但对日益混乱的货币流通状况并没有来得及进行清理，货币危机依旧存在。民国初年的军阀割据使得本已非常混乱的货币状况更趋严重，直到1914年袁世凯政府颁布《国币条例》，并推出"袁头银币"之后，货币统一的趋势才重新出现。但是，袁世凯政府很快倒台，之后的历届北京政府，名为中央政府，实际上只是各派军阀割据势力争相控制的权位象征而已，其政令不出京门，难以对货币的发行和流通实施有效的控制。其间虽有《国币法草案》和《金券条例》的公布，但并未对币制的统一真正有所作为。事实上，1917年以后，各地军阀割据混战的局面较民初更加严重。各派军阀割地称雄，在自己的势力范围内滥发滥铸货币，使流通中的货币更加纷乱庞杂。换言之，民国初年，银两与银元并存的局面并没有得到根本改变，地方上流通的各种"辅币"也没有得到有效的治理，银根紧缩、铜元贬值、通货膨胀的多重货币危机愈演愈烈。

这一时期，关于金属本位制的各种主张争论不休。孙中山、康有为、朱执信、廖仲恺等提出了不兑现纸币流通制度的理论。纸币制度符合货币演变的方向，但当时信者寥寥，而且理论本身还不成熟，康有为的纸币理论缺陷更多。章炳麟则坚持金属主义货币理论。

一 金汇兑本位论

民国成立之初，"货币益复紊乱，花纹表识，重量成色，省自为政，各出新裁",于是财政部有币制委员会①之组织。早在宣统三年四月,清政府就向英、美、法、德四国银行团办理币制实业借款,商定聘用一中立的外国人为顾问,后来选定了荷兰人、爪哇银行前总裁卫斯林(G. Vissering)为顾问。因武昌起义爆发,卫斯林未能来华就职。他于1912年7月写了《中国币制改革刍议》(*On Chinese Currency Preliminary Remarks about the Monetary Reforms in China*)一书,主张采用金汇兑本位制。1912年11月,中国政府聘用卫斯林为名誉顾问。卫斯林到北京与币制委员会讨论了币制改革问题。② 他对金准备及中央银行问题详加阐述,主张:第一,不举债,以发行兑换券所得现金,或定期贴现充准备金;第二,中央银行完全商办,政府不入股或代行举债。资本不必大,约募金一百万镑即足。③ 这显然是依据当时中央政府财力和权威不足提出的币制改革方案,有一定的现实性,至于其可行性则值得商榷,如中央银行完全商办就未必可行。币制委员会虽赞同采用金汇兑本位制,但对金单位代表问题、金准备问题及金银比例问题等,均持相反意见。

(一)卫斯林之金汇兑本位论

卫斯林认为,民众的认同与支持、法治政府的权威与执政监察能力是改良币制的前提。中国经济落后、地域宽广且习俗各异,政府的实力不足以实行金本位制,宜暂时采用银本位制和金汇兑本位制作为过渡。他说:"改良币制,务使商民晓然于其所以然之故;而政府之力,又足以实行之;且以时监察商民之行为,其有破坏法令,乘财政之紊乱,以谋一己之私利者,惩之必严。不然,则最有益于人民之良制,亦将无所见效而已。"中国"宜先就现在之情形,加以改良,务使切实可行。庶于国为易办,于民为易

---

① 1912年10月,财政部成立币制委员会。该会委员多数主张金汇兑本位,将金银本位及精琪与卫斯林所拟金汇兑本位办法讨论极详,著有报告。该会旋即裁撤,是为第一币制委员会。1913年,财政部设立第二币制委员会。委员中有主张银本位者,有主张金汇兑本位者,有主张金银并用者。未经议决,该会即行裁撤。
② 叶世昌、李宝金、钟祥财:《中国货币理论史》,第285页。
③ 卓遵宏:《中国近代币制改革史(1887—1937)》,第119页。

行。俟时机成熟,再求尽美,庶几循序而进,有条不紊矣"。① 金本位虽好,但不适合中国。"中国内地之商业尚未发达,以金币为单位,诚恐其大而无当。大约此数十年中,金本位币制,恐不能适合社会之需要也。即勉强行之,亦断难有多数之金币流通国内,不过拥金本位之虚名,而以银镍铜各辅币为流通之品,如金汇兑本位耳。"② 中国幅员辽阔,宜于一方之币制,未必宜于他处。"此所以金本位或与金本位相近之币制,虽经采用,亦仅能行于一部,而他部之人民,则仍以银本位为最宜,或竟以行用铜币,稍加节制,为最利焉。""骤欲统一币制,则于其不宜之处,必生种种之障碍。吾恐失败不能幸免,且多贻后患也。然以实行银本位为入手之办法,则可免许多困难。"③ 所以,中国在采用金汇兑本位之前,暂宜实行银本位制。

卫斯林指出,国际贸易顺差是实行金本位或金汇兑本位的前提条件之一。"中国于决定采用金本位或金汇兑本位之先,亟宜确知其国际贸易差额上之真相。设其差额常为正差,则金本位与金汇兑本位均易保持。若其差额为负差,而存续之时间不长,亦可以金准备弥缝之而无大碍。""若国际贸易之差额常为负差,则中国苟能以新债及欠款弥补其支付之差额,则其金汇兑本位或金本位之制,犹可保持。不然,则国际负差之结果,必将大著。故于中国国际贸易及国际支付差额之真相未能确定之先,即行采用金本位或金汇兑本位,施之全国,定为唯一之币制,则固有绝大之危险。为今日计,实行采用金本位或金汇兑本位为中国独一之币制,似不得不从稍缓。盖关于中国国际贸易及支付之实情,均须详细调查。而此种调查,将非数年不能蒇事也。"所以,中国在实行金汇兑本位之前,必须先把国际贸易之实情调查清楚,以确保金准备无枯竭之虞。

鉴于民国初年中国贸易逆差逐渐加大,卫斯林建议"以旧有之生银及

---

① 〔荷〕卫斯林:《中国币制改革初议》(1915年),邵良光译,《币制汇编》第4册第7编《币制论著下》,第2页。
② 〔荷〕卫斯林:《中国币制改革初议》(1915年),邵良光译,《币制汇编》第4册第7编《币制论著下》,第15页。
③ 〔荷〕卫斯林:《中国币制改革初议》(1915年),邵良光译,《币制汇编》第4册第7编《币制论著下》,第19—20页。

第二章 民国初年的币制改革思想（1912—1927）

银币，仍与新设之金准备并行"，即暂行银本位制。他说："然则于革新伊始之时，欲求金准备无枯竭之虑，且同时可为将来实行完全金本位或金汇兑本位制之预备，更不可无一妥善暂行之计划。苟此计划可以实行，则此难题即可立解。以此计划于银辅币未曾铸就之前，可即采用金本位或金汇兑本位之原理，而施之实行。且可使国内现金及金值准备，均不致涸竭。以旧有之生银及银币，仍与新设之金准备并行，而临时国际贸易之差额，尚可以此项旧币抵偿也。"① 即在国外金准备不够偿付国际贸易及支付之逆差时，"则偿付国际贸易及支付之准备，可以现行之法暂时继续行之，即以银为偿是矣"。"此暂时保存银币与新单位并行之又一大利也。"②

卫斯林指出，中国应有一稳定之币制，备有下列各种之特质："一、当改革之初步，对于现有银元、纹银、铜币之流通，尚有维持之必要时，即可见其利用。二、于未能发行银辅币之前，即可见其利用。三、不至国际贸易或支付之有负差，而有失败之虞。四、于新单位之价值未曾确定之先，可减少以银币或货物为投机之危害。五、可以有一颇长之过渡时期，使人民可与新订之币制相习于此期内新旧两制，务使一律通用，并行不背，以减少币制改革之阻力。如时机未见成熟，可不必急急采用金汇兑本位或金本位为唯一之币制也。六、于此过渡时期内，使中国国际上之关系可有一定之单位而更加稳定，欲图外资之输入，此层尤关重要也。七、新定之单位，可以不至与前订之契约稍有所妨碍，以此新单位实为一种现今最为通行银两之一部分。凡已立契约之用银两者，皆可以新单位折算，事甚易易也。八、此新定之单位价格，不致过高，致辅币之种类太多，且有增高物价之趋势。九、新铸银币之真值，不致太高，使银价稍涨，即有真值浮于面值之虞，致首先为人销毁。"③ 即当时的中国币制应充分利用"现有银元、纹

---

① 〔荷〕卫斯林：《中国币制改革初议》（1915年），邵良光译，《币制汇编》第4册第7编《币制论著下》，第75—77页。
② 〔荷〕卫斯林：《中国币制改革初议》（1915年），邵良光译，《币制汇编》第4册第7编《币制论著下》，第85—86页。
③ 〔荷〕卫斯林：《中国币制改革初议》（1915年），邵良光译，《币制汇编》第4册第7编《币制论著下》，第111—112页。

银、铜币"作为过渡,以满足国内日常交易和国际贸易逆差的需要,同时新定适当货币单位(新铸银币)并行不悖。

所以,卫斯林建议中国实行金汇兑本位制,暂时并用金汇兑本位与银本位两制。"其法系先定一虚金单位,应含纯金 0.3644883 格兰姆。中央银行首先设立簿记,往来款项用金计算,并发行一种代表虚金单位之证券,其面价以存在外国金准备维持之。"① 这种代表新金单位的兑换券,在本国不能兑现,但可在外国存储金准备之处兑取外国金币,以 5 万单位起兑。东方的汇兑事务在上海办理;西方的汇兑总机关设在荷兰的阿姆斯特丹,由一两位荷兰人任经理,若干中国人任襄理。② "从前各省所铸银币、外国银元以及生银,仍照习惯,准其各照所含真值自由行用。铜币亦仍照市价使用。俟数十年后,(中国)国势巩固,有禁止伪造货币之能力,然后定金银比价为金一银二十一之比例,铸造代表金单位之银币,以成一纯粹之金汇兑本位制度。"③ 卫斯林主张条件成熟后,定金银比价为 1∶21,银币含纯银 7.6542543 克。新银币通行后,再铸造 10 倍或 20 倍金单位的金币。④

卫斯林的主张仍为金汇兑本位,其与精琪主张不同之处,在于施行之方法。精琪主张在国内以银货代表金本位币,其间定一比价;卫斯林则主张在国内用银行券代表金本位币。他说,"不必汲汲于银币之铸造,但以银行兑换券代表之可矣","而银金之间不设定比价,俟中国一切情形进步之后,再设金银间之比价,以为真正之金汇兑本位"。其理由是:"据各国货币流通之经验,伪造金属货币较之伪造纸币为易,以故各国通货中金属货币伪造者发见恒多,而伪造纸币之事,则殊不多观也。今行金汇兑本位,必先抬高银价,于是银币之法价大于真值,且法价又无限制,则伪造者秘起;况中国警察能力尚不发达,防杜实难,故不如使用钞票,较可免伪造之币也。"⑤

---

① 王怡柯:《中国币制考略及近时之改革》,《货币制度》,第 45 页。
② 叶世昌、李宝金、钟祥财:《中国货币理论史》,第 285 页。
③ 《币制节略》(1918 年 8 月),《币制汇编》第 1 编《货币法规》第 1 册,第 28—85 页。另见青松《中国币制概略》,原载《银行周报》第 65、66 号,第 34、35 期,1918 年 9 月,徐沧水编《中国今日之货币问题》,第 76 页。
④ 叶世昌、李宝金、钟祥财:《中国货币理论史》,第 285 页。
⑤ 王怡柯:《中国币制考略及近时之改革》,《货币制度》,第 45 页。

第二章 民国初年的币制改革思想（1912—1927）

卫斯林说："国中虽未铸有金币，或根据于金币之银辅币，中央银行亦可发行根据虚金本位之纸币，使其备有各等之金额。"即央行应根据需要发行面额不等的纸币（含本位币和辅币）。"然发行纸币，尤当防范伪造，一如行用辅币之当严禁私铸也。苟纸币之伪造稍多，则其行用之危险，与所生之扰乱，必较因私铸辅币而生者为更甚。"① 卫斯林强调，必须坚决防范伪造货币，且中国政府不宜发行纸币，"当以发行银行券之特权，授之中央银行"。因"夙昔政府发行纸币之恶果"不胜枚举，若仍由政府发行，易蹈"无足成现金准备"之覆辙。他指出，政府发行很容易造成滥发之恶果，而相对独立的央行发行更为可靠，央行作为发行银行不以营利为目的，专以社会利益为前提，行使金融监管之职责。"苟有适当之则例以规定之，则发行银行券，实便于发行政府纸币。至恐发行银行之可以借此广营私利，则实为过虑。盖政府之予银行以发行纸币之权，实专以社会之利益为前提，与银行之兑现，必求有完全之保障。且于政府之需要与银行之职务，亦必力杜其混合，使银行可以有完全之自动。"② 中央银行作为货币金融管理机关，为经济发展创造货币和信用条件，为经济稳定运行提供保障。在现代经济社会中，中央银行是金融体系的核心。

所以，卫斯林强调，改革币制非从银行制度着手不可。中央银行作为发行银行"集巨大之金准备，存之外国"是"金汇兑本位要件之一"。他说："苟政府能保持辅币之定值，与国际汇兑之平价，则金汇兑本位，亦可以使国内物价及国外汇兑，无忽然涨落之虞，其利益与金本位相同。然必有一中央机关，以经理其事，尤莫妙于设一中央发行银行，集巨大之金准备，存之外国。此国外金准备，为金汇兑本位要件之一。"③ 作为发行银行，中央银行"当首先行用一银行单位（或曰簿记单位），凡与银行有交易者，

---

① 〔荷〕卫斯林：《中国币制改革初议》（1915 年），邵良光译，《币制汇编》第 4 册第 7 编《币制论著下》，第 54 页。
② 〔荷〕卫斯林：《中国币制改革初议》（1915 年），邵良光译，《币制汇编》第 4 册第 7 编《币制论著下》，第 55、56 页。
③ 〔荷〕卫斯林：《中国币制改革初议》（1915 年），邵良光译，《币制汇编》第 4 册第 7 编《币制论著下》，第 15—16 页。

银行宜使其可立两种帐簿，一以银计，一以金计。其以银计者，则以现行银货之一种为单位，如银元银两银条之类皆可。其以金计者，则以基于金汇兑本位之虚定单位为单位。至于因银价涨落所生之不利，自须全由与银行往来者担负。然同时银行仍须准备可以随时将以银计算之帐，改作金计。如存款者，愿以其所存之一部分或全数，改作本于金汇兑本位之虚金单位计算，银行即可照办，但须经存款者之请求，始为改算而已"。银行亦应准备用虚定金单位，为存款人转账。卫斯林认为这样就可以使金汇兑本位顺利实行。"若用此法，则凡用银币之贸易银行，均可以金币为标准而折算之。但欲尽金单位之能事，则尚有待于改良，以银行固大可推广虚定单位之利用也。"

卫斯林认为，作为货币金融管理机关，中央银行"寻常不宜与各地方银行为银币买卖之竞争，但为全国利益计，中央银行应有订正价格之全权"。① 即中央银行可作为货币管理当局执行金融监督管理职能。

卫斯林认为，中央银行应预备充足的黄金准备或"金值准备"（白银），使无兑现之虞，同时将金准备之大半存于国外，以"维持其外国汇兑与金之平价"。他说："中央银行为审慎计，于发行兑换券之始，宜预备充足之现金，或金值准备，使凡兑换券之来兑现者，均可立时兑付，庶使各银行及社会于此项兑换券之价值，绝无疑虑。此项金准备之大半，目前宜存之外国。然一俟中国能保存适当之金货于国中，则此项准备即应悉数提归中国，以存金准备之大半于国外，实所以应变于一时，而非所以处常之道。其究竟则至少此金准备之百分之三十或四十，或为金币，或为有担保之辅币，终须存之本国。""然即至将来中国亦宜将一部分之金准备，存之国外，此为世界各大发行银行之通例。存此准备之目的，非为兑换券之兑现，乃借以买卖金值之汇票、支票及汇划等，以维持其外国汇兑与金之平价而已。"②

中国外国金准备，实具有两重性质。第一，"所以备兑换券之兑现"。第

---

① 〔荷〕卫斯林：《中国币制改革初议》（1915年），邵良光译，《币制汇编》第4册第7编《币制论著下》，第46、47、50页。
② 〔荷〕卫斯林：《中国币制改革初议》（1915年），邵良光译，《币制汇编》第4册第7编《币制论著下》，第84—85页。

第二章 民国初年的币制改革思想（1912—1927）

二，"于将来可以之买卖金值汇票之类，使外国汇兑之价值可以稳定"。"设中国国内情形可以通用金币及银辅币，则此准备之一部，昔以之收兑兑换券者，即可收回所余之一部分，以存于国外之利用较大仍可如前存放焉。"①

针对民国初年市面流通之价值不定、种类极为复杂的货币问题，卫斯林认为，为改革币制计，各种银币银两，"可视为生银，或者将来鼓铸新银币时，可用作材料耳"。对于"偿债纳税发薪贷款所用种种普通假定之单位"，即虚银两，"应用下列方法划一之"："甲、制定币制之新单位，并规定旧用各种银两，与新单位交换之价格；乙、无论中国人与中国人，或中国人与外国人缔结之合同，应悉照此规定之交换价格核算；丙、中国所欠外债之原以银币计算者，应照规定之交换价格，改用新单位核算。"对于各省铜币之充斥问题，"又不独关于价值一端而已也"，"较银币问题之解决为尤难"。关于"各处银行票号钱庄所发钱票银票之滥溢"，"中国将来即不采用中央银行单独发行纸币之制，此项滥发之银钱票，亦必须限令收回"。"然此事固有事实上之困难。盖中国银号，不尽殷实，往往无确实存款，可以兑收发出之票类。固欲解决此问题，须先切实调查各银钱庄号股本之虚实。恐非政府发一命令，限令收回之，所可奏效也。然收回各银钱庄号所发各票，在币制改良第一期内，尚非最急，以其于选用之币制，无直接之关系也。其实行必至新币制施行之时，乃为必要。"② 显然，卫斯林很清楚，当时限令收回滥发之银钱票相当困难，铜币充斥问题更是难以解决，而这些难题正是施行新币制必须解决的条件之一。

卫斯林认为，中国亟宜"定一币制改良之计划，可适用于自现在复杂情形进入于将来完备制度中间之过渡时期，且足为将来施行完备制度之预备制度是也"。③ "其（卫斯林）说为暂时并用金汇兑本位制及银本位两制

---

① 〔荷〕卫斯林：《中国币制改革初议》（1915年），邵良光译，《币制汇编》第4册第7编《币制论著下》，第85页。
② 〔荷〕卫斯林：《中国币制改革初议》（1915年），邵良光译，《币制汇编》第4册第7编《币制论著下》，第6—8页。
③ 〔荷〕卫斯林：《中国币制改革初议》（1915年），邵良光译，《币制汇编》第4册第7编《币制论著下》，第109页。

为过渡之办法，而以实行金本位制为归宿。"①

卫斯林所主张之币制改革，其进行之次序如下。

第一期：第一，着手之第一步，即须订定一未来金单位，以为新制之基础。借免宣布金银比价时习见之投机，且使金银币之价值，不致将来因订定金单位而变动。第二，设立一中央银行，或即将大清银行改为全国之中央银行。第三，用新定之金单位，为银行交易及转账之簿记币（即簿记上之款项，均以此新单位计算也）。第四，设法求外国汇兑银行及中国私立银行，及银行业之协助，使其簿记计算，亦用此新金单位。第五，发行新金单位之银行兑换券。第六，贮积金准备，以为上款兑换券之兑现。第七，订定经理金准备之章程。第八，然后定银行兑换券为法偿。第九，详细研究中国国际贸易及国际支付差额之状况。

第二期：第十，定各辅币及零币之重量、成色与杂金质。第十一，发行各种辅币零币。第十二，同时储积金准备，为辅币之兑换，并规定经理章程。第十三，如有实际之需要时，铸造及发行金币，或暂时承认外国金币为法偿，并发行金币证券。第十四，宣布定单位及等于单位二倍之银辅币；上述之金币及金币证券为无限法偿。

第三期：第十五，逐渐收回废置旧时之银元、纹银及制钱，唯使银及制钱之废置，以事实上之必要为度。②

金汇兑本位制，又称"虚金本位制"，是指银行券在国内不能兑换黄金和金币，只能兑换外汇的金本位制。实行这种制度的国家须把本国货币同另一金本位制国家的货币固定比价，并在该国存放外汇准备金，通过无限制供应外汇来维持本国币值的稳定。采用这种币制必然使本国货币依附于与之相联系的国家的货币，本质上是一种附庸的货币制度。

卫斯林遍游欧美，对金本位、金汇兑本位及银本位等货币本位制度研究颇深，并熟知英属印度南洋群岛及菲律宾等地的币制改革情况，对民国

---

① 青松：《中国币制概略》，原载《银行周报》第65、66号，第34、35期，1918年9月，徐沧水编《中国今日之货币问题》，第39页。
② 〔荷〕卫斯林：《中国币制改革初议》（1915年），邵良光译，《币制汇编》第4册第7编《币制论著下》，第113—115页。

初年中国的货币制度问题做了翔实的调查研究,建议中国暂时并用金汇兑本位制及银本位两制为过渡之办法,而以实行金本位制为归宿。这是基于国际视野和中国现实提出来的比较合理的币制改革主张,其思路和步骤规划比较清晰,尤其是设立中央银行的提议值得高度肯定,至于"以实行金本位制为归宿"的观点则不符合货币制度的演进发展规律。①

(二) 第一币制委员会提出的《会议币制报告书》

1912年10月8日,北京政府财政部币制委员会成立,以财政部次长章宗元为委员长,王璟芳为副委员长。该委员会从成立,至同年12月17日为止,共召开会议38次,其中除讨论银行则例外,共讨论币制本位问题23次,②最后一致同意实行金汇兑本位制。当时币制委员会讨论之结果,亦仅从学理上论各种本位之利弊,"仍归着于金汇兑本位,而并论究其施行方法之利弊。然国家财力不足,亦徒理论而已"。

币制委员会认为"金银双本位已经失败,纸币本位非常危险",所以着重讨论了金本位、银本位及金汇兑本位三种本位制,③在委员会解散前提交了一份《会议币制报告书》。该报告书在分析上述三种本位制利弊的基础上,着重讨论了实行金汇兑本位制的有关问题。它指出实行金汇兑本位制有八利:其一,国际汇兑巩固;其二,国际贸易发达;其三,可以消灭以多货易少货的损失;其四,外资输入踊跃;其五,随时可改为金本位制;其六,国内仍用银币;其七,国内银价不致骤跌;其八,不必多储金款造成利息损失。困难有二:其一,维持金银比价困难;其二,开始推行困难。④"金汇兑

---

① 1922年热那亚会议后,除美国仍实行金币本位制、英国和法国实行金块本位制这两种与黄金直接挂钩的货币制度外,其他欧洲国家的货币均通过间接挂钩的形式实行了金汇兑本位制。1925年,国际金汇兑本位制正式建立起来。1929—1933年的世界经济危机摧毁了西方国家的金块本位制与金汇兑本位制,统一的国际金本位货币体系也随之瓦解。
② 财政部币制委员会:《会议币制报告书》(1913年),《币制汇编》第3册第6编《币制论著上》,第287页。
③ 财政部币制委员会:《会议币制报告书》(1913年),《币制汇编》第3册第6编《币制论著上》,第287页。
④ 叶世昌、李宝金、钟祥财:《中国货币理论史》,第286页。

本位既有八利二难，则非银本位与金本位之利少弊多者可比。我国改良币制，似以金汇兑本位为最合宜。"①

1. 银本位制之利弊及实行金本位制之"三难"

《会议币制报告书》指出，"银本位只有一利，即推行较易是也"。"因银主币之法价等于其真值，人民自然乐用；且中国习惯一向用银，因仍旧惯，通行自易。此银本位之惟一利益也。"

至于说仍用银本位可以鼓励出口，则"非银本位国之利也"，其理由是银本位国实以其多数货物易金本位国之少数货物而已（实则不然）。"我国人主张银本位者，以为历年以来，中国之进口货，每超过出口货，若改用金本位，则进口货将益增多，出口货将益减少，故不如仍用银本位，以为杜塞漏卮之一法。""是说也，非无理由。不但华人有是说，即外人亦有是说。""或银本位国，因银价底落，而出口货可以鼓励增加，然非银本位国之利也。盖银本位国之出口货，以银计算，固见其增多。若以金计算，有时出口货虽加多，而所得金钱反减少。""是银本位国，实以其多数货物，易金本位国之少数货物而已。所以银本位国，因银增跌落，而增加其出口货，于其国家实无利益，而有损失。若长此不已，其国民经济，必渐至于穷困，反不如出口货不增加之为愈也。""用银本位未必增加出口货，即或增加，亦断非银本位国之利益。所以，银本位可用以增长出口货物之说，不能成立。而所谓银本位之利益者，只在推行时，较为便利而已。"

然而，"银本位之弊，约有四种"：一是"国际汇兑之障害"；二是"国际贸易之妨碍"；三是"银本位国以多数货物易金本位国之少数货物"；四是"外资输入之阻碍"。在国际金本位货币体系之下，因国际结算使用黄金，金银比价上下无定，实行银本位制存在很多不利。《会议币制报告书》指出的这四大弊端，除第三点比较牵强之外，其余三点言之有理。

第一，金银比价涨落无常，国际汇兑无法稳定，造成很多不利。"银价涨落无常，银本位国与金本位国之国际汇兑，汇价无定，不能预计。有时

---

① 财政部币制委员会：《会议币制报告书》（1913年），《币制汇编》第3册第6编《币制论著上》，第297—298页。

银价低落,则国家付偿外债,必受磅亏。人民汇付款项,亦多不利。"

第二,国际汇价上下无定,徒增国际金融投机,扰乱国际贸易秩序,扭曲国际竞争环境。"国际汇兑之价格,涨落太大,中外贸易遂有两重投机。譬如洋人在中国或华人在外国购货,物价有上落,购时与售时市价不同,而盈亏无定。此一层投机也。汇价上下无定,将来汇兑金银,不能预计其多寡。此又一层投机也。故金本位国与金本位国贸易,只有一层投机,而商务易兴;银本位国与金本位国贸易,因有两层投机,而商业不能发达。"

第三,金贵银贱使银本位国间接以多数货物易金本位国少数货物,"不利莫大也"。这种说法很是牵强,很不专业。"银价贱,则银本位国出口货之市价跌落。金价贵,则金本位国出口货之市价增高。所以两国贸易,银本位国每至以多数之货物,易少数之金钱(以银计算,不见其少。以金计算,则见其少矣)。再以此少数之金钱易外国之货物,是间接以多数货物易少数货物,不利莫大也。"事实上,银本位国可以增加出口,减少进口,在一定程度上实现出口贸易量的增长。

第四,金银比价上下无定,投资者观望不前,不利于外资输入。"金银之市价,涨落无常。金本位国之资本家,以其资本输入于银本位国,一旦银价跌落,则所得之利息,不敌其所失之金数。是以金本位国,虽有资本,除非用金计算,如我国现今息借外债之办法,则皆观望不前,莫敢以资本输入于银本位国。"

既然采用银本位弊多利少,中国不应仍用银本位。"银本位之弊有四,而其利仅一,则中国不应仍用银本位,彰彰明矣。故论者谓久用银本位,固无此理。惟现在币制淆乱,绝无统系,宜先将银币统一,然后仿照印度办法,停止银币之自由铸造,将银价抬高,定一金银比例,即成为金汇兑本位。所以主张仍用银本位者,不过为过渡时代之暂行制度而已。"

至于说先暂行银本位,再改用金汇兑本位,这会给经济造成两次影响,不如直接采取金汇兑本位制,"此说非也。先划一银币,再改用金本位,比起首即改本位,不利之处较多。昔印度未改币制之先,其卢比已供过于求。故用此办法,中国若欲仿行,则须先铸大多数之新银币。且先铸银币,再定金银比例，将银币之法价抬高，则商民可先行囤积银币，以谋厚利。印度前车，可为殷鉴。且起首即用金汇兑本位，经济只受一次影响。若先划一银币，再改金汇兑本位，是经济上须受两次之影响也。故以银本位为过渡时代之暂行制度，实非计也"。这种说法在一定程度上低估了中国币制改革所面临的实际困难。

《会议币制报告书》又指出，中国因财政困难无法鼓铸大量金币，国民因生活程度较低"不能不用银"即国内市面不需要用金币，且预备金款与发行新单位票据等事项无法实施，所以，中国不仅不能而且没有必要采用金本位制。"银本位既不宜采用，于是有主张金本位者。但起首即用金本位，反不如用金汇兑本位之较有利益。盖用金本位，则起首即须鼓铸金币。现今财政困难，不能筹备巨款为此项基本金。其难一也。用金本位，则铸成金币之数目，必俟全国足用，方能开始发行。此预备时期内，必有多数生金及金币存积在库，而利息坐失。即或以此项金款为准备，而发行一种票据。然新币制既未实行，则此项票据，不能以新单位为准则。其难二也。本位与生活程度有密切之关系，生活程度高者利用金，低者利用银。照中国现在程度，国内不能不用银。若强发金币，在市面既不需用，势必至销镕为他用，或输出至外国。其难三也。有此三难，金本位非特不能采用，抑且不必采用矣。"①

2. 金汇兑本位制之"八利"与"二难"

实行金汇兑本位制之"八利"如下。

第一，"国际汇兑之稳固"。"世界各国，类皆用金。若中国改用金汇兑本位，则彼用金，我亦用金。汇价之涨落，不能高过或低过金货进出口之点。而国际汇兑，渐臻稳固。国家偿还外债，不受镑亏之损失。此其利一。"的确，若中国实行金汇兑本位制，则既可稳固国际汇兑，又可免受镑亏损失。

第二，"国际贸易之发达"。"中国既改金汇兑本位，则国际贸易，无银

---

① 以上均引自财政部币制委员会《会议币制报告书》（1913年），《币制汇编》第3册第6编《币制论著上》，第287—294页。

价涨落之影响。从前有两层投机者，现在只有一层投机。国际贸易，较为稳固，而商务有发达之望矣。此其利二。"国际汇兑的稳固，有利于保持物价稳定，降低企业成本，提高抗风险能力，从而促进"国际贸易之发达"。

第三，"以多货易少货之损失，可以消灭"。"改用金汇兑本位，则国际贸易，物价均以金计算。而银本位之第三弊，自然消灭。此其利三。"相对稳定的国际汇兑可以提供相对较好的贸易环境，有利于企业改进技术提高国际竞争力，但对于当时落后的中国而言，改用金汇兑本位，短期内不利于出口贸易，反而会扩大贸易逆差。

第四，"外资输入之踊跃"。"中国地大物博，外人本愿投资。惟本位不定，银价涨落无常，故不愿冒此危险。若改用金汇兑本位，则外人不但愿以借债方法，博取利息，抑且愿以营业手续，输入资本矣。昔俄国从纸币本位改为金本位，而外资输入数累巨万，即明证也。此其利四。"这一点言之有理。从短期来看，汇率贬值，资本流出，汇率升值，有利于资本流入、稳固国际汇兑，的确可以吸引外资输入中国。

第五，"随时可改为金本位之便利"。"金汇兑本位国，如生活程度渐高，即可停铸银币，照所定金银比例，铸造金币，以资流通。墨西哥即照此法，以改良币制。此其利五。"事实上，即便中国采用金汇兑本位制，也很难改行金本位制。

第六，"国内仍用银币之便利"。"生活程度较低之国，其内地贸易，非用银不可。因金币数目太大，不能用以支付小款项也。惟金汇兑本位制度，物价虽改用金计算，而贸易仍以银授受，不必强发金币，至与事实相枘凿。此其六也。"

第七，"国内银价不致骤跌"。"若采用金本位，则国内所有银货，向为易中之媒介者，除铸造辅币外，顿失其效用，未免供过于求而市价跌落。惟采取金汇兑本位，则仍铸值银圆以为主币，银价不至因改本位而骤然低落，至经济上受极大之影响。此其利七。"

第八，"金款不必多储至失利息"。"用金本位，则须多储生金及金币，以待全国足用，然后发行。但储藏勿用，即失利息。若采取金汇兑本位制，则此项金款，无须积储，国家不至坐失其利息。此其利八。"

以上八利中，第一至第五条，"将金汇兑本位与银本位相对待而言之也"；第六至第八条，"将金汇兑本位与金本位相对待而言之也"。① 第六至第八条所言与当时中国的社会现实颇为相符，但并未把银本位制和金汇兑本位制的区别搞清楚。

而实行金汇兑本位制之"二难"具体如下。

第一，"维持金银比价之困难"，即难以保持币值稳定。"国际汇兑，用金计算，国内贸易，以银授受。欲维持银币之法价，须有完善之机关，严密之办法。倘政府谋近利，而多发银币，则金银之比价，即不能维持，而金汇兑本位之制度失败矣。此其难一。"金汇兑本位制下，在国内流通的白银货币（法定轻值银币）或兑换券不能兑换黄金和金币，只能兑换外汇，国家通过无限制供应外汇来维持本国币值的稳定。这一点是当时的中国很难办到的。

第二，"起首推行之困难"。"金汇兑本位制度，在国内并无金币流通，欲使一般人民明白轻值银币或兑换券，所以代表金单位之理，固有所不能。且轻值银币之法价，超过于真值，我国人民之习惯，每欲计较货币之真值，见新币之真值不敌法价，恐发行之始，不愿收受，必多阅时日，方见信用。此其难二。"② 这一点很符合民初国情，虽然金汇兑本位制在理论上似乎行得通，但实际上很难推行下去。

3. 金汇兑本位制之主要问题

金汇兑本位制之主要问题有三：一为金单位之代表问题，二为金准备问题，三为金银比例问题。③

首先，关于金单位之代表问题，即国内流通之法定货币问题。

按照菲律宾与墨西哥实行金汇兑本位制的办法，就是在国内发行法定

---

① 以上均引自财政部币制委员会《会议币制报告书》（1913年），《币制汇编》第3册第6编《币制论著上》，第294—297页。
② 财政部币制委员会：《会议币制报告书》（1913年），《币制汇编》第3册第6编《币制论著上》，第297页。
③ 财政部币制委员会：《会议币制报告书》（1913年），《币制汇编》第3册第6编《币制论著上》，第298页。

货币银元,即"轻值银币"。这是一种做法,或称"甲法"。另一种做法是卫斯林主张的在国内由中央银行发行兑换券以满足流通需要,或称"乙法"。

"按金汇兑本位之制度,即无金币在国内流通,而一切物价帐目,均须以法定之金单位计算。则必有一种易中之媒介,以代表此单位。此金单位之代表之所以命名也。代表金单位之物,约有二种:甲、起首即以轻值银币代表金单位。轻值银币者,金汇兑本位国所铸之一种银元,其法价超过真值,有无限之法偿,用以替代虚悬之金币,即代表法定之金单位者也。照菲律宾与墨西哥办法,于改革币制之始,即以轻值银币,代表金单位。乙、起首先以中央银行之兑换券代表金单位。先以银行兑换券,替代虚悬之金币,即代表法定之金单位,然后揆时度势,再发行轻值银币。此卫斯林博士之说也。"

上述甲、乙二法各有利弊。甲法之利在于比较容易被民众接受而实施难度相对较小,但法定金银比价会造成法币贬值或被销熔等一系列问题;乙法之利在于易防、节约交易成本,但当时国人对乙法误解较深,难以接受。

甲法之利在于:其一,"轻值银币之推行,比代表金单位之银行兑换券为易。盖轻值银币之法价,虽超过于真值,然较兑换券全无真值者,相去甚远。故推行之时,较兑换券为易"。其二,"恐慌之时,持有轻值币者,未必欲向银行兑换,一如兑换券之兑现。其理由与前条同"。其三,"兑换券与银币有不变之兑换。若照乙法,以银行兑换券,代表金单位,则此项兑换券,只能以旧银元兑现。旧银元之市价,涨落无常。故券与银之兑换,必须随时变更。若起首即发行轻值银币,则中央银行之兑换券,代表金单位,并代表轻值币。金单位虽虚悬,轻值币则实有兑换券与银币交换,可以一成而不变也"。其四,"改革币制之始,即有划一之新币。若用乙法,则改革之始,只发行一种代表金单位之兑换券,并不发行新币。而流通于市面者,仍为从前之各种旧币,纷纭杂乱,并未改良。若用甲法,则起首即发行轻值银币,而币制可以从速统一"。其五,"旧币可从速收回。轻值币之推行,即较代表金单位之兑换券为易,则所有旧币,即可迅速收回,不至多延时日,而经济上受久远之影响"。由此可以发现,大多数国人并不知道在金汇兑本位制下，兑换券在国内并不能兑换黄金和金币，也没必要兑换银币。

甲法之弊在于："一、新币小于旧币，而法价反大。人民或有疑虑，轻值银币之法价，较大于其真值，则新币与旧币相比较，大小悬殊。人民或生疑虑，而不愿受用，反不如用兑换券代表金单位，使人民无从比较，即末由窥测其大小也。二、法定金银比价之困难。银与金之比价若稍小，则生银涨价时，新币即出口，或被销镕，菲律宾可为前车之鉴。若太大，则私铸可获大利。外国莠民以及租界奸商随时伪造，而我国有不及防范之势。但此种困难，即用乙法，将来亦不能免。因轻值币，终不能不发行也。"由第一点可见，国人对于法定银币的认识还很落后，这不利于金汇兑本位制的推行。

乙法之利在于："一、易防伪造。伪造兑换券之利益，虽较轻值银币为大，然制造精致之纸币，比鼓铸硬货，难至数倍。故兑换券之伪造，较易防范。此卫斯林采取乙法之唯一原因也。二、筹备金准备比甲法稍愈。铸造轻值币，虽有余利可作为准备金，然铸本实居其大半。若兑换券，则并无真值，制费甚微，所有售出兑换券之现款，可悉数作为金准备。三、无新币小而旧币大之比较。甲法之第一弊已明言之，若用乙法，以兑换券代表金单位，则人民无从窥测新单位之大小，不至与旧币相比较而起疑意。四、以兑换券为易中媒介，比用轻值银币更为撙节。纸币之使用，比硬货更为撙节，乃经济学家所公认也。"上述分析符合实际，颇为有理。

乙法之弊在于："一、兑现之困难。若采用乙法，并无新币发行，兑换券之兑现，仍用旧银币，而旧银币之金价时有涨落，故兑现时所得旧币之数，或多或寡，无一定之标准。人民将误以为兑换券之价值，时有高下，而不愿受用。二、推行之困难。因有第一弊，发行之始，人民恐不愿收受，故推行必甚困难。三、旧币不能从速收回。兑换券既不易通行，则国内仍须用旧币，以为贸易，故旧币不能从速收回。四、恐慌时兑现之困难。兑换券全无真值，而准备又存在国外，则恐慌之时，人民争先兑现，恐中央银行有不能应付之势。"可见，国人并不了解金汇兑本位制的真正痛点——意图解决黄金短缺而被迫依附强势外汇，注定失败。

因此，比较甲、乙二法，"似以甲法为愈。因乙法之最长处，在易防伪造，然伪造兑换券，虽比银币为难，然仍不能保其绝无伪造，而防范可以不事也。甲法之最短处，在易致伪造，然果能精其花纹，严为侦探，与外国专订条约，在租界严禁私铸，令海关从严稽查，伪造之弊，未必不能杜绝也。至于其他利弊，则甲法视乙法利较多而弊较少，故与其取乙法，不如取甲法"。① 事实上，单就金汇兑本位制而言，乙法更胜一筹。

其次，关于金准备问题，宜采用"汇兑兼偿债准备办法"。

"金准备可分为两种，一为汇兑准备，即用以汇兑代表金单位之轻值币或兑换券之金款是也；一为偿债准备，即用以偿还外债，或国际清算之负差之金款是也。因金准备可分两种，其办法亦遂有二如下：甲、汇兑准备办法。筹备金款，等于代表金单位之轻值币，或兑换券发行之数，存于国外之大市场。凡以轻值币或兑换券，购买外国金汇票者，即在此金款内支付。但售卖汇票，以轻值币或兑换券，悉数收回为限。悉数收回后，如国家或人民尚须清偿外款，则仍用银支付。乙、汇兑兼偿债准备办法。起首即筹大宗金款，除以轻值币或兑换券，购买外国金汇票者，即在此金款内支付外，并用以偿还外债，及国际清算之负差。"

这里金准备之甲法指的是，货币发行准备包括三个部分：一是外汇准备，以备国内市场需要；二是黄金准备，存于国外，用于国外汇兑；三是白银储备，用于国际清算。

甲法之利在于利用现有之白银减轻金准备压力。"一、准备金，即以铸造轻值银币之余利，或发行兑换券之现款充之，不必息借外债。二、偿还外债，或国际清算之负差，仍旧用银，则国内之银，不至因供多于求，而价值骤落，至有经济上之变动。"

甲法之弊在于国际结算使用白银会导致中国重蹈覆辙，深陷白银危机。②

---

① 以上均引自财政部币制委员会《会议币制报告书》（1913年），《币制汇编》第3册第6编《币制论著上》，第298—303页。
② 在落后的银两与铜钱并行的货币制度之下，中国的白银供给严重受到世界经济和国际银价的双重制约，时常出现白银供给不足、银根奇紧的危机。除1830—1856年的"银荒"危机和1932—1935年严重的白银危机外，1887—1892年、1900—1908年及1913—1917年的中国，也因白银外流而深陷银根奇紧的货币危机。

"一、设改革之初，国际清算之负差甚巨，人民必须汇款出外，所有全数轻值币或兑换券，尽用于购买国际汇票，则在外既无金准备，在内又无代表金单位之物流通于市场，所谓金汇兑本位者，至此仅存一金单位之虚名矣。（国中不可一日无易中之媒介，如新币流通既广，旧币一律收回，自无前项弊端。惟改革之初，新旧并行，难保人民不以全数轻值币或兑换券，尽购金汇票，而以旧币及生银，为国内易中之媒介。）二、偿还外债或国际清算之负差时，必须用银，则外国银行家可强抑银价，而我国所受之损失，与现在用银本位时无异。三、偿还外债，仍须用银，而银价随时涨落，政府编制预算时，不能确定应偿外债之实数。"

金准备之乙法指的是黄金准备和外汇准备充足，能够满足国内外市场需要，可免受国际结算损失。

乙法之利在于："一、既有大宗金准备，则偿还外债或国际清算之负差时，金银可以并用，债权者不能强抑银价致我国受极大之损失。二、偿还外债，既可用金，则预算案中能确定一年度应付之实数。三、无甲法之第一弊。既有大宗金准备，则改革之初，可多发轻值币或兑换券，将旧币收回，生银禁用，则国外之金款，既不至支付一空，国内之新币，亦不能悉数折回矣。"

但是，政府无法预筹充足的黄金准备和外汇准备，不得不举借外债，这是乙法之弊。"一、政府预筹大宗金准备，则不能不借外债。二、偿还外债或国际清算之负差，既少用银货，则国内之银，或因供多于求，而价值骤落，致经济上有大影响。"

因此，比较甲、乙二法，"似以乙法为愈，因乙法利多弊少，且施行之时，必较甲法为迅速也"。[①]

最后，关于金银比例问题即金银法定比价问题。

金银法定比价如何确定，是银币代表金币在国内流通的国家要考虑的重要问题。法定银币之面值与其实际所含白银之"真值"之间相差多少合适？

[①] 以上均引自财政部币制委员会《会议币制报告书》（1913年），《币制汇编》第3册第6编《币制论著上》，第303—307页。

第二章 民国初年的币制改革思想（1912—1927）

金汇兑本位制下，法定金银之比价，必使银币之面值高于其"真值"。"金银比例者，即金单位所应含之纯金，等于代表金单位之轻值银币所含之纯银若干，为采用金汇兑本位之国，银币虚悬金币之比例，非生银与生金之比价也。所谓金银比例者，质言之耳，采用金汇兑本位时，定金银之比例，必使银币之法价（即面价）高过于真值，此一定之理也，但抬高若干，却无定例。"

甲法为大幅抬高银币面值。"抬高轻值银币之法价甚大，使与其真值相去极远。如现今日本之金银比例1：21.6，印度1：21.9，菲律宾与英属南洋群岛1：21.3是也。"

乙法为小幅抬高银币面值。"抬高轻值银币之法价略小，使与真值相去稍近。如从前日本之金银比例1：29.1，菲律宾1：32.24，墨西哥1：32.58有奇是也。"

甲法之利在于：第一，银币无出口或熔化之患。法价与真值相去既远，即使生银之市价增高，无不能大过于法价，故可免出口或熔化之患。第二，由铸造余利而得之准备金较多。银币抬高既大，则铸造之盈利，可作为金准备者，自比乙法为多。

甲法之弊在于：第一，法价与真值相去太远，大利所在，易致伪造，防之必较困难。第二，法价与真值相去太远，恐起首发行时，人民不愿受用。

乙法之利在于：第一，法价与真值相去不远，伪造少利，人民少起贪心，防范或稍容易。第二，起首发行时，人民见信较易。

乙法之弊在于：第一，生银市价涨大过于法价时，则轻值银币，必出口或熔化，国家须改定金银比例，重铸轻值银币，与再改币制无异。昔菲律宾采用金汇兑本位时，定金银比例为1：32.24，后因生银之金价渐高，至所有银币尽行熔化或输出，此其明证也。第二，由铸造余利而得之准备金，较甲法为少。

因此，比较甲、乙二法，"乙法之弊，固极重大，然甲法之第一弊，亦宜深虑，因我国之国防警察势力薄弱，且租界林立，为我权力所不能达，防范伪造，非常困难，故主张乙法者诚有见地。惟银币之法价，虽不宜去真值太远，致伪造之余利太大，奸民之尝试较多，然不宜使之太近，至蹈菲律宾之覆辙也"。①

总之,"我国改革币制,与其用银本位或金本位,不如用金汇兑本位。至金汇兑本位之主要问题,则以轻值银币,代表金单位,似比银行兑换券,较易实行。金准备之数目,须足以应付汇兑,并偿还外债及国际清算之负差,方为稳固,而无意外之虞。金银比例,则须伪造与镕化双方兼顾。银价抬高,既不宜太大,亦不宜太小"。②

1912年11月,财政总长周学熙提出了《财政方针说明书》,其中关于统一币制的设想,也主张实行金汇兑本位制。他认为:"币制之定本位为先用银之说,既非天演界中之所宜;舍银而金,又非我国实力之所能。无已,择其最适宜我国情形者,其唯金汇兑本位制度乎。"③他还拟定了分两期实行金汇兑本位制的计划大纲。④

1913年春,新的币制委员会成立,委员分法定委员、专任委员、兼任委员三种,由财政总长周学熙主持。在专任委员中,陶德琨主张金汇兑本位制,徐荣光主张银本位制,刘冕执主张金银并行本位制,相持不下。⑤

章宗元1915年说:"今之论金汇兑本位问题者,皆知非有国外准备金不可。无论何种币制,均与国际贸易及国际支付之差额,有切近之关系。盖此种差额,虽或由于他种原因,一时不偿现金。但迟早终须以现金清偿。故国际贸易岁亏巨数者,国内之存金,势必输出。而国外之准备金,势必提空。故中国欲采用金本位,或金汇兑本位,必先研究中国之国际贸易及国际支付之差额。""将来欲用金汇兑本位,须预度将来国际贸易暨国际支付差额之情形如何而后可决。"⑥

---

① 以上均引自财政部币制委员会《会议币制报告书》(1913年),《币制汇编》第3册第6编《币制论著上》,第307—310页。
② 财政部币制委员会:《会议币制报告书》(1913年),《币制汇编》第3册第6编《币制论著上》,第310页。
③ 周叔媜:《周止庵先生别传》,台北,文海出版社,1966,第61页。
④ 叶世昌、李宝金、钟祥财:《中国货币理论史》,第285页。
⑤ 叶世昌、李宝金、钟祥财:《中国货币理论史》,第286页。
⑥ 章宗元:《中国泉币沿革》(1915年),《币制汇编》第4册第7编《币制论著下》,第265—266、272—273页。

当时民国初建,政局尚未安定,财政窘困,政府并无全面改革币制之决心,因此卫斯林之建议与第一币制委员会之报告均遭搁置。

二 银本位论

1914年2月8日,北京政府颁布《国币条例》和《国币条例施行细则》。《国币条例》规定以库平银六钱四分八厘为"价格之单位,定名曰圆",成色为90%。辅币有银币半圆(五角)、二角、一角,镍币五分,铜币二分、一分、五厘、二厘、一厘。五角银币每次使用在二十圆以内,二角、一角银币在五圆以内,镍币、铜币在一圆以内。"一圆银币自由铸造,有无限法偿,铸费规定每圆六厘。其余辅币,均系十进位,法偿均有限制。此条例如果实行,即成为纯粹银本位制度矣。"①《国币条例》的颁布是中国第二次正式宣布实行银本位制。根据《国币条例》铸造的银元(成色改为89%)有袁世凯头像,俗称"袁头币"或"大头"。北京政府时期共造袁头币11亿余枚,但除此之外,《国币条例》并未实行。要求实行银本位制的主张被称为"废两用元"或"废两改元"。② 1915年,"前项国币条例,复经币制委员会屡次讨论,酌量修改。其修改条文中之最重要者,为添铸金币一节。查国币条例原案,并未言及金币。修正案则拟有预备金本位制度之方法,在银主币之外,兼铸十圆、二十圆之金币,与一圆银币暂照金银时价兑换行用。一俟财力充足,即实行金本位。此项修正条例尚未公布"。③

1915年,梁启超著《余之币制金融政策》一文,指出"中国救亡图强之第一义,莫先于整理货币,流通金融"。他说:"财政枢机,于兹焉丽。国民生计,于兹焉托也。""欧美、日本诸国,数十年来,货币政策争议,则金本位、银本位、复本位、汇兑本位等,其最大之问题也。吾国议更币

---

① 《财政部泉币司提交政治研究会改良币制议案》附录《中国改革币制之过去情形及现今进行方法》(1916年3月),《币制汇编》第2册第3编《铸造新币时期币制案》,第61页。
② 叶世昌、李宝金、钟祥财:《中国货币理论史》,第283页。
③ 《财政部泉币司提交政治研究会改良币制议案》附录《中国改革币制之过去情形及现今进行方法》(1916年3月),《币制汇编》第2册第3编《铸造新币时期币制案》,第61页。

制,已逾十年。而尺璧寸阴,亦半为此问题而虚费。鄙人畴昔,固主张行金汇兑本位。而于极短之期间内,以银本位为过渡者也。"①

1918年12月,北京大学出版的李芳《中国币制统一论》一书,在对当时展开的货币本位制争议做了较为详细的综合比较分析后,得出了"我国币制处于不得不用银本位之地位"的结论。

李芳说:"各种制度,莫不各有其利弊。弊之最大而绝不能行于我国者,厥惟复本位。银本位虽适于我内国情况,而反乎世界趋势,不便于国际间之交易,亦在不可采用之列。金本位尚矣,而财力未充,无以为改革之资。金汇兑本位,虽不须集金铸币,而准备问题又难解决,未便为空中楼阁,至不能举改革币制之实。当今之时,处今之势,而言本位制度,实居于无可奈何之地。于此数种制度外,又不能别创新法。……夫我国之改革币制也,有两大希望,即(一)扫除国内一切授受上之障碍也;(二)救济国际间往来之损失也。欲得第一希望,非统一币制不可。欲得第二希望,则于统一外,尤须有合于世界趋势之本位。今以困于财力,不能即达第二种之希望。而第一希望,未尝不可即求而得之。……如此,则不妨暂以银为本位。"②

综观各方面的实际情况,梁启超、李芳等专家学者认为中国必须暂时实行银本位制,这与当时北京政府发布的币制改革条例不谋而合。

(一) 关于主币大小及辅币问题的争议

1914年拟定的《国币条例》及《国币条例施行细则》大体仿诸清末之《币制则例》,采用银本位,"重国情,更习惯,借是以为过渡办法"。其命运也相似,均等于具文,但也曾引起时人讨论。

1. 王怡柯等主张以"半元"为主币单位

王怡柯等认为"其单位之价格定为纯银六钱四分八厘,未免过大",主张"以今日之半元为单位,就半元之价格而百分之,以为最小之辅币",

---

① 梁启超:《余之币制金融政策》(1915年),《币制汇编》第4册第7编《币制论著下》,第148、149页。

② 李芳:《中国币制统一论》,北京大学出版,商务印书馆印行,1918,第108—109页。

"依是而为币制统系,则于授受便利上计,人民生活程度计,及实际上铸造计,比较的为善也"。①

"半元银币之虚值至百分之三十,实不能以将来须改作辅币之故解说之。改用金币之后,即足量之一元银币,仍非辅币乎?然用一元银币,将来改为辅币之时,其关系较仅用半元者为尤大。而半元币之不能为主币,亦无理由之可言。政府选定七钱二分九成纯银为单位,其所持之理由,不过为取其便利。然则半元币之重量,亦安见其不便乎?如改用半元为单位,则曩之用一元、二元及五元者,今只须改其数为二元、四元、十元而已可。枚数之少,不足为重币存在之理由。而中国自言改良币制以来,即有主张用较小之币为单位者。虽较小之币,不必定为半元,然审慎持平之论,实多认半元币为最当也。"②

北京政府财政部顾问阿乐尔指出,择定半元为单位之理由如下:以如用早已存在的半元为单位,中国银行可以随时开始举行改革;"单位之大小及价值皆为适当";择用半元为单位,于中国币制改革上,阻力为最小;以半元为单位,有利于将来改行金本位制。因为铜币过于杂乱,且其市价各处不同,时时变更,所以,他特别强调"不能以铜币定单位之值"。③

2. 阿乐尔评议《国币条例》及《国币条例施行细则》

1914年,阿乐尔说,"国币条例之要点,实无误谬,足以应新币制之所需。盖现今流通之银币,于将来改用金本位时,殊不为阻力也。但查币制条例中,初未明白表示将来改用金本位时,此项银币仍为辅币之意,且其施行细则,亦使读者虑其实施之后,或有不良之结果。附行之理由书,虽极慎重着笔,且多新义,然于此条例之实行及效果诸端,亦未能言之切实,使读者心领首肯",④ 所以特著《国币条例评议》一文,"绎读各条所见"。

---

① 王怡柯:《中国币制考略及近时之改革》,《货币制度》,第46—47页。
② 〔英〕阿乐尔:《国币条例评议》(1914年),《币制汇编》第3册第6编《币制论著上》,第317页。
③ 〔英〕阿乐尔:《国币条例评议》(1914年),《币制汇编》第3册第6编《币制论著上》,第346—347、352—353、347—348页。
④ 〔英〕阿乐尔:《国币条例评议》(1914年),《币制汇编》第3册第6编《币制论著上》,第311页。

第一，银辅币成色与其面值相差太大，不适合当时的中国。

从《国币条例》第二、三、四条来看，"此条例之特点，为银辅币成色与其面值相差之巨"。阿乐尔说："在金本位国，各种银镍铜辅币之面值，固常远过其真值，以非此不足防范各种金类价格变动之时，辅币不因之销毁也。然自又一方面论之，人民对于国家固有希望其发行之货币为最完善货币之权。所谓最完善者，即凡币之真值与其面值两两相符，此于较大货币之常代主币流通者为尤要。必有特别之理由，而国中情势又适用之，而后可以破除此例。今国币条例第五条所规定之银七铜三诸币，初无减轻成色必要之理由可言。至于中国经济道德及行政上之状况，是否可用此项轻值币而无弊，尤非经过事实上之试验不能言。即此一端而论，中国之币制改革，已成为一种试验。其成效如何，全视执行者之注意，与所有之担保而定。然国币条例中，初无一语涉及执行之际，应有何种之担保，可使不致因鼓铸余利之多，流为滥铸也。"他指出，《国币条例》中没有任何关于防止滥铸、限制鼓铸的内容，"轻值币"在中国执行的后果很可能是"流为滥铸"。

阿乐尔认为，理由书第三节称"货币之性质，惟主币为实价，而辅币皆名价。无论何国，其辅币所含之成色重量，断不容与主币同等。成色既异，而重量必比而齐之"，"此节所据之原理，证以外国之经验，实不尽合"。理论上，在金属货币时期，主币是十足货币，而辅币则可以是"轻值币"，但阿乐尔发现，实际上在历史上很多国家，银辅币的真值与面值大致相符。

他说："银本位国之银辅币，不但可使其真值与面值大致相合，且有应使其如此之必要。其所有之差度，必令甚微。所以仍欲令有微差者，以遇有偿还国际支付差额之时。凡真值与面值相等之大银币，必不能免其输出。而此项小币，以其真值之稍低，仍得留存国中耳。又政府维持币制之费，（如改铸用久磨损之币等类）必使有所从出，故使其真值稍低于面值，亦自有理由可言。然终不得令差至百分之三十，使铸造辅币，成为莫大之利源也。如改革币制之意在于谋利，则已逾越币制改良及币制行政之范围，而币制之基础，即因之动摇矣。"

第二章　民国初年的币制改革思想（1912—1927）

至于欧美各大国的银辅币面值大于其真值，并非历来如此，而是银价日跌所致。他说："如云外国辅币之重量成色，亦不尽成比例。此语亦不尽然。今如欧美各大国，其银辅币之真值，固不及其面值，岂惟辅币，即主要之银币为无限之法偿者，亦莫不然。如曩时德之太拉，现今法之五佛郎币，美之银元，皆如此也。然此固非历来如是者，盖因银价之日跌而致然耳。其始也，面值真值实相符合，即辅币之成色，亦极讲究。"

阿乐尔又列举数例说明银辅历之成色、重量都应与其真值相近或相等，否则会造成恐慌。"如1873年，德国之国币法，改德之币制为金本位者，亦仅定银币之成色，为一律九成，不论大小。英属印度之卢布币，其重量既有一定之比例，成色亦属一致。直至印度改用金本位止，卢比之真值，恒与其面值相等。今日欧美各国银币，真值日跌，彼都颇起恐慌，且曾经叠次设法救正，其所以尚仍旧贯者，以各国之金币充斥，银币为零找必不可少之品。据确实之调查，德国内金币约达三十二亿至三十五亿马克，而银镍铜各辅币，只约十亿或十一亿马克之谱。平常供少求多，以金换银，颇觉困难。其一成之虚值，所得以维持者，实以流通之金币极多，而辅币铸数之限制极狭。且国家为维持信用起见，凡各种辅币，皆得兑换金币。而国家银行之分号，全国约有五百处之多，又辅益之以极多之国库分库，私立银行，及营银行业者，凡此数者，皆以维持币制为务者也。今中国则无此也。"

阿乐尔指出，"欧美各国币制，大略相同，凡币之值必等于币面铸明之数，用者几不知辅币之有虚值。目今中国实宜首先造成此种习惯，以抵抗旧习成见及以币制不良为利诸人之反动。然仅凭公布之国币条例，恐尚不足以解决此问题耳"。①

第二，辅币重量成色不宜减轻。

"至五角银币之总重量，定为三钱二分四厘（条例公布时改定为三钱六分），成色七成纯银者。盖今日虽暂行银本位，其实是为过渡时代万不得已之办法，将来终须归宿于金本位。而货币改造一次，劳费不赀，故今日改

---

① 以上均引自〔英〕阿乐尔《国币条例评议》（1914年），《币制汇编》第3册第6编《币制论著上》，第311—315页。

革伊始,当预备将来改用金本位时,现铸之辅币仍可沿用云云。以此辩护第四条规定则不足,而攻击之反有余。设中国将来改用金币,安见重量充足之银币,必须改铸?彼时欲于银币真值面值之间,留一余地,亦有办法。如印度之改用金本位,即将卢比(银币)之价格,过意抬高,而不重铸。此法或不能适用于中国,然如必须改铸,则以足重足成之币,改为虚值百分之三十之币,其利至厚,又何铸费之足恤哉。"

阿乐尔认为,暂行银本位是为过渡至金本位,为节约铸费,辅币重量成色不宜减轻。北京政府减轻辅币重量成色只为"图利"而不惜"多费"。他说:"理由书中又谓'人或有疑政府之减轻辅币重量成色为图利云云',此种疑虑,实不为太过。何也?盖施行细则之第二条,谓'旧有各官局所铸发之一元银币,政府以国币兑换改铸之,但于一定期间内,认为与国币一圆有同一之价格云云'。政府于此,又似不注重于惜费。如旧币得与新币有同一之价格,又何必将精铸之币,复加改铸?设旧币有必须废弃之理由,政府或可俟至改用金本位时废弃之。如至彼时银市价格尚不至涨高,致使此项旧币,先时为人销毁,则政府即可将是项龙元改铸。改铸之余利,即为百分之三十。政府所借以祛人疑虑者,即此未必果行之收铸龙元一事。设其果行,亦多费而无谓者也。"①

第三,主币适宜自由铸造。

"第十二条规定铸费一层,亦足滋阅者之疑。铸造一元币一枚,实需铸本一分四厘,如花纹稍加精细,则铸本不难加至一分五厘。今仅取铸费六厘,是政府于铸造一元银币时,每枚须赔铸本八九厘,政府之酌定此数,无非为欲见好于人。然阅者亦可恍然于中国用银本位时,政府实无意于行用自由铸造。而自由铸造,实适宜可用,且政府大可许自由铸造。设见其结果不良,政府固不难废弃之。"

阿乐尔认为,十足的主币适宜自由铸造,但第十二条规定仅取铸费六厘,即每铸一枚银元须赔铸本八九厘,这无异于禁止自由铸造主币,实为

---

① 〔英〕阿乐尔:《国币条例评议》(1914年),《币制汇编》第3册第6编《币制论著上》,第315、316页。

第二章　民国初年的币制改革思想（1912—1927）

失策。他说："如果许自由铸造，则审目前之情势，可决政府之不肯以私人之请求铸造，每圆赔累八九厘。定铸费为六厘，实为失策，并有害于国币条例之目的，实不宜于保存也。"①

第四，宜改用半元银币为主币。

阿乐尔指出，改用半元银币为主币的理由如下。

改用半元银币有利于控制物价。他说："今政府之说曰'人民之奢俭，于单位币之轻重，无直接之关系，视其分析之细微如何耳云云'，此说既非误谬，亦不中肯。单位币之价值高，有使物价腾贵之趋势，为经济学者所公认。生活费之较重要者，如房租衣服学费佣直之款，大概多以单位币计数，或以单位币之几倍计数，故此项物价之增益，亦常以单位或单位之几倍计数。故单位愈大，物价之增高亦愈甚。如拾级而登者，其目的地之高度同，经二十级者，必二十步，其经十级者，则止十步也。至于重要物品之零售价格，常视其批发价格而定，然无论零售批发之价，均与上举各端之生活费有密切关系，且以言乎分析，则较小之单位与较大之单位等分之，其价值故更小也。"

德、奥等国币制改革的经验启示，主币价值不宜太大。"德国行用金本位时，常将旧用之太拉三分之，值约半元，命之曰马克，以为单位。奥国改良币制，换用金本位时，虽旧用之弗洛林，以银贱之故，已跌价至百分之十五，亦不以之为单位。其单位为等于跌价弗洛林之半，名曰克朗，其价值约等于四角二分也。"

主币价值太大会造成消费者体验欠佳。"凡旅行者之自比利时至荷兰者，必谓其生活程度，较比利时为高，其故则荷之格鲁特，实较比之法郎值约两倍也。"

半元币是中国特制之币，具有创新性，符合中国国情和实际。"至于半元币，为中国特创之币，一元币，不过为墨洋之变相，更可不论矣。"②

---

① 〔英〕阿乐尔：《国币条例评议》（1914年），《币制汇编》第3册第6编《币制论著上》，第317页。
② 〔英〕阿乐尔：《国币条例评议》（1914年），《币制汇编》第3册第6编《币制论著上》，第318—319页。

（二）阿乐尔提出修订《国币条例》办法

阿乐尔说："铸造银币为辅币，使其虚值甚大。其真实之理由，实至易明，即养成习惯，较废除习惯为易。与其使人民习用足量货币于其始，继又改用轻值之辅币，毋宁使开始即行用轻值辅币之为愈也。且果能修正《国币条例》，使之尽善，再以慎重出之，则于改良币制之始，即用轻值辅币，固有成效可期，无危险之惟一方法也。"阿乐尔认为，轻值辅币是可以通过完善的法令条例来加以推行的，而且，币制改革方案不宜频繁变动，但是，在《国币条例》还不够完善的时候，不宜减轻辅币重量成色。所以，必须适当修订《国币条例》：允许收兑辅币；用铸币余利作为通货保证金，专供收兑辅币之用。

阿乐尔认为，"《国币条例》中适当之改易"。即"加入政府于办理此事时，可以引起人民信用之条文：一允许收兑辅币，二准备通货保证金，可以铸造辅币之余利拨充之，专备总收辅币之用"。"如此则不独反对之舆论可以不辞而辟，即政府贪得铸造辅币之利，渐涉滥铸之流弊，亦可不防而自绝。如有此项之规定，则政府之美意及其计划之坚固，皆可以明白表露。有特储之保证金，则人民对于政府收兑之能力，可无疑虑。盖必民无疑虑，而后虚值币与足量主币之平价，可得而维持也。"①

1. 应视币制改革情况准备保证金

阿乐尔以印度用铸币余利作为保证金的例证，说明其作用：一是可用于稳定汇率；二是可用于收兑辅币；三是为下一步改行金本位做准备。他说："印度即有由铸币余利积成之大宗保证金。他国之辅币制度完善者，亦有可作保证金用之大宗款项焉。此种保证金，将来自可左右外国汇兑，使之镇定。是行用金本位之前，即可享有金本位最大之利益。且有此款，将来改用金本位时，可无须乎巨大而多费之外国借款。此保证金之多少，应视币制改革进行及成效之何如，即人民对于辅币之信用如何而定。如无信用，即无铸币余利，即无重要之款项。"

---

① 〔英〕阿乐尔：《国币条例评议》（1914年），《币制汇编》第3册第6编《币制论著上》，第319—320页。

第二章 民国初年的币制改革思想（1912—1927）

阿乐尔认为，对于政府而言，设置此项保证金既容易操作，又可灵活控制其数量，还没有任何妨碍。他说："政府欲设此保证金，其事甚易，以政府随时可以停止此项保证金之加增，或将其减少，或向其借拨。苟其时已有充分之信用，或政府不再以之为镇定外国汇兑之具，及为将来用金本位之基础，则此款行为亦不致有所妨碍也。"①

2. 国库及中国银行应准备足量主币，无限制兑换辅币

"据政府之调查，中国银元之流通额，大约在二万万与一万五千万之间。将来国币统一之后，流通额将愈益加增。且其加增之速率，亦将入后而愈疾。故于发行足量之一圆币而外，尚有加发他种辅币。惟加发是项辅币之处，必须有中国银行之分行于彼准备足量主币，以兑换辅币。其兑换之量，不立限制而后可。著者之意，非谓凡有分行之处，均须同时推用各种辅币，不过就商业中心点数处，首先推行，随时推广以及其余各地。欲求辅币价格之得以维持发行之数，必须以现有之足量币，足以兑换之为限。而各处国库分库，亦应令不限数目，一律收受此项辅币。且于过渡时期之内，令照辅币之面值兑付足量币，以各该分库现有之存金为限。设辅币之增铸在足量币充足以后，则任在何处，苟有辅币欲兑现者，所有之足量币，即足以应兑。"

阿乐尔认为，发行辅币是必要的，而要确保顺利推用各种辅币，就必须准备足量主币无限制兑换辅币，这样才能够让人民接受辅币并信任政府。他说："彼时凡持有辅币者，经此兑换之经验，皆可了然于辅币之面值并无减折，而其不信用辅币之旧习，自可祛除。人民既于辅币之虚值，已习焉而不觉，则用金本位之时会已成熟矣。且中国银行兑换辅币之经验既多，于辅币需要之数目，当不难以前事测知之。"

反之，如果将足量之币收回而强制推行轻值辅币，则后果不堪设想。他说："然如人民已知辅币之有虚值，于彼时将足量之币收回。则其反动力及其结果之如何，实无人可以逆断。如人民拒绝所颁之辅币，于人民一方面，固无所伤，以较良之币，尚在流通，一时不能收回者，尚有数百万之

---

① 〔英〕阿乐尔：《国币条例评议》（1914年），《币制汇编》第3册第6编《币制论著上》，第320—321页。

多也。然若于其始即用辅币，则人民苟有小币之需要，势必不能拒辅币而不用。总之无论如何，至可以纯用金本位之时，则此推行辅币问题，业已早经解决于不知不觉之间。临时再生反对，势有所不能者矣。而欲以辅币易回数百万之足量币，即能办到，亦非大经搅乱不可也。"①

3. 中国银行应囤积金币，民间则流通银币

阿乐尔主张由中国银行预备币制金准备，以维持汇价稳定。他说："今如造成此币制金准备，不用大宗之金借款，而以累年络绎购买之，则中国之购金将不致于外国金融界复生扰乱也。""中国币制之利益，实在囤积金币于中国银行，而使民间流通银币也。"②

第一，以半元为单位铸造轻值辅币。

"如以半元为单位（此半元币，即与他种另币一律作为辅币铸造），同时仍铸足量之圆币，令等于半元币二枚，以为半元币面值之根据，则于改革之始即用辅币。并令其虚值至于百分之三十之多，亦无所窒碍。如仅铸他种币为辅币，徒足以增加过渡时期之困难也。"

"然欲竟其功，或尚有一事必须办到，即使人民渐渐习用半元之单位辅币是也。此可与铸造他种币同时并行。事极易易。照此办法，则中国银币之制可以完备，将来改用金本位时，通货之大部即可以此为之准备也。"③

第二，所有银币，不论大小，一概用九成纯银铸造。

"第五条依条例之规定，银辅币之成色，为银七铜三。加入铜质如此之多，或所以保持辅币之重量，令人之视之如足量，或几乎足量者。然维持辅币面值之术，不在粉饰以欺众，而在兑换辅币，以立政府之信用。故掺入如许之贱金质，实不谓之得策也。"

"仅含纯银七成之银币，稍历时日，或现硫黄色，再久则视为黄铜矣。

---

① 〔英〕阿乐尔：《国币条例评议》（1914年），《币制汇编》第3册第6编《币制论著上》，第323页。
② 〔英〕阿乐尔：《国币条例评议》（1914年），《币制汇编》第3册第6编《币制论著上》，第322、355—356页。
③ 〔英〕阿乐尔：《国币条例评议》（1914年），《币制汇编》第3册第6编《币制论著上》，第323、324页。

第二章 民国初年的币制改革思想（1912—1927）

或者该币遂因此失其信用，使其行用较难，且易易于伪造。盖世界各处，固未闻有发行如此低下之合金之币也。鄙意以为莫若将所有银币，不论大小，一概用九成纯银铸造。此于铸造既较简单，而于重铸犹属便利也。"

"如以半元单位之二角辅币，以九成纯银铸造，嫌其过小，则与其掺入铜质，使之较大，不若改铸为二角五分一枚为得策也。"①

第三，将辅币之法偿限度升至十元。

"中国国境之广大如此，如辅币之法偿限度太低，边远之区域不能得充分之适当法偿，其事甚属为难。然则何如将辅币之法偿限度升至自五元至十元？拟用十元之意。盖将来金本位之单位币，大约必为十元。如是则银币无异于为十元金币之辅币，凡不及十元之数，皆可以银币代表支给之。又银币之法偿限度既大，金币自可集于中央银行，无须乎散布全国，为此银币之代用物矣。绸缪未雨，为先事之设施，固至当也。"②

第四，删除《国币条例》第八条之第二项。

"第八条之第二项，无异于公许造币厂于每万元之币抽取银料等于三元之币。凡良美之币制，必令以法定成色之银若干铸成与其总重量相同之币数。仅一枚之币，或可与其法定之重量微有出入，至其总数，则不得与原银之重量，少有不符。究第八条之命意，或亦如此。"故"第二项不能应用也"。"如造币厂监理官员，一朝发现每千元之公差，不止所许之公差，即检取重量不合格之币，令其重铸可也。"③

第五，《国币条例》第十条不必预定磨损之重量。

"第十条至于收回磨损之辅币，似可不必预定磨损之重量。（百分之五，实嫌太高。）但见有磨损过甚，花纹模糊，看似光板者，即与收回可也。鉴于伪造之弊，及中国向有于大宗数目银元之交付，尝默许收受伪币若干枚

---

① 〔英〕阿乐尔：《国币条例评议》（1914年），《币制汇编》第3册第6编《币制论著上》，第324—325页。
② 〔英〕阿乐尔：《国币条例评议》（1914年），《币制汇编》第3册第6编《币制论著上》，第325页。
③ 〔英〕阿乐尔：《国币条例评议》（1914年），《币制汇编》第3册第6编《币制论著上》，第326页。

之习惯，凡伪造变造及磨损破损之币，必须严加取缔，且对于向政府报告伪造变造银币及输入该项银币之人，须给以相当之奖励，以补助政府之耳目焉。"①

第六，应许足量银币以无限铸造。

"第十二条中国如许足量银币以无限铸造，则银币与生银之比价，即视铸费之多少而定。银币之值，即等于同量之生银之值，再加之以铸费是也。故定铸费之数太少，使不及实际铸币之所费，不但使政府受无谓之损失，且适成为低抑币值之具。而政府之目的，固求币之面值，可以较同量之银值为高也。是以铸资太少，实与政府之目的相违背。行用辅币结果之一部，不啻已经抵销，且于以银元放帐与人者，极有损害。以细则第四条之结果，铸资既不相当，则以两折元之帐，亦必不能相当矣。如谓政府减轻铸费，为于无限铸造有为益，则殊不然。以此项政府之损失，初非请求铸造者之利益，亦成为无补之损失而已。"②

4. 完善中央银行制度

阿乐尔认为，"中国银行，各处业已设立分行号，当然即为中国之中央发行银行"。"目今中国银行与政府密切之关系，必须稍加改革。不然，则银行之信用，将全视政府之信用为转移。……然以信用之薄弱，必政府先有适当之协助，而后商股可以招集。"③

首先，"中国银行之行政，必令与政府行政，截然分离。然后银行得以独立扩张其信用，视其力之所至，以稳固其根蒂于经济界"。阿乐尔主张改良银行组织，适应商品经济发展需要。中国银行应以银元、纹银为担保，发行一种统一银行券，推行全国，以换回各省之纸币。④

---

① 〔英〕阿乐尔：《国币条例评议》（1914年），《币制汇编》第3册第6编《币制论著上》，第326页。
② 〔英〕阿乐尔：《国币条例评议》（1914年），《币制汇编》第3册第6编《币制论著上》，第327页。
③ 〔英〕阿乐尔：《国币条例评议》（1914年），《币制汇编》第3册第6编《币制论著上》，第328、331—332页。
④ 〔英〕阿乐尔：《国币条例评议》（1914年），《币制汇编》第3册第6编《币制论著上》，第332—334页。

第二章 民国初年的币制改革思想（1912—1927）

其次，可创用一种银行圆，即银行币①，"令等于现用龙圆之半，即含有库平三钱六分之九成纯银，并宜令可析为千分"，以统一银行簿记单位。阿乐尔说："以造成银行币，及统一银行券，为中国币制改革之入手，而国务会议，议决新币制之本位用银，欲达改革之目的，以造成统一币制之功用为最巨。"②

最后，"政府之铸圆币，可与他种小币，一律皆如金本位制之辅币焉。如事实上有缓铸之必要，此项圆币亦可缓铸。以中国银行之兑换券，可即代圆币行用。若其铸造为必不可缓，则政府自可即行铸造。惟圆币虽其有本位币之性质，仍须视为辅币，而其数目亦应加以限制也"。"中国银行库存之圆数，亦必不能多。"③

（三）梁启超提出实行银本位制之具体方案

1914年8月，身为币制局总裁的梁启超为拟预定日期实行《国币条例施行细则》第二条，以立新币之基础，且推广中国银行钞票，向总统提出呈请，总统于8月11日批令"着交财政部查核办理"梁启超"所拟处分旧币施行新币各办法"。④ 同年，梁启超又拟请于1914年9月开铸国币，1915年正月施行国币，并略举办法大纲，又胪陈铸币计画，别具说帖。

梁启超说："欲改革币制之业，完全普及于全国，最速须期以两年。而此两年间，必须计日程功，一刻不容松懈。惟计画预定于先事，庶因应无

---

① 银行币之造成，即以银元及纹银存入银行，而使其以相等之银行圆数登入存账。就理论言，则凡以银来存者，当以其存入纯银之数，照银行圆所含纯银之数，折合银行圆，记入存账。例如银行圆二元，适等于库平七钱二分九成纯银，则以库平银六百四十八两来存者，当作为银行圆一千元记账。如遇支取之时，则所谓银行圆者，可任以龙圆，或银两，或以两者搭付之，视受款者之所择，及银行之所有，酌定其种类可矣。
② 〔英〕阿乐尔：《国币条例评议》（1914年），《币制汇编》第3册第6编《币制论著上》，第334—346页。
③ 〔英〕阿乐尔：《国币条例评议》（1914年），《币制汇编》第3册第6编《币制论著上》，第353—355页。
④ 《币制局总裁梁启超呈大总统为拟预定期日实行国币条例施行细则之第二条以立新币之基础且推广中国银行钞票文（附批令）》（1914年8月），《币制汇编》第2册第3编《铸造新币时期币制案》，第8页。

误于临时。除银行兑换券，与币制关系机密，亟宜悉心筹画外，其关于硬币方面，最当措意者：第一，在预算铸数，而讲分配之方；第二，在估计铸本，而谋运用之意。"①

1. 筹措五百万镑之币改启动资金

梁启超称："现在币制借款，进行甚缓。故改革之业，亦随而迁延。惟是币制能否整顿，万国观听系焉。若更蹉跎时日，则对外信用所损非细。况以币制紊乱之故，国家财政，国民生计，咸蒙莫大之亏耗。火热水深，于兹已极。惟兹谋之克臧，斯全局之俱活。由此言之，国之大政，孰先于是。""能得大款，固捷于程功。即仅得小款，亦非无办法。"

"但得五百万镑之资金，为六个月间之运用，随借随还，期以两年，则全国之硬币、纸币，一切可整理完竣。而铸币余利，与夫保证准备发行之兑换券，更可得数万万元，以应国家要需。此非迂阔夸大之谭，盖按诸学理，推之事实，皆可旋至而立有效者也。伏乞大总统指授机宜，饬下所司，尽此数月间，力议此项资金之供给，则币制前途之光明，拭目可俟矣。"②

2. 暂定全国辅币铸数为六万万元、主币铸数为四万万元

"欲定币制计画，首当推求全国需用货币之总数，以为铸造标准。惟是货币有主币辅币之别，而主币需要之多寡，恒与兑换券互为伸缩。欲测定全国应铸主币之实数，为事甚难，抑亦可以不必。故各国恒以法律规定辅币铸数，而主币则听其自由挹注而已。今从事改革币制，首当决定者，即为此事。""全国辅币铸数，应暂定为六万万元。""六万万元之辅币，实为我国必需之最小限度。将来币制大定后，所需数不止此。今当推行伊始，为保持十进价起见，与其失诸多，毋宁失诸少，故暂定为六万万元。"

"其理由如下：第一，据人口比例推算，定为此数。现今各国辅币之数，最多者如英国之每人六元一角余。西班牙之每人四五元四角余。最少者如希腊、俄罗斯，皆每人九角余。日本居我东邻，其辅币则每人二元三

---

① 《币制局总裁梁启超呈大总统为胪陈铸币计画文（附说贴）》（1914年9月），《币制汇编》第2册第3编《铸造新币时期币制案》，第9页。

② 《币制局总裁梁启超呈大总统为胪陈铸币计画文（附说贴）》（1914年9月），《币制汇编》第2册第3编《铸造新币时期币制案》，第9—10页。

第二章 民国初年的币制改革思想（1912—1927）

角余。我国大商务未发达，人民所需货币，大率以供日常零星交易之用。故需辅币宜较多。若援日本为比，实应铸辅币九万万元内外。今暂定为六万万元，则每人仅合一元五角。决不为多也。台湾约每人合一元六角。第二，据现行辅币推算，定为此数。历年各官局所铸银角、铜元，通行市面者，计五角小银元三千二百余万枚。二角小银元十二万二千余万枚。一角小银元二万三千余万枚。五分小银元五百余万枚。铜元三百万万枚。以上四种合计，以十进算，其法值应值五万八千八百余万元。现在此项银角、铜元，市价皆在法价之下，宜若以过多为病，不知此项银角铜元，现在皆壅积于数省之都会。而大多数之地方，往往欲求一枚而不可得。苟分配得宜，则此数决不患其多也。"

"此六万万元之辅币，其种类及数量当分配如下：五角银币，二万万枚，值一万万元；二角银币，二万五千万枚，值五千万元；一角银币，二十万万枚，值二万万元；五分镍币，二十万万枚，值一万万元；二分铜币，十万万枚，值二千万元；一分铜币，一百万万枚，值一万万元；五厘铜币，四十万万枚，值二千万元。二厘铜币，五十万万枚，值一千万元。照旧辅币之通行于市面者，大约银、铜各半。今之新计画，则镍辅币居四分之二，而银铜辅币各居四分之一。如此分配者，其理由有四：（一）主币既用银，故银辅币不宜过多。（二）铜辅币太笨重，非人民所便。今已缘所铸太多，而价日落，必当收回一部分。（三）腹地之民，习用制钱。自铜元盛行，而零碎日用品之媒介几绝。导民于奢侈，故必须增铸五厘、二厘之币以剂之。（四）改铸铜元，损耗不赀。改铜而代以镍，则足偿所耗而有余。而镍质至坚，能耐磨损，且伪造较铜亦为难。故与其多铸铜，毋宁多铸镍也。"

"主币既采自由铸造主义，则其铸数之多寡，将来必依于市面之需要，以为消息。政府固不必强为预定，且亦非政府所能强为预定也。虽然，当新制施行伊始，非有相当之主币，则不能维持信用，确定法价。故亦当立一最少限度，赓续铸造，以树币制之中坚。"

关于主币铸数，梁启超"拟每日铸七十万元，尽两年之力，铸成四万万元内外"，比辅币铸数少二万万元。这是因为"主币似少而实非少也"。"主币得以兑换券为代表，兑换券若用五成现款准备，四万万元之主币，可发同额之兑换券，是共为八万万元。若用三分一现款准备，则可发倍数之兑换券，是为十二万万元也。"

"今暂以五成现款准备计算，而将两年计画，分为四期，则每期通币递增之数略如下：第一期至 1915 年六月末止，全国共有通币三万五千万元，其中主币一万万元，辅币一万五千万元，兑换券一万万元。第二期至 1915 年十二月末，共有通币七万万元，其中主币二万万元，辅币三万万元，兑换券二万万元。第三期至 1916 年六月末，共有通币十万万零五千万元，其中主币三万万元，辅币四万五千万元，兑换券三万万元。第四期至 1916 年十二月末，共有通币十四万万元，其中主币四万万元，辅币六万万元，兑换券四万万元。""据此则直至民国五年末，而全国所有通用货币，共得十四万万元。以人口比例之，每人仅占三元五角。其不为过多也明矣。（日本每人通用货币十元零九角四分，台湾每人通用货币六元四角余。）而复分期渐进，其吸集生银也以渐，其铸成硬币也以渐，其发行兑换券也以渐。而三者皆以严确之比例出之，则进行之稳健，何以过此。"

梁启超说："所拟每期铸造辅币之数，固万不容再少。至于主币之数，倘机器能力有未逮，则虽所铸稍减，亦无防。盖旧日官局所铸大银元，既许与国币有同一效力，则可以暂充兑换。而生金生银，又可以充现款准备。虽未能遽变其形为国币，而效用固相等也。要之第一期内，但使中国银行所存现款，合新国币、旧银元及生金银，共得一万万元之实值，则发一万万元兑换券，以为之辅，绝无危险，而新币制之基础已立矣。"①

3. 铸亏总额及铸费筹措办法

"依国币条例，以铸各种币，铸一元主币及五厘、二厘铜辅币，皆须亏耗。铸其他各种辅币，皆有赢余。此其大较也。然尚有复杂之关系焉。则以旧官局所铸大小银元、铜元，皆须陆续收回改铸，比之径购原料以铸新者，其成本固有参差也。"②

---

① 以上均引自《币制局总裁梁启超呈大总统为胪陈铸币计画文（附说贴）》（1914 年 9 月），《币制汇编》第 2 册第 3 编《铸造新币时期币制案》，第 11—16 页。
② 《币制局总裁梁启超呈大总统为胪陈铸币计画文（附说贴）》（1914 年 9 月），《币制汇编》第 2 册第 3 编《铸造新币时期币制案》，第 17 页。

第二章　民国初年的币制改革思想（1912—1927）

（1）两年内共需铸本 717896700 元

"一圆主币，法价与实价相等，外加铸费六厘。而此六厘，定不足供购铜及工作之需。计每铸一枚，应亏四厘左右。此径购原料以铸新币所亏之数也。旧银元因成色不齐，故其市价在国币法价之下。今若认为与国币有同一之效力，则每枚应亏三分一厘余。此改旧为新所亏之数也。据各厂历年统计，铸出之大银元，共二万一千余万枚。若全数改铸，所亏应不下六七百万。但前此所铸，不无销毁，存在市面者，断不足此数。且留一部分贮作银行准备，暂缓改铸，亦无大碍。故略拟两年内改铸之数为一万万元，余皆新铸之数。""其铸亏总额如下：一圆主币四万万枚，内改旧一万万枚，亏三百一十万零二千三百元；新铸三万万枚，亏一百二十万元；共需铸本四万零四百三十万零二千三百元，实亏四百三十万零二千三百元。"

"五角、二角之银辅币，皆将旧铸之五角、二角、一角小银元改铸。前此银八铜二，今改银七铜三。前此市价与所含银价略相等。今改法价为十进，故虽费改铸之劳，然所赢余尚不少。今略算如下：五角银币一万万元（将旧五角旧一角改铸不足则以旧二角添改），需铸本八千五百八十九万八千九百八十五元，实赢一千四百一十万零一千零二十五元。二角银币五千万元（将旧二角改铸），需铸本四千二百八十二万五十元，实赢七百一十七万五千元。"

"镍币则赢利最大。国家铸币，虽非为牟利起见，然既足便民，且以补他种币之损耗，亦义所应得也。略计所赢如下：一角镍币二万万元（定购镍胚自行印花），需铸本二千一百零三万一千一百八十七元，实赢一万七千八百九十六万八千八百十三元。五分镍币一万万元，需铸本一千六百二十八万零五百八十四元，实赢八千三百七十一万九千四百十六元。"

"铜币余利甚薄，众所共知。但缘前此滥铸之结果，价格日落。今非收毁一大部分，不足以维持法价。故处分旧铜元，实今后一大苦痛之事也。幸其市价犹未落至与所含铜价相等，故改铸其一部分，尚有赢利。惟收毁之一部分，则所耗补不赀矣。""今拟悬一厉禁，两年之内，不复购买生铜。凡所铸铜辅币，皆收旧铜元以改铸。现在市价，每元约能购百三十枚内外，陆续收回，价目自渐涨。待所收逾百万万枚以上，乃可沏一定价限期全数收毁，则物价不太动摇，人民不感苦痛，而国家所损耗亦不至太大。"

"今假定收回改铸之平均价格，为每元百二十五枚；收回销毁之价格，为每元百十五枚，则其赢亏之数略如下：二分铜币二千万元（将当十旧铜元改铸）需铸本一千五百六十六万二千五百元，实赢四百三十三万七千五百元。一分铜币一万万元，需铸本九千六百七十八万五千元，实赢三百二十一万五千元。五厘铸币二千万元，需铸本二千一百三十八万五千二百元，实亏一百三十八万五千二百元。二厘铸币一千万元，需铸本一千三百七十二万五千九百五十四元，实亏三百七十二万五千九百五十四元。"

"以上改铸新铜币一万五千万元，除亏外，实尚赢二百四十四万一千三百四十六元。虽然，就旧铜元方面观之，其改以成新者，不过除去一百四十万万枚而已。而现存之数不下三百万万枚，所余者尚一百六十万万余枚。势不得不销毁之，以售其原料。计每万枚含铜一百斤余，值银三十二两余；含铅十一斤余，值银一两四钱余。以每元百十五枚之定价收之，计每万枚需银八十六元九角六分。每万枚须亏三十五元七角四分。百六十万万枚，共亏五千七百一十八万四千元有奇也。此项铜原料，虽仍可留出三百三十七万五千斤，为铸各种银币搀合之用。然就铜币言铜币，则损耗终自甚巨也。"

"合以上各种币之铸本而总计之，则五角银币、二角银币、一角镍币、五分镍币、二分铜币、一分铜币六项，共赢二万九千一百五十一万千七百五十四元。一元银币、五厘铜币、二厘铜币三项，共亏九百四十一万三千四百五十四元。加以收毁旧铜元项下，亏五千七百十八万四千元。两数相抵，实仍赢二万二千四百九十一万九千三百元。诚能实行此计画，则两年之内，铜元积弊可以廓清，币制可以确立。而国家仍能得铸币除利二万二千四百九十一万九千三百元以供收回纸币及他项政费之用也。"①

（2）筹措铸本办法

"筹措铸本之艰窘，惟在此最初发展之短期间而已。今请概算此短期间内所需之最小限度，乃进而谋筹措之法。"

---

① 以上均引自《币制局总裁梁启超呈大总统为胪陈铸币计画文（附说贴）》（1914年9月），《币制汇编》第2册第3编《铸造新币时期币制案》，第17—22页。

第二章 民国初年的币制改革思想（1912—1927）

"依前节所算，两年内共需铸本七万一千七百八十九万六千七百元。以四期平分之，每期应需一万七千九百四十七万四千一百七十五元。但第一期所需，有可以较省于后三期者。（其一）第一期所拟备之主币一万万元，内一部分可以旧银元代用，暂缓改铸。故新铸者只能算七千万元之谱（新厂未开工以前尽各厂机器能力所铸亦仅能及此数），且其成本，可照新铸估价，不必照改铸估价。（其二）所铸铜币，因各厂现存有余铜，终须销用。故可移以充铸新铜币之需。故一部分之新铜币，亦可照新铸估价，不必照改铸估价。即其余一部分，须照改铸估价者，而此时期之旧铜元，市价甚低，可照每元百三十枚估价。缘此两端，故第一期所需铸本，应视后三期为较省，惟亦有较增者，则添购机器，改良厂务，各种之临时费，是也。"

"第一期六个月间，就新铸估价，实需铸本之数如下：一圆银币约七千万元，需铸本七千万零二十八万元。二角银币约二千万元，需铸本一千七百一十三万元。一角镍币约五千万元，需铸本五百二十五万七千七百九十六元。五分镍币约二千五百万元，需铸本四百零七万零一百四十六元。二分铜币约四十万元，需铸本十九万九千一百三十元。一分铜币约三百万元，照改铸估计，需铸本二百九十万零三千五百五十元。五厘铜币约三十万元，需铸本二十三万五千二百三十元。二厘铜币约十万元，需铸本十万零七千五百四十元。以上共需铸本一万零零十八万三千三百九十二元。外加购机改厂等费二百万元。此第一期所需之略数也。"

"然此第二期中，复可分为第一批与第二批。第一批则币制实施前所需也。第二批则实施后所需也。第一批所需，则启超前次曾呈手折估计四千八百余万元，合以购机诸费，约五千万元内外。苟并此款而不能筹得，则改革实无从着手。启超前此所陈诸法，若有疑难办到之处，则虽委曲其途，出重息以借短债，亦当为之。盖得此为起点，则后此所收之利，决足偿所失而有余也。第一批铸本有著，一到新制实施后，困难渐迎刃而解矣。第一批以五千万元之铸本，约铸成七千万元之新币。将此新币七千万元，交与中国银行，使任发行，而更以五千万元之兑换券为之辅，则国中有新通币一万二千万元。以此新通币散出市场，民之欲得之者，必以生银为易。一个月内，最少亦应能吸生银八九千万，则以供第二批之铸费，自绰有余

113

裕。至第二期以后，则吸收力益强，而铸费之筹措，不复成问题矣。"①

4. 利用旧银元作为过渡

针对《国币条例施行细则》第二条"旧有各官局所铸发之一圆银币，政府以国币兑换改铸之，但于一定期限内，认为与国币一圆有同一之价格"，②梁启超从硬币与钞券两方面提出了具体实施办法。

在硬币方面，梁启超主张"以数月之力，设法铸成二三千万之新币，俟定期发行，即同时认二万万之旧银元，有同一价格"。他说："是犹精练官军数万，挟之以招降土匪二十万。其势最顺，而效最捷，至易见矣。"③

在钞券方面，梁启超首先指出中国银行钞券不能推广的原因在于其所代表之物，"价值无定"；"商民乘间展转射利，银行乃至以发券为病"。他说："若不设法划一旧银元之价，则将来新国币铸出后，银行钞券，一面代表新国币，一面仍不得不代表旧银元。而其价之参差，一同今日之钞券，永无发达之望。"

"今致疑于实行细则第二条为不可行者，大约不外四端。其一，疑本来不齐不平之价，焉能以法令之力齐而平之。其二，疑旧银元价骤提高，奸民因缘为利。其三，疑国家及银行，缘此而受损失。其四，疑旧币有恶币与新铸良币同价，将累及新币之信用。"梁启超则认为，以上四点"皆无足虑也"。

"查施行细则第四条，以库平纯银六钱五分四厘，折合一元，此将来生银与国币兑换之法价也。今市面各种旧银元，其市价皆在此法价之下，或三厘或四厘不等。新旧同价之令一布，人民必争收之以牟利，则需要之方面日增。而当新制施行之前数月，早已令各厂停铸，则供给之方面日少。

---

① 以上均引自《币制局总裁梁启超呈大总统为胪陈铸币计画文（附说贴）》（1914年9月），《币制汇编》第2册第3编《铸造新币时期币制案》，第23—25页。

② 《币制局总裁梁启超呈大总统为拟预定期日实行国币条例施行细则之第二条以立新币之基础且推广中国银行钞票文（附批令）》（1914年8月），《币制汇编》第2册第3编《铸造新币时期币制案》，第1页。

③ 《币制局总裁梁启超呈大总统为拟预定期日实行国币条例施行细则之第二条以立新币之基础且推广中国银行钞票文（附批令）》（1914年8月），《币制汇编》第2册第3编《铸造新币时期币制案》，第3页。

既已求过于供,市价自然日涨,势必涨至与法价齐而后已。故第一事不足虑也。"

"所谓奸民因缘为利者,谓其牟法价与市价差额之利耶?果尔,则政府固甚欢迎之。何也?政府之目的,本欲将此项旧银元市价提高,商民乘以牟利,不啻为政府作游击之师也。若欲与此差额之外,而别牟利,则固无术可致。"

"试举例证明之。现在北洋造银元,在天津市价值库平六钱五分一厘,将生银六钱五分一厘,购得北洋一圆,以易国币,诚坐获三厘之利矣。若再将所易得之国币镕毁之,取其生银,以赚北洋银元,则不能有利益。国币所合银实只六钱四分八厘,以购北洋,尚须亏三厘也。故除是造币厂不遵法令,当新制施行后,仍继续鼓铸旧洋,则诚可以获利。然固政府之力所能禁矣。若虑中外奸民盗铸,则与其盗铸此项主币,不如盗铸他种辅币。冒大险而仅获每枚二三厘之利,黠者弗为。故第二事不足虑也。"

"至于国家或银行所受损失,是诚不免。抬高三四厘之价,以收旧币,收一千万枚,则亏三四万两,此有目所共见也。然以此区区之费,而收回尔许纷乱不清之旧币,比如散金帛四万,而收得千万之降卒,其代价亦可谓至廉。况所出代价,不必皆用新铸之硬币也,钞券亦可充用。以钞券收改旧币,各国改革币制,恒必由斯道。"

"今以此薄利予商民,苟操纵得宜,则二万万之旧银元其争趋于中国银行之库,将若水之就壑。而银行券之乘此而发出者,最少亦应及一万万矣。故第三事不足虑也。"

"至谓新旧同价,恐累信用,此诚笃论,不知施行细则第二条明言:将旧银元收回改铸,不过于一定期限内,暂准同价,而其期限,又以教令定之。则此种办法,为暂局而非久局甚明。银行所收得之旧银元,自当随时运往币厂改铸。不过初时恐新币或不敷兑换,可暂择成色重量较高之旧币偶佐发兑耳。故第四事亦不足虑也。"

梁启超说:"颇闻前清议改币制则例时,上海商会对于处分旧币之法,颇不慊意。其所要求,即在暂认旧银元有同一价格。可见此中作用,实合乎商民心理所同然矣。前清币制则例,大致尚称妥惬,惟因缺此一条之规定，斯施行之窒碍滋多。故彼时咸谓非有一万万以上之资金，不能着手。今若善行此条之意，而利用旧银元以作过渡，则但得三四千万，亦可游刃有余。在今日筹款孔艰之时，此亦亟宜计及者也。"①

（四）陶德琨主张"改定中元，划一银货"

陶德琨1919年著文称："十年以来，币制局之设，今第三次矣。币制局不存在时，币制委员会亦断续分设至数期，所从事调查从事讨论者，不知各经若干反复。究其结果，仅民国三年二月八日颁布一币制条例。""由条例产出，一圆新银币，畅行于通都大埠，无地名之限制，有国币之号称，而按其分量，则仍为七钱二分，实一不合国情之墨银单位也。察其统系，则仅有'壹圆'孤悬，实一未带辅币之计价尺度也。初发行时，当局尚有以新收旧，轮续毁铸由'壹圆'而推之银铜辅币，克期改良，逐渐划一之各种计议，今民国晋八年，其成效仍寂如也。岂惟无成效，彼'北洋'、'站人'、'大清银币'及其他种种旧式银元，依然纷陈并步于日用交易间，而'壹圆'新币不过得与多数旧银元为伍，适增钱市杂乱之象已耳，加以纸币之跌价，铜元之减色，谓民国迄今圜法日在退化期中可也。"

陶德琨说："钱法本吾国内政，外人静观多年，初无何种正式表示，自光绪辛丑和议告成后，划一吾国货币之词，一载入于中英商约，再载入于中美商约、中日商约，此内政问题，已早成一国际问题。清末力图革新，阻于政变。民国肇基，日方多故。忽忽岁月，迄无良规。二十年来，论者多谓改革币制，宜自研究本位入手。琨前上清度支部书，亦持先采金汇兑本位制之议。民国元二年，仍力主张先行决定本位计划。前程过巨，步履维艰，不免令人望而生畏。三年公布之国币条例，仓卒就议，几类于闭户造车，故成效未著，反退化一至于斯。今欧战终结，世界改造，断不能听币制问题依旧延搁。若能按切事实，急图进步，即将金制问题，暂缓商筹，

---

① 以上均引自《币制局总裁梁启超呈大总统为拟预定期日实行国币条例施行细则之第二条以立新币之基础且推广中国银行钞票文（附批令）》（1914年8月），《币制汇编》第2册第3编《铸造新币时期币制案》，第4—7页。

第二章　民国初年的币制改革思想（1912—1927）

未为不可。侧闻币制借款行将提议，琨愚以为宁可专用借款，推行根本金制，俾臻世界大同之盛。若夫改定中元，划一银货之救急主义，宜合国人自身之力以图之。基金由我出，主权方自我操。改造世界之巴黎大会议未终以前，果能急起直追，完此模范区域之货币统一形式，或可一新外人耳目，减其藐视吾国心思。故今不言治本，先陈此旨，作一治标策。"

币制改革"条理多端，有繁简，有难易，坐言起行，宜分先后缓急之序"。例如，本位计划之商榷，金银关系之规定，"此繁重改革，须审世界大势详细筹议者也"。"各省乱钞之整顿，各种铜币之处理，皆困难问题，应察吾国内情次第解决者也。"而"于此繁难事业中"，比较简易，且刻不容缓者，"则划一银元，缩小单位是"。

陶德琨称："骤闻此言，或将谓划一银元，已属非常之举。清末欲行而未果，前币制局出模之'壹圆'新银币，始持划一之目标，终无统一之能力，益以缩小之单位，改定计算价格标准，更吾国社会未曾经见之大变端，何简易之可言？"①

1. 划一银元非难事，只要政府有决心

陶德琨指出，按照货币学原理，划一银元是币制改革必须迈出的第一步，也是政府比较容易办得到的。他说："划一银元非困难事，在政府之有无决心耳。以政府权力之大，任择一种银币推而广之，吸收一切杂货镕毁而铸之，但期统一之事功，除去盈亏之计较，不三数年，国币划一可预必也。先具决心，继以毅力，筹备周妥。按照泉币学原则，不准两种以上货币同时流通于市间，仅于新旧货币交替之最短期内，容旧币照常通行，过此定期，仍有持旧币供交易者，则仿他国改革币制试行有效之先例，科以重税，或惩罚之。政府非真欲得税款罚人民也，惟如此始克扫除旧币，兼清新制进行之前程，主辅互用，统系井然，国币精神，于焉完备。"

陶德琨主张分时段、分区域逐步推进货币统一。"以吾国疆土之大"，不必要求各省货币统一之限期步骤一致，可"先以北京为试行新币之模范

---

① 以上均引自陶德琨《币制问题之治标策》，原载《银行周报》第91号，1919年3月，第7—11页，徐沧水编《中国今日之货币问题》，第17—18、24—25页。

地，半年筹备，数月施行，岁不一周，其成绩当可立待也"。"北京试行新制称便后，推而及之其他埠镇市区。"北京政府时期，"多数人民久恨恶货，渴慕良法"，只要政府整合财力资源，致力于币制改革，"以新易旧，只秋风卷残叶耳。是皆行政程序上事，尚非币制自身问题"。①

2. 以"中元"为主币，改定计算价格标准

陶德琨说："币制问题之难，属于行政者其次。而立法之定制，认题当否，至关国计民生之前途。法制完善，社会固受无疆之福。倘认题稍有偏差，政令颁后，纵克强制施行，而人民日用生活所依，影响至大，且久或将永世无术补救，此作法者之所应深用自惕也。"

陶德琨认为，中国国币单位，规定为七钱二分，"单位过大，于人民日用多不相宜"。"若径用银元单位百分之，至今尚多望尘莫及者焉。……虽有五厘、二厘、一厘三级补助币之规定，恐将全成纸上具文，终于单位涨大之弊无济也。"所以，必须改定单位。

"改定单位，必须详审国情，兼善凭借推行，方易为功，决无全恃高尚理想，或任便拟一法令，而轻于尝试者。昔采七钱二分之制，亦缘市中无何种凭借优于已有之银元，故作因势利导之计，在当时曾具不得已之苦衷。今'壹圆'势力已远于曩昔矣，若再因仍不变，或即此旧制而免为划一之，则单位过大，必不利社会之前途。于此而急思挽救之方，莫如即将'壹圆'缩小，平分两半，利用民国三年《国币条例》所制定之'半圆'为国币。新单位因'半圆'银币出模时，命名'中圆'，面上并铸明'每二枚当一元'，是由'壹圆'缩为'中圆'，只等于一而二或二而一之变化耳。凡旧银元前数十年与制钱战与银两战所已搏得之势力，业经归'壹圆'共有者，嗣后皆可由'中圆'安坐承继享受之。无论薪价之合算，帐簿之更改，债权债务之契约关系，均易以'壹圆'折半，或'中圆'加倍了解之，则及是时改定单位，无何种困难阻碍，可断言者。"

改定单位制度，宜同时改定单位名称。"仍凭借已有之'中圆'二字，

---

① 陶德琨：《币制问题之治标策》，原载《银行周报》第91号，1919年3月，第7—11页，徐沧水编《中国今日之货币问题》，第18—19页。

第二章 民国初年的币制改革思想（1912—1927）

仅将'中圆'之'圆'字，改为'元'字，以元者始也。凡数之始多曰元，若以'中'、'元'二字接连定为新单位，名称洽合中国国币数始之义。彼'圆'字不过象形已耳，物之圆者亦多矣，与单位命名之义何有？况日币单位早经定名为'圆'，吾国虽非有意抄袭，究应避而另图为佳。国币名称，关系国家礼制。甲独立国之货币，命名罕见有苟同于乙独立国者。以拉丁货币同盟团之亲，其主辅各币重量成色皆同，而币名则法异于意，意别于希腊。吾国与日制度迥殊，故应舍日币已用之'圆'字，而以'中元'为新单位之名称，辞义均当。至'中元'二字笔画单简，便一般国民之识记，又余事焉。"

主币缩小，辅币亦须随之更定。"大银元主政时代，辅币有角有分有厘，并多称角曰'毛'，称分曰'仙'，称厘曰'文'或'个'者，阶级重重，名号尤甚奇异。即如'角'之一字，形已不类义，更何取？查世界通例，除英镑之下有'先令'、'便士'数级，为一特别制度外，若美若法若日意以及其他各国，无不于国币单位百析之。其辅币种类，国或有异同，而辅币名称则皆属一等。由一直数至百，即成一整单位。计算簿书，备极简明。吾国此次改定新制，既以'中元'为主币，应即将'中元'之辅币百分之。其百分之一仍定名曰'分'，但铸'五十分'、'十分'、'一分'及'半分'四种，谅足供交易之找换，而便民亦多多矣。辅币统系贵明了，种类尤宜避复杂。改制伊始，人民脑中方日事舍旧习新，更无多铸辅币之必要。故'二十分'与'五分'两种，俟诸异日再行添铸未晚也。'五十分'之辅币用银质，'十分'者可用银或镍质，其'一分'及'半分'者，则概仍旧用铜。'中元'新主币不过值旧制钱六七百文，则'一分'新辅币，约合旧制钱六七文，比现行铜元值已减少。再加以'半分'一种，作补助货，断无不适一般国民生活程度之虞。至辅币之成色重量形式，世有通则，不难于数小时间配合成制。"

陶德琨说："中元之名实及势力，既均凭借至当，重以合国情带辅币之完全制度，一旦铸就发行，果能夺得各种旧币故有之地盘，进呈新币制大一统之现象乎？仍须视政府之决心与毅力如何。前此'一圆'入市，未达划一货币目的，固由主辅系之远欠完善，亦政府未贯彻其预定政策使然。

发新而不收旧，复未轮续毁铸各式银铜元，至人民行使旧币期限，更属始终放任，无片纸之公告，是则改革币制时所必不可犯之常规也。人情恒偏守其所已习，值新旧政令过渡之交，新制纵较优备，若无国家强制力以为后盾，每不胜旧制之抵抗排挤。此次'中元'制度，如蒙裁可，应由政府定为一势在必行之政策，赶铸主辅各币。即以北京为划一币制之模范区域，分设或指定临时货币发换所数处，发出新币，收回旧货，汇总镕铸，轮续掉换，不难于短期内统一北京市面。其现行之大银元券，可暂令代表二'中元'，另加盖新制印章于其上，俟现货划一后，再事更新钞券，是亦改革时代之权宜办法也。"①

3. 政府应竭力在国内设法筹集币制改革资金

陶德琨说："近数年间，用币制名义商借外债者屡矣。欲图币制改良，必须筹巨款为设施，事理本属当然。倘谓借款不得，币制事业即无革新划一之望，区区愚衷，未敢遽予深信焉。今日币制问题，乃一切财政问题中之先决问题，能得大宗专款，固应早日举办，立观厥成。即国家财政异常支绌，亦须合内外官民之力，用省衣节食之方，募集币制公债一万万或数千万'中元'。若虑缓不济急，即先暂筹垫款，专充整理币制基金，用基金划一北京市价后，再移此财力继续推行至京外埠镇市区，不过视基金周转率之迟速，占新币制发展力之限度耳。迨新制通行全国，前项基金依然存在，或且增多，届时仍按本息分别偿还。既非一去不复返之行政费消耗费可比，政府即应竭力在国内设法筹集焉。若必俟逾万万金之大借款成立，币制问题始解决有道，第恐大借款签约之日，吾国币制改革权，已作海关盐务之续，移入外人掌握中矣。"②

可见，陶德琨反对币制借款，是因为不平等的币制借款会导致中国币制主权被外人掌握，所以他极力主张在国内设法筹集币改资金。

---

① 以上均引自陶德琨《币制问题之治标策》，原载《银行周报》第91号，1919年3月，第7—11页，徐沧水编《中国今日之货币问题》，第19—23页。
② 陶德琨：《币制问题之治标策》，原载《银行周报》第91号，1919年3月，第7—11页，徐沧水编《中国今日之货币问题》，第23—24页。

（五）厉鼎模的"金银分行制"主张

1925年，厉鼎模发表《中国币制问题之研究》，建议实行"既非各国之成法，又为前哲所未言"的"金银分行制"。所谓金银分行制，仍以银为本位，"国内交易，及对于用银国，均用银授受。惟对于用金国，则设法吸收金货，以应其收付之准备。有余则存置，有缺则以所缺之额而售银以偿，并不铸造金币，亦不强定金银之法价"。他认为这样可以避免纯用银本位对金折算的损失，并为将来改行金本位制做准备。①

实际上，实行金银分行制度就是由国家进行外汇管理，在对外经济关系中以金对金，以银对银。厉鼎模建议"先由国家银行内设国际贸易汇兑部，管理对外按金计算、国内按银计算之全权"。具体方策有输出商品一律按金计价，收受金币；国内产金禁止自由输出；借用外债存放国外，作为偿付货价和还债的准备；吸收华侨资金存入国家银行；禁止生银自由输入；等等。采取这些办法可能对中国的对外收支有改善作用，但不能根本解决问题。金银的折合总是客观存在，两者不可能完全分行。②

针对辅币贬值问题，厉鼎模提出了打破辅币铸造中的名价主义的主张。他认为，辅币的名义价值高于实际价值，铸造者有利可图，所以滥铸成风。他主张按实价铸造辅币，认为这样就能杜绝私铸与滥铸之弊端。他还主张取消铜辅币，以分、厘辅币券代替，认为这样就能永久保持十进位制。③

综上所述，民国初年主张暂行银本位者，着重探讨施行银本位制的具体办法，他们认为统一银货是币制改革第一步，政府应该竭力筹措资金，利用旧银元作为过渡，利用中国银行钞券，妥善推广新主币，完善主辅币系统。王怡柯、阿乐尔、陶德琨等认为《国币条例》规定的"一圆"主币单位太大，应以"半元"或"中元"为主币，改定计算价格标准。梁

---

① 叶世昌、李宝金、钟祥财：《中国货币理论史》，第292页。
② 叶世昌、李宝金、钟祥财：《中国货币理论史》，第292页。
③ 叶世昌、李宝金、钟祥财：《中国货币理论史》，第293页。

启超、阿乐尔等强调主币宜自由铸造,辅币应无限制兑换,中国银行钞券可推广。

但阿乐尔和厉鼎模主张按实价铸造辅币以杜滥铸之弊端,是找错了方向。滥铸辅币的根本原因在于,帝国主义操纵下的军阀割据统治无法提供健全的法制和必要的法治保障机制。不消灭这一根本原因,再完美的币制改革方案终难得以顺利实施,更何况他们的方案还有不足之处。辅币的实际价值必须低于其名义价值,否则就不称其为辅币了。名实相副的辅币和主币几乎没有任何区别,都只是金属货币,各币以其实际价值流通,根本不可能建立健全现代主辅币系统。

三 金本位论

1914年3月,黑龙江省商务总会董事袁兰将他所拟的币制建议书提交全国商会联合会上海总事务所成立大会。他认为中国币制的关键在于实行金本位制。照他的办法,金、银币的含金、含银量都依对制钱的作价而定,则银币和金币的比价不可能同市场比价相符。这样的话,劣币驱逐良币的问题不可避免。他还主张由民间集资创立民办的币制银行,认为这样就用不着进行币制借款了。① 这个想法比较新颖,但在当时很难具体操作。

1919年11月,东三省巡阅使张作霖倡议采用金本位制,原因是"其时银价极高,易于购致大宗现金"。"但北京政府之银存不丰,无力采购,以应创行新制之需,故其计划卒未果行。"②

王文海指出,1914年2月8日颁布的《国币条例》,"终以单位过大,不适于人民之生活程度,阻碍横生,而《国币条例》迄今未完全施行"。他说:"当国币条例颁布之时,未尝无划一国币之计划。然历时甚久,未见成效。彼大清银洋、北洋、各省银洋及站人银洋、日本银元,依然流行于市

---

① 叶世昌、李宝金、钟祥财:《中国货币理论史》,第287页。
② 〔奥〕耿爱德:《中国货币论》,蔡受百译,商务印书馆,1933,第380页。

第二章 民国初年的币制改革思想（1912—1927）

场之中。新银币之铸造，不过添一银元之名色耳。故，我国今日仍在杂种货币之时代也。"①

王文海注意到，第一次世界大战以后，"各国需要银币最多"，② 而银之产额减少，导致"至今日金银之比值，仍为十六与一"。他说："此虽一时之变象，然当金贱银贵之时，购金之费，较银价低落时要减一倍。我国乘此机遇，步先进国之后尘，采用金本位制，则开办之款，既可减少，国内之货币，亦可统一，事半功倍，此其时矣。"③

（一）王文海的金本位论

王文海主张采用金本位制，首先针对"我国产金甚少，不宜用金本位制"的说法，强调"金矿之多寡，固无关于币制之改革"。他说："不知金与银为流通之媒介物，自然交易之所在，即金银流通之所至。今英德法各国皆产金甚少，而能实行金本位者，即此定理之作用。"④

王文海1920年时说："我国今日改革币制，第一须参酌各国之成规，第二须适合我国之生活程度。"⑤ 他进一步提出了以下实施金本位制的具体办法。

1. 金银之比值当为 1∶21

王文海指出："金银之比值，时有腾落，故法定之比值过高，银价上腾时，将被销毁，过低不免伪造之弊。""我国宜折中各国金银之比值，定为二十一与一。此较英法德荷金银之比值为高，伪造之弊可除，较日本印菲为低，当银价上腾时，不致先诸国而被销毁。此我国金银之比值，所以采二

---

① 王文海：《改革币制意见书》，原载《银行周报》第141号，徐沧水编《中国今日之货币问题》，第26页。
② 当时金产额减少，故各国多以银为现币兑换之基础。
③ 王文海：《改革币制意见书》，原载《银行周报》第141号，徐沧水编《中国今日之货币问题》，第26页。
④ 王文海：《改革币制意见书》，原载《银行周报》第141号，徐沧水编《中国今日之货币问题》，第26—27页。
⑤ 王文海：《改革币制意见书》，原载《银行周报》第141号，徐沧水编《中国今日之货币问题》，第27页。

十一与一也。"①

2. 新货币之规定

王文海写道:"货币单位之大小,关乎一国之生活程度。单位大则其国之生活程度高,单位小则其国之生活程度低。盖大单位国,其日用品之价值,皆以大单位计算,小单位国,其日用品之价值,皆以小单位计算。故在小单位国,其一切费用实较大单位国为省。我国改革币制宜注意于此也。"②

(1) 以中元改为一元。王文海说:"凡厘定单位,必须详审国情,有所凭借,始易为功。我国现行一圆单位,除美国外,未有大于一圆银币者。此其不合国情,早已啧啧人口。惟改良单位,须因势利导,假社会上之凭借,渐次推行,或不致横生阻碍。'中元'之发行,商民备极欢迎,外人亦称便利,即此已有凭借之'中元'改为'一元'。《汉书》'数始终一',《尔雅》释诂'元始也',恰合单位之义。且以明我国单位之焕新,主币既经缩小,辅币亦当更定。现行国币条例,单位析至千分之一,其不便熟甚。考各国成规,除英国外,莫不于单位百析之。我国亦可援照成例,将'一元'单位百析之。惟'一元'约合六七百文,'一分'约合六七文,再辅以'半分'约合三四文,用以找零,更为便利。其辅币定名为'五十分'、'二十分'、'十分'、'五分'、'二分'、'一分'、'半分','五十分'、'二十分'、'十分'用银,'五分'用镍,'二分'、'一分'、'半分'用铜。"

"新单位银币之重量,为库平三钱六分,成色九百,内含纯银为库平三钱二分四厘,值合纯金为库平一分四厘九毫又零八六八六,故新单位之值,

---

① 王文海:《改革币制意见书》,原载《银行周报》第141号,徐沧水编《中国今日之货币问题》,第27页。"自1800年至1891年,金银之比值,自15.68至20.92,平均不过十七之比率。自1891年至1916年,自20.92至28.33。近数月来银价大涨,金银之比值低至十三与一。变动之烈,于斯为甚。然此系一时之变象,不足为准。各国金银之比值,如印度之罗比为21.9与1,日本之五十钱银货为二十六与一,菲利滨海峡殖民地之达拉为21.3与1,英之先令为14.28与1,荷之几德为15.62与1,德之马克为11.95与1,法之法郎为15.62与1。英法德荷金银之比值余限太大,日本印菲余限过小。"

② 王文海:《改革币制意见书》,原载《银行周报》第141号,徐沧水编《中国今日之货币问题》,第28页。

第二章　民国初年的币制改革思想（1912—1927）

与英之先令相近，而重量则过于英之先令、德之马克、法之法郎，而不及荷之几德、日本之半圆、印度之罗比。如银价腾贵之时，不致先荷日印度而被销毁。"①

（2）现行之"一圆"宜改为"二元"。"一圆银币，流行于市面者有数万万之多，收之改铸，则阻碍横生。不为更张，则不合于人民之生活程度。彼与一圆同重量之鹰洋、站人、日本旧银元，均以过大而废弃之矣。欧战告终，国际联盟成立，断不容我之长此因循不为更改。今单位即小，可铸造'二元'银币，即以现行之'一圆'改为'二元'，则重量七钱二分之银元，仍旧存在，不过改'一圆'为'二元'耳，不致扰乱社会上之经济也。"②

（3）宜铸"十元"及"二十元"之金币，发行金币证券。"金银之比值，既为二一与一，则十元之金币，内含纯金当为一钱四分九厘二毫零四忽又八八，成色九百，全重库平为一钱六分五厘六毫一丝七忽又一。二十元倍其重量及所含之纯金成色同前，二十元之重量（为三钱三分一厘二毫三丝四忽又二）较英之镑、德之二十马克、荷之十几德、法之二十法郎为重，较日本之十圆、美之五达拉为轻，内含纯金较德之二十马克、荷之十几德、法之二十法郎为多，较英之镑、日本之十圆、美之五达拉少。故，当金币未铸以前，彼贵于我国二十元金币之日本十元金币、英镑、美国五达拉，均可作为法币，一律无限通用。虽此种金币输入较难，然仓卒之间，欲得大宗金币，非此种外国金币莫属也。"

"自购生金而铸造金币，其间运送囤积，历时甚久，若不善为设法，则有坐失利息之弊。墨西哥当铸金币时，发行金币证券，及至金币敷用，即收回金币证券销毁之。我国改用金本位制，需金必多，非短其间所能奏功，亦可援照墨西哥成例，发行金币证券。惟发行此券时，应由币制局人员组织一币制委员会，脱离政府为独立之行动，始不致流为政府发行之纸币，

---

① 王文海：《改革币制意见书》，原载《银行周报》第141号，徐沧水编《中国今日之货币问题》，第28—29页。
② 王文海：《改革币制意见书》，原载《银行周报》第141号，徐沧水编《中国今日之货币问题》，第29页。

改铸旧银元时,'二元'只铸十分之二,'一元'铸十分之八。"①

3. 新货币之推行

(1) 限期收回旧币,渐次推广新币。王文海写道:"两种以上之货币,不能同时流行于市面。惟当初发行时,于最短期间内准其流行,逾此期限,仍以旧币交易者,科以重税或罚款。我国田赋向以银两计算,每两至纳五六串文,层层剥夺,人民既受其害,田赋亦不能统一。新货币发行时,由政府通令全国,凡一切田赋丁漕,均改为新银币计算,用新银币纳税者,与以便宜。至于政府支出,概以新货币计算给付。此皆奖励新货币之法。以我国疆土之大,不敢必其于短期时间奏功,然当初发行之时,先在交通便利之各省及沿海沿江之通商口岸施行,渐次扩充于内地各省,期以三数年,可划一全国之货币。"②

(2) 通令全国商号限期改用新银币计算。"我国商家,多以银两计算,或以一串文计算(内地最多),间有用银元者,皆系新开之商家及股份公司银行,寥寥无几。外人深感不便,时加责难。当新银币发行之时,宜由政府通令全国商号,限以二年,一律改用新银币计算。有不从者,科以罚金,或停止其营业,则国内之贸易,可望日渐发展。"③

(3) 筹措币改经费七亿元。"改革币制所需之经费,须视一国所用之货币之数目。日本每人约须十二元,我国生活程度过低,不能比拟,每人约需七元(以新银币计算),足矣。以全国人口计之,约须二十八亿元。我国生活程度既低,需用辅币较他国为多。假定辅币为五分之二,约需七亿元。其余主币如'二十元'金币,约需三亿元。'二元'及'一元'银币,约须十亿元,银行券约须八亿元。现今流通之数万万银元及辅币,收之改铸,足供新银币及辅币之用。惟金币约需三亿元,银行券保险金约需四亿元,

---

① 王文海:《改革币制意见书》,原载《银行周报》第141号,徐沧水编《中国今日之货币问题》,第30—31页。

② 王文海:《改革币制意见书》,原载《银行周报》第141号,徐沧水编《中国今日之货币问题》,第31页。

③ 王文海:《改革币制意见书》,原载《银行周报》第141号,徐沧水编《中国今日之货币问题》,第32页。

改革经费，共须七亿元。"①

（4）进行币制借款不如发行内国公债。"我国近数年来，借用外债，多援改革币制为名。若一言改革币制，非借用外债不可者。然此不生产之外债，借之不啻饮鸩止渴，不如发行内国公债三亿五千万元（以旧银币计算，以人口计之，每人所负不及一元），较为便利。""铸造辅币，为最有理由最确实之一种收入。据陈总长宣言，每年可得二千万余利。此尚系银单位辅币之利，若金本位制之银虚币，其实质与虚值之间，当有百分之五十余限，故铸造新银币之利为百分之五十。假定每年铸三亿元，可得余利一亿五千万元，合前银辅币之四千万元（以新银币计算），每年可得余利二亿元内外。四年之余利，即可偿还公债，开办之基金，固不难筹措也。"②

王文海说："今世列邦，已早采金本位制矣。我国趁此金贱银贵之时，进采金本位制，持以决心，毅然进行，则国币统一，可臻世界大同之盛矣。"③ 王文海在理论上并无创见，甚至有一些糊涂观点。如为了吸收黄金，他主张日、英、美的金币在中国"均可作为法币，一律无限通用"，认为"欲得大宗金币，非此种金币莫属"。④ 而对于如何维持金银币比价及向金本位制过渡，并无一语提及。

（二）陈茹玄的金本位论

陈茹玄1926年时提出："我国向来无本位币之可言，有之则铜钱而已，流通大邑。铜币之外，多用钱元，然而式样纷繁，成色不一。订厘格量，关于省自为法，殊无划一公同之制度。海禁大开以来，列强鉴我国币制凌乱也，于是乘机输入其自铸之银元。如西班牙所铸之本洋，日本所铸之龙

---

① 王文海：《改革币制意见书》，原载《银行周报》第141号，徐沧水编《中国今日之货币问题》，第32页。
② 王文海：《改革币制意见书》，原载《银行周报》第141号，徐沧水编《中国今日之货币问题》，第32—33页。
③ 王文海：《改革币制意见书》，原载《银行周报》第141号，徐沧水编《中国今日之货币问题》，第33页。
④ 王文海：《改革币制意见书》，原载《银行周报》第141号，徐沧水编《中国今日之货币问题》，第30页。

幡，墨西哥所铸之鹰洋，英属香港所铸之人洋，及各种较小之银币。初仅用于沿海市场，继而畅行于内地。据近年调查，外国银元在我国流通者，即不下十二万万之多，习用既惯，易客为主。驯至本国商贾，对于本国银币，反多猜嫌，一切懋迁，胥以外国银元为标准，我国金融上之信用，至此扫地尽矣。至于今日，世界各邦几尽以金为本位，用银本位与复本位之国，寥寥不可多观矣。盖物质文明发达，生活程度提高，国际贸易日盛，货币兑换綦繁。不改用金本位制，无以便利兑换，促进贸易，顺时势之要求，应国际之需要也。"①

1. 改良币制刻不容缓

陈茹玄说："中国今日可谓世界唯一用银之大邦，环我强邻，俱用金本位之国。故我与彼等发生经济上之关系，如借债贸易等，一切授受，胥以金币为准则，于是我国银价（所谓银价者，乃银换金之价，即银之金价，并非银值。盖后者为银换物之价，例如一盎士银，换布一尺，则银值为一尺布，此银值与银价之分也）之涨落，恒随他国金币之缓急而转移，而我几于不能操纵。外债之清还，入口超过额之偿付，吾人既不能用银，自必换金以偿负。以银换金之时，彼外国银行家，可随意抬高金价，以操奇羡，使长此不变，则我之损失，宁堪设想耶？且用银国与各金本位国贸易，因银价之涨落，商务上每受莫大之损害。盖在用银国商场，厘定货价，估量盈亏，均以银为标准。与金本位国通商，则须用金币折合银币。例如我国商人在纽约，约定购美货值美金十万元，假令其时汇兑率为每金元值墨洋二元。迨三月后，货运入本国，金价忽跌落一半，则二十万墨洋购来之货，今仅值十万墨洋也。又假令此入口商，将货在本国卖完后，美金汇兑又忽高涨，回复纽约购货时之金价，则入口所得之十万墨洋，汇至纽约，仅值五万金元。是该入口商，白亏五万金元之血本矣。故银价趋向不定，其影响于海外贸易者至巨。业出入口者，见其升降无恒，莫能测其将来，于是心里惶恐，不敢多定货物，盖惧积货过多，货未售尽而银价忽落或忽涨，则他人新出口或入口之货，承本较轻，自己在市场与之竞争，必至亏折血

---

① 陈茹玄：《改良币制问题》，《东南论衡》第1卷第14期，1926年，第6—7页。

本，故迫而出于随卖之一途。而转运及他种费用，因之重多，手续纷繁，买者卖者，均感受不便。且兼海外贸易者，必靠银行以汇兑，银行见银价之涨落无常，或不愿担负其损失，则商人须自受其危险，或多索汇费，以作保险。凡此种种，均足以为海外贸易之障碍者也。故吾国今日欲发展海外贸易，必首先首求一固定银价之方法，而固定银价之方法，又必从改良币制入门者，可无疑义也。"①

2. 金本位制不能亟行

陈茹玄指出，"整顿币制，为吾国今日经济上之根本问题"。"整顿之道，则见解不一，言人人殊。或主张用银本位制，或主张用金本位制，或主张用虚金本位制，聚讼盈庭，各是其所是而非其所非。而吾对于各说，均不免有所出入。盖我国欲求币制改良，以应世界之潮流，自非完全采用单金本位制不为功。此固今日明经济学者所同认也。然吾人苟按国内经济现情而论，则由铜本位骤促进而用金本位，不惟实际上财力窘竭，无处搜括多金，以供市面周转，及作金准备之用，而且国内金融界，受此剧烈之变动，必陷于搅乱不堪之境地。盖金为本位，则银亦居辅币之列，其行用必加限制。（即在一定数量之上，则不能用银，而必以金授受。）我国人民日用交易，授受铜钱之外，悉恃银币以为周转。一旦限制，将何所用耶？故金本位制，虽为吾国改良币制日后必达之的，而在目前，则势所不能亟行者也。"②

3. 实行虚金本位制的条件尚不成熟

陈茹玄指出："虚金本位制，以法律厘定金之分量，为他币之准则。在实际不铸造金货，其流通市面者，为银与纸币而已。惟银币之铸造，必加限制。在国内则用银，而对外欠负，则发行金汇兑票以清偿之。故虚金本位之作用，纯在于减少国际汇兑之亏损，经济学者因之又称为金汇兑本位制者也。夫虚金本位制，既足以免因金银汇率涨落而起之亏损，又可无须急铸金币以供国内市面之周转，同时限制银币之铸造，而不限制银币之使

---

① 陈茹玄：《改良币制问题》，《东南论衡》第 1 卷第 14 期，1926 年，第 7 页。
② 陈茹玄：《改良币制问题》，《东南论衡》第 1 卷第 14 期，1926 年，第 8 页。

用。银币之铸造有限制，则国内银值必稳定（银换物之值，非银换金之价），银币之使用不限制，则国内交易无滞塞。待国家财库稍裕，然后出其储积。自铸金币，由虚金本位而改为单金本位，其效与跛行本位制等事，至善而又至易行也。虽然，虚金本位制者，银本位制之进一步者也，必俟银本位制确定，然后虚金本位制乃得实行。我国今日用银虽至普通，然银元之款式成色，复杂万分。而银铜两币之使用，均无法转为之限制。故虽惯习用银，而银本位制，则并不确定也。若骤采用虚金本位制，则银铜之比率与使用既未划一，各种银元之市价，亦互相歧异。今又虚定第三种币（即金币）作为本位币以绳准各币，能不令金融界愈形紊乱乎？故吾谓今日我国，即行采用虚金本位，仍不免躐等之弊也。"①

4. 银本位制为暂行之过渡币制

"至若银本位制，谈币制改良者，久有宗之，主张最力者，厥惟张文襄。然驯至今日，卒未见其实行也。夫今日东西列强，莫不久用金本位制。而吾以一用银圆介居其间，银价之高下，势必随各国金币之缓急而转移。我与彼接，势必受经济上种种之损失，上文亦既论及之矣。故吾今虽确定银本位制，而银两市价之涨落，固不必有所制止。吾国经济上之损失，亦不必有所补救也。""若以银本位制为吾国改良币制之最终目的，则其结果与不改良等。故主张银本位之说，可谓仅得改良币制之门而未窥堂奥者也。"

"然则必如之何而后可？曰单金本位者，吾国改良币制之彼岸。而银本位及虚金本位二制，则吾国改良币制过渡之舟楫也。以我国今日币制之凌乱，不先确定银本位，无以言虚金本位。不采用虚金本位，无以达到单金本位之目的。不达到金本位之目的，则万不能冀免经济上之损失，及国际贸易上之种种困难。故为今日计，惟有先行统一全国银币，铸造之权由中央独操，划一模形，厘定成色，严立法律，限制铜币之使用，实行银本位制。同时设立中央准备银行，以取缔银元流动之额量，以保持银元价格，视金价之涨落，以为流动银元之增减。如金价贵耶，则银价贱，中央银行

---

① 陈茹玄：《改良币制问题》，《东南论衡》第1卷第14期，1926年，第8页。

第二章 民国初年的币制改革思想（1912—1927）

可将一部分之银币收回，银币之量减，则银价势必渐升。如金价低耶，则银价高，国外贸易必有进步，银币有供不应求之势，中央银行可酌增加流动银元之额量，使至供求相当为止。是亦未始不可为银本位时，制止金银换率涨落不定之一法也。迨银本位制既确定，然后进而采用虚金本位，由中央银行设金准备于国外，以应国外汇兑之买卖。凡由铸币而得盈利，及入息之自外人储款而来者，政府应留为金积款。"

"如是则金银汇兑可以随时应我国之需求，同时市面银元又可照常流动，对于本国外国之贸易均不至发生何种危害影响。在欧战期间，金汇兑本位制（即虚金本位），各国亦多试用，莫不称其有俾于战时商务焉。故在金币短乏时，采用虚金本位制，实是便利者也。虚金本位制既行，吾国国际汇兑之损失大可制止。损失制止，汇兑便利，国内外商务必随之发达。国家之生产力，购买力，与人民之生活程度，亦必蒸蒸日上。然后依本国经济之情况，顺时势之要求，由虚金本位制，进而用单金本位制焉。金本位制采用之后，吾国始可与列强言商业竞争，求经济平等也。非然者，或故步自安，甘被宰割，或紧急求进，遣本举标，譬彼舟流，不知所届。整顿币制，吾诚不知其何时，而后将有成功之学也。"①

综上所述，张作霖和王文海的金本位论是借世界金价下降、银价上涨的时机提出的，他们认为金本位制是世界币制，时机一到，中国也应采行金本位制。这一点和陈茹玄的主张是一致的。不同的是，前者认为时机已到，可以着手进行金本位制改革，后者则认为必须暂行银本位制，再过渡至虚金本位制，最后采用金本位制。陈茹玄的观点代表了当时大多数专家学者的意见，而王文海的主张则应者寥寥。

1920 年，俞寰澄提出《利用时机整理币制计画书》，主张采行跛行本位制（银币不能自由铸造），先发行金券，每元含纯金 0.8 克，金券和银币不定比价，兑换时用换币费进行调节。他也认为当时金贱银贵，入超减少，是实行金本位制"千载一时之机会"。他对一些怀疑金本位制的论点进行了

---

① 陈茹玄：《改良币制问题》，《东南论衡》第 1 卷第 14 期，1926 年，第 8—9 页。

解释。如有人担心实行金本位制会增高物价,他则认为改用金本位后商务必盛,物价必平。①

从理论上看,上述论者都能够参考借鉴西方的现代货币理论及发展经验,对中国币制问题进行深入探讨,但回到当时的现实社会来看,他们的主张都忽视了北京政府的腐败无能、侵华列强的肆意妄为、军阀割据的动荡局面,所以无法实现。

1918年5月18日,英文报刊针对当时中国的币制改革情况发表文章,其评论可谓一针见血。文章指出,金本位制对于当时的中国来说是一个不可能立即实现的幻想,虽然这可能是所有国家货币本位制的最终目标。而统一白银货币,才是中国有可能实现的近期目标。但是,除非中国结束军阀混战,成立一个有一定权威的中央政府,否则,不仅币制改革,其他任何事情都无法办成。②

四 纸币制度论

1912年12月,孙中山通电全国,主张钱币革命,提倡采用纸币本位,灵活金融运用,解决财政困难。自第一次世界大战后,世界各国先后废止金本位,改用纸币,孙中山益信其主张之可行。1918年底,孙中山著《孙文学说》,复以"用钱为证",阐扬纸币学说。③

孙中山认为,钱币"不过交换之中准,而货财之代表耳",有助于促进产业进步、经济发达。针对中国近代以来出现的"钱荒"危机,孙中山指出,"现在金融恐慌,常人皆以为我国今日必较昔日穷之,其实不然,我之财力如故,出产有加,其所以成此贫困之象者,则钱币之不足也"。金银难求,钱币不足,现代的国家必须采用更具弹性的货币作为交易媒介,方足以应对日益繁荣之工商社会。纸币之应运而生,亦如金银钱币之为货币代

---

① 叶世昌、李宝金、钟祥财:《中国货币理论史》,第292页。
② "Chinese Currency(中华民国货币)," The North-China Daily News, 1918年5月18日,第6版。
③ 卓遵宏:《中国近代币制改革史(1887—1937)》,第217页。

第二章　民国初年的币制改革思想（1912—1927）

表耳，应用得当，则其数量可与货物数量成同向变动，"如是纸币之流于市面，悉有代表他物之功用，货物愈多，则钱币因之而多，虽多亦无流弊"。孙中山说："在工商业未发达之国，多以金银为之，在工商业已发达之国，财货溢于金银千百万倍，则多以纸票代之矣。然则纸票者将必尽夺金银之用，而为未来之钱币。"此为自然之进化，势所必至，但中国应及早以人事速其推行，因此乃倡导"钱币革命"。①

孙中山倡导钱币革命，主张废止以金银为钱币，改行国家法令制定之纸币。其应国家财政需求者以国家赋税预算收入做保证，即此项纸币之发行，须有人民之担负乃生效力；其应社会通融需求者，则须以金银、货物或产业做保证乃得发行，以防杜流弊。②

不过，作为一种救急措施，难免有考虑不周之处。孙中山的纸币发行办法存在以下问题：第一，纸币不像一般债券，没有必要收回后即予销毁。第二，国家预算的赋税收入不一定能同人民的负担能力相适应，如果赋税收入的预算或追加预算定得过高，出现财政收入短缺或虚假的情况，就会使一部分纸币无法回笼，可能导致通货膨胀。第三，人民"以货换币"或"以工换币"，要看这货或工是否属于社会所需要。如果来者不拒，收购的商品无法按高于收购价的价格售出，所换的"工"不能创造相应的价值，则纸币回笼就无法保证，也会导致通货膨胀。第四，纸币的发行应根据社会对纸币的需要量，而不应从国家财政和国家所掌握的商品量出发。③

总的来说，孙中山的纸币制度论虽不够完善，但其出发点是积极的、进步的。在金本位制的鼎盛时期，孙中山先生已肯定它必将被纸币流通制度取代，也是理论上有预见性的表现。但他的主张同当时的现实毕竟有一定距离，所以后来孙中山只是将纸币流通制度作为货币进化的必然结果，而不再强调中国立即进行钱币革命了。这使他的货币思想更符合中国当时的实际，是理论上进一步成熟的表现。④

---

① 卓遵宏：《中国近代币制改革史（1887—1937）》，第217—219页。
② 卓遵宏：《中国近代币制改革史（1887—1937）》，第221页。
③ 叶世昌、李宝金、钟祥财：《中国货币理论史》，第295—296页。
④ 叶世昌、李宝金、钟祥财：《中国货币理论史》，第298页。

民国时期的币制改革思想

　　1913年4月，赵祖荫出版《币制改革救国刍言》，对孙中山的纸币制度论做出进一步阐发。他的办法是发行统一的不兑现纸币50亿元，禁止金银币流通，一角以上用纸币，辅以铜元、制钱以便找零。他说中国幅员辽阔，纸币数量少了可能不够用。这是从财政、投资和人民生活需要，而不是货币流通需要考虑。对于人民是否信任纸币的问题，他用爱国心来要求每一个人，要求大家都来信任纸币，这在当时完全是不切实际的幻想。①

　　孙中山的钱币革命论虽有空想成分，但对纸币发行数量有严格的限制，而赵祖荫恰恰在这一点上违背了孙中山的主张。所以他不过是随心所欲地发挥孙中山的钱币革命思想，根本没有掌握钱币革命论的真谛。②

　　1913年2月，康有为发表《理财救国论》，主张通过以银行体系发行公债，不兑现纸币救国。康有为把他的理财办法视作奇妙无比的点金术，但纸币的需要量是有限底的，并不能随心所欲地增加。他认为发行纸币需要通过发行公债来实现。事实上，国家发行纸币，不通过公债这一中间环节也完全可以。康有为是想学习西方的金融制度，使中国的纸币发行能具有现代的色彩，但他为政府解决财政困难的动机和好为大言的文风，将学习西方金融制度引向了歧途。资本主义国家的金融制度中，中央银行虽然代表国家，但同国家财政是分开的，政府不能命令中央银行发行纸币来弥补财政赤字。康有为的理财之道却以直接解决政府财政困难为首要目标，中国传统的狭义理财思想在学习西方的形式中仍得到保留。③

　　孙中山、康有为、赵祖荫等人所主张的纸币制度论虽然或多或少存在一些夸大、矛盾、错误的认识，但他们所主张的不兑现纸币的流通是货币发展的必然趋势，这是值得肯定的。当时大多数人（徐永祚等）仍主张发行可兑现的钞票，章炳麟则站在金属主义者的立场上，将超过准备金额而发行的纸币视为"假币"。④

　　1918年，徐永祚提出："虽然改革币制，利用钞票，则劳费少而收效

---

① 叶世昌、李宝金、钟祥财：《中国货币理论史》，第298—299页。
② 叶世昌、李宝金、钟祥财：《中国货币理论史》，第299页。
③ 叶世昌、李宝金、钟祥财：《中国货币理论史》，第301页。
④ 叶世昌、李宝金、钟祥财：《中国货币理论史》，第303页。

第二章　民国初年的币制改革思想（1912—1927）

速。东西各国利用之，已收其效，吾国正宜仿行。盖发行钞票，若能应市面之供求，则其中必有一大部分不来兑现。此不兑现之部分，即可节省现币，而其资金得腾挪之余地。改革时之铸本，即可取给于此。故凡欲推行一种新单位货币，同时必发行代表此种新币之钞票，以增厚其势力，则铸币一元，可得数元之用，收效较为迅速，而在财政较为困难之国家，造币费用无所出，尤不得不借重钞票。善哉！中国银行之发行国币钞票，真能助长新币之势力，使吾国币制改革，能于最短时间达到统一之目的，实金融界之一好消息也。"①

徐永祚主张发行国币钞票（可兑现），代替部分国币"应市面之供求"，因为发行国币钞票，一可得全国通用之钞票，二可以消灭英洋之势力，三可以革除银两之习惯。"虽然，凡此效用，全恃银行发行之得其道。非然者，不过于复杂之通货中，复增一种纸币而已，徒益其扰，安有效用之足言？"②所以，他提出以下"发行之方法"：其一，国币钞票宜求其供求相应；其二，国币钞票宜厚集准备金；其三，旧钞票宜逐渐收回代以国币钞票；其四，中国各银行合力同心改行国币钞票。③

1919—1920年著文宣传孙中山钱币革命论的有朱执信和廖仲恺。朱执信认为纸币流通可以摆脱金属货币，这是正确的。但他的纸币理论和主张还有不成熟之处，如他主张让纸币代表多种货物，又提出以八种商品兑现，以国家掌握八种商品数量来限制纸币的发行。④廖仲恺的方案是纸币以重要货物为本位。他说："纸币与货物自动的相消长，纸币还原，即销毁之，故社会不患钱币增加，过乎生产贸易所需之程度，致有一般的物价腾贵之弊。此乃以纸币行货物本位钱币之主要目的。"但其货物本位的名称不确切，且

---

① 徐永祚：《上海中国银行发行国币钞票感言》，原载《银行周报》第48号，1918年第2卷第17期，徐沧水编《中国今日之货币问题》，第164—165页。
② 徐永祚：《上海中国银行发行国币钞票感言》，原载《银行周报》第48号，1918年第2卷第17期，徐沧水编《中国今日之货币问题》，第167页。
③ 徐永祚：《上海中国银行发行国币钞票感言》，原载《银行周报》第48号，1918年第2卷第17期，徐沧水编《中国今日之货币问题》，第168页。
④ 叶世昌、李宝金、钟祥财：《中国货币理论史》，第310页。

他设想的纸币发行办法也不是满足社会对纸币需要的办法。①

五　金银并行之说

诸青来认为,"币制无论采用何种本位,银两旧制必须废除","而我国币制,究以何种本位为适当,此节颇关重大,必须从长商榷"。他说:"虚金本位制,不能适用于我国,业为研究币制者所公认,无庸赘述其理由。惟时人有以此制为可调剂银荒者,是不得不详加辨析。"

诸青来指出:"凡在流通银货之国,因银价跌落过甚,财政经济均有莫大之障碍。而欲改用金本位,又以金货缺乏,存银过多,不克实行。乃筹变通之策,国内仍以银货为主,对外则用金。借法律之力以定比价,其所定比价,大抵较银市略为抬高。"但这一金银比价颇难维持。"纵使斟酌尽善,推行于一时,未几情势变迁,金银市价骤有涨落,当时所定法价,遂不免有动摇之虑矣。""欲维持比价,非调剂汇兑不可。调剂汇兑,非筹措巨款不可。"所以,他主张:"创设虚金本位,金银两者之间必须有法定比价,而法定比价,非有巨款之准备,并运用之得其人,终难维持永久,而收改革币制之效也。现行之《国币条例》,固暂时定为银本位者也。"②

诸青来认为:"今日谋币制之革新,亟应舍短从长。就划一国币之规定各项,切实遵行。一面设法吸收金货,供他日金本位币材之用。而欲吸收金货,要非参用金币,或仅定一种金币单位,预留用金地步,不可得也。"③ 主张划一银币,参用金币,即所谓金银并行之说,但反对金银复本位制。

诸青来认为,金银复本位制与他所谓的"金银并行制"之区别在于金

---

① 叶世昌、李宝金、钟祥财:《中国货币理论史》,第313页。
② 诸青来:《币制本位问题之商榷》,原载《银行周报》第19、21、22、23号,徐沧水编《中国今日之货币问题》,第1—3页。
③ 诸青来:《币制本位问题之商榷》,原载《银行周报》第19、21、22、23号,徐沧水编《中国今日之货币问题》,第4页。

第二章 民国初年的币制改革思想（1912—1927）

银两币之间有无法定比价。诸青来的金银并行之说实际上就是金银并行本位制主张，而他所指的复本位制即金银双本位制度。他说："凡定金银两币为无限通用，均准自由铸造。而于金银两币之间，有法定比价者，是为复本位制。金银并行制不然，两币虽均许无限通用，而在互相兑换时，有换币费以为伸缩。且以吾之假定办法言之，金币暂不铸造。人民持生金来请易币者，则以银币或代表金币之金券予之。他日实行开铸，当然采自由铸造之制。此其异点也。"①

诸青来想用换币费来调节金银两币的兑换问题，即"以换币费伸缩法定比价，即形式上虽系比价，其实于金银币互换时仍按市价计算，酌定贴水数目，免有亏耗"，这是认同刘冕执之说，但他不知各国的金银兑换比率不同，必然导致在实际流通中起主要作用的往往总是一种货币，且未必是金币。

他说："我国处此商战之世，固应采用金本位制，免受银价涨落之影响。惟以目下之情势论，金货既未蓄积，固有银货又难处置，不能遽行金本位制，此亦势之无可如何者也。金本位制既不能行，汇兑本位制又不适用于我国。而欲坚持银本位之主张，金货仍难吸收，莫由逐渐蓄积。而筹借一次外款，多受一次镑亏，损失不可胜计。近年金贱银贵，吸收金货较为便利，亟应设法参用金币。此吾所以有金银并行之说也。"其所提倡的金银并行制只是一种过渡办法，一旦"吸集生金渐多，即施行金本位制"。②

诸青来认为金银并行之说是荷兰人卫斯林首先倡导的，因为卫斯林的币制改革方案提到了铸发金币。但卫斯林主张采用金汇兑本位制，则是诸青来不看好的。

诸青来认为银币单位定为库平六钱八分四厘，"万不可易"。他说："今若易用他项单位，扰乱金融，莫甚于此。……而卫氏所拟金币单位为

---

① 诸青来：《币制本位问题之商榷》，原载《银行周报》第19、21、22、23号，徐沧水编《中国今日之货币问题》，第13页。
② 诸青来：《币制本位问题之商榷》，原载《银行周报》第19、21、22、23号，徐沧水编《中国今日之货币问题》，第5、12页。

0.3644883格兰姆,以与现行银币单位相比,不能吻合,断难适用。"① 他认为刘冕执所主张的金银并行之说比较周密,"其所拟办法,较卫氏更为简易。其以换币费伸缩法定比价,为卫氏所未尝道及"。但他不赞同"其所拟之新单位,金币为百分之五十格兰姆,银币为十八格兰姆",因为"目前金银市价,与刘君所拟比价金一银三十六,相距太远,当然不能适用"。②

诸青来说:"值此过渡时期,目前所施行者为一种暂行办法,应以无扰金融为最关键。故吾之改革计划,除订定金币单位设法逐渐参用金币外,均照现行制办理,不致牵动金融,可渐收改革之效。"③ 其具体办法如下。

(一) 以纯金1.498格兰姆为金币之单位,定名曰金圆。以纯银23.9775048格兰姆(合库平六钱四分八厘,即现行一圆银币所含之纯银量)为银币之单位,定名为银圆。

(二) 国币种类。(甲) 金圆。(乙) 银圆。(丙) 银币(指银铺币如五角、二角、一角等)。(丁) 镍币。(戊) 铜币。金币暂可不铸。银圆以下各币之种类及其重量成色,均按照《国币条例》第三、第五等条办理。

(三) 金圆、银圆均为无限法币。但在互相兑换时,应酌缴兑换费,其费额由主管机关随时酌定。

(四) 金圆虽暂不铸,可发行金券(如汇票、支票、期票等)以为代表。中央银行准备金之一部分,得以生金充之。

(五) 凡以生金银完纳公款,或请换国币者,每库平纯银六钱五分六厘九毫(约二十四格兰姆)折作银币一圆。生金则以每金圆所含之纯量折合计算,其他细目应按照《国币则例》办理。

---

① 诸青来:《币制本位问题之商榷》,原载《银行周报》第19、21、22、23号,徐沧水编《中国今日之货币问题》,第7页。
② 诸青来:《币制本位问题之商榷》,原载《银行周报》第19、21、22、23号,徐沧水编《中国今日之货币问题》,第7—8页。
③ 诸青来:《币制本位问题之商榷》,原载《银行周报》第19、21、22、23号,徐沧水编《中国今日之货币问题》,第8页。

第二章 民国初年的币制改革思想（1912—1927）

（六）俟生金吸收较多，逐渐铸发十倍以上单位之金币。至金币足用，乃宣布实行金本位制。

（七）铸银辅币之赢余，应作专款存储，备购金之用。

（八）其他各节，均按照国币条例及其施行细则办理。①

诸青来所持金银并行之说，与卫斯林、刘冕执二人所拟办法最大的不同，就是"除设法参用金币外，于现制并无冲突"。诸青来说："循是行之，绝不至扰乱金融，可渐收改革之效。"②

诸青来知道，"施行金银并行制，固属有利，亦非无弊"。他认为其显著之利益在于："（一）可吸收生金，为他日铸发金币之准备。（二）逐渐养成人民用金之习惯。（三）借款不受镑亏。（四）改革时所需经费，无须极巨之款项。（五）比价既有伸缩，可无危险。（六）除订定金币单位设法逐渐参用金币外，均照现行制办理，决无扰乱金融之弊。"③

但他对金银并行制的根本缺陷认识不够。他说："此制之流弊所在，即比价既不确定，金银市价常有涨落，国际商业不免受投机之累是也。不知此为用银国固有之弊，并非因金银并行制成立而发生。若欲革除此弊，非施行金本位或金汇兑本位不可。而在目前遽行金本位，既为事实上所不能。欲采精琦主张，施行金汇兑本位制，又有种种危险。故不得已而采此过渡办法也。"④

壹盦编《币制本位之参考》指出，"吾国币制庞杂，今昔相袭，大都用银而辅之以铜，初无所为本位"。日本人金井延等认为中国宜采用银本位；山崎觉等人则认为世界各国大半已行用金本位制，如果中国采用银本位，

---

① 诸青来：《币制本位问题之商榷》，原载《银行周报》第19、21、22、23号，徐沧水编《中国今日之货币问题》，第8—12页。
② 诸青来：《币制本位问题之商榷》，原载《银行周报》第19、21、22、23号，徐沧水编《中国今日之货币问题》，第12页。
③ 诸青来：《币制本位问题之商榷》，原载《银行周报》第19、21、22、23号，徐沧水编《中国今日之货币问题》，第16页。
④ 诸青来：《币制本位问题之商榷》，原载《银行周报》第19、21、22、23号，徐沧水编《中国今日之货币问题》，第16页。

则所损必多，且中国近时财政困窘不堪，大举外债，盈虚亏蚀，折耗至巨，如果能用金本位，则将来经济上当无昔日之患。美国人精琪建议中国用虚金本位制。清末币制改革并未实施，民国政府成立后，全国金融恐慌更加严重，币制改革尤其迫切。综观世界各国近时通行之本位制度，金本位居多，银本位不少，金银复本位已不甚通行。但《货币制度》一书的作者认为，金银复本位在中国亦颇可采。理由是金银两种货币市价之涨落可调剂物价（不至过于悬殊），宜于人民生计；金银两种货币市价此消彼长必重归于法定比价；等等。① 殊不知已被他国放弃的金银复本位或称双本位制、平行本位制存在无法克服的缺陷，即格雷欣法则指出的劣币驱逐良币现象。利之所在，使人们乐于将"良币"窖藏、销熔或输出，而尽量在流通中使用"劣币"，并输入"劣币"材料而请求官方增铸该币，结果变成了事实上的单本位制。

六　整理币制说

北京政府时期，很多人针对货币混乱、币制无章的现实问题提出了各种改良办法。

（一）消灭英洋势力，统一国币

徐寄庼针对如何消灭英洋势力、统一国币，提出以下主张：一是"钱业公会宜永远不开英洋市价也"；二是"银行公会之在会各银行宜极力互相维持也"；三是"对于外国银行之洋元交易宜不必收解英洋也"；四是"对于兑换钱庄宜严重取缔也"；五是"对于旧币宜由中交两行陆续收回改铸新币也"；六是"对于洋元宜确定统一名词也"。②

徐寄庼认为，统一国币之方法，"舍收回旧币，改铸新币外，其道末

---

① 东方杂志社：《货币制度》，商务印书馆，1923年。
② 徐寄庼：《论英龙洋同一市价即为统一国币之先声》，原载《银行周报》第104号，徐沧水编《中国今日之货币问题》，第175—178页。

由"。具体办法为：由财政部令造币厂逐日改铸；由中交二行陆续收回改铸；由各华商银行及各钱庄自由向造币厂改铸。"上述三项，能择其一，于统一国币，即可逐渐实行。但我国人劣根性，即在于始勤终怠。鄙意应向银行公会及钱业公会各推举董事二人或四人，会同监督。"务使按照《国币条例》第五条第一项"一圆银币总重七钱二分银九铜一"，成色不致高低，重量不致轩轾。"庶几外国银行，无所借口，各界交易，亦不致以向之视各省旧币者视之。迨国币统一后，进而谋辅币之推行。"①

张公权提出："我国通用洋元，有外国银元，有中国龙洋。外国银元之中，有墨西哥英洋，有西班牙洋元，有美国洋元，有日本洋元，有香港洋元，有安南洋元。中国龙洋以省而别，有奉天，有吉林，有北洋机器，有造币总厂，有江南，有湖北，有安徽，有云南，有四川，有广东，有大清银币，有袁世凯像新币，种类复杂，莫可究诘。惟近年以来，最通行而最占势力者，不外英洋与新币两种。近以英洋进口绝迹，抑且纷纷出口，内地人民渐渐习用龙洋。故龙洋之势力，骎骎乎驾英洋而上之。""英洋之在中国，其势力较盛者，仅浙江、江西及上海邻近各地而已。顾浙江、江西，不久即将全用龙洋。且目下市面流通，为数亦不多。故毋宁谓今日英洋之根据地，仅上海邻近各县而已。故予敢谓今日英洋之在中国者，已不达二万万矣。"②

张公权说："英洋出口之数，多则有七百万元，少则有二百万元，平均计之，年约四百万元。熔毁之数，多则五百万元，少则二百万元，平均计之，年约三百余万元。二者合计之，每年英洋减少数，约七百万元。若全国英洋以二万万元计之，则三十年间，必绝迹于中国矣。此后若新币推行日广，英洋价必日贱，则熔毁之数更多，消灭更速，故消灭之期，恐尚不必待至三十年后也。夫英洋自然消灭之先例既如彼，逐年减少之趋势又如此，则英洋之不能久存，虽三尺童子知之。况英龙并用，在人民则嫌其复难不便，在商家进出则多所区别，在银行钱庄则多一种准备，其有损无利，

---

① 徐寄顾：《论旧币改铸新币之必要》，原载《银行周报》第113号，徐沧水编《中国今日之货币问题》，第186、188页。
② 张公权：《论英洋龙洋之消长及英洋之自然消灭》，原载《银行周报》第6、8号，徐沧水编《中国今日之货币问题》，第113、129—130页。

人人共知。窃愿政府及握金融牛耳者,加以助力,速图排除。以鄙见言之,迩来英洋价格日贱,政府大可收买改铸,俟流通渐少,即宣布不认法币,一面禁止进口,则不数年内,英洋不难绝迹矣。虽然,最奇者,上海各中外银行,不知英洋自然消灭之趋势,尚深闭固拒,以英洋为本位,此则鄙人所大惑不解者也。"①

(二) 改良国币之型式

徐沧水指出,查《国币条例》第七条云:"国币之型式以教令定之。""兹之所谓型式,仅限于花纹及直径耳。今《国币条例》不明白规定型式,吾人认为立法上比较大清银币则例为妥当。盖一国之货币型式,既重在表示当时之文化与美术,自必随时代以变迁。因货币流通上之便否及制造技术上之进步,其型式自当合乎时代之潮流,绝不可强以法律规定之也。"②

徐沧水认为,新币(袁世凯肖像之银元)之型式,其进步之要点可言为三:一是新币型式统一,能在全国通用无阻;二是新币表面已不列英语,能体现国体之庄严;三是新币表面未列重量,有改变旧有秤量习俗之效果。"以上三项系其进步之优点。吾人深望以后之国币型式均以列英不语、不载重量、不标铸造地为妥善。"但是,"国币型式绝对不可采用当代贵人在之肖像也"。③ 其理由如下。其一,民主共和国均用理想的肖像,鲜有采用总统肖像者。"今吾国既为民主共和国,岂可以国币为个人作纪念肖像耶。"其二,国币型式贵乎统一。"设在袁世凯时代则以袁为标准型式,使今后财政当局专取媚于一时,是则易一总统即新出一种型式。则数十年间其型式至少当在十种左右。如此则所谓统一型式者,较之'江南者造'、'湖北省

---

① 张公权:《论英洋龙洋之消长及英洋之自然消灭》,原载《银行周报》第6、8号,徐沧水编《中国今日之货币问题》,第131—132页。
② 徐沧水:《国币型式管见》,原载《银行周报》第138号,徐沧水编《中国今日之货币问题》,第189—190页。
③ 徐沧水:《国币型式管见》,原载《银行周报》第138号,徐沧水编《中国今日之货币问题》,第191—192页。

'、'北洋造'等杂种花纹,其型式上表面之歧异有何别耶。"① 因此,"趁此新币流通未广之际,急宜于此时加以改造,以制成一有关文化与美术之新型式。又主币与辅币各国均各定其型式,以防伪造而易识别。今吾国新币型式其一元、半元、二角、一角等均同一型式,似宜因货币面积之大小以各定其型式也"。②

徐沧水说:"要之,国币者国民之货币,必须全国人民均对于其型式表示满意。吾人深望财政当局,对于国币形式之采用,须先打出图样,说明旨趣,以征求舆论再决可否。如历来'钦定式打样'之公布,吾人所不能赞同者也。"③

(三) 统一币制与整理纸币同时并进

吴鼎昌指出:"近年来吾国金融之危险,全在各省纸币之滥发。据财政部调查,其数约在二万万元。现货驱逐,恶币充塞,国家之财政,商工之营业,均陷于不可挽救之境。于是言财政者,莫不注意于整理纸币,条陈说帖,汗牛充栋。"④

吴鼎昌认为"不统一币制,而专言整理纸币",有两大难点:"一是币制未统一,中国银行之兑换券,不能通行全国;整理各省纸币,非用现款不可,财政若是之困难,焉有二万万元之现款,拨充收回纸币之用?二是除现款收回外,有主张以公债及定期兑换券收回之说者,是强将流通之恶币,变成不流通之废纸;其害之大,更甚于不整理。""就货币之学理而论,必须币制统一后,始有整理纸币之余地。欧美如是也,日本亦无不如是。惟我中国金融危险情形,朝不保夕,而幅员广大,货币杂乱,币制统一之

---

① 徐沧水:《国币型式管见》,原载《银行周报》第138号,徐沧水编《中国今日之货币问题》,第192页。
② 徐沧水:《国币型式管见》,原载《银行周报》第138号,徐沧水编《中国今日之货币问题》,第193页。
③ 徐沧水:《国币型式管见》,原载《银行周报》第138号,徐沧水编《中国今日之货币问题》,第193—194页。
④ 吴鼎昌:《整理币制意见书》(1915年),《币制汇编》第4册第7编《币制论著下》,第189页。

民国时期的币制改革思想

实行，虽兼程并进，亦非三五年不为功。"

所以，吴鼎昌主张"统一币制与整理纸币，同时并进。议定币制之时，全副精神当贯注于整理纸币一事"。对于币制之议定，"必须币制一定"，应注意之条件有四：一是"市面上即由相当之主币，使中国银行兑换券，立刻可通行全国无阻"；二是"准备实行之期间，最短而易行"；三是"准备实行之经费，至少而易筹"；四是"金融界扰动之范围，至狭而易平"。"本此四条件"，吴鼎昌以为"今日币制上应研究之问题"是主币问题和辅币问题。关于主币问题，吴鼎昌说："主币本位，应定为银本位，已无讨论之余地。惟单位重量之规定，与旧铸银元之处分二问题，尚有研究之必要。"①

吴鼎昌主张："一圆主币，重库平七钱二分，即三十七格兰姆又千分之三，成色九成，计重库平纯银六钱四分八厘。但前清度支部及各省造币厂所铸之银元，认为与民国国币之主币，有同一之价格，一律通行，此项银元收回改铸之期间，由财政部数年后，酌量情形，另行规定之。"② 他说："案今日币制上最争论之点，即主币之重量。币制委员会所议决者，为五钱五分，其反对七钱二分之理由最充足者，即谓若用七钱二分，民间之生活过高一语。鼎昌亦承认此语为最有价值，然若用七钱二分，对于生活过高之弊，亦不无补救之方法。盖多铸半元辅币，与多铸半分铜元，即足以调和之而有余。"③

吴鼎昌主张"定为七钱二分，并拟认旧铸铜元有同一之价格者，其理由甚多"，举其大概如下：其一，"民间银元，已习用七钱二分，骤改之，金融扰乱之范围太大"。其二，"现在各省已铸之银元，大约在一万万元以上。（天津总分厂历年铸造总数约在七千万元左右，各省分厂，尚不在内。）而市价尚在所含纯银分量之上，是全国银元之供给，尚不足应需要之数。

---

① 吴鼎昌：《整理币制意见书》（1915年），《币制汇编》第4册第7编《币制论著下》，第189—190页。
② 吴鼎昌：《整理币制意见书》（1915年），《币制汇编》第4册第7编《币制论著下》，第191页。
③ 吴鼎昌：《整理币制意见书》（1915年），《币制汇编》第4册第7编《币制论著下》，第191页。

第二章 民国初年的币制改革思想（1912—1927）

若另改革单位重量，自不能认旧铸之银元为主币，暂时流通，必须铸造巨额之新币，币制始能实行。此项铸本，从何筹出？今日合全国造币厂之力，若精制国币，每日仅能出五十万元左右，况新制祖模，建造厂基，添置机器，至速非一年后不能动工开铸国币。预计造新币一万万元，即从今日着手，全力进行，亦非二年之后不能铸成。今日财政之情形，有此铸本否耶？今日金融之情形，能如此从容从事否耶？若仍用七钱二分，则可将旧铸之银元，认为有同一之价格，暂时通行，是币制一定，即有一万万元以上之主币，流通市面。添铸新币，所需之铸本既少，而所费之时间尤少，诚为我今日规定币制，最有利益而最简便之方法也"。其三，"规定币制，既当注意于纸币之整理，必应以推行中国银行兑换券为第一要义。若改定单位重量，中国市面上，尚无此种银元。即赶铸之，亦非目前所能骤办。中国银行即欲发行兑换券，将以何种货币为兑换之资？若仍定为七钱二分，且认旧铸之铜元有同一之价格，则中国银行立刻可发多数之兑换券，通行无阻。纸币之整理，亦可同时着手矣。且兑换券既通行，所需之新币数目，自必减少。以后即可逐渐收回旧铸银元，改铸新币。中国可不至为世界生银之尾闾"。其四，"单位重量若果改定，则旧铸银元，与新币交换，必须另定一详细办法。其手续之繁难，恐惹起金融界莫大之风潮，添无限之阻力。若仍定为七钱二分，旧铸银元，并认为有同一价格交换便利，可立刻推行，毫无窒碍"。其五，"单位重量，若果改定，一时新币甚少，旧铸银元当然在市面通行，仍有市价之高下。非俟铸成新币，足敷需要后，旧铸银元不能全数收回。币制实行后数年内，尚无统一之望"。其六，"反对此主张者，必以认旧铸银元为七钱二分，与新银之币同一价格，将来收回改铸时，国家必受巨损为辞，不知改铸新币，换回旧币，无论何国国家，未有不受损失者。查旧铸银元，有纯银九成者（大清银币造币总厂两种），有自八八五以上至八九零者不等。各省银元，平均预计，将来照六钱四分八厘成色改铸，每元成色上，必有一分左右之损耗。若以一万万五千万元计之，共约损失二百万两左右。然因此币制可以立刻统一，铸本无须巨数。中国银行兑换券，可以立刻通行，所得足以偿其所失。况即改铸五钱五分，收回旧铸银元时，能不照市价而以旧银元所含之纯银为收回之价格否？诚

民国时期的币制改革思想

一大问题。果照旧银元所含纯银为收回之价格,金融界之扰乱,将不可思议。故无论定何种重量之单位,收回旧币,欲使市面秩序不乱,国家未有不受损失者也"。①

吴鼎昌说:"主币既定为银本位,自不能不准自由铸造。""前清币制则例,定为主币一圆,合库平纯银一两之三分之二,即六钱六分六厘七毫弱。所取铸费,约合千分之十三。铸费之重,为各国所未曾有。外国银行群起反对,持之不为无故。兹拟定库平纯银六钱五分二厘,只取四厘之铸费,约合千分之六零。然此四厘铸费,果足以支持造币厂之经费否?此亟应研究之问题。查天津造币厂,现在八八五以至八九成色之北洋造银元,每元铸费铸本约合行化六钱八分左右,将来照九成成色,每元约加增一分上下,铸造上更须精美,铸造成本,恐必须合行化六钱九分。今每元定价为库纯银六钱五分二厘,合行化六钱八分八厘五毫弱,每元铸费,国家尚须赔出一厘五毫强。每造十万元,须赔铸费百五十两。查现今各国造币成例,取铸费最多者,莫若德国,然亦仅千分之二零。今取至千分之六强,尚不足敷铸费者。盖彼铸金货主币,故铸费少而有余,此铸银货主币,故铸费多而不足。""然欲再增铸费,将为学理事实上所不容,流弊将生。盖既定为银本位,主币铸费,国家不能不稍有补助,此必然之势也。"

吴鼎昌又主张"定为库平纯银六钱五分二厘,取铸费四厘者,尤有深意存焉。盖今日银元市价,以天津而论,今年平均约在行化六钱九分左右,各通商大埠,亦大约相同,不过一二厘之差。今定为库平纯银六钱五分二厘,合行化六钱八分八厘五弱,与市价相差不远。币制实行之前,由中国银行与造币厂议定办法,稍平其市价,使之与库平纯银六钱五分二厘相等,即可将币制实行。所有从前旧银元,通认为国币,作为库平纯银六钱五分二厘,一律通行,窒碍至少。实为改革今日币制第一之简便方法也"。②

关于辅币种类问题,吴鼎昌主张,辅币种类分银辅币三种(半圆,主

---

① 吴鼎昌:《整理币制意见书》(1915年),《币制汇编》第4册第7编《币制论著下》,第191—194页。
② 吴鼎昌:《整理币制意见书》(1915年),《币制汇编》第4册第7编《币制论著下》,第195—196页。

币二分之一；二角，主币五分之一；一角，主币十分之一）和铜辅币四种（二分，主币五十分之一；一分，主币百分之一；五厘，主币二百分之一；一厘，主币千分之一）。"但新辅币未铸造以前，所有旧铸各种小角铜元制钱等，照市价通行。"①

吴鼎昌特别强调将"改定主币与辅币分为两期，改定主币在先，而辅币次之"。其理由有三：一是"改定主币与辅币同时并行，扰乱金融之范围太大，恐生意外之阻力"；二是"主辅币同时实行，若不铸新辅币，必须将旧辅币规定一法价，不但不能照十进法，且恐规定法价，有非常之困难，将惹起下等社会之风潮"；三是"若另铸新辅币，则国家之财政，铸造之时间，均非咄嗟所能办到。币制实行，将因之迟缓。且收回旧银角铜元，必发生种种之困难，以阻碍币制之实行"。

吴鼎昌说："整理币制最重要之目的有二，一本位单位之规定，二银行兑换券之发行。辅币暂不规定法价，于二者之实行，毫无窒碍。且恐今日规定法价，反横生阻力。故主张币制则例中，旧银角铜元，不定法价，暂照市价通行，一面赶铸新辅币，逐渐收回旧银角铜元，实合乎十进之制，实行较易，收效较速，危险亦较少。要之整理今日中国之币制，主币与辅币之实行，万不可同时并举也。"②

吴鼎昌认为，主币与辅币两大问题解决后，"币制可以立刻规定相当之准备后，即可立刻实行"。"相当之准备，约有三端。"第一，"划一各省各种旧铸银元之价格，无论何种，使之有同一流通之力"。"现在各省银元，有省界之分。例如湖北造者，通用于江南，江南造者，通用于湖北，均须贴水。今币制既认各省银元有同一之价值，非预划一之不可。"第二，"平减旧铸银元之市价，务使币制实行时，通商各大埠银元市，恰与纯银六钱五分二厘相差不远"。第三，赶铸新币。"上述三项之准备，所需之时间，视币制借款及币制规定进行之缓急为断。""进行计画之大概办法"为：其

---

① 吴鼎昌：《整理币制意见书》（1915年），《币制汇编》第4册第7编《币制论著下》，第197页。
② 吴鼎昌：《整理币制意见书》（1915年），《币制汇编》第4册第7编《币制论著下》，第197—198页。

民国时期的币制改革思想

一,"改定币制、整理纸币事宜,由财政部制用局总其成,中国银行造币厂,分任其责"。其二,"政府由借款内拨交现款五百万镑、公债票五千万元与制用局,存储中国银行,作为第一类整理币制基本金"。"此项基本金之登记帐簿,制用局暨银行应在国库簿记之外,另行规定一种,不与国库金相混。此种簿记,可许外人随时查阅。整理币制基本金,除整理币制之用外,政府及银行均不准丝毫通用。此基本金中之现款五百万磅,即拨交造币厂制造新币,交还银行,限一年内铸成。以后造币厂铸本,随时遵照币制则例,由银行借给,无庸另筹。银行以此基本金之现款五百万磅、公债五千万元,作为兑换券之准备。银行应发行兑换券一万万元,为财政部整理币制之用。"其三,"各省发行纸币之银行,财政部及中国银行各派一人清理账目,将债权债务相抵之外所有财产,概行拨交制用局。由制用局会同银行变卖现金,存储中国银行,作为第二类整理币制基本金"。"若各银行财产不敷收回该银行所发纸币之数,由各省指定的款,列为预算,分年拨交制用局,存储中国银行,作为第三类整理币制基本金。"其四,"第一类基本金交到制用局,应会同银行商定办法,即时用暗收之法,照市价收回各省纸币。收回之数目,实行之时期,着手之地点,由制用局与中国银行秘密商定之。各省所发纸币之情形,各不相同。收回之方法,应由制用局会同中国银行斟酌其情形分别办理之"。其五,"第二类基本金变成现金后,若足敷收回纸币全数之用,即明定法价,于一定期间内,将各省纸币全数收回。第二类基本金若不敷收回纸币全数之用,政府或以第三类基本金,或另拨他款补足之。第二类基本金,除收回纸币之外,若尚有余时,拨作第三类基本金"。其六,第三类基本金,专充偿还借款及内国公债本息之用。若不足时,政府拨他款补足之。其七,币制整理计划实行终了以前,制用局局长、中国银行总裁、造币总厂监督不得无故更换之。

吴鼎昌总结道:"照此办法,只须五百万磅之现款,一年之准备,五年之进行,中国币制之整理,可完全告成矣。"①

---

① 吴鼎昌:《整理币制意见书》(1915 年),《币制汇编》第 4 册第 7 编《币制论著下》,第 199—202 页。

第二章　民国初年的币制改革思想（1912—1927）

（四）扶植信用制度，推广兑换券

徐沧水提出："今日各国之货币制度，均各定本位货币以充其表示价格之用，实际上则一国之通货，并非以实币居其多数，故本位货币之外尚有代用货币，纸币与兑换券即其一端，而通货中则以此占其大部分也。"① 此货币制度，对于本位货币，均定为自由铸造。"对于需给之调和，自非发行兑换券不可。一方面增发兑换券，以应其需要，俟其需要减少时，一方面收回兑换券，以减其供给，此兑换券所以具有伸缩力也。若一国信用制不发达，不能利用兑换券之发行，以造出通货而调和其需给者，其金融市场之程度可谓幼稚已极矣。"

"兑换券及纸币，其在通货中之效能，固在伸缩自由，尤必需价格确实。""如其价格确实与本位货币同其价值以流通时"，则"其伸缩之作用，恰如本位货币之自由铸造，得以随时调和其需给之增减也"。

"吾国本位货币之银元，是属自由铸造，但失其自由铸造之精神，故无从伸缩自由。又兑换券之流通不能推广，无以利用之以调和其需给。""治本之策，惟在将京钞开兑以恢复兑换券之信用。"而"发行银行须确负兑现之义务，使其流通价格无所差异"，"然后方能利用兑换券之发行，以随时对于需要之增减而伸缩之"。"今日之发行银行，其发行上毫无利用兑换券以调剂金融之本能，不过为一兑换券收付所而已。"

"吾国尚不能利用兑换券之发行，以为通货之自由伸缩，更遑论利用支票之流通，以代替兑换券之用。要之近世为信用经济时代，支票与兑换券，现代商业上之往来，实占其大部分。一国之金融组织，固以货币为基础，而支票与兑换券，则为信用之基础。经济社会均赖多额之信用通货，以为支付用具。故如信用制度不发达之吾国，其金融组织，惟赖少额之现洋，其组织之基础狭小，根本上不能安全。此一国之货币，不患其少，而患其不流通。扶植信用制度之发达，以奖励支票之使用，并助长兑换券之推广，

---

① 徐沧水：《今日金融上之紧要问题》，原载《银行周报》第129、130号，1919年，徐沧水编《中国今日之货币问题》，第201—202页。

此实治本上必要之举。"①

徐沧水"对于金融上有数种主张"：一则国币统一之后，必须利用兑换券之发行，推广银元之势力以推翻银两之计算货币；二则各银行应努力于存款之吸收，并设法奖励支票之流通，以使存款通货得以自由增减；三则各地必须设立票据交换所，利用转账制度，清结本地或外埠之贷借关系，而免去运输之劳费。徐沧水说："此三者殆为金融上治本之论，如有不能逐渐谋其实行，则今日之禁银出口与增铸银元之种种方策，皆系一时治标之计耳。"

徐沧水指出，现代银行等金融机构可以创造货币。他说："吾国之言振兴实业者，莫不谓资本缺乏，故重视资本供给之数量，而不重视资本供给之组织。夫一国之资本增加，非存在之货币，即因之而增加，不过因信用发达之关系，造出新通货以供给其资本耳。""欲使银行克尽金融机关之职务，社会当明白其所利用之方法。故如将窖藏死守之现金存入于银行，如将手中不必要之现金存入于银行，以及矫除收用现洋之习惯，以兑换券或支票代替货币之用，凡此种种均所以节约货币之需要，其效果则为增加货币之供给。盖非节约其需要，不足以增加供给。否则信用制度决不能发达，是则银行除其固有资金之外，殊苦无从因信用制度以增加其营业资金而供给于一般社会也。"所以，"吾国今日之现状，非货币缺乏，非资金缺乏，弊在货币不能流通又不能节约，以致举国均谓资本不足"。②

（五）关税改征国币，"为统一银货之先声"

盛灼三指出："我国通用银两之平色名目，匪惟各地不同，即在一埠之内，亦复更仆难数。关平银特对于某埠之内所有羼然杂处之银两中折合以一定之标准而已。"③

---

① 徐沧水：《今日金融上之紧要问题》，原载《银行周报》第129、130号，1919年，徐沧水编《中国今日之货币问题》，第202—207页。
② 徐沧水：《今日金融上之紧要问题》，原载《银行周报》第129、130号，1919年，徐沧水编《中国今日之货币问题》，第208—210页。
③ 盛灼三：《关税改征国币问题平议》，原载《银行周报》第75、76号，1918年，徐沧水编《中国今日之货币问题》，第137页。

第二章 民国初年的币制改革思想（1912—1927）

据《国币条例施行细则》第五条之规定，财政部筹议关税改征国币之办法："可以一元新币每枚内含纯银库平六钱四分零八毫为标准，折合关平银若干，即据一元新币以定新税则，凡遇新币流通最多之处，概征新币。其新旧币通用之处，则新旧币并征。倘遇旧银元市价较低之处，则按市价加征之。"①

随后，总税务司议"从缓改征"之理由有二：其一，关税改征国币，须先求各国之同意。而各国又须得银行团之承认，因该团经手税抵押之借款也。至银行团能否承认，在势或以银行簿记能否改两为元而定。然欲各银行簿记改两为元，必须中国造有一定全国通用之新币，方能停用各种旧币而后可。而欲造有一定全国通用之新币，又必改良造币厂，另订特别管理法而后可。故关税改征国币，应在币制统一之后。其二，如欲更改，除非有凭据证明所收之税，核计现银，实有增加，方可施行。否则，借赔各款必受影响。因该款系订明以关平银若干为担保，非以银元也。

税务司意见书提出后，"财政部修改税则会议处讨论是案"，拟采江汉关之比率，为关库银折合标准。按此比率折合，则每年关税"尚可增收二十余万两"。②

盛灼三说，"设关之初，我国尚为称量货币制度时代"，因银两种类繁杂，"其重其成色其值皆不相等，于关税收支上自多窒碍"，所以"参酌各口情形，设关银以为计算货币"，其事本非得已。"改良币制以后，关平银自应在废止之列。且外而商约内而国币条例，均有规定。是今日所应讨论者，非关税应否改征国币之问题，而为（甲）关税应否于银货统一之先改征国币之问题；（乙）关税能否于银货统一之先改征国币之问题。"③

盛灼三认为，无论是从商业方面观察，从银货供求方面观察，抑或从

---

① 盛灼三：《关税改征国币问题平议》，原载《银行周报》第75、76号，1918年，徐沧水编《中国今日之货币问题》，第145页。
② 盛灼三：《关税改征国币问题平议》，原载《银行周报》第75、76号，1918年，徐沧水编《中国今日之货币问题》，第145—147页。
③ 盛灼三：《关税改征国币问题平议》，原载《银行周报》第75、76号，1918年，徐沧水编《中国今日之货币问题》，第147—148页。

币制政策方面观察,关税都应行提前改征国币。至于"关税能否于银货统一之先改征国币之问题",他说:"夫统一银货,为改革币制之初步。而关税征收国币,又为统一银货之先声。其事本不仅增加收入之问题,而为改良币制之问题。质言之,即非仅财政上之问题而为经济政策之上问题。"①

(六) 关于辅币问题

1917年,张公权发表关于新辅币推行之意见。他说:"无论何国,辅币成色,均较本位币较轻。此以防银价腾贵,有销毁银币之虞。且以本位币铸费甚巨,不得不减轻辅币成色,以补本位币铸费之不足。故新辅币成色之轻减,不足为虑。所虑者币厂利用辅币成色之低,视为牟利之途,遂至任意滥铸,至不能保持十进之制,予市面多增一种恶币,将成色较高之良币驱逐殆尽,币制必日见紊乱。"所以,推行新辅币,必须做到四点:第一,确定发行机关为中交两行,限制辅币铸数;第二,辅币余利专款存储;第三,限制人民使用辅币数额;第四,逐渐收回旧币。②

张公权说:"欲推行十进银辅币,不可不有十进铜辅币。故银铜两种辅币,宜同时并行。而最要者尤在成色划一,不可以目下银价铅价之贵并铸费之贵,而任意上下其间,致失外人信用。此又不可不为造币厂告者也。"③

诸青来也认为,铸发辅币,限制铸数,储存余利,收回旧币及限定使用额等,均为切实可行之法。"惟以银币推行未举成效,若非别筹良策,恐无以畅行新辅币而确立十进之制矣。"诸青来主张采取以下做法:其一,使用旧币应以一定时间为限;其二,银两计算应设法废除,借去十进制之障碍;其三,铜币应添铸二厘、一厘两种,以平物价;其四,新辅币推行之始,旧币不必悉数收回,均照十进制办理,俟推行有效后,逐渐收

---

① 盛灼三:《关税改征国币问题平议》,原载《银行周报》第75、76号,1918年,徐沧水编《中国今日之货币问题》,第148—152、161—162页。
② 张公权:《论新银辅币》,原载《银行周报》第3号,1917年,徐沧水编《中国今日之货币问题》,第253—255页。
③ 张公权:《论新银辅币》,原载《银行周报》第3号,1917年,徐沧水编《中国今日之货币问题》,第256页。

第二章 民国初年的币制改革思想（1912—1927）

回旧币改铸。①

徐寄庼主张采取下列措施推行新银辅币：第一，天津、江南、湖北各造币厂按照《国币条例》，于主币外，同时加铸辅币。第二，发行新银辅币时，对于旧银辅币，亦限以十进制。凡市上行使，不得沿旧制以大洋一元兑小洋十一角三四十文不等。第三，同时由政府收回旧银辅币，改铸新银辅币。一面准各银行、钱庄以旧银辅币十角，向中交两行掉换新银辅币。第四，每次授受，应按照《国币条例》第六条，凡五角银币以合二十圆以内，二角一角银币以合五元以内，以示限制。②

徐寄庼指出，"吾国今日之现状，则因货币制度不能统一，主币自身既无一定之价格，辅币相互之间亦无一定之连络，徒有十进制度之计算虚名而已"。"法律不能革除习惯，而习惯反足以破坏法律也。"③ 具体表现如下：其一，学理上系以银辅币为限制法币，法律上亦本明定有每次授受之限制，但习惯上则满十角以上非收主币之银元不可。其二，如满十角以上而使用银辅币时，必须照市贴水以合成习惯上之所谓大洋。其三，如在十角以内，有时亦须大洋，因大洋关系则银辅币之所谓角，不以枚数为计算标准。其四，故所谓大洋，即银辅币系以称量为计算，不能维持其自身之法价，对于主币之银元因无一定之价格。其五，又所谓小洋，即系以枚数为计算之标准，须得受者之同意方能行之，习惯上不啻另加一种授受上之限制，绝对不能适用条例上之规定。其六，因银辅币不能维持其法价，故不能十进，且授受上对于主币有贴水关系。"欲推行新银辅币以确定十进制度，非打破大洋与小洋之习惯，并禁止小洋贴水之行为，不足以收实行之效果。"④

辅币对于主币，其价格所以不能确定，即由于辅币之铸造漫无限制。

---

① 诸青来：《论新辅币之推行方法》，原载《银行周报》第47、48号，1918年，徐沧水编《中国今日之货币问题》，第257—262页。
② 徐寄庼：《论推行新银辅币之动机》，原载《银行周报》第127号，1919年，徐沧水编《中国今日货币问题》，第265—266页。
③ 徐沧水：《论推行新银辅币之必要》，原载《银行周报》第134号，1919年，徐沧水编《中国今日之货币问题》，第269—270页。
④ 徐沧水：《论推行新银辅币之必要》，原载《银行周报》第134号，1919年，徐沧水编《中国今日之货币问题》，第270、272页。

至于如何限制辅币铸数,"防止滥发以拥护十进",徐沧水不主张以法律限制之,"惟有就各地银行公会、钱业公会、总商会等合组一办事机关,一面调查需要额之明确数目,以便造币厂之依据,一面监察铸造额之明确数目,以防造币厂之滥发。""再则铸造额及发行额,并宜由造币厂公布。""如此则辅币之供求,既无过剩之虑,亦无不足之虑。"①

关于兑换问题,"国家对于辅币之流通,一方面设授受之限制,以维持其法定价格。他方面则必随时可以兑换主币,以保障其互相连络"。故《国币条例》对于辅币虽有每次授受之限制,但有"租税之收受、国家银行之兑换不适用此种限制"之规定。②

徐沧水主张,"一则非俟旧银辅币收进巨数后,决不宜推行新银辅币。二则非俟新银辅币铸成巨数后,决不宜宣布旧银辅币以同时十进。三则宜先铸成巨数以为调换之准备,决不宜零星铸造零星调换"。③

1921年,荫涂痛陈劣质新铜币泛滥暴跌之惨状,指责政府"惟知滥铸,不思调节",并提出以下对策:其一,停止添铸一切铜币;其二,禁止铸铜币用铜板之进口;其三,对于铜制品以外之铜,课以若干之进口税。"此外尤应速定坚实之币制,务使每补助货币之百,保证其有本位货币一元之价值焉,其最要者也。盖币制之确定,不特为发达我国经济社会之关键,抑亦救危之根本方法也。"④

徐沧水指出,"铜币因铸造无度,流通额缘以逐渐增加,其对于银两与银元之市价,遂亦日趋下落"。中国"币制果能确定,铜币兑换均以十进,则铜币本无所谓市价,而无涨跌之可言也"。

第一,铜币与成色重量。"铜币市价跌落,非纯系成色、重量问题,实

---

① 徐沧水:《论推行新银辅币之必要》,原载《银行周报》第134号,1919年,徐沧水编《中国今日之货币问题》,第276—277页。
② 徐沧水:《论推行新银辅币之必要》,原载《银行周报》第134号,1919年,徐沧水编《中国今日之货币问题》,第277页。
③ 徐沧水:《论推行新银辅币之必要》,原载《银行周报》第134号,1919年,徐沧水编《中国今日之货币问题》,第280页。
④ 荫涂:《新铜币增加问题》,原载《银行周报》第186号,1921年,徐沧水编《中国今日之货币问题》,第281—284页。

由于铸造无度供给过多之关系。因成色、重量比较轻减,更足使铸造铜币之利益增加,而其粗制滥造更无限制耳。今后惟赖政府切实饬令造币厂,不得再铸成色、重量比较轻减之铜元也。"

第二,铜币与授受限制。"使能废两改元,确定银元为主币,则向以铜元制钱为主币者,可以日趋减少,如此则铜币之需要亦得随以渐减。将来铸铜币以卖为银元,自不容易,则铜币方不至滥铸无已。今铜币既不能为限制法币,其授受支付之效力,又为无限制,此所以无论滥造若干,皆有销路,而禁止滥铸之所以难也。"

第三,铜币与铸造利益。"对于铜元铸造利益之处置,有两种意见。第一,今日各省滥造铜元,惟利是图,必需对于铸造数额上加以确实之限制,以禁其贪得巨额之铸造利益。第二,今日各造币厂之特别会计,必需加以整理,凡收支不能相抵之时,则所有不足,应由国库负担,视为财务行政费,不得借铸造铜元为弥补。其每年铸造辅币之收益,此项资金,当另为存储,由中交两银行保管,以充改铸流通不便等旧货币之用。如遇辅币因流通过剩将发生跌价情事时,得即以此款委托银行代为兑换,以收回若干,俾其需求,得以适合。至造币厂所有之收益,中央及地方均不得挪用,此则尤赖议会及公共团体加以适当之监督也。"

第四,铜币与铸造限制。"惟有就造币厂设立地方,由银行公会、钱业公会、总商会等公共机关与造币厂合组委员会,一面调查需要额之明确数目,以供造币厂之依据,一面监察铸造额之明确数目,以防造币厂之滥发。再则铸造额及发行额,并宜由造币厂编制统计,按月公布。如此则今后铜币之供求,既无过剩之虞,亦无不足之虑,且足以杜止造币厂之随意滥发也。"

第五,造币厂之监督。"一则要求政府将造币厂脱离中央及地方之政治关系,而为独立之经济机关;二则对于贪污官吏,反对其充任造币局长官及重要职员;三则由银行公会、钱业公会、总商会合组委员会,以监察造币厂之铸造事项;四则言论界关于造币厂所公布之铸造额及发行额,应加以精密之研究,而评论其设施。以上四者,果能实行,则吾国币制之前途,始有统一之希望，固非仅维持铜元之价格而已也。"①

（七）关于造币厂问题

徐永祚说："上海开设造币厂之议，始见诸《银行周报》第113号徐寄顾先生（1919年）之论文《论旧币改铸新币之必要》，继成为上海银行公会之主张，因而建议政府，请求施行（见《银行周报》127号专件）。当时舆论咸推为救济金融统一币制根本之图。乃迄今已二三月，政府尚无具体之答复，商人亦乏敦促之陈请。长此迁延，不知何日始能实行也。近来旅华外人，亦渐觉吾国币制统一之不容缓。英商联合会乃有废除银两，改用银元，并于上海开设造币厂之决议（见《银行周报》125号杂纂）。总税务司安格联氏且根据此项决议，要求政府委任其办理上海开设造币厂事宜（见同号杂纂）。夫整理币制，纯系吾国内政，本无劳外人之越俎代谋。惟此种应行改革，应早举办之事，吾国人因循坐误，漠不关心，以致外人不能坐视，而提出要求，深可痛也。虽然，从此而急图补救，为时未晚。否则，吾国币制行政，终将继关税盐税之后，而为外人所掌握也。"②

徐永祚指出，"开设币厂之地点，宜就金银供给最多之区，或货币需要最多之地，而设立之"。"盖如是，则金银之供给不虞缺乏，货币之需要常能投合，并可省去种种运搬之费用也。"③ 所以，他极力主张在上海开设造币厂。

他说："上海为吾国商务总汇之区。货物之出入，金融之伸缩，上海实为之中心，故吾国货币需要最多之地，莫如上海。开设币厂于此，则货币之需供可以适合，而金融之缓急亦可调剂。吾国矿产，金银极少，加以冶金探矿事业之不发达，故金银产额甚微。铸币所用之生银，大半多仰给于

---

① 徐沧水：《铜币问题平议》，原载《银行周报》第198号，1921年，徐沧水编《中国今日之货币问题》，第284—289页。
② 徐永祚：《上海开设造币厂之不容缓》，原载《银行周报》第129号，1919年，徐沧水编《中国今日之货币问题》，第297—298页。
③ 徐永祚：《上海开设造币厂之不容缓》，原载《银行周报》第129号，1919年，徐沧水编《中国今日之货币问题》，第298页。

第二章 民国初年的币制改革思想（1912—1927）

外国，外国输入大条银，先集中于上海，而后分配于其他各埠，故生银之供给，亦以上海为最多。开设币厂于此，则生银之供给不虞缺乏，而搬运之费用大可节省。乃吾国币厂，开设在天津、汉口、南京等处，而不及于商业之中心上海。夫天津、汉口，其商务虽较次于上海，但尚不失为重要商埠，开设币厂于此，犹可言也。至于南京，乃江苏之省会，非商业之中心，亦设有币厂，不知其何所取长也。上海既无造币厂，故对于货币之供给，日盛不便。凡欲请求铸币者，既费时日，又耗运费，而市场金融，不免因而常生紧急，于是西商乃有宁厂迁沪之请求。但宁厂迁沪，所需拆卸装置搬运等费既巨，而房屋之废弃另建，所费亦属不赀，且当迁移来沪之时，势不得不停止造币。际此银元需用甚繁，市面所受影响，实非浅鲜，故不如上海另设币厂为愈也。现在吾国各币厂之铸币能力，尚嫌薄弱，银元供给，亦觉不敷。最近洋厘之飞涨，此实为一原因。此后整理币制，则废两改元，毁旧铸新实为必要之图，银元之需用更繁，铸造愈忙，仅持原有之数币厂，安能济事？故吾人主张不裁撤南京币厂，而另组织上海币厂也。"①

徐永祚认为，上海开设币厂，不需要聘请外国人管理，但必须预防"官吏之腐败而无信用"。考虑到政府财政困窘，开办经费难筹，他不赞成借外债，而主张由上海各银行及钱庄合力借款给政府。他说："此项经费，若求之于外债，则吾国币制终难免外人之干涉。若求之于内债，则以今日政府之信用，亦难得应募之足额。"

其具体操作办法如下。其一，由上海银行公会及钱业公会出面，借款于政府若干万元，专为开设上海造币厂之用，不能移充其他项用途。其二，此项借款应索取担保品，可即以该厂之地基房屋及机械等为担保，而以铸币余利充偿还本利之用。其三，此项借款定为年利七厘，五年后归还，倘铸币余利不敷偿还本利时，政府应提出其他税项收以归还之。其四，上海造币厂厂长，由政府委任，该厂会计由银行公会及钱业公会荐任。其五，

---

① 徐永祚：《上海开设造币厂之不容缓》，原载《银行周报》第129号，1919年，徐沧水编《中国今日之货币问题》，第298—299页。

民国时期的币制改革思想

上海造币厂铸造银元,一切均应按照《国币条例》办理,银行公会及钱业公会有监督稽查之权,并得随时派人化验。①

这样,上海造币厂即可成立,银行与钱庄铸币上获益甚多。"且此举全由商界自动之力,足为热心国事,整理币制之先导。此后商界匪特不劳官厅之指挥,反可督促官厅,而实行改革矣。倘失此不图,则以今日外人觊觎之深,或恐以借款引诱政府,而取得管理币厂之权。吾国金融业铸币上之亏损,固无待言,而金融全权,且为外人所掌握矣。其利弊之相差,不亦重且大哉。"②

1920年,为了进一步推动上海造币厂的设立,陶德琨略陈计划书如下。

第一,我国拟趁此银贵金贱时,速即采行金本位制,先在通都大邑,暂与银本位并用。"此次上海添设新厂,应即购置能铸金币之机器,预备来日鼓铸金元,俾臻世界大同之盛。"

第二,划一国币,改铸各种旧式银元,"为政府近数年来确定之币制方针"。"历经通令津、宁、鄂等厂,遵照办理在案。此次上海添设新厂,自应本斯方针,协力进行,并宜另刻祖模,以新观瞻。"此中有应特别注意者三:一则"壹圆"新银币既属我国本位货币,即宜市面需要之额,随时应铸。不得听造币厂自身营业之便,专顾银价之高低,以为铸数之伸缩,致失主币自由铸造之本性。二则"中元"为调剂物价必需之货币,发行以来,各处商民,备极欢迎。"上海新厂应即特别多铸,并应将成色提高,由七成改为八九成,使与壹圆主币,归为一致。将来二中元之实质能等于壹圆时,中元用途,自必随国民生活程度之需要,日益推广。即不铸壹圆主币,亦可收划一币制之效。"而且,"中元银币,体质小于壹圆,铸币时所耗机力,自应较少,或可省此机力,以为增铸各种新币之用"。三则"各种辅币,凡为推行新币制所必需者,上海新厂均应随时添铸。惟不得再铸旧式银角、旧式铜元,以示限制"。

---

① 徐永祚:《上海开设造币厂之不容缓》,原载《银行周报》第129号,1919年,徐沧水编《中国今日之货币问题》,第300—301页。
② 徐永祚:《上海开设造币厂之不容缓》,原载《银行周报》第129号,1919年,徐沧水编《中国今日之货币问题》,第301页。

第二章 民国初年的币制改革思想（1912—1927）

第三，上海新厂中应设置最新之各种机械，以每日于八小时内，能铸五十万元为至少限度。机厂之组织，以能有伸缩余地者为最宜。盖遇必要时，可以加多铸数。如须减少时，亦能停闭一部分机力，节省耗费也。

第四，货币成色、重量之公差，务须力求准一，方能昭取公信。化验设备及化验人才，均属至关重要。上海新厂中应有一极完备之化验处，并应雇一西洋高等化学师，使负该厂铸币上之技术责任。

第五，古今中外货币之品类极繁，能考究而参证之，裨益实多。上海新厂中应附设一货币陈列所，多搜集金、银、镍、铜各币，分别罗列。既足资铸造家之借镜，又可增游览者之知识，是一举而两得者也。

第六，币制行政，既贵有统系，尤须明权限。稍涉纷歧，难收改良之实效。上海新厂应直接由币制局指挥管辖，不得再受所在地长官之干涉。

第七，会计独立，乃币制行政最要之端。所有关于上海新厂种种用费，应即设一特别专账，分类记载。庶将来结算统计，均有详确之根据也。①

"今造币厂既不得不佣聘外国技师"，徐沧水"希望政府仿照日本办法，一方面派人往欧洲学习造币上各种技术，莫以为吾国造币技术已无改良之余地。他方面则于外国技师订立聘书时，使负传授技术之责任，选择已有工业智识者随同学习"。"如此则将来可以不必佣聘外人，并为推广分厂时预储人才之准备也。"②

"吾人外鉴于日本造币局之往迹，内观于国有铁路之现状，颇望上海造币厂，采用新式簿记以华文为主体。一切表单内属于外国技师化验上所用者外，大可不必仿照铁路海关等机关而均以外国语为主体。会计事情以不令外国技师从中干预之为是。并宜特设统计科，酌聘真正具有统计学识者

---

① 陶德琨：《设立上海造币厂计划书》，原载《银行周报》第138号，1920年，徐沧水编《中国今日之货币问题》，第302—304页。
② 徐沧水：《对于上海造币厂之希望》，原载《银行周报》第145号，1920年，徐沧水编《中国今日之货币问题》，第307—308页。

以办理一切统计。除将重要事情按月公布外,并编成年报分国文及英语之两种。"①

徐沧水主张,上海造币厂应另立特别会计。其理由有二。一是造币局系经济的经营,既拨有资本而为运用,以收入供其支出,有时且有收益。欲使其自立自营以确保其安全,故必使其莫与一般会计互相混杂,自非立特别会计,难期其收支之正确明了。二是如附属于财政部一般会计之内,则因财政上不可避免之变动,致将其所有收益挪移消耗,不能以其收益资金供改良设备及填补损失之用。②

徐沧水对于会计上有两种希望:一则采用新式簿记,以期计算正确而祛除弊端;二则另立特别会计,以期基础巩固。他说:"在收支不能想抵之时,则所有不足之各项支出,当然由国库负担,视为财务行政费。至其每年之收益,此项资金当另为存储,以充改铸流通不便等旧货币之用。如遇辅币不幸而因发行过多,将发现生拆扣现象时,得以此款委托银行代为兑换,以收回若干,减少其供给。其每年收益,国家不得挪用于他途。此为另立特别会计之唯一目的也。"③

徐沧水说:"旧货币改铸新货币之铸费,总希望从国库支出,由国家负担。至于以生银请求代铸者,铸费一层是否不嫌过巨,吾人总希望财政当局当预先统盘筹画,并容纳银行业者之意见,以定办法。窃恐外国人必有嫌其铸费之过巨者,吾人鉴于日本之经过事实,深愿财政当局当取决于本国银行业者,莫为外人所屈伏也。"

徐沧水认为,上海造币厂"应仿日本大阪造币局办法,设置评议委员会"。"由厂长延请银行业者及商业机关之重要人物,并在罗致具有财政金融学识之专门学者,以充当委员,概为名誉职。由厂长自兼委员长,遇有

---

① 徐沧水:《对于上海造币厂之希望》,原载《银行周报》第145号,1920年,徐沧水编《中国今日之货币问题》,第310—311页。
② 徐沧水:《对于上海造币厂之希望》,原载《银行周报》第145号,1920年,徐沧水编《中国今日之货币问题》,第311页。
③ 徐沧水:《对于上海造币厂之希望》,原载《银行周报》第145号,1920年,徐沧水编《中国今日之货币问题》,第311—312页。

重要事情，随时召集委员以会议一切。或规定月开常会一次，各委员得各就其职业上之接触以陈述意见。厂长遇必要时，亦得随时咨询，借资依据。如此则各方面之利害问题，得以自由讨论，则裨益于造币行政上固非浅鲜。而金融上、商业上，亦均因以不致隔绝。"①

"上海造币厂借款问题，酝酿年余，近始解决。"1921年，徐沧水"观于借款合同之内容"，总结其要点有二：一是"用途之正确与其严密"；二是"库券之确定与其普及"。并总结银团致财政部币制局公函之要旨如下：一是"国币成色及公差之正确"；二是"国币型式之改造及铸造制度之确定"；三是"上海造币厂之组织及其规划"；四是"特别委员会之设立"。徐沧水说："银团之所陈述，均系确当办法。吾人惟希望将来上海造币厂，能为吾国信用确实之造币机关可耳。"②

七　废两改元论

民国初年，"吾国通货，种类繁多，银两银元，同时并用。各币比价，既无定衡。重量、成色，又至不一。或依称量而授受，或随个数而收支。泯泯棼棼，莫可纠诘"。③ 废两改元之议，风行全国，学者著书立说，银钱业者、全国商联会、全国银行公会联合会等先后呼吁废两改元统一货币。

梁启超说："今以银对银，而涨落之幅，乃广泛若此。明明同此总重七钱二分之银元也，贮诸箧笥中旬日，时或获一钱余之意外赢利，时或蒙一钱之意外损失。天下可赅之事，宁复过此。而商民生息于此等货币状态之下者，其营业何从得确实之保障。非相习于投机，则裹足不敢有所营已耳。""银元且然，其铜元、纸币等更何论。""东三省、两湖、江西、四川，

---

① 徐沧水：《对于上海造币厂之希望》，原载《银行周报》第145号，1920年，徐沧水编《中国今日之货币问题》，第313—314页。
② 徐沧水：《上海造币厂借款述评》，原载《银行周报》第189号，1921年，徐沧水编《中国今日之货币问题》，第315—320页。
③ 徐永祚：《上海银两本位之难于维持》，原载《银行周报》第41号，1918年，徐沧水编《中国今日之货币问题》，第211页。

其混乱惨毒之状,殆不复忍言。……广东、四川等省纸币,价格一落千丈,民日惴惴,不知所届。……吉林、湖南等省,其价骤涨骤落,污吏奸商,乘而操纵之,朘民脂膏,溪壑无厌;而现银乃至现铜元制钱,皆驱逐净尽,市上无复交易媒介品,民至用竹筹绳结记数以为市。""今欲脱离无货币之惨苦,则选择本位,讨论重量,皆词费耳。但使能将现行银元赋予以货币之性质,使之能做标准,以临万货,而全国所资,皆出一孔,则民之受赐已宏多矣。"

"夫政府之鼓铸大小银元,数十年于兹矣。岂不曰吾将供给人民以货币也?然以货币相授受者,非仅行于人民相互之间而已。政府出纳,其最大宗也。而政府先自不收授其所鼓铸供给之物,则人民谁肯信而用之者?""故欲进吾国于货币,其第一义,当先令全国所征一切赋税,皆以国家所铸发之货币为授受。而当新币未铸发之先,及始铸发之际,先将全国各种税率改正之。前此纳生银一两者,今纳币若干。前此纳一吊者,今纳币若干。然后新币用途可开,而整理乃能收效。"

"质而言之,欲币制之确立,必须设法将全国生银贬之,使与百货同列。而以法律所定之货币,为量度百货之器。夫如是,然后货币之关系始尊,而其作用始著。而最要之机括,则在赋税之授受。"

"人民之不喜用货币,虽曰习俗使然,实则由国家未尝供给人民以正常之货币也。货币之职务四,曰交易媒介,曰价格尺度,曰借贷用具,曰价值蓄藏。而现在我国市面通行之银元银角铜元及纸币等,仅能勉尽第一种职务而已。""夫货币四大职务,而银元等缺其三焉,则其用之不广,亦何足怪。故各地商民,惟小宗现款交易,乐用银元银角等而已(以其尚便于交易媒介也)。其稍大宗之交易,及定期赊借等项,莫不用所谓过帐银者,以为计算。"

"银元市价时涨时落者,对于过帐银而涨落也。""过帐银为量度百货价值之衡尺,百货之价,恒应于其供求消息以为涨落。""中国所以至今仍无货币之国者,则过帐银实为大梗。言币制者,其第一义当求所以战胜过帐银之法。"

"使全国惟有一种过帐银,则吾决降伏之,绝无踌躇。无奈过帐银之为

第二章 民国初年的币制改革思想（1912—1927）

物，市市不同。吾不知何降而可，降其一马，等于不降。故非悉数战胜之不可也。""必战胜过帐银，然后能广国币之用途。国币用途广，则代表国币之兑换券，其用途亦随之而广。岂惟国民生计利赖之，即救济目前窘涸之财政，操术亦莫捷于是矣。""故必吾国国币一圆，其价值与伦敦市场之若干盎司，常为一定不易之比例。然后能以若干圆，直接折合若干喜林，无须假途于规元。如是则战胜过帐银之大军，庶几可以奏凯矣。"

梁启超说："须知就今日现状论，诚若缘各地有过帐银，故以至陷国家于无货币。推其原因，实缘国家自始未尝有货币。然后各地不得不有过帐银。倒果为因，则药不瘳疾宜耳。"①

1916 年 7 月 22 日，上海《申报》载《美人辛博森建议中国废两改元》，称"英文《京报》七月十九日载辛博森所著《中国银市与财政部论》一篇"，"其文略曰：中国币制有二：一为银两制，一为银元制。两制并行，祸根伏焉。补救之道，在于政府之适当行为，今财政首当向国会提议者，不为预算案，而为妥善筹划之币制议案，俾财政部有管辖中国各处炉坊之权。苟有毁坏国币者，即可诉诸法律，明正其罪。……财政部应先有取缔银制之权，然后始可有全国币制，即以民国银元为本位，代替银制之问题。中国纸币现象如此，尤不可不亟行正本清源之策。中国政府对于银行必须采与印度政府大旨相同之办法，以国内现银之供给，当由政府支配之。而筹备币改需要之远大计划，亦当以政府为主动。今者中国银行之重组，已有动议，是诚改革币政中切要之图……"②

1917 年，苏筠尚拟定上海废两改元之办法如下："一、此事应由上海银行公会、钱业公所、总商会、县商会开协议会以解决之。二、既经决议后，应即通告外国银行团及各国商会，请求同意。观于此次英商联合会之议决案，此事断无不赞同之理。三、既得同意后，应速定一实行日期，一面通告各国领事转知各该国商人，一面并通告本国各商会，凡与上海有银两往

---

① 以上均引自梁启超《余之币制金融政策》（1915 年），《币制汇编》第 4 册第 7 编《币制论著下》，第 179—187 页。
② 《中华民国货币史资料》第 2 辑，第 529 页。

来者，至期一律改用银元。四、实行之前一月为银两与银元折算之期，其价格由外国银行团及中国银行公会、钱业公所、总商会、县商会各派代表两人，开会公定之。凡存放款项以银两计算者，应一律以公定之价折算元数。五、此事决议实行后，应即呈请政府，饬知造币厂火速赶铸银元，以济急需。又当改革之初，凡遇收解，准许付款者，解缴银两，照公定之价折算。此外相连而发生之问题尚多，均可由会议解决之。"①

诸青来指出："自民国三年（1914年）《国币条例》公布，屈指已阅四稔，革新之效未见，银两仍与洋元并行，十进之制亦未见推行尽利。故由现状论之，实未脱古代之秤量习惯，币之不存，制于何有？所可差强人意者，独在划一龙洋行市一端。然此亦由于商民之协力，绝非仅恃官厅所能奏功者也。近年各省银两缺乏，改用洋元。赣省首开其端，厦门、宁波、奉天等处继起仿行。最近本埠亦有倡议废除银两者，此举如果实行，可为商界革新之先导，亦即整理币制之权舆。"②

徐沧水说："乃二十余年以来，吾国之言改革币制者，徒争论本位，而不将现有货币先谋统一，以为治标之计。此实一大缺陷也。"徐沧水认为，一国存在之货币，其流通贵乎迅速。盖流通迅速则虽比较的少额亦能周转，反是则其货币之需要额不得不大。吾国近因存银缺乏洋厘飞涨，金融市场均受其影响。揆其原因约有两端，一为货币不能节约，二为货币不能统一。货币之能否节约，惟在提倡信用制度之发达。至于货币之能否统一，惟在废除银两推广银元，并将所有杂币一概收回改铸。

他说："今日之急务，吾人苟言改革币制，且缓谈金本位，当先为不整理之整理、不统一之统一，姑使目前所有之各种银元，确能统一其表面之形式，以成《国币条例》之所谓国币，进一步再推广银元以推翻银两，俾得确定其银币本位，然后再言根本上之改革方易着手也。"

徐沧水指出，中国币制存在三大问题。其一，"一国行政上与金融上，

---

① 徐永祚：《废两改用银元当自上海始》，原载《银行周报》第131号，1919年，徐沧水编《中国今日之货币问题》，第226页。
② 诸青来：《贸易改用银元平议》，原载《银行周报》第18号，1917年，徐沧水编《中国今日之货币问题》，第132页。

第二章 民国初年的币制改革思想（1912—1927）

其系统各自不同。吾国缺点，则每将经济机关离开金融系统，以强置于行政系统之下"。其二，"吾国今日之货币可谓无本位"。"但观《国币条例》之立法内容，则系以银圆为本位货币，又条例上规定以生银托政府代铸一圆银币者，政府须应允之，但每枚收铸费库平六厘，是则吾国银圆系属自由铸造，自理论上言之"，事实上并无自由铸造制度。"凡本位货币悉由政府为之"，政府"非以铸造货币为调节金融，乃视此为获利之财源"，所以无法实现国币之统一。其三，货币不统一，金融业尤感受其苦痛。"收回旧币改铸新币，或由政府先行铸造以与民间交换，或由民间随时持往造币厂请求代铸，今日非由政府积极进行不可。"

徐沧水说："旧币改铸新币之必要，徐寄顾先生言之其详。其所拟之办法，约有三端。一、由财政部令造币厂逐日改铸。二、由中交两行陆续收回改铸。三、由各银行钱庄自由向造币厂改铸。窃以为旧币改铸新币之必要，殆无论何人均莫不赞成。其所以不能立收效果者，即铸造上之损失费用，究竟如何担负也。统一国币，责在政府。如由中交两行负担，如由各银行钱庄自己牺牲，皆非可以持久之计。今日政府所以不能积极进行或借端推诿并放任不闻问者，无非财政困难耳。倘上海确能设立分厂，余以为不如由各银行共同募集若干万元，专以借给政府，为收回旧币改铸新币之用。"

徐沧水的币制改革主张如下。第一步，收回旧币改铸新币，务求一两年间银元确能统一。第二步，熔化宝银改铸银元，同时将辅助货币务使其确能统一十进。第三步，推翻银两之计算货币，务使确能一律以银元为本位货币。第四步，讨论根本上之本位制度改革。"金本位也，金汇兑本位也，银本位也，多年之悬案，或者可以解决于一朝，方不致又是无办法之办法也。"他说："今日惟希望政府牺牲国库之负担，以独任其铸造上之损耗，而全国银行家尤当群策群力以督促其进行。然今日财政界之人才，恰如格雷欣氏之货币法则，良货币已成为恶货币驱逐殆尽，故吾人对于统一国币之前途，正不敢抱乐观耳。"①

---

① 以上均引自徐沧水《今日金融上之紧要问题》，原载《银行周报》第129、130号，1919年，徐沧水编《中国今日之货币问题》，第195—201页。

民国时期的币制改革思想

徐永祚指出："今日吾国各银行及钱庄，尚应进而研究从速消灭英洋之方法。以鄙见所及，则宜仿照民国四年之办法，由各银行及钱庄向中交两银行协商，将每日所收之英洋，随时可向中交两行兑换新币，再由中交两行向南京造币总厂协商，不取铸费，随时将所收之英洋运往南京，改铸国币，则一年之内，英洋必可消灭殆尽。中交两行有整理币制之天职，虽因此而稍负担费用，亦义无可辞也。英洋既经肃清，然后再收回各种龙洋及大清银币等，以改新币。如此，则货币统一，而币制始可逐渐整理。"

"因币制本位之不同，而商人所负担之危险，非改用金本位不能去之，一时尚难办到。至于因两与元并用之故，而所负担之危险，则今日已可设法祛除之。即废弃规银本位，而大小贸易均改用银元是也。""银行与钱庄既划一银元市价之后，应再进而谋铲除银两习惯，庶几币制可以整理。""其办法，宜由银行公会及钱业公会协商妥善后，建议于总商会议决，通告上海各国领事，转告各该国商人，定期实行。而以实行前一个月，为银两与银元折算之期。其价格由银行公会、钱业公会、南北商会及外国银行团等各派代表，公议定之。凡所有收付，以银两计数者，均按照公定之价折合银元。一面并通告国内外各商会，凡与上海有银两往来者，一律照行。其实行时期，最好定为阳历或阴历年底，庶几较为从容。现在须从事准备，一方应征集各业意见，而筹一妥善之办法，一方应请造币厂加铸银币，以便将来改用银元时可以敷用。"徐永祚最后写道："此事关系于商业极巨，深望吾银行及钱业领袖诸公急起而研究之也。"①

诸青来指出，"现制之流弊"如下。其一，现行银两为一切计算之标准，各省平色不一，错杂凌乱，实为币制进行上之障碍，苟非改用洋元，此弊无由祛除也。其二，圆与两并行，银元市价时有高下，大启投机之风，反使正当贸易受意外之损失。其三，凡营输出入贸易者，向外洋定货或运土货出洋（案此指直接输出者），均以金价计算。而出入则用银，因金银比价之起落，不免时受亏耗。然此属于国际本位之不同，犹可言也。乃因圆

---

① 以上均引自徐永祚《为英龙洋划一市价敬告吾国各银行及钱庄》，原载《银行周报》第104号，1919年，徐沧水编《中国今日之货币问题》，第182—184页。

第二章　民国初年的币制改革思想（1912—1927）

两并行，尚有他项亏耗，如丝花上市，洋厘必涨，而购料者显受操纵。无可如何，长此因循，终非长策。其四，近年风气日开，洋元之需要渐增，纵有银款往来，大抵折合银元，未见以银两授受者，故所存银锭，渐多熔化为元，借应需要而资流转。然大宗贸易，仍以银为计算标准，银之供给减少，而旧习仍不废除，于是不免有银荒之患矣。

诸青来说："以上所列四害，仅举其大要耳。若废银用元，匪特可免四害，更享一种大利。所谓大利者何，即此次改革，内有智识之领袖商人倡议。倘能见诸施行，亦全由商界自动之力，足为整理币制之先导。此后商界匪特不劳官厅之指挥，反可督促官厅以实行改革矣，其关系不亦重且大哉。""改用银元之办法若何，则苏筠尚、张知笙两君所陈，颇有采用之价值。苏君之言曰，此事由商会议决后，即通告上海各国领事，转咨该国商人，自民国七年正月一日起，一律改用银元，本年十二月间为银两与银元折算之期，其价格由银行团派代表两人，钱业公会派代表两人，暨南北两商会长公定之，所有存款，以银两计数，即以公定之价折算元数，如华商以阴历年底计算者，亦以公定之价，于阴历年底计算之（案华商往来亦应在六年十二月底前折算借归一律）。一面并通告国内外各商会，凡与上海有银两往来者，一律照行。张君之言曰，改用洋元，必须将银两与银元定一比价，每银元一圆，抵规银若干，而一时现银，断不能概铸银元，与洋商交易时，有现银则解现银，否则解现银，否则解银元。按照比价合算，彼此商定，方可通行。张君斯言，于革新之计划中，寓以变通之办法，更可推行尽利。盖值此过渡时期，所谓改用洋元，决非废除银两，惟比价既定，洋元行市可从此消灭耳。"

据诸青来所引，张知笙虽赞成改用银元，"尚有疑虑各端"如下。

第一，现行银元之成色，据造币厂言，合九八规元七钱二分五厘，而经银炉熔化，实只合九八规元七钱一分六七厘（案此即张君意见书中语）。夫比价之订定，应以银元内所含纯银量为准，断无争执之余地，此可无虑者也。公定比价时，应将通用银两即银条，对于银元之价，规定比例，列表公示。故外国银行以大条银运申，自可按照比价行使，改铸与否，听其自便，自无亏耗之虑，彼此商定比价，亦可无窒碍矣。

第二，银元有市价上落。每值丝市，内地用洋甚多。设使其时供不敷求，市价升涨过甚，即可停运。此借市价之涨落以为调剂之说也。不知一国泉币之流通，本以符社会之需要为原则，倘虑银元缺少，自应预为鼓铸，与银元定价之事绝不相妨者也。

第三，洋商通用英洋，歧视国币，此后自应与彼商定，不分华币英洋，一律通用，且墨洋有逐渐消灭之势，造币厂更可设法收买改铸，自不成为问题矣。

第四，银元定价，固为整理币制之第一步，然与本位问题无涉。盖无论采用何种本位，银两一项，断不可不废除者也。至张君所称采用虚金本位，此另为一问题。

第五，上海一埠，均用现银，并无贴水名目。若改用银元，现存者不敷应用，难免不发生贴水新例。此节自应公同研究，预为防止。然与银元定价问题，非根本上有障碍者也。

而在诸青来看来，废两改元"此举关于商市，颇为重大，自应从长筹议"，但"此举有百利而无一害"，① 中国应竭力推动施行。

徐永祚指出，"两元并用之害，约举之可得七种"：一是商家多负担一重危险；二是商家须多一重准备；三是两元互换时，常须亏耗贴水；四是平色复杂，计算为难；五是金融时有紧急；六是奖励投机事业；七是助长欺骗行为。因此，废两改元刻不容缓。他说："今日吾国商业不发达财政不整理之故，其原因虽有种种，而币制不良，实居其一。改革币制，莫先于统一货币。为统一货币之梗者，有外币与银两二物。现在外币多已熔化输出，不久渐可扩清。唯银两在吾国市场上，仍占无上势力，为统一货币之大梗。不铲除之，吾国币制永无整理之望。此为改革币制计，不得不废两改元者也。"

徐永祚说："最近美国商人在上海开联合大会，其议决案中，关于吾国币制及财政者，有请求政府设法不再以绞银为币，而一律改用银元，并请铸用一式之银元及银铜辅币，通行全国。则整理币制，外人且将越俎代谋，

---

① 以上均引自诸青来《贸易改用银元平议》，原载《银行周报》第18号，1917年，徐沧水编《中国今日之货币问题》，第133—136页。

第二章　民国初年的币制改革思想（1912—1927）

更不容我之固守旧习，而迟迟不进也。此为免外人之责难计，不得不废两改元者也。""且观察吾国通货之现状，亦已达废两改元之成熟时期。"

"银两本位发生之原因，虽有种种，而其最强固之理由，则为通用银元，种类甚多，成色、重量，各不相同，市价自难一律，不能以一种银元为标准，而统率其余银元，故特以银两为本位，而表示各种银元市价之高下。今日银元种类，已渐由复杂而趋于统一。英洋及龙洋已渐减少，而市面上最通行者，厥唯新币一种。则银两本位，已失其存在之根基，而无保存之必要也。"

至于"废两改元之进行"，"提纲挈领，应自政府收税着手"。徐永祚的观点和上述梁启超的主张一致。他说："政府征收赋税，年常在二三万万元以上，于吾国经济界上占最大之势力。从此着手，则举足轻重，改革较易为功。现在田赋、地丁等，已多改征银元。唯关税尚沿用旧制，仍以银两计算，应一律改征银元。前此纳关平银若干两者，今改收银元若干元。海关一方对于华洋商人征收税课，一方对于银行团支付赔债各款。其于金融上本占有重要势力，果能改两为元以倡导之，则于养成商民行使银元之习惯，固有捷如影响者也。"①

徐永祚认为，废两改元当自上海入手，②"庶几事半功倍，收效甚速"。"且上海银两本位，根本上亦有难于维持之势。观于银两存底之减少，与银元存底之增加，实非改用银元，不足以资周转。"徐永祚认为苏筠尚1917年拟定的废两改元办法，"颇有采用之价值"。③

---

① 徐永祚：《废两改元当自上海始》，原载《银行周报》第131号，1919年，徐沧水编《中国今日之货币问题》，第218—222页。
② 其理由是："第一，上海为吾国商务荟萃之区，货物之出入，金融之伸缩，实以上海为之中心，故上海之一举一动，影响波及于全国，亦有举足轻重之势。倘上海实行废两改元，则其他各埠必群起效尤，无待提倡督促，而一律以银元为本位矣。第二，上海规元，代表全国通货单位，握有无上权力，对外贸易及汇兑，皆以规元计算，然后再由规元折合他种通用银洋。倘上海废除银两改用银元，则对外收付，均以元计，内地各处为对外贸易及汇兑便利计，亦当一律改用银元矣。第三，1917年8月，上海商界已有贸易改用银元之议，当时县商会副会长苏筠尚君主之最力，曾拟有具体办法，建议于商会，虽未实行，而改革动机已早伏于两年以前，今日因势利导，实行当较为易。"
③ 徐永祚：《废两改元当自上海始》，原载《银行周报》第131号，1919年，徐沧水编《中国今日之货币问题》，第223页。

上海"规元本位中尚有划头银与汇划银二者之别"。"夫所谓划头银者，即外国银行与国家银行及华商银行收解之现银也。无论进出，一律以现银授受。汇划银者，即各钱庄与各钱庄及华商各银行收解之过帐银也。无论进出，凡遇票据上盖有汇划二字者，一律不能取现，均以汇划出之。如以汇划银易为划头银者，遇市面金融紧急时，有加水之名目，每一千两自二三分至五六钱不等。如以划头银易为汇划银者，遇市面金融宽裕时，无人交易。"① 徐寄庼说："一规元本位，而授受之间，区分为二。此等陋习，至今日而不言改革，乌可得乎？"② 交换所成立后，可分为三期办法，废除汇划银。第一期，票据交换所，在会各银行，一律以划头银交换。第二期，在会各银行，对于非在会各银行，均以划头银收付。第三期，在会各银行，对于各钱庄，均以划头银收付。"此分为三期，亦系改革时不得已之办法也。诸君须知废两改元，当知需用银两之阻碍太甚，非铲除之不可。汇划银，尤为行使银两中之一中赘瘤。故鄙人主张废两改元，当先自废汇划到银始。""俟国币统一，进而废除现银，此殆时期问题耳。"③

徐沧水评论道："徐寄庼先生谓废两改元，当先自废汇划银始，此实正本清源之要论。""上海沿用规元银，而银两收解，尚有汇划银与划头银之区别。今日银行业，其所有收支，虽或并用。但汇划银之起源，固始于钱庄。间尝考求汇划银之发生原因，则汇划银必需迟隔一日，方可收现，无非希冀现银之支付，可以犹豫一日。盖吾国钱庄业，其对于准备金，不免膜视。若一旦有大宗款项立即付现，其势殆有所不能，因此遂发生汇划银之名目。即利用此一日之犹豫时间，尚可从容调拨，犹如先得通知，再从事于准备。因此习惯相沿迄于今日，故所谓汇划银者，实不啻具有见票后迟一日付之票据性质也。""因汇划银需隔日收现之关系，若有欲当日收取现银者，

---

① 徐寄庼：《废两改元当先自废汇划银始》，原载《银行周报》第175号，1920年，徐沧水编《中国今日之货币问题》，第227—228页。
② 徐寄庼：《废两改元当先自废汇划银始》，原载《银行周报》第175号，1920年，徐沧水编《中国今日之货币问题》，第228页。
③ 徐寄庼：《废两改元当先自废汇划银始》，原载《银行周报》第175号，1920年，徐沧水编《中国今日之货币问题》，第234—235页。

第二章　民国初年的币制改革思想（1912—1927）

须加申水，此则名曰划头银。在银根宽时，划头极贱。若银根紧时，申水颇大。现钱业公议，每千两至多不得逾七钱，照银拆也。由是可知，钱庄其于款项收解，以隔日付现为原则，而以当日付现为例外。因例外而发生申水，故所谓汇划银者，即因隔日付现之关系，以此而得额外之收益也。"

"如上所说，则汇划银有两种关系。一为准备性质，一为利益目的。钱庄业所以采用汇划银而不嫌其复杂者，正以有利益于事业也。苟从上海金融习惯上以言之，商家因货币不统一之关系，其所受之损害实大。""第一，因吾国用银他国用金之关系，须蒙金银比价之危险。第二，因计算用银两，授受用银元之关系，须负两元比价之危险。第三，因货币流通重在实币之关系，须防银拆腾贵之危险。第四，则收取款项因有汇划银之关系，且须忍受划头加水之亏耗也。"①

同年，唐寿民说："迩年以来，上海方面，银行日渐增设，公会亦早已成立。近闻票据交换所，亦在筹议中。但头绪纷繁，一时恐不易成立。且沪上所设之银行，并未完全加入银行公会。兹事体大，窃恐辗转磋商，多费时日。鄙见不妨先从彼此汇划及对于外国银行汇划，暂行试办。或较票据交换所，易于早观厥成。"②

可见，民国初年，废两改元的呼声日益强烈。上述废两改元方案中，以苏筠尚、徐寄顾提出的上海方案颇为具体可行；梁启超、徐永祚主张从政府税收着手，亦颇有见地。此外，马寅初在1927年以前的币制改革主张主要就是实行自由铸造和废两改元。

1919年4月，币制局呈请实行统一银币办法，以"本位问题，暂且搁置，而为通货的统一。并且通货统一，先由主币着手，待主币统一就绪，可禁外国货币之输入，废除银两的使用"。北京政府批示，"在财政未充裕之前，先整理现行货币"。同年11月，上海新组织之英侨商会联合会亦决议："希望中国政府废止银两的使用，确立统一银元及银铜辅币之制度，在

---

① 徐沧水：《废除汇划银之管见》，原载《银行周报》第175号，1920年，徐沧水编《中国今日之货币问题》，第239—240页。
② 唐寿民：《银行汇划之商榷》，原载《银行周报》第174号，1920年，徐沧水编《中国今日之货币问题》，第235页。

上海设立造币厂，准许银元自由铸造，并整顿其他造币厂，使之划一全国银元之成色。"英国驻华公使约旦将英商呈请废两统一货币之决议，送北京政府，其后总税务司奥格伦等对北京政府提出同样的建议。① 还有上海中交两行也函请钱业公会取消英洋市价，仅开单一之银元市价。上海银行公会又呈请在沪添设造币分厂，以就近鼓铸银元，俾得随时接济市面。无奈1920年以后，政局极其不稳，北京政府元首、内阁及财政主管更迭甚速，各省割据分裂，情况亦趋严重，政令不行，财政困窘，统一币制之说，形同画饼。改革币制之议，除增进国人对于改进货币制度多一分认识外，其全面推动，尚赖全国统一、财政情况改善后方能进行。

八 币制改革政策

（一）南京临时政府认可金汇兑本位制

1912年，南京临时政府成立，临时大总统孙中山于1月29日宣言："此后国家经费，取给于民，必期合于理财学理，而尤在改良社会经济组织，使人民知有生之乐。是曰财政之统一。"同年2月21日，临时大总统电财政总长陈锦涛，"凡民国现行财政事宜"，"可由财政部宣布"。② 随后，财政部计议整顿币制本位，制止各地滥铸银、铜元。1912年3月10日，南京临时政府公布伪造货币罪刑律。③ 据财政总长陈锦涛呈大统文《条陈整顿币制本位计划并检呈币制纲要六条》，南京临时政府比较认可金汇兑本位制，"以其不必蓄多金而能收用金之利故也"。④ 但是，"此时储金有限，猝

---

① 卓遵宏：《中国近代币制改革史（1887—1937）》，第131—132页。
② 《中华民国货币史资料》第1辑，第3页。
③ 《中华民国货币史资料》第1辑，第7页。
④ 《中华民国货币史资料》第1辑，第4页。财政总长陈锦涛所呈币制纲要六条为：第一条，中华民国币制用汇兑本位制；第二条，本位标准之纯金量定为75%格兰姆，约合库平二分零一毫；第三条，单位银币之总重量，定为二十六格兰姆，约合库平六钱九分七厘，其成色定为千分之八百；第四条，新币单位定名曰元，折一元为百分，折一分为十厘；第五条，辅币种类如次：五十分、二十分、十分、五分、一分、五厘、一厘；第六条规定辅币重量物质明细（略）。

办为难","然使漫不更张,又无以新吾民之耳目",故"先行另刊新模,鼓铸纪念币,就以一千万元上刊第一期大总统肖像,流通遐迩,垂为美谈;其余通用新币,花纹式样,亦应一律更改,暂应流通,俟时局大定,储金有着,再当筹酌新币本位,徐谋统一"。① 事实上,南京临时政府并没有实施金汇兑本位制度,只是在维持信用的前提下,发行了各种新币和军用票(因军需孔亟)。但各省发行的地方军用票,则价值日跌,如1912年4月浙江"是项钞票竟与现洋分为两等","竟相去二三十文不等";四川省"迄民国元年正月后,市面上以军票调换现银或钱文遂形困难,且除成都、重庆各埠外,大抵不能通用"。②

(二) 袁世凯政府公布过渡性的银本位制《国币条例》

袁世凯统治时期,"财政部币制委员会于中华民国元年十月八日成立,至同年十二月十七日为止","所议问题,分为两篇,上篇为本位问题,下篇为金汇兑本位主要问题"。③ 此币制委员会在其存在的两个多月内,讨论得出以下结论:"我国改革币制,与其用银本位或金本位,不如用金汇兑本位。至金汇兑本位之主要问题,则以轻值银币代表金单位,似比银行兑换券较易实行。金准备之数目,须足以应付汇兑,并偿还外债及国际清算之负差,方为稳固,而无意外之虞。金银比例,则须伪造与熔化双方兼顾,银价抬高,既不宜太大,亦不宜太小。"④

与第一币制委员会不同,熊希龄内阁⑤主张沿用银本位统一币制。因为"希龄等虽认金本位为合于世界大势,将悬为最后之鹄,然目前不易办到","故暂沿旧习惯,用银本位以谋统一"。"但使所铸银币,不太溢乎人民需要之额,觉将来变进,殊非难事。而其下手则在扩充中国银行,巩固其兑换券之信用,俾得随时吸集现金,至于蓄力之厚,有加无已。""制既划一,

---

① 《中华民国货币史资料》第1辑,第15页。
② 《中华民国货币史资料》第1辑,第27、29页。
③ 《中华民国货币史资料》第1辑,第66页。
④ 《中华民国货币史资料》第1辑,第71页。
⑤ 熊希龄于1913年7月31日起任国务总理。

汇兑周便，兑换券之流通，自日加广，得以有价证券，充保证准备而已足。此种保证准备之最良者，莫如公债。故国家发行公债，银行必乐于承受，而所承受之公债，国家即得资以为建设庶政之用。故直接整理金融，间接即所以补助财政也。"① 1914 年 1 月 17 日下午，熊希龄在国务院财政讨论会第一次会议上说："中国交通不便，以银为本位，虽与世界大势不合，然恶本位犹胜于无本位。国务会议亟谋币制之统一，一俟将来商业发达，再行改为金本位，为第二步之办法。政府意见，欲以最短之时间谋币制之统一。价值之多寡，定一元为单位；分量之轻重，定为六钱四分八厘。所以如此者，因今日市面通行之旧币，大约有二万万余元。现改革伊始，宜设法利用，以为暂行之媒介。政府注意之处，亦在于此。"② 1914 年 2 月 8 日，袁政府公布过渡性的银本位制的《国币条例》和《国币条例施行细则》。

1.《国币条例》《国币条例施行细则》及各方面的评议

（1）《国币条例》的内容。

"币制委员会讨论币制问题，主张不一。民国三年（1914），国务会议卒采先用银本位之议，于二月八日颁布国币条例及施行细则。"③

1914 年 2 月 8 日公布的教令第十九号《国币条例》具体内容如下：

第一条，国币之铸发权，专属政府。

第二条，以库平纯银六钱四分八厘（即二十三格兰姆又九七七九五零四八）为价格之单位，定名曰圆。

第三条，国币种类如下：银币四种，一圆、半圆、二角、一角；镍币一种，五分；铜币五种，二分、一分、五厘、二厘、一厘。第四条，国币计算均以十进，每圆十分之一称为角，百分之一称为分，千分之一称为厘。公私兑换，均照此率。

---

① 《东方杂志》第 10 卷第 6 号，1913 年 12 月 1 日，转引自《中华民国货币史资料》第 1 辑，第 85—86 页。
② 《中华民国货币史资料》第 1 辑，第 86 页。
③ 青松：《中国币制概略》，原载《银行周报》第 65、66 号，第 34、35 期，1918 年 9 月，徐沧水编《中国今日之货币问题》，第 43 页。

第二章 民国初年的币制改革思想（1912—1927）

第四条，国币计算均以十进，每圆十分之一称为角，百分之一称为分，千分之一称为厘。公私兑换，均照此率。

第五条，国币重量成色如下：一圆银币，总重七钱二分，银九铜一；五角银币，总重三钱六分，银七铜二；二角银币，总重一钱四分四厘，银七铜三；一角银币，总重七分二厘，银七铜三；五分镍币，总重七分，镍二五，铜七五；二分铜币，总重二钱八分，铜九五，锡百分之四，铅百分之一；一分铜币，总重一钱八分，成色同前；五厘铜币，总重九分，成色同前；二厘铜币，总重四分五厘，成色同前；一钱铜币，总重二分五厘，成色同前。

第六条，一圆银币用数无限制。五角银币，每次授受以合二十圆以内；二角一角银币，每次授受以合五圆以内；镍币铜币，每次授受以合一圆以内为限。但租税之政受，国家银行之兑换，不使用此种之限制。

第七条，国币之型式，以教令颁定之。

第八条，各种银币，无论何枚，其重量无法定重量相比之公差，不得逾千分之三。各种银币，每一千枚合计之重量，无法定重量相比之公差，不得逾万分之三。

第九条，各种银币，无论何枚，其成色无法定重量相比之公差，不得逾千分之三。

第十条，一圆银币，如因行用磨损，致无法定重量减少百分之一者，五角以下银镍铜币，因行用磨损减少百分之五者，得照数向政府兑换新币。

第十一条，凡损毁之币，如查系故意损毁者，不得强人收受。

第十二条，以生银托政府代铸一圆银币者，政府须应允之，但每枚收铸费库平六厘。

第十三条，本条例施行之期日，以教令定之。[①]

[①] 《国币条例》，《币制汇编》第1编第1册《货币法规》，第1—5页。

(2)《国币条例施行细则》的内容。

1914年2月8日公布的《国币条例施行细则》具体内容如下：

第一条，凡公款出入必须用国币，但本细则有特别规定者，依其规定。

第二条，旧有各官局所铸发之一圆银币，政府以国币兑换改铸之，但于一定期限内认为与国币一圆有同一之价格。其期限以教令定之。

第三条，市面通用之旧银角、旧铜圆、旧制钱，政府以国币收回改铸之。但于一定期限内，仍准各照市价行用。前项旧币，用以完纳公款时，每月内各地方公署悬示市价收受之，其市价，以前一月该地方平均中价为标准。其期限以教令定之。

第四条，凡以生银完纳公款，或托政府铸国币者，以库平纯银六钱五分四厘折合一圆，其他种平色之生银，折合价格，别依附表所定。

第五条，凡公款出入，向例用银两计算者，一律照各该处银两原收原支平色数目，依第四条所规定，改换计算数目之名种，但向例用铜圆、制钱或他项钱文者，及用银两折合他项钱文者，又由钱文折合银圆者，由各地方公署按照收支实数，呈报国税厅核准折合改换计算之名称。

第六条，各项赋税税率，依照第四第五条所规定，将实征数目，以厘为断，厘以下用四舍五入法，别为定率布告之。

第七条，凡民间债项，以银两计者，依附表所规定，折合国币，改换计算之名称，其以旧银角、旧铜圆、旧制钱或其他钱文计者，依第五条所规定折合国币，改换计算之名称。凡未依本条于券契上改明计数之名称者，嗣后如有争讼，即照本条例公布之市价，作为标准判断之。

第八条，凡在中国境内，以国币授受者，无论何种款项，概不得拒绝。

第九条，凡违犯《国币条例》第四条及本细则第八条者，准有关系人告发，经审实后，处以十圆以上千圆以下之罚款。官吏及经管官

第二章 民国初年的币制改革思想（1912—1927）

营事业人有犯前项事情时，经同一程序后，处以五十圆以上三千圆以下之罚款。

第十条，本细则施行之地域及期日，以教令定之。

第十一条，本细则如有应增改之处，另以教令公布之。①

(3)《国币条例及施行细则理由书》的内容。

第一，用银本位之理由（《国币条例》第二条）。

"言币制者，自当以选定本位为第一义。本位可供选择者有四，一曰金银复本位，二曰金本位，三曰金汇兑本位，四曰银本位。复本位之不适用，欧美各国屡试屡挫，鉴彼前车，毋庸置议。金本位之美善，众所共知。然中国现蓄之金，实不足供全国币材之用。购诸外国，劳费太巨。国中现有之银，骤难处置，或致酿金融界非常之变扰。且我国人性好贮藏，所铸金币，得之者常扃诸箧笥。市面媒介，动生窒障。以此诸原因，故明知金本位之良，而未敢遽采也。金汇兑制，在蓄金不富之国，为调平对外汇价计，诚为妙用。然行之而著效者，皆属殖民地，恃母国以为之卵翼。我国情势迥异，讵易效颦。即曰借一大宗外债，存放外国市场，以致平准，然偏毗于甲国，即对于乙丙等国失其权衡，利未形而弊且先睹。故法虽善而行之维艰也。以上三种既皆不适用，所余者唯银本位制而已。以今日世界大势论银本位固非可持久无弊，虽然，恶本位犹胜于无本位。今日中国所大患者，无本位也。与其梦想最良之本位，而力未能逮，徒致迁延，何如因势利导，采一较易行之本位以整齐之，而为之过渡。此政府所以暂行银本位之微意也。"②

据《国币条例及施行细则理由书》所陈用银本位之理由，实在是形势所迫，不得以而为之。金银复本位的确已不合时宜，但金本位制并非完美无缺，因为黄金是稀有贵金属，无法满足日益增长的货币需求。民初中国

---

① 《国币条例施行细则》（1914年2月8日公布），《币制汇编》第1编第1册《货币法规》，第6—8页。
② 《国币条例及施行细则理由书》（1914年2月），《币制汇编》第1编第1册《货币法规》，第9—10页。

的黄金储备"实不足供全国币材之用"。但是，把国人爱好贮藏黄金作为造成货币流通不足的原因之一，实在不妥。事实上，金本位制最大的优势就在于其蓄水池功能，即当流通中货币不足时，贮藏的黄金会自动地进入流通，反之，当流通中的货币超过商品流通所需要的货币量时，货币持有者就会把黄金储藏起来。至于说实行金汇兑本位制，会因"偏毗于甲国"而得罪"乙丙等国"，表面上看北京政府是在合理考量外交格局，实际上其卖国求荣的奴颜媚骨已暴露无遗。

第二，用六钱四分八厘为价格单位之理由（《国币条例》第二条、第三条）。

"近来国中谈币制者，单位重量问题之辩争，视本位问题为尤烈。今政府主张用六钱四分八厘，即二十三格林姆又九七七九五零四八，即每枚总重量七钱二分，所含九成纯银之量也。所以如此主张者，并非谓衡以学理，非此不可，不过认为事实上最便利而已。第一，现在国中用枚数计算货币之习惯，沿江沿海一带已渐养成，而所用每枚之重量，实以七钱二分为标准。其指驭物价之力，日见普及，骤易他量，徒乱观听，致金融扰乱之范围太大。第二，历年官局所铸银元，皆用此项重量。其现存于市面者，据财政部最近之调查，已逾二万万元之多。改制伊始，最宜设法利用之，以充暂行媒介品，以供兑换准备，使新币未铸备时，稍得周转。以此二理由，故认六钱四分八厘为最适当也。"①

"然时流中反对此义者，尚不少。甲说，谓腹地各省及乡僻，皆用制钱银两，不用银元，今改币制时，当注意于多数之习惯，不能专以各商埠为标准，故宜仍以两为单位。乙说，谓若用七钱二分，而强铜元制钱，使比例十进，则物价太昂，与人民生活程度不相应。此二说，皆若持之有故，言之成理。今以政府所见，则甲说实无辩论之价值，盖各地所谓银两者，其平色本无一定，甲地之习惯，不足以概乙地之习惯，标其一以驭其他，无论用何种重量，而详细之比价折合，终不能省（例如用库平一两为单位，一枚之重量谓可以沿用两之习惯而省纷扰也。然试问全国各地中用库平足

---

① 《中华民国货币史资料》第1辑，第90—91页。

第二章 民国初年的币制改革思想（1912—1927）

色之地有几？一两之单位虽定，仍不能不将每枚合松江银若干，合规元若干，合海关两若干等，详细折合列表，此自然之数也）。则一两与七钱二分，其推行时折算之劳烦，正相等耳。乙说以经济之眼光，从货币与物价之关系立论。谓单位重量太大，人民生活所需随之而侈，故议改为五钱或五钱五分以剂之。此论差为近理。虽然，人民生活费之侈俭，宜以最低级辅币为衡。使辅币而有千分之一或千分之二之一级（即与旧制钱相等者），虽用七钱二分，何尝不可以奖俭？使辅币仅至百分一之一级而止（即以铜元为最低级），虽用五钱五分，犹嫌侈也。然则调剂金融之作用，不尽在单位之大小明矣。故政府之意，将铜辅币多分等级。一分之下，当有五厘、二厘、一厘之三级。而五厘、二厘者，尤赶紧多铸，庶与旧用制钱之习惯不悖，而民间日用零碎之媒介品亦可无缺矣。或疑据本条例第四条之规定，各币计算，例以十进，而现在市面铜元价格下落十之三，币制既颁，即当抬高，使为十进，物价随而剧长，小民损失极巨，此诚不可不虑。政府有见于此，故处分旧辅币之法，以渐而不以骤也，其理由别于第六节详说之。"①

《国币条例及施行细则理由书》指出，各地沿用银两所带来的货币兑换"折算之劳烦"与推行七钱二分银元需兑换各地银两的"折算之劳烦""正相等耳"。事实上，银两形制笨重，种类名称过于复杂，太难辨认，成色高下不齐，折算困难，定质定价定量尤难，而银元比银两方便计量、使用，用银元取代银两无疑是一大进步。至于说本位货币重量太大，"与人民生活程度不相应"，甚至会导致"人民生活所需随之而侈"，则可通过合理设置辅币等级加以解决。

第三，各辅币重量成色减轻之理由（《国币条例》第五条）。

"前清所拟币制草案，五角辅币之重量，当一元主币之半；一角者，当其十分之一。此犹为秤量之观念所束缚，谓必如此乃足以表其比价也。殊不知货币之性质，惟主币为实价，而辅币皆名价。无论何国，其辅币所含之成色重量，断不容与主币同等。成色既异，而重量必比而齐之，斯亦大

---

① 《国币条例及施行细则理由书》（1914年2月），《币制汇编》第1编第1册《货币法规》，第10—12页。

惑已耳。今政府所以定五角银币之总重量，为三钱二分四厘，其成色银七铜三者。盖今日虽暂行银本位，其实不过为过渡时代万不得已之办法，将来终须归宿于金本位。而货币改造一次，劳费不赀，故今日改革伊始，当预备将改金本位时，现铸之辅币，仍可沿用。若银辅币之名价，与其实价，相距太近，则银价略涨，而辅币必被销毁，自然之势也。今拟使银辅币名价，为对于实价十分之七。故五角辅币，所含纯银，为二钱二分六厘八毫，再附益以三成之铜，故其总重量，为三钱二分四厘也。其二钱一角之辅币，皆准此推算。凡以省将来改铸辅币之劳而已，或疑人民习用秤量，睹此将滋疑虑，不知币制能否推行，纯以其法价能否维持确定为断。法价信用既立，则虽以原料仅值数钱之纸币，犹能代表百元十元之名价，而民尚用之，况辅币之含有实值者哉？夫辅币之行使，既有限制（参观第六条），且随时与主币兑换无阂，民何疑虑之有？或又疑辅币减轻平色，政府将借以牟利。不知前清烂铸辅币之流弊，现政府正疾首痛心。今方不惜糜巨款，以收回之，岂肯复蹈覆辙？将来所铸辅币之数，必斟酌情形，务使供求恰足相济，此政府所当以自矢也。"①

《国币条例及施行细则理由书》指出，辅币是本位币单位以下的小额货币，其实际价值低于名义价值，为不足值货币，其重量成色减轻，既符合辅助货币原理，又能满足将来改行金本位时之辅币要求，至于说"其法价能否维持确定"，则要求政府高度重视"法价信用"，切忌"烂铸辅币"，"务使供求恰足相济"。

第四，主币准自由铸造且收铸费六厘之理由（《国币条例》第十二条）。

"凡主币必须许自由铸造，稍治货币学者，皆能明其故，无俟喋述。然各国成例，有收回极轻微之铸费者，有并此而不收者，今本案拟收六厘，其理由有三。第一，现在市面通行之各种银元，其市价实在所含纯银之上。据天津造币厂报告而论，今年平均每元市价，约合行化银六钱九分二厘左右。今本位既定为库平纯银六钱四分八厘，约合行化银六钱八分四厘，与

---

① 《国币条例及施行细则理由书》（1914年2月），《币制汇编》第1编第1册《货币法规》，第12—14页。

第二章 民国初年的币制改革思想（1912—1927）

市值相差约八厘。今既欲暂认旧银元与国币有一同之效力，非设法平其市价不可。加铸费六厘，则距离只差甚微，自易为力。第二，查天津造币厂，现在八八五以至八九成色之北洋银元，每元铸币费本约加增一分上下，若改币制后按九成更加精铸，则铸造成本需合行化银六钱九分零，今若不加铸费或取值太微，则铸造之工赔累无极。今试以全不收费计之，则每日铸币五十万元，国家应赔累四千两左右，每月应赔累十二万左右。收旧银元以改铸，则每月赔累当在四十万两左右，所费益不赀矣。造币为国家一种义务，原不容计较劳费，然当兹竭蹶之际，苟能省一分赔累，即间接轻人民一分负担，于义固不为悖也。第三，各国铸金主币，其收铸费最多者，不过千分之二三。揆以本条例所收，相去太悬绝。不知金之价值视银三四十倍，故铸金币之铸费可少，而铸银主币之铸费不得不多，且银币而收铸费太薄，则人民贪其成色之纯，喜熔化以作他用。随铸随毁，稽禁何从？且吾国用生银习惯，不能立即禁绝，此弊尤大。前此所铸大清银币成色较高，今渐匿迹市场，皆坐此故，宜防于豫，其理甚明。此在欧洲旧用银国稍有造币经验者，皆能言其故矣。以此三理由，故政府几经审度，而认铸费六厘为最适，约当千分之九，较前清币制则例千分之十三，已减去千分之四矣。"①

《国币条例及施行细则理由书》指出，铸造主币的费用定为六厘是合适的。一是因为市面通行的各种旧银元的市价比其实际含银价值高八厘左右，加铸费六厘可缩小差价，有利于"平其市价"。二是因为铸造主币成本"需合行化银六钱九分零"，如果不加铸费或"取值太微"，则国家"铸造之工赔累无极"。三是因为收取主币铸费有利于防止"随铸随毁"，且六厘费用并不算太高。

第五，从前官局所铸一元银币暂准作国币之理由（《国币条例施行细则》第二条）。

"施行细则第二条云：旧有官局所铸发之一元银币，政府以国币兑换改

---

① 《国币条例及施行细则理由书》（1914年2月），《币制汇编》第1编第1册《货币法规》，第14—16页。

铸之，但于一定期限内认为与一元国币有同一之价格。其所以如此规定者，盖于币制颁定后，一面赶铸新币，一面仍借旧币以资流通，然后陆续抽换改铸也。"①

其理由有四。其一，"币制颁定后，必须有货币可供授受，然后其制乃能推行。此至浅之理也。中国果须有银元若干，始足充用乎？今虽未能明言，然以国中现有旧银元计之，各省前此官局所铸，约合二万万元以上。其各种外国银元尚不在内。然各该种银元市价，尚在所含纯银分量之上，则银元之供不逮求，已有明证。夫现在以大银元充交易媒介者不过数省耳，然有二万万元以上，犹苦供给不足，则全国需要之巨，更可推知约略算之。若求全国充用，至少总须有一元银币四万万元内外，即初办时，先求各大城镇商埠兑换流通，亦非有二万万元以上不可。以现在全国造币厂之力计之，若铸造稍求精美，每日仅能出五十万元左右。况新制祖模，建造厂基，添置机器，尚须时日，计欲铸成新币一万万元，为期当在二年左右。安得尔许余日，以待从容布置？今将官局所铸旧币认为国币，则币制一颁定，国中立即有二万万元之法币，以资流通。一面使现有造币厂分科程功，某厂专铸主币，某厂专铸某种辅币。一二年内，主辅两币，当可铸成一万万元以外。则开办之始，市面不至以乏币为病，而推行可望迅速矣"。

《国币条例及施行细则理由书》指出，"从前官局所铸一元银币暂准作国币"的第一个理由是，依据《国币条例》铸造新币，以"现在全国造币厂之力计"，"欲铸成新币一万万元"，尚需两年左右，而一元银币的实际需求量为四亿元左右，其间"必须有货币可供授受，然后其制乃能推行"。

其二，"无论何国改革币制，必须借国家银行兑换券之力。然欲兑换券之通行，必须使持券者立刻有可兑之币，而无须申水补水之烦难，庶几民便信之，而推行之捷，乃可期也。若币制既颁，而市面尚无此币，则国家银行即欲发券，将以何者为兑换之资？惟沿用旧币之重量，而即暂认旧币为国币，则所发之券随时得用以吸收现币。而所吸得之现币，一面固陆续抽换改铸，一面仍可暂充兑换准备。其于推行之迅速，盖事半功倍矣"。

---

① 《中华民国货币史资料》第1辑，第94页。

《国币条例及施行细则理由书》指出,"从前官局所铸一元银币暂准作国币"的第二个理由是,银元本位制度改革"必须借国家银行兑换券之力"。国家银行发行兑换券,一方面可以吸收现币,陆续抽换改铸;另一方面仍可用旧银元暂充兑换准备。这样方可迅速推行《国币条例》。

其三,"今用银本位,不过目前不得已之计,要当处处注意,为将来改金本位之预备。苟银之流入国中者太多,他日必穷于处置,此最当戒备也。若改革币制而绝对的不利用旧币,则新币全额皆须力求生银别为鼓铸,生银之自境外流入者必骤增,将来若改用金,益且以银多为患,而银价之缘此骤涨骤落,扰乱世界金融,又无论矣。此亦政府不能不暂认旧币之一原因也"。

《国币条例及施行细则理由书》指出,"从前官局所铸一元银币暂准作国币"的第三个理由是,"今用银本位"只是权宜之计,要为将来改行金本位做准备,即应利用旧币以免将来"银多为患"。事实上,在金银货币时代,银价骤涨骤落造成的货币危机一直是中国近代最突出的金融问题。这一问题的根治之法是彻底放弃金属货币,建立现代信用货币制度,而绝不是"暂认旧币"就可以解决的。

其四,"若别铸一元新币,与一元旧币异其重量,而不认一元旧币为国币,当初办时铸成之一元新币甚少,其力不足以支配全市面,则一元旧币当然通行,其市价高下靡定,且与一元新币亦生比价,是一元新币非惟不能整齐币制,且以增币制之紊乱也。若欲用此法而免流弊,计惟有将所铸一元新币贮藏之而不发出,俟数年之后,约算所铸之数已足支配市场,然后一举而发出之。试问如此岂成办法?国家筹备此项铸本所损耗若干,而其所酿金融界之扰乱又将何若?此不待智者而知其非计矣。以此四大理由,故暂认旧日官局所铸大银元为国币,实属正当不易之法。而一元单位,不宜轻改旧规,其理亦从可识矣"。①

《国币条例及施行细则理由书》指出,"从前官局所铸一元银币暂准作国币"的第四个理由是,如果不暂准一元旧币作国币,则一元新币无法满

---

① 《中华民国货币史资料》第1辑,第94—96页。

足市面需求，必然导致旧银币依市价通行于市，加重币制的紊乱程度。

"反对此议者，每曰认旧铸银元为七钱二分与新铸之币同一价格，将来收回改铸时，国家必受巨损。不知改铸新币，换回旧币，无论何国，国家未有不受损失者。查旧铸银元，有纯银九成者，有自八八五以上至八九零者不等，各省银元平均预计，将来照六钱四分八厘成色改铸，每元成色上必有一分左右之损耗。若以二万万元计之，共约损失二百五十万两内外。然缘此之故，币制立得统一。铸本无须巨数，国家银行券立得通行，则所得已足偿所失而有余矣。夫当改革币制时，欲使市面秩序不乱，舍国家忍受些少损耗外，固无他术也。"①

《国币条例及施行细则理由书》指出，至于说暂准旧铸一元银币作国币，"将来收回改铸时，国家必受巨损"，这是不可避免的。而币制统一，银行券通行，"铸本无须巨数"，"则所得已足偿所失而有余矣"。

第六，旧辅币暂以市价通用之理由（《国币条例施行细则》第三条）。

《国币条例施行细则》"第三条规定，各种旧铸银铜辅币，于一定期限内各照市价行用。夫旧有之主币辅币，同为官局所铸，乃彼则认为国币，而赋予以法价，此则令照市价通用，办法两歧，或以为怪。不知主币为价格之尺度，尺度非立刻统一，无以御凡百之物价。尺度既定，百价皆可依之以为标准。则旧有辅币之价，虽暂认为凡百物价之一种，而于标准之基础，固不至摇动。故划一主币，与整理旧辅币，不妨分期成功也。且政府所以必主张分期办理者，非畏难而苟安也，为维持金融市面之秩序计，有不得不然者。试以铜元一项论之，其现在对于大银一元之市价，约值百三十枚内外。若欲整理之，非使立改为十进不可。然此非纯以法律之力所能强制，稍有识者皆知之审矣。就令国家忍受苦痛，将市面过剩之铜元，克日收回镕毁，使其供求相济，勉就十进之系统。然以市面通行最广之铜元，骤变其价值十之三，试思金融扰乱之程度果何若？而其影响于小民生计又何若者？故政府之意，将各种辅币别铸一套，其重量、成色、型式，皆使

---

① 《国币条例及施行细则理由书》（1914年2月），《币制汇编》第1编第1册《货币法规》，第16—19页。

第二章 民国初年的币制改革思想（1912—1927）

与旧币殊别，新辅币之对于主币，用严格的十进法为法价，而旧辅币则以侪诸百物之列，不必其与新币制系统相蒙也。然又非永放任焉而不思整理也。一面用市价收回，一面陆续改铸，俟收回渐多，其市价至与新辅币略有同一之价格时，政府明定期限全数收回之，则其影响于物价者不甚骤，而民亦相安无事矣"。①

《国币条例及施行细则理由书》指出，划一主币与整理旧辅币不妨分期实施，新辅币法价则采用严格的十进法确定，而旧辅币"暂以市价通用"，这样既不影响小民生计，又可用市价收回旧辅币改铸，"俟收回渐多，其市价至与新辅币略有同一之价格时，政府明定期限全数收回之"。

第七，施行地域分次第之理由（《国币条例施行细则》第十一条）。

"币制既颁，本宜全国同时实行，今施行细则第十一条，称其施行之地域及期日以教令定之者，其理由有三。第一，我国幅员辽阔，各地习惯不同，而其金融待拯缓急之情形亦别。大率通商口岸最感币制不一之苦，交通愈不便之地，其所感觉愈微。称情以施，合分先后。第二，货币铸造、兑换券之推求，虽兼程以进，亦不能使全国供求遽足相抵。悬而久待，窒碍滋多。故不如节节推行，易于支应。第三，各地滥钞，为币制之梗，收回整理，当行以渐。其中不无数区，应用特别办法，施行稍分次第，伸缩乃可裕如。察此三端，则本条规定之意可见矣。要之，先将通商口岸实力施行，使汇兑无阻，脉络通灵，然后以次推行于腹地，期以二年，遍及全国，则改革币制之大业，其庶几矣。"②

《国币条例及施行细则理由书》指出，《国币条例》施行地域分次第之理由有三，一是我国各地金融"待拯缓急之情形"有别；二是新币铸造与兑换券之推行尚不能在短期内满足全国需求；三是收回各地滥钞，整理币制，"当行以渐"。所以，先在通商口岸施行，然后依次推行于腹地，"期以二年，遍及全国"，则改革币制可以完成。事实上却事与愿违。

---

① 《国币条例及施行细则理由书》（1914年2月），《币制汇编》第1编第1册《货币法规》，第19—21页。
② 《国币条例及施行细则理由书》（1914年2月），《币制汇编》第1编第1册《货币法规》，第21—22页。

(4) 各方对《国币条例》和《国币条例施行细则》的评议。

1914年3月,特设币制局,期以实行币制之改革,年终局废。次年1月,财政部再设币制委员会,研究币制问题,逾年复撤。至于1914年颁布之《国币条例》,亦未积极实行。"惟新式之一元银币(成色以九成不便改为八九)及银铜辅币,先后铸发","颇能划一重量成色,维持十进,为前此所未有也"。①

①吴鼎昌陈述整理主币步履维艰。

1914年4月15日,造币总厂监督吴鼎昌就施行新币制整理主币应行准备的事项呈文财政部,指出"金融上最重要及币制全副精神贯注之点,尤在施行细则第二条",即"旧有各官局所铸发之一圆银币,政府以国币兑换改铸之,但于一定期限内认为与国币有同一之价格"。吴鼎昌说:"要之,此次规定币制注重之点,即首在主币,次及辅币。整理主币注重之点,即在利用二万万之旧银元,以节省劳费,缩短时间。故新主币之重量,不惜迁就旧银元之重量,以便实行其主张。"他认为:"此条若不发生效力,则此次规定币制之全副精神皆失。故欲发生效力,苟非及时着手准备,则施行之期因而迟滞,或竟以破坏矣。准备之目的有二:(一)维持旧银元之市价,使币制施行时,与库平纯银六钱五分四厘不相上下;(二)破除旧银元流通之区域,使币制施行时,各种银元各省一律通用,无市价之高下。"②

中国银行总裁汤叡、造币总厂监督吴鼎昌等对于《国币条例》及造币厂官制章程均极为慎重。他们认为,"当预定新币制,应分三期办理。第一期为统一主币时期,第二期为统一辅币时期,第三期为改革金本位时期。第一期中又分两步。第一步,统一南北洋及各省杂色银元之市价。第二步,发行新主币,改铸旧银元,及销毁各外国在中国通行之银元。第二期亦分两步办理。第一步发行新辅币,使与旧辅币并行。第二步,收回旧辅币,使旧辅币市价与新辅币相等,然后定期交换,全数改铸"。"第三期亦分为

---

① 青松:《中国币制概略》,原载《银行周报》第65、66号,1918年,徐沧水编《中国今日之货币问题》,第48页。
② 《中华民国货币史资料》第1辑,第98页。

两步办理。第一步，规定金主币之重量，使一元银主币为金主币之代表，在通商口岸，设立交换金币及国外汇兑金货之机关。第二步，发行金主币钞票及金币，收回一元银主币，使中圆以下之银铜辅币，完全为金主币之辅币。至是则币制改革，可告全功。"

吴鼎昌主张，其办理情形如下："第一期第一步，在统一各省旧银元之市价。民国三年二月八日国币条例公布后，即着手进行。吴鼎昌亲赴湖北江南各省，与商会及中交两银行接洽。始定以北洋通用银元为标准，即请大部通咨各省实行，将京津沪汉南北洋及杂色银元之市价，先后取消。银元之市价，始归统一。南洋可以通用于北方。北洋可以通用于南方。各省杂洋亦然。此种计划，至民国三年底方完全告成。""第一期第二步之办法（铸发一元新主币，收回旧银元及各外国在中国通行之银元）于民国三年（1914）底，即由吴鼎昌开始铸发新主币。截至五年（1916）十二月底止，计总、分各厂铸发新主币约一万六千零二十万零五千五百余元。总、分各厂收回改铸旧银元约二千万元。凡国家银行，以生银来厂铸造，均照前奉大部改定八九成色，按库平纯银六钱四分零八毫，遵依条例，加收铸费六厘，即合行化银六钱八分三厘五毫。厂价不为高下，需要供给，自然适平。二三年来，生银市价与银元法价无大差异。虽经变乱，致生差异，不及旬月，市价立近法价。厘定币制之功效，已可概见。北方市面，各外国通行之银元，并经逐渐收毁。前项外元，现时北方已不多见。间有一二，人民亦等量齐观，市价不别生差异。唯南方各省，鹰洋及外国各种杂洋，尚有充斥之区域。"①

②梁启超对于《国币条例》的意见。

梁启超说："国币条例暨施行细则，此两种法令，与其谓之为谋改革币制，毋宁谓之为谋整理币制，盖纯属过渡时代之精神也。"他认为，《国币条例》及其施行细则具有九大特色。

"其一，条例第二条，以库平纯银六钱四分八厘，为价格之单位；不以

---

① 《造币总厂监督吴鼎昌呈财政部历陈新币制推形经过情形并分筹统一进行办法文》（1917年8月），《币制汇编》第2册第3编《铸造新币时期币制案》，第89—91页。

每元之总重量算，而以每元所含之纯重量算，以定价格之标准，而正货币之观念也。将来权度法公布后，库平与格林姆有一定之比例，则我一元，当伦敦银市若干盎士，可以直接折合，毋须假手于规元矣。"

"其二，条例第三条，所列国币种类，其铜币有五厘、二厘、一厘之三种，盖缘现在通行铜元省分，最小之交易媒介物为一铜元，零碎买卖，滋为不便。将来新币施行，此现象若遍及全国，恐强迫人民生活程度，日趋于高，奢侈之风日长，小民不胜其敝，故设此三种以为调节也。"

"其三，条例第五条，规定五角、二角、一角之三种银币，其成色皆为银七铜三，与一圆银币九一之成色相差颇远。盖辅币之法价，高于实价，本为普通原则。此不用八二成色而用三七者，预备将来行金汇兑本位时，将一圆银币废去，而扩充五角银币之行使限制。其时所定金银比价，大约应为一与三十二之比。七三成色，则虽银价涨时，此项通用币，尚能保护，不至流失。若行完全金本位制，则保护辅币，亦同此理也。"

"其四，条例第六条，五角银币与二角、一角银币之行使限制有区别者，欲以养成用五角币之习惯，使将来改本位时，易弘其用。当时亦有人提议扩其限制为五十圆，所以不采者，毋使防一圆兑换券之流通也。"

"其五，条例第十二条，采自由铸造主义，盖既暂用银为本位，本位币之性质，宜如是也。然若不取铸费，则非惟国家造币损耗太巨。现在市面各种通用银元，其价格犹在所含纯银之上。国币以纯银算，不能平彼之价。欲收回旧银元改铸，窒碍滋多。故薄收铸费，实不容已。所以定为六厘者，六钱四分八厘之纯银，加以六厘铸费，共为六钱五分四厘，约合天津行化银六钱九分强，合上海规元银七钱一分强，与现在通用银元市价最相近，得因之为整理之资也。"

"其六，施行细则第一条，规定公款出入，必须用国币，盖政府为国内生计主体之最大者。有此强制规定，则国币势力自优越，可以压倒其他旧习沿行之媒介品也。"

"其七，细则第二条，规定旧铸一圆银币，得于一定期限内，认为与国币一圆有同一之价格。此条实为此次计画之最要点，亦与大清币制则例最异之点也。"

第二章　民国初年的币制改革思想（1912—1927）

"盖欲施行新币，非有相当之新币，在市场以资流通，则从何着手。""所谓相当者，其数若何？今虽骤难确指，即以全国人口半数推拟之（即每人需用货币半元也），亦须二万万元，乃能敷用。若待铸足二万万元，然后推行耶？则（第一）从何处得此巨款以充铸本。（第二）现计合全国各造币厂之机器能力，若精制国币，每日仅能成四十万元（实则并不能及此，盖机器已多窳败也）。欲铸成二万万，最少当期诸两年以后。（第三）就令得此铸本，而将尔许现银死藏之。经两年之久，则生计之蹙迫，当何若者？及其铸成而发出也，市面骤增现银至二万万之巨，则生计界之扰乱，又当何若者？故待铸足相当之数，乃始发行，天下断无此办法。反是则随铸随发耶？现在各地市面上之交易媒介物，樊然杂陈。生银也，龙洋也，鹰洋也，小洋也，铜元也，制钱也，其平色种类，不可纪极，莫能相统。每日铸出区区四十万元之新币，散在市上，则狂澜中之一沤而已，安有力以争胜于彼等。彼等既各自为市价，新币既出，则于无数种类之市价中，复添一种焉，徒益其扰。则何为者？若曰任彼与旧币，各自为市价，但使所铸日多，久之而其势自大，则可以全夺旧币之席（前清币制则例立法之意，殆即采用此法），此亦或然。然此恐非期成于十年后不可，试问今日时局，安能从容待收获于十年后者？况乎用此种纯任自然之办法，其吸收旧银元之力极薄弱，中间恒不免自腾贬其价，以求操纵市面。而不知不觉之间，遂反为市面所操纵。虽期以十年，而目的能达与否，吾犹不敢言耳。或曰，国币不限于硬币也，兑换券可以代之。虽相当之硬币，未能铸成，庸何伤者？应之曰，斯固然也。吾前假定相当之数为二万万，亦正恃有兑换券以代用耳。不然，安有平均一人仅有半元之主币而能敷用者。虽然，当知兑换券之作用，纯属代表作用而已。欲兑换券信用确立，其第一义，须使彼与其所代表者，专属一种币，而其价格常固定。非是则欲兑换券之推行，不可得也。今问我国现在之兑换券所代表者为何物？代表龙洋耶？不然。代表鹰洋耶？不然。代表生银耶，银角耶，铜元耶？更不然。盖各种皆可以借以作代表，实则无一种焉能代表。质言之，则代表各该市场之通用银元而已。通用银元市市不同，故同一银行所发之兑换券，其所代表之物，亦市市不同。诸君不见中国、交通等行兑换券，其券之两旁，皆印有北京、

民国时期的币制改革思想

上海、天津等字样乎？盖京券不能行于津，津券不能行于沪也。问其曷为必如此？彼在天津则代表津之通用银元，在沪则代表沪之通用银元。而津沪银元价格悬绝，彼欲不如此，安可得也？以市市不相通之兑换券，而欲其广发，安能致者？又问兑换券所代表者，为何种价格乎？易而言之，则吾今持一圆兑换券一枚，吾所持者究为银几钱几分耶，是又不能对。（在他国则可立对矣。例如持日本一圆券一枚，可答曰，此金二分也。持美国一打拉券一枚，可答曰，金一格兰姆六六零也。此无论何时，皆不变者。）夫不惟京津沪等所代表各各不同耳。即以一地论，且时时刻刻不同。例如在沪持券一枚，今日代表规元七钱一分者，明日或代表七钱三分，再明日或代表六钱九分。诸君不见各银行之定期存款，多有不肯存银元，而改存银两者乎。岂不以银元对银两之价常变，而银两对银两之价常不变也。以日日价格无定之兑换券，而欲其广发，又安能致者？然则欲使兑换券广发，其道何由？第一，当使所代表者，专属一物，而无市市之参差。第二，当使所代表者价格固定，而无日日之变异。（此言夫对内耳。若对用金之外国，则银价固日日变动矣，故欲求圆满之币制，非进至用金本位不可也。）然则若何而始能致此？曰是甚简单，即兑换券专代表国币不代表他物。而国币全国同一其价格，常为库平纯银六钱五分四厘也（并铸费计）。夫既曰代表国币，则有持券来兑者，必须立能出国币以予之。欲发券一万，最少亦须预备现币三千。此不易之理也。今欲借兑换券，以推行国币，试计须发券若干，始能推行有力者。此必非区区三二千万所能为力明矣。而欲铸成三二千万之国币，以供彼券之兑换，所费时日既不少。而当此新币在市场未有势力之时，彼兑换券与其代表新币，毋宁代表各该地之通用银元，反较为易发。如此，则虽欲利用兑换券，以推行币制，果何术能利用者？故今日改革币制之第一着，惟当思设何法，能使全国兑换券得画一其所代表。而其所代表者，立有实物以资互兑。能办到此着，一切迎刃而解。而施行细则第二条，即解决此问题最简易之法也。"

"据民国三年四月所调查，则全国各厂，历年所铸出之一圆银币，共二万万一千二百之十六万八千五百九十枚。虽其间不能无熔毁消失，而现流通于市面者，总应有十之七八。细则第二条若行，则彼与新铸之国币，同

第二章 民国初年的币制改革思想（1912—1927）

能为兑换券之代表。是供兑换券互兑之资者，立可得二万万元。难者曰，子言何太易。此二万万旧银元，通行于各市面数十年。其价各各不同，市市不同，日日不同。今欲以条例中数字之效力，认为同价，价之由异而同。顾若是其易乎？答之曰，吾绝非谓条例能有此效力。然条例之实行，必赖有机关之动作以为之表现。而机关动作，苟能适用生计学之原则，而因势利导之。则效力之生，固可操券。"

"夫使旧银元价格之本质，与国币相悬绝，或其现在市价，与国币相悬绝，则无论若何强制，终不能使之平。如巨屦小屦之不能同价也。今也不然。彼各种旧银元相互之差价，不过二三厘耳。其与国币法价之差，亦不过二三厘耳。若政府能忍受极微之损耗，则取而平之，其势甚顺。条例所以定铸费为六厘，则亦取其与现在市值最相近。故劳资少而获实丰也。尝概算现在市面所有大银元，（专据各厂历年铸数言，其间有消失熔毁，则数固当减。）若悉取而改铸之，则政府所损约六百万内外。然改铸非能骤也。悉数改完，最速亦期以两三年。以此六百万，摊诸两三年数，甚微也。当改铸未偏之时，认为与国币有同一之价值。此二万万旧银元中，固有成色甚足，本与国币有同一价值者。此不待强制而自能同价，固无待言。其他成色较低者，就法理上论之，可认为公差太大。（国币条例第八第九两条规定公差。）谓其宜从速改铸则诚然。谓未改铸以前，不能成为合法之币，斯不然也。"

"故据施行细则第二条所规定，当施行伊始，先铸成若干精良之新国币，使其法价确有信用，即以银行兑换券为之代表。而此二万万旧银元者为之援助。一面施行新制，一面即发全国统一之兑换券。凡持券来兑现者，初时则新国币与旧银元错杂兑给之。兑换券所吸收得之旧银元，则择其成色最低者，先行改铸。其不甚低者，则留以准备。如此，则一年数月间，市面低成色之银元渐绝迹。其尚存者虽与新国币不同，而成色几与新国币无别。则虽不改铸亦可矣。故利用此二万万元而平其价，则一举而使全国兑换券得划一其所代表。而其所代表者，立有实物以资互兑。故曰推行币制简易之法，莫过是也。"

"其八，细则第二条所规定，限于旧有各官局所铸发之一元银币，其第

民国时期的币制改革思想

四条处理外国货币,不适用第二条之规定,而适用第三条之规定,何也?(第二条所规定,则准照国币法价以行用,第三条所规定,则惟准照市价行用也。)夫外国货币,亦有大元。其成色分量,亦与国币相去不远。若一并认为法币,岂不更省力,而多得现币以资兑换耶?答曰:不然。各官局所铸发者,铸否之权操诸我。当施行币制前,必先将旧模悉行禁铸,故旧银元供给之路永绝,政府乃得操纵其价而平之。若外国货币,而亦赋与以此法价,则彼将源源而来。供过于求,而市价之落无可挽,则政策根本破坏矣。且当行此政策时,政府原忍受若干之损耗,对于旧官局所铸,其成色低者,政府应负贴本改铸之义务。对于外国货币,则不容负此义务也。"

"其九,细则第三条,市面通用之旧银角、旧铜元、旧制钱等,当未改铸以前,只准照市价行用,而不定其法价者,何也?此诸物者,其市价与国币条例所定法价,相去太远。例如小银角,本宜以十角当一元,今则须十一角余矣。铜元本宜以百枚当一圆,今则百三十四枚矣。差额之巨既若是,欲以法制之力,强遏其价,终不可得。即强而得之,而市面之扰乱,且不可纪极。故惟有别铸全副新辅币,不使与旧者相蒙。而旧银角旧铜元,则以次收回改铸之。俟所收既多,其市价渐与法价相近,则或一举而收回之,或留其一部分,使与新辅币并用,而赋予以法币之性质,皆无所不可也。(旧银角、旧铜元等,若逐渐收回,至于其市价已近于十进,则将所未收者,径认为法币,本无所不可,惟旧铸者,技术形式太恶劣,易于伪造,故仍以悉数收回为宜也。)"①

1914年9月,梁启超又呈送推行国币简易办法说帖,其中主张:"一、将国币与各地方之过帐银算出比价,列为详表。例如国币一元,合天津行平化宝银六钱九分一厘,合上海九八规元银七钱二分七厘。其他各地,皆照此推算公布之。二、在天津将行平化宝银六十九两一钱,在上海将九八规元银七十二两七钱,交与造币厂或中国、交通两银行者,立刻兑给国币或兑换券百元。其他各地照此类推。三、将国币或兑换券百元,向中国、

---

① 以上均引自梁启超《余之币制金融政策》(1915年),《币制汇编》第4册第7编《币制论著下》,第153—164页。

第二章 民国初年的币制改革思想（1912—1927）

交通两银行换生银者，在天津立兑与行化银六十九两一钱，在上海立兑与规元银七十二两七钱。其他各地照此类推。四、与外国银行交涉，凡彼此来往帐目，在上海地面，国币一百元，当规元银七十二两七钱计算；规元银一百两，当国币一百三十四元二角计算。在天津地面，国币一百元，当行化银六十九两一钱计算；行化银一百两，当国币一百四十五元八角计算。悬为定准，永不变更。五、外国银行将生银托造币厂代铸国币，无论数目大小，皆依第二条办法。但数目太大时，得商议展期交给新币，于所展期限内薄给利息，由造币厂认之。六、各地国币汇兑，皆以一元平汇一元。无论何地何时，不得申水贴水，应饬中国、交通两银行及各邮政局，严守此例。七、中国、交通两银行，当过渡时代，仍兼办银两汇兑，但须依公布之比价表行之。例如有人欲汇规元银一百两往上海者，收到一百三十四元二角，即为代汇。欲汇行化银一百两往天津者，收到一百四十五元八角，即为代汇。无论何时，无论由何地汇往，概不得申水贴水。八、政府为利便商民起见，特在腹地各省发行国币汇兑券。凡持该券往中国、交通银行或邮政局，托汇往他市者，其效力与国币同。九、此项汇兑券，准用以完粮纳税，凡公私一切授受，概不得拒绝。十、饬各造币厂赶铸新辅币，分运各地。务使严保十进法，以为国币之辅。若赶铸不及时，得暂出辅币票代之，惟仍当严守十进。十一、中国、交通两银行，在各地所发兑换券、汇兑券、辅币券等，其吸得之现银，扫数运交附近之造币厂，改铸新币。十二、各地方之旧银角、旧铜元及滥纸币，照市价行使。用兑换券及汇兑券，暗中收回之。所收回之旧银角、旧铜元，即运厂改铸。所收回之滥纸币，即毁之。其因此所生之损失，由中央政府暂为担任，仍责令各该省分期摊偿。十三、劝谕各地方商会及钱庄，令勿复用该地之过帐银为计算之标准。一切来往数目，皆用国币计算。俟国币推行渐熟，即严禁过帐银之名称，勿许沿用。其沿用者，一经涉讼，法庭不为受理。"①

1914 年 10 月，梁启超呈送整理造币厂计划纲要，指出"非廓清平色之

---

① 《币制局总裁梁启超呈大总统推行国币简易办法说贴》（1914 年 9 月），《币制汇编》第 2 册第 3 编《铸造新币时期币制案》，第 26—28 页。

畛域，则币制无确立之期。非巩固币厂之信用，则平色无廓清之望"。"今欲国币流通全国，常保法价，则对于造币厂，其最关重要之规划"分为全局规划与内部整顿两部分。其全局规划，一是裁置局厂；二是检查重量成色；三是规定铸数；四是明定权限；五是选用专才。其内部整顿，一是改良管理；二是订定簿记；三是精究技术；四是注重化验。①

1915年1月10日，梁启超发表对《国币条例》的意见，指陈袁世凯政府议论币制改革是浪费光阴笔墨，"成为纸上政策而已"。事实上，熊希龄内阁搞出《国币条例》，旨在借以取得"币制借款"。后因外债没有借成，《国币条例》被搁置。②

③《银行周报》的相关评论。

《银行周报》1918年9月发表评论称，《国币条例》颁布以后，政府逐渐实行者，有数端可述。

"（一）划一型式。前清所铸旧银元，花纹成色，参差不一，以致此省之银元，彼省不能通用。今则花纹成色，严归一律。花纹均作袁前总统肖像。一元及中元祖模以三年次第制就，呈经大总统鉴定。是年十二月，天津总厂始铸一元银币。南京、广东、武昌，均于四年先后开铸中元、二角、一角等银辅币。天津、南京二厂，于五年六年次第开铸，祖模皆由天津总厂颁发，以期型式之划一。新铜辅币一分及五厘二种，则仅天津一厂鼓铸。"

"（二）严定重量成色。成色条例，原定为九成，嗣以过高，因修正条例，改为八九成，即每元重库平七钱二分，中含纯银百分之八十九，为库平六钱四分零八毫。重量成色之公差条例，均定为千分之三。如一元银币之重量，为库平七钱二分，成色为百分之八十九，其公差为上下各千分之三，故以八九零之千分之三，计含银量至多不得逾892.6‰，至少亦必达887.3‰。若稍有出入，即须重镕另铸，各厂遵守甚严。除自行化验外，每

---

① 《币制局总裁梁启超呈大总统为将整理造币厂计划胪举纲要别具说帖文（附说帖）》（1914年10月），《币制汇编》第2册第5编《造币局厂沿革案》，第189—195页。
② 《中华民国货币史资料》第1辑，第101—102页。

第二章　民国初年的币制改革思想（1912—1927）

铸币一批，由厂送样币至财政部平验，迨运至银行后，复由银行随意抽取一二枚，送部平验，凡此皆所以严杜重量成色之或有参差也。"

"（三）维持十进。大小银元与铜元，向虽有十进之名，实则各照市价以为兑换，无维持十进之法也。今国币条例之新银辅币半元二枚、或二角五枚、或一角十枚，合一元银币一枚，新铜辅币百枚合一元银币一枚，发行收兑，皆无折扣。而为维持十进之关键者，即在造币厂，既不滥铸，复与中国交通两银行约定市面，来兑随时按照法价兑给。兑换之十进既遵守勿渝，斯使用之十进，得以维持勿坠。且十进新辅币，不求推行之过速，但求成效之确定。故分期分区，以为发行。第一期在京兆直隶，已经实行。第二期在山东、山西、河南、江苏、安徽、浙江、福建、广东。第三期在陕西、甘肃、贵州、广西、云南。第四期在东三省、湖北、湖南、江西、四川、新疆、蒙古、西藏，以便将来逐渐举行也。"

"（四）革除市价。中国之旧币，每日有市价，实已失去泉币之性质，而成为一种货物。其所以然者，一以各省花纹成色不同，一以前此俸饷租税，以银两制铸为法定单位。今则新币花纹成色，既归一律，俸饷租税，改用银元，亦经实行。新币之于生银，已成不可分离之象，只在政府明定一元银币，与生银交换之价，使一元银币，得举自由铸造之实，则银币与生银无自由离而为二。而有市价高下之事，今一元银之铸费，既由国币条例定为每枚库平六厘，将来从严实行，即可革除市价。"

"（五）收毁旧币。政府一方面按照国币条例发行新币，一方面即按照条例，以新币收兑旧币，逐渐销毁。民国四年，由财政部核定收毁旧币改铸新币之计划，先后分饬天津、南京、武昌各厂遵办。"①

诸青来指出，该条例"精神之所寓，要在划一国币，先行消灭错杂凌乱之各省银币，并定银两对于国币之比价。辅币对于主币则用十进制。一厘、二厘等铜币同时鼓铸，俾免物价过高之弊。凡诸规定，条目秩然。果

---

① 《币制节略》（1918年8月），《币制汇编》第1册第1编《货币法规》，第28—85页。又见青松《中国币制概略》，原载《银行周报》第65、66号，1918年，徐沧水编《中国今日之货币问题》，第77—80页。

能切实奉行，不难收整齐划一之效。此该条例之优点所在也。惟据当时立法者之说明，暂行银本位借为过渡，仍以金本位为归宿。彼之最后目的，既在金本位，则不可无吸收金货之准备。凡事不预为准备，临时未有不张皇竭蹶者。由今之道，金货不能吸收。每年国内所产生金，仍为商品出口。每次借款，仍受镑价之亏耗。此该条例缺点所在也"。①

④币制委员会提出的相关办法及修订方案。

1915年3月，币制委员会呈财政部维持主币定价办法说贴，内称："按泉币之为用，专以衡量百货，故其本身，必先有一定之标准。中国各大埠，通用银元，已数十年。而上海外国银行，及华洋大宗买卖，仍以规元计数，北京仍以公砝计数者，何也。规元公砝一定不移，通用银元，有市价之上下故也。故中国之通用银元，实系一种货物，而非泉币。现在发行新币，首宜注意于此。粗观之，似中国银元，市价高下，已成习惯，难以破除。实则不然。盖前此官铸银元，各省花纹不同，成色不一。今之新币，则必归一律。前此俸饷租税，以银两制钱为法定单位。今则改用银元，早有明文。今之新币，既有一定之成色，复有正当之用途，其对于银两，似不难维持其定价。盖一圆银币，实含纯银若干，加以铜质铸费若干。既有一定之数目，则此项银币，实系政府验定之银块，即为成色分量最精最确之银两。既确有银两之资格，则其对于银两，当然不生无定之市价。故今日欲维持主币定价，须用种种方法，使一圆银两之资格，以立他日完全币制之基础。"

币制委员会认为，"此时新币初行，预为布置，实一不可失之机会也"。拟出四条办法，具体为："一、银币成色之标准，重在未铸之先，注意于银块之提炼。此事全赖乎技术。中国现在尚乏此项人才，拟请在各造币厂，专设化炼师一员，访聘西洋专门人员充之。二、各国造币厂考成极严，造币厂处罚章程，前经本部及币制局会呈，奉批饬令修正，旋以币制局裁撤，未经呈复，应由本部即遵批修正，请公布施行。三、币成之后，更须抽验。

---

① 诸青来：《币制本位问题之商榷》，原载《银行周报》第19、21、22、23号，1917年，徐沧水编《中国今日之货币问题》，第3—4页。

第二章 民国初年的币制改革思想（1912—1927）

本部现设化验处，聘有洋员，应令对于新币，认真抽验，每星期将所验新币成色公差列表，公布于政府公报，并译成洋文，刊登洋文报纸。四、造币厂与中国银行，购换银两新币，务先宜行妥商，确定铸费，使新币对于银两，在造币厂与中国银行之间，先有定价，不随市价上下，然后可准此定价，推行于外国银行。此项定价，一经外国银行承认，则新币与银两便合为一，市价决不能长存。如果中国新币，经西洋专门师提炼于前，复经洋员抽验于后，则外国银行之信用，当然不难取得。在外国银行，未肯遵用此项定价以前，中国银行与外国银行交易，倘暂时稍受亏贴，应准其作正开销，但新币成色分量，果极精确，决不至长受制于市价也。"

说帖中还写道："国币条例，规定完全之新制，乃是治本之法。如果筹有巨款，克期可办，自宜立即实行条例。若巨款难筹，不克大举，欲以小数随铸随发，又多窒碍难行，则惟有亟筹治标之法，以期渐达整理之目的，而救目前财政之困难。查今日中国整理钱币之目的，其大要有三：一曰统一收支之计算，以除辗转折合之中饱；二曰统一硬货之形式，以畅中央纸币之流通；三曰统一零币之兑换，以期一切交易之便利。若欲完全达到此项目的，自非实行国币条例不可。"①

"为先求流通中央纸币，渐除折合之中饱起见"，币制委员会拟整理钱币治标办法十条如下："一、用天津总厂新雕祖模，依北洋银元成色重量，通饬津奉宁鄂川粤滇各造币厂，嗣后铸造大小银元均用一律之祖模。二、以向铸北洋银元之重量及平均成色（平均为八八九）为标准，嗣后各厂铸造银元，其重量成色与此项标准相比之公差，不得逾千分三。小银元同。三、新银元与北洋银元，在中国、交通两银行，一元兑换一元，不加申折。他种官铸银元，由两银行酌量情形，妥筹办法，以期与新银元一律兑换。四、凡新银元暨北洋银元，及他种官铸银元，一律兑换之处，所有中交两行之钞票，应即到处通行，不问票面之地名。五、由北京中交两行，遴员合组一平均钱价处，随时查明各地方银元市价，设法转运（铁路转运免费）

---

① 《币制委员会呈财政部整理钱币治标办法说帖》（1915年3月），《币制汇编》第2册第3编《铸造新币时期币制案》，第34—36、30页。

调剂，务以平均各处官铸银元市价为目的。（嗣后两行不复营银行兑换之小利）逐渐平均之后，由中交两行会同造币厂，妥定新银元暨北洋银元等，一元合银之价，务期一定不移。六、凡新银元及北洋银元，暨中交两行认为与新银元及北洋银元一律之他种官铸银元，及代表此项银元之中交两行钞票，所有官家收支，均视为合例之币，无限收受，并由各省财政厅察度情形，酌定期限，所有税项，非上项银元钞票，概不收纳，或先酌定搭成办法。七、凡官铸小银元铜圆制钱，除有特别情形外，各官署暨中交两行及各省官银钱行号，一律兑换，不论省份。八、由各省财政厅酌照现在本地银钱市价，除银元一元合银之定价，照第五条例办法外，悬牌示定下列各价，以为目前全省收支之标准：（一）官铸银元一元，合小银元若干角，铜元或制钱若干枚。（二）小银元一角，合铜元或制钱若干枚。（三）铜元一枚，合制钱若干枚。其纸币已滥，尚未整理之地方，另行酌量办理。九、由北京中交两行合组之平均钱价处，随时查明各地方银元及小银元铜元制钱，有无多寡情形，由两行设法转运调剂，以期渐达平均划一。十、除一元银元无限铸造外，嗣后各造币厂，拟增铸小银元铜元制钱时，须先经平均钱价处查复，由中交两行赞同后，方可照铸。"

"查上列办法，系就目前情形，设法改良，诚非根本痛快之计。然果能从速切实进行，则中交两行钞票，必可较目前加倍增发千万之款，不难腾出应用，而不受滥发纸币之害。盖各省滥纸之害，半由于漫无限制，亦半由于省界壅滞。如果代以中央一律之纸币，有各地统一之价格，度需要之情形，为节制之增发，自可得各国发行钞票之利，而不受各省滥币之害。抑不惟此，各省收支员司之中饱，大都借货币之紊乱，为隐身之所。如上所述，此项中饱可期逐渐清廓，实财政上一重要之改良也。"①

1915年8月，币制委员会又呈财政部谨拟修正国币条例草案说帖："国币条例，自民国三年二月八日公布之后，讫未见诸实行。三年冬间议铸一

---

① 《币制委员会呈财政部整理钱币治标办法说帖》（1915年3月），《币制汇编》第2册第3编《铸造新币时期币制案》，第30—33页。

圆银币，以条例所定成色与北洋通用银元不同，故中国、交通两银行，均以为旧币与新币势难同一价格。价格不同，推行匪易。本部遂决议改从北洋成色，发行一圆新币，但此项新币所含纯银，与国币条例第二条显不相符。此条例应行修正者一也。中国现在虽未能遽行金本位，顾不可不作金本位之预备。条例原案系纯用银本位，与将来改用金本位，绝无关系，恐永无用金之望。中国实行金本位，诚匪易事，不妨先从试行金币入手，以立他日金本位之基础。此条例应行修正者二也。三年春间颁订国币条例时，原拟筹办币制借款，克期进行，故条例所定各项辅币与旧币，价值各异，而名目相同。盖以为筹有巨款，旧币可以克期换新也。今情势不同，巨款难筹，不得不作分期分区陆续进行之计。为期既长，则新辅币不得不与旧辅币显有区别，以期新者不为旧者所阻碍，而全套辅币得以逐渐推行。此条例应行修正者三也。"①

以下是币制委员会提出的具体修正内容：

第三条　国币种类（原案）

银币四种：一圆、半圆、二角、一角；镍币一种：五分；铜币五种：二分、一分、五厘、二厘、一厘。

第三条　国币之种类（修正案）

银币四种：一圆、五十分、二十五分、五分；铜币三种：一分、五厘、二厘。

政府得铸十圆、二十圆之金币，但金币与一圆银币之兑换，于未经实行金本位以前，暂照金银时价，申帖换币费。

说明：现行银角、铜元为数甚巨，银角每元市价十二角，铜元一百三十四枚。今欲推行国币，使之十进，若袭用旧名，而价值各异，则推行必有阻碍。故拟不用角字，而以一圆析为一百分。查美、法、俄、日等国主币，皆析为一百份，是不用角字，只用分字，仍无妨于

---

① 《币制委员会呈财政部谨拟修正国币条例草案说帖》（1915年8月），《币制汇编》第2册第3编《铸造新币时期币制案》，第37—38页。

十进也。

银辅币拟只铸五十分、二十五分、五分三种者，亦以其易于与旧铸者区别也，且二十五分与银角三角之市价相近，便于兑换。

铜币拟只铸一分、五厘、二厘三种，计五厘加二厘为七厘，与现用十文铜元一枚之市价相近，便于兑换。且既有五厘、二厘两种，则自一厘至十厘，均可换用，不必更铸他种。

中国用银，因镑亏而生预算上之差额，岁在千万以上，而商务上之无形保险费，尚不与焉，故中国将来必宜用金本位，此人人皆知，无待赘言者也。惟金本位必有预备，断非一蹴可几。国币条例原系纯用银本位，实与将来改用金本位，绝无关系。将来中国欲行金本位，必先储金，储金必非一朝夕之事。国中之金，不铸为币，则岁岁流出，永无积存之望。且收入之外债金款，与支出之偿债金额，以其间无自用之金币，不得受两层折合之亏损。

诚知改用金本位，以银、铜为法定之轻值辅币，洵非易事。然行金本位与用金币，实为二事。如果下手之初，不立金银币之法定比价，而以换币费伸缩之，目前只期事实上国中渐积金币，以期金款可支用，金块不流出，实非万不可能之事。将来时机渐熟，陆续收回一圆银币，代以钞票，则除去换币费，即可以现在之辅币，为将来金本位之辅币矣。

金银既不定比价，当由政府之金融机关，按照市价，随时规定换币费，此等换币费，或出入绝无轩轾，以谋人民之便利，或稍示增减，以便金货之增加。盖政府欲吸收金款时，则凡持银换金者，换币费可以略增，持金换银者，换币费可以略减，平时则可绝无轩轾。此项换币费，逐日逐月，由代理国库之金融机关，造表呈报财政部，且换币证由财政部印刷发给代理国库之各金融机关。错误毁损者，均令缴还，则司其职者绝不能发生何等弊病。

第四条（原案）：国币计算均以十进，每圆十分之一称为角，百分之一称为分，千分之一称为厘，公私兑换均照此率。

第四条（修正案）：银币一圆析为一百分，一分析为十厘，公私兑

第二章 民国初年的币制改革思想（1912—1927）

换均照此率。

第五条（原案）：国币重量成色如下：一圆银币，总重七钱二分，银九铜一；五角银币，总重三钱六分，银七铜三；二角银币，总重一钱四分四厘，银七铜三；一角银币，总重七分二厘，银七铜三；五分镍币，总重七分，镍二五铜七五；二分铜币，总重二钱八分，铜九五，锡百之四，铅百之一；一分铜币，总重一钱八分，成色同前；五厘铜币，总重九分，成色同前；二厘铜币，总重四分五厘，成色同前；一厘铜币，总重二分五厘，成色同前。

第五条（修正案）：国币重量成色如下：一圆银币，总重七钱二分，银八九铜一一；五十分银币，总重三钱六分，银七铜三；二十五分银币，总重一钱八分，银七铜三；五分银币，总重三分六厘，银七铜三；一分铜币，总重一钱八分，铜九五锡四铅一；五厘铜币，总重九分；二厘铜币，总重四分五厘。

第六条（原案）：一圆银币用数无限制。五角银币每次授受以合二十圆以内。二角一角银币，每次授受以合五圆以内。镍币铜币每次授受以合一元以内为限。但租税之收受，国家银行之兑换，不适用此种之限制。

第六条（修正案）：一元银币，用数无限制。五十分银币，每次授受以合二十元以内。二十五分银币，每次授受以合五元以内。铜币每次授受，以合一元以内为限。但租税之收受，国家银行之兑换，不适用此种之限制。

第七条（原案）：国币之型式，以教令颁定之。

第七条（修正案）：银币一面恭摹大总统肖像，并造币年分，一面雕印嘉禾花纹。中刊字样如下：壹元、中圆、二十五分、五分。铜币中凿圆孔，一面雕嘉禾花纹，一面雕造币年份及一分、五厘、二厘等字样。

说明：原案国币型式以教令定之。现在一元新币，业经呈明大总统核定型式，应即依此型式规定于条例之内，不必另候教令矣。铜币仍宜凿孔，使与旧铜元显有区别。查比国镍币，均凿小圆孔。拟仿之凿小圆孔，而不凿大孔方，以别于旧有制钱。

第九条（原案）：各种银币，无论何枚，其成色与法定成色相比之公差，不得逾千分之三。

第九条（修正案）：各种银币，无论何枚，其成色与法定成色相比之公差，不得逾千分之三，金币不得逾千分之一。

第十条（原案）：一元银币，如因行用磨损致法定重量减少百分之一者，五角以下银镍铜币，因行用而磨损减少百分之五者，得照数向政府兑换新币。

第十条（修正案）：一元银币，如因行用磨损致法定重量减少百分之一者，五十分以下银铜币，因行用而磨损减少百分之五者，得照数向政府兑换新币，由政府改铸之。

第十一条（原案）：凡毁损之币，如查系故意毁损者，不得强人收受。

第十一条（修正案）：凡毁损之币，如查系故意毁损者，无国币之效用。

第十二条（原案）：以生银托政府代铸一元银币者，政府须应允之。但每枚铸费库平六厘。

第十二条（修正案）：于一定期间内，人民以生银托政府代铸一元银币者，政府须应允之。但每枚铸费库平六厘。前项一定期间，由财政部酌定之。以生金托政府代铸金币者，政府须应允之。

说明：金本位未实行以前，虽铸有金币，而国币之标准，仍系一元银币，故银币不可使生银相离，致失其标准。今拟在过渡期间内，银币之铸造，暂不限制。但政府得酌量情形，截止此例之施行时期，以冀与预备金本位之进行，仍无冲突。①

⑤袁政府铸造和推行新银主币情况。

1914年，新铸银币"壹圆"，"与旧日所有官铸银元一律通用，不折不扣"。②

---

① 《币制委员会呈财政部谨拟修正国币条例草案说帖》（1915年8月），《币制汇编》第2册第3编《铸造新币时期币制案》，第40—51页。
② 《财政部通行京外各官署为发行新币在即请饬属遵照通用文》（1915年2月），《币制汇编》第2册第3编《铸造新币时期币制案》，第29页。

第二章 民国初年的币制改革思想（1912—1927）

自1915年起，袁政府统一币制之计划，次第实行。其进行方法包括："甲、划一大银元。前清所铸旧银元，花纹成色，参差不一，以致此省之银元，彼省不能通用。现在铸造元首像之大银元，花纹成色，均归一律，所以全国通行，绝无窒碍。查此项新币，已铸成九千余万元。今年（1916）须续铸二万万元左右，发行于全国，一面将旧铸大银元陆续收回改铸。大约大银元一项，不久即能统一矣。乙、重量成色之慎重。《国币条例》规定重量成色之公差均为千分之三。现在各厂所铸新大银元，重量成色必须确在公差之内。稍有出入，即须将银条重熔。除各厂自行化验外，财政部复设化验所。每铸币一批，由造币厂送样币至财政部平验。追运至银行后，复由银行随意抽取一二枚，送部平验。丙、主币之法价。中国之旧币，每日有市价，实以失其货币之性质。现拟将主币定一法价，设法维持，使不至有忽涨忽落之币。丁、推行银元之方法。欲全国通用银元，必须破除用银两及铜币之习惯。现拟凡有银元地方，官款出入，只准用银元，不得再用银两或大宗铜币。俟银元足用时，再禁止商民，不得再用银两或铜币为记帐及契约上计算款项之本位。戊、十进位之新辅币。除英国外，其他各国辅币，均系十进位，所以便于计算也。中国新辅币，自应采用十进位法。此项辅币，拟分期发行。第一期在京兆、直隶发行。第二期在山东、山西、河南、江苏、安徽、浙江、福建、广东发行。第三期在陕西、甘肃、贵州、广西、云南发行。第四期在东三省、湖北、湖南、江西、四川、新疆、蒙古、西藏发行。第一批辅币，已由中交两银行酌定数日，预备开铸。嗣后续铸若干，均由中交两银行查看市面需要情形，酌拟详部，即由中交两银行依照十进位，担任兑换，以保法偿。"①

1916年，依照《国币条例》，铸发中元、二角、一角新辅币三种。"位以十进，不得丝毫折扣。""此项新辅币，先就天津地方发行。凡中元二枚，二角五枚，一角十枚，各合新主币一元，得随时向国家或省立银行兑换。人民需要辅币时，亦得以主币交换。永远照此定价，不得稍有参差。商民

---

① 《财政部泉币司提交政治研究会改良币制议案》附录《中国改革币制之过去情形及现今进行方法》（1916年3月），《币制汇编》第2册第3编《铸造新币时期币制案》，第62—64页。

行使,应即一律遵守,不得故意抬抑。违者照《国币条例施行细则》第九条处罚。"①

2. 袁政府策划统一全国纸币发行

(1) 公布有关控制全国纸币发行权的条例。

1912年12月,财政部呈酌拟中国银行兑换券暂行章程文曰:"一国经济之流通,全恃银行纸币为其枢纽。自去秋以来,金融机关一切停滞,公私出纳皆以现金,遂至周转无方,商民交困。非有大宗钞币流行国内,不足以救济恐慌。现在中央政府所设之中国银行,已经筹备组织,次第设立。应请在纸币则例未定以前,即以该银行所发之兑换券,暂时通行全国。所有官款出纳,商民交易,均准一律行用。并由该银行多储准备金,以供兑换。多设兑换所,以便取携。总期信用渐孚,借以维持市面。一俟纸币则例经参议院议决颁布之后,再照新章办理。"②

1912年12月25日,由财政部拟定的《中国银行兑换券暂行章程》开始实施:"中国银行兑换券,由中国银行及中国银行指定之代理处,一律发行。凡下开各项用途,一律通用此项兑换券:甲、完纳各省地丁、钱粮、厘金、关税;乙、购买中国铁路轮船邮政等票及交纳电报费;丙、发放官俸军饷;丁、一切官款出纳及商民交易。此项兑换券,按照券内地名,由中国银行随时兑现。凡兑换券内印有两处地名者,在此两处皆可通行兑现,不取汇费。此项兑换券,如有拒不收受及折扣贴水等情,从严取缔。"

"查中国银行,所以操纵全国之金融,与商业银行性质迥异。前清时代之中央银行,滥发纸币,抵押物产,信用堕地,覆辙昭然。此次中国银行组织方新,必须查照各国中央银行通例,宽筹准备现金,严杜一切流弊。首在引起人民信用,以通全国之脉络,剂市面之盈虚。目前大宗纸币,尚未齐备。此项兑换券,先代将来法定纸币之用,系为整理金融,速谋统一起见。所有公私出纳,应准一律通行。但使公家信用既坚,商民无不乐于

---

① 《财政部通行京外各官署为发行新银辅币转饬通用并示谕商民文》(1916年7月),《币制汇编》第2册第3编《铸造新币时期币制案》,第65、66页。
② 《财政部呈大总统酌拟中国银行兑换券暂行章程文(附章程并申令)》(1912年12月),《币制汇编》第2册第4编《纸币案》,第146页。

第二章 民国初年的币制改革思想（1912—1927）

行使。"①

1913年4月15日，财政部公布《中国银行则例》内第十二条，载称"中国银行发行兑换券，但须遵守《兑换券则例》"。《兑换券则例》施行以前，"得依照财部规定暂行章程办理"。②

"中国、交通两行及平市官钱局③，均系中央政府明定法令，准其发行兑换券者。至各省官银钱号，有一省一机关者，有一省数机关者，其历史虽各不同，大都设于前清晚年，为各省省库之金融机关，发行银元银两铜元，或制钱钞票，未经中央法令明定其本位单位，纷杂不一，视各省之需要而异，极呈鱼龙曼衍之观。准备之有无，以及成数之若干，亦复各自为制。故票之兑现与否，亦不一致，信用之良否，市价之高下，亦复互异。"④

1915年10月20日，《取缔纸币条例》公布："第一条，凡官商银钱行号发行纸币，除中国银行外，均须依照本条例办理，凡印刷或缮写之纸票，数目成整，不载支取人名，及支付时期，凭票兑换银两、银元、铜钱制钱者，本条例概认为纸币。第二条，本条例施行后，凡新设之银钱行号，或现已设立，向未发行纸币者，皆不得发行。第三条，本条例施行以前，业经设立之银钱行号，有特别条例之规定，准其发行纸币者，于营业年限内，仍准发行，限满应即全数收回。无特别条例规定者，自本条例施行之日起，以最近三个月平均数目为限，不得增发，并由财政部酌定期限，分饬陆续收回。第四条，各银钱行号，遵照本条例第三条发行之纸币，至少须有五成现款准备兑现，其余五成，准以公债票，及确实之商业证券，作为保证准备，其有特别情形，暂时未能依照前项规定者，须禀请财政部核办。第五条，发行纸币之银钱行号，应每月制成发行数目报告表、现款及保证准备报告表，详报财政部，或禀由该管官厅转报财政部。第六条，发行纸币

---

① 《财政部呈大总统酌拟中国银行兑换券暂行章程文（附章程并申令）》（1912年12月），《币制汇编》第2册第4编《纸币案》，第146—148页。
② 《中华民国货币史资料》第1辑，第145页。
③ 财政部平市官钱局，1914年设于保定，1916年并设于北京、天津等处，发行铜元票。
④ 《币制节略》（1918年8月），《币制汇编》第1册第1编《货币法规》，第28—85页。又见青松《中国币制概略》，原载《银行周报》第65、66号，1918年，徐沧水编《中国今日之货币问题》，第96页。

之银钱行号,由财政部随时派员,或委托他机关,检查其发行之数目,准备之现款,及保证品,以及有关系之账册单据。第七条,各银钱行号,违反第二条至第四条之规定者,应科以五百元以上五千元以下之罚金,其有发行权者,并取消其发行权。第八条,发行纸币之银钱行号,违反第五条之规定,并不遵造报告,或报告不实者,应科以五十元以上五百元以下之罚金;违反第六条之规定,拒绝检查者,应科以一百元以上一千元以下之罚金。第九条,本条例自公布之日施行。"①

1915 年 11 月 12 日,财政部呈为中国银行兑换券未能迅速推广缕陈原因及进行方法文(附批令),指陈中国银行"兑换券未能迅速推广之故,厥有数端":一是"各省纸币太滥,供过于求";二是"国库未能统一,无法操纵";三是"币制未能划一,阻碍横生"。并针对以上三大弊端,提出解决对策:一是用"官公各产及随粮特捐",筹足五百万元现金准备,收回各地旧纸币,廓清滥币,推广中国银行兑换券;二是兼顾"银行力量与各省度支",整理国库,"循序渐进,一律接收"各省金库;三是政策一致,积极推行银本位制度,逐渐改善政府信用。②

1915 年 11 月 22 日,大总统批令:"中国银行兑换券进行方法,均尚切当,钞票信用,不外厚储准备,多铸银元,方能逐渐推广。应由该部(财政部)随时体察情形,督饬该银行循序程功,切实办理,是为至要。"③

(2)推广中国银行和交通银行发行的钞票情况。

1915 年 11 月 12 日,财政总长周学熙呈《缕呈中国银行兑换券未能迅速推广原因及进行方法》,称"发行钞券,吸收现金,为中央银行之重要职务,必须求推行尽利之方,斯足为制用阜财之助"。④"中国银行于民国元年成立,迄今已将四载。其于维持信用,推广钞票,未尝不竭智尽能,力求

---

① 《取缔纸币条例》(1915 年 10 月 20 日呈准公布),《币制汇编》第 1 册第 1 编《货币法规》,第 106—108 页。
② 《财政部呈大总统为中国银行兑换券未能迅速推广缕陈原因及进行方法文》(1915 年 11 月),《币制汇编》第 2 册第 4 编《纸币案》,第 149—153 页。
③ 《财政部呈大总统为中国银行兑换券未能迅速推广缕陈原因及进行方法文》(1915 年 11 月),《币制汇编》第 2 册第 4 编《纸币案》,第 153 页。
④ 《中华民国货币史资料》第 1 辑,第 172 页。

第二章 民国初年的币制改革思想（1912—1927）

进步。现在兑换券流通总额，约计三千余万元。虽比从前大清银行发票最多之时，为数增至一倍有余，然较诸欧洲各国之中央银行，实未能望其项背。"至于其未能迅速推广，周学熙认为有三大原因。

一是各省纸币太滥，供过于求。"考钞票之流通，有天然限度。必待市面需要，方能逐渐推行。自辛亥以来，各省官银钱号滥发纸币，数累巨万。虽迭奉明令，严禁增发，并由本部分别省分，设法收回，然财力不足，全数收回者，仅广东、浙江两省。其余如吉林、黑龙江、江西，仅收一小部分。如四川、贵州，正在开始收换。湖南、广西尚未着手。统计各省官票，尚有一万三千余万元。其他私立银行及外国银行所发纸币，为数亦复不赀。恶币既充塞市廛，良货即无从发展。"

二是国库未能统一，无法操纵。"窃查外国国家经费，均用中央银行纸币，而中央银行代理金库，复能于收款时吸取现金，出款时支付钞票。现在我国金库，已归中国银行接管者，计惟中央与直鲁浙闽皖宁晋吉等省。其他省份，或以地方交通不便，金库骤难遍设，或以滥票整理未完，金库碍难接收。其最困难者，则以各省预算，收支不能适合。若银行接收金库，不得不垫支款项，而垫款过多，必致竭蹶。所以各该金库，或仍由本省银号兼管，或暂归其他机关代理。事权不一，牵制尤多。欲求如外国银行借金库之支付，广钞票之用途者，其势有所不能。"

三是币制未能划一，阻碍横生。"钞票为银元之代表，必须全国通用银元，始能乘势推行钞票。现在各省货币复杂异常，未能划一。福建习用日洋站人。东三省通行羌贴老头票正金钞票。西北各省，行使银两之习惯未除。偏僻地方，习用制钱之风气未改。银元本位既未成立，银元钞票自难于通行。即专论银元一项，国币、外币，种类不同；南洋、北洋，价格互异；甚至沪宁密迩，彼此无可通融；川鄂毗连，汇兑均须贴水。银币既不统一，钞票自难流通。"

周学熙写道："以上三端，俱为阻碍兑换券之最大原因。救弊补偏，必须从此着手。本部悉心考察，务期逐一改良，庶能渐收成效。对于收回纸币，有已定办法。现在实行者，如黑龙江官贴，准以官银号及广信公司所得赢余，分年收换。贵州纸票，则由中国银行借款一百五十万元，陆续收毁。四川军票,已奉批准由该省自发元票五百万元,按五折兑收。一面于官公各产及随粮特捐,筹足五百万元,以为现金准备。有现拟办法,将次施行者,如陕西则拟变卖官产,拨款收回。江西则拟息借款项,次第收换。湖南则拟以矿产余利,划成充用。湖北、吉林则已派员调查,筹议办法。滥币如果廓清,钞票自能推广。"

"对于整理国库,则银行力量与各省度支,必须双方兼顾。在完全接办者,固宜切实进行。即牵制多端者,亦经分途协议,总期循序渐进,一律接收。庶国库之制度,既可统一,而钞票之发行,亦能推广。至划一货币,现正切实进行。各省之杂项洋元,已饬造币厂收买若干,先行试验,再拟收回改铸办法,并咨饬各省巡按使财政厅,妥拟推行新币办法,已有端绪。陕西向用银两铜钱,现由中国银行陆续运银交厂,换铸新币,并由部电达该省巡按使财政厅,妥议赋税改收银元办法。广东向用小洋,现已由粤厂铸发一元新币,设法推行。河南、山东,向用银两、铜元、制钱,现由中交两行陆续运输新币,市面已见行用。其余腹省内地,均须次地照办。一二年后,币制完全统一,则替代银币之兑换券,自能通行全国,数目增多。惟金融情形,关系信用,循序渐进,则日计不足,月计有余。揠苗助长,恐匪徒无益,抑且有害。学熙根据此理,黾勉从事。虽目前未遽成功,而将或能奏效,所愿政策一致,俾得积极进行。"①

(3) 整理广东纸币办法。

"民国以来,江西、四川、广东诸省,各收回纸币,以为整理。数省之中,以广东滥币为最多。收回之法,系以中国银行特别兑换券,直接收换。计自民国三年七月一日办起,至是月三十一日办讫,共计收回滥币三千一百六十四万五千五百零四元,每元按四五核计,换出特别兑换券一千四百三十九万八千七百零七元。中央特拨巨款,且派专员以办理之焉。现在各省纸币情形不一,而湖南、湖北、四川、东三省、新疆诸省,均称为滥发

---

① 以上均引自《财政部呈大总统为中国银行兑换券未能迅速推广缕陈原因及进行方法文》(1915年11月),《币制汇编》第2册第4编《纸币案》案,第149—153页。又见《中华民国货币史资料》第1辑,第173—174页。

第二章　民国初年的币制改革思想（1912—1927）

之甚者。然以维持市价之不同，故折扣亦各省不同，如湖北、湖南为毗连之邻省，湖北官钱局制钱票，虽有五千八百余万串之多，然市价并不大跌，约在九扣有奇，而湖南银行之银铜各票，市价折扣之大，不能同日而语矣。各省除官银钱号外，银行钱庄以至商号，亦有发行钞票者，其数目若干，无统计可考，大概各处之情形不同，发行之多寡，以及信用之厚薄，因之亦异。清宣统二三年间度支部曾有限制纸币之法令颇称严厉，而未见实行。民国五年十月，公布取缔纸币条例，其第十三条称，本条例施行以前，业经设立之银钱行号，有特别条例之规定，准其发行纸币者，于营业年限内，仍准发行，限满应即全数收回，无特别条例规定者，自本条例施行之日起，以最近三个月平均数目为限，不得增发，并由财政部酌定期限，分饬陆续收回等语。此项条例，业已实行矣。"①

民国初年，"广东纸币充斥，财政紊乱，亟应设法整理"。1914年3月28日，王璟芳奉大总统令"前往粤省，会办广东财政事宜，所有该省出入款项暨银行纸币等事"，"着即会同广东民政长国税厅长商承财政部切实整理以资补救"。"查粤省币制破坏，虽由于官家之监督不周，实原于乱党之滥发无度。前清末季，官银钱局发行纸币一千万元，限制甚严，余利亦厚，每年约得五六十万金。革命之际，胡陈窃柄，贷商现款，强迫提用，旧币已变为空纸。加以渠辈贪黩无厌，续发新纸币至二千万元，准备毫无，票纸恶劣，印用陈像，既多伪造之嫌疑，又招人民之厌恶，票价益觉不支。此后谣言散布，均以纸币毫无信用，政府不认偿还，市侩把持操纵，借为营利之图，价值遂每况愈下，陡跌至五六折有零矣。而乱党希图扰乱，尚从而助波助澜，及今不图，后患正棘。此该省纸币之大概情形也。"

王璟芳称："欲言整理，办法约有数端：筹基金以为公债之保证，加新税以备公债之偿还，设银行为操纵之机关，出新票为交易之媒介。最急之务，无逾乎此。查粤省旧有公产，如自来水、电灯股票、土敏土官厂、官

---

① 《币制节略》（1918年8月），《币制汇编》第1册第1编《货币法规》，第28—85页。又见青松《中国币制概略》，原载《银行周报》第65、66号，1918年，徐沧水编《中国今日之货币问题》，第96—98页。

有房屋地基等项，计值约千万元。拟将此等产业，抵押现款，即可为银行之资金，亦以寓公债之保证。人心既定，募债不难。此则筹基金之一法也。粤本雄厚之区，民富担负之力，国家收入，数逾各省，略加整理，年可递增。以沙捐、当税、屠捐、花捐四项言之，仍因旧贯，稍事改良，计年可得三百余万元。现在纸币之额三千万元，以同数债票收之，即用上列四项，为偿还公债本息之用，分摊十年，可以全还，毫无疑义。此则加新税之一法也。将欲筹基金，加新税，充足债券之信实，以备收旧布新之用。则非有经理之机关，金融仍难活动，是广东组织中国银行分行不可稍缓。盖旧币既经收回，市面必形竭涩。非有银行押借，商民焉有营业之资。约计三千万元公债，以五成向银行抵押，必预备千五百万新钞。而欲发行新钞，须有三分之一现金预备。是能得五百万之资本，银行即可成立。此则设银行之一法也。银行发行新钞，其与旧币对换，价格折合，颇有问题。今拟以银行开办前若干日之前三个月市价，平均计算人民愿购换新钞者，均照定价办理。银行对于新旧兑换，亦可另订营业章程，以资遵守，双方并顾，国利而民亦称便。此则出新钞之一法也。本此数义，次第而行，币制或有起色。惟兹事体大，开办之始，内而奸商把持，外而洋商操纵，一有不慎，贻祸何穷？所期民政长国税厅长同心勠力，一致进行，而大部在上主持指挥一切。俾有轨道可循，收敛更速。"①

《整理广东纸币办法大纲》规定："一、设立中国银行广东分行，资本大洋一千万元，由政府支垫五成，即行开办。二、指定税款若干，交与中国银行。派员稽征，随时收存，以为偿还公债本息之专款。如收不足敷，应由粤省另筹抵补。三、印造政府债票三千万元，计十元、五十元、百元、五百元、千元，凡五种，利息四厘，交与中国银行广东分行，收回旧纸币。此项债票，名为整理纸币第一次公债，由全国中国银行支付本息，第三年起还本。其余条件，均于公债票例内定之。四、商民所有旧纸币，均得按票面价格，向中国银行广东分行换取政府债票。五、商民持有政府债票者，

---

① 《会办广东财政事宜王璟芳呈财政部为遵令整理广东纸币胪陈办法文（附清摺）》（1914年3月），《币制汇编》第2册第4编《纸币案》，第155—156页。

第二章 民国初年的币制改革思想（1912—1927）

准照票面价格，至少五成，向中国银行广东分行抵押款项。六、商民持有旧纸币，愿向中国银行广东分行购买新钞票者，该银行得以开办前若干月前之三个月市价，平均计算，按照营业章程办理。七、商民所持单双银毫，暂准照旧通用。亦准照市价，向中国银行广东分行购买大元新钞票。八、嗣后税项及各种收入，改照大元计算。除开办之始，随时由官厅出示准照市价搭用毫银外，均须征收大元，及中国银行广东分行所发新钞。九、中国银行广东分行新钞，与大元有同一之效力。凡纳交官款，清理债务，买卖货物，有拒而不受，经人告发者，处以十元以上五千元以下之罚金。十、官厅及银行收入之毫银，应交造币厂改铸新银币，不得再行发出。"①

广东省《增筹税额清单》中列出的增筹税种为："一、沙捐。粤省沙捐，即沙田之田赋，向多隐匿不报升科。该省现拟举办沙田清丈事宜，凡向之隐匿不报者，皆令纳价升科，每年增收之款，至少可得一百余万元。拟请全数指拨。二、当税。查粤省当税，分当、按、押三种。当店每年纳税五十元，按店每年纳税百元，押店每年押税三百元，全年预算额二十六万元。若改良办法，加重税率，此项收入，约可得五十万元。拟请全数指拨。三、屠捐。粤省屠捐，向由商人包办，全年预算约四十五万元。若将此项加倍征收，极力整顿，约计得百万元。拟请全数指拨。四、花捐。粤省花捐，现正招商承办，每年认定七十五万元。闻尚可加包，若切实整理，尚不止此。拟于此项中指拨五十万元。以上四项，约计每年可得三百余万元，指定专为偿还公债本息之用。合并声明。"②

以上王璟芳呈财政部的整理广东纸币办法，可以说是有理有据亦可行。然而，袁世凯政府并未采纳王璟芳的办法，而是向帝国主义国家摇尾乞怜，以出卖国家主权为前提，换取借款。

1914年5月，财政部与五国银行团协定整理广东纸币办法及拨用盐款合同："一、财政部应派华、洋专门家各一人为委员，前往广州，监察、管

---

① 《会办广东财政事宜王璟芳呈财政部为遵令整理广东纸币胪陈办法文（附清摺）》（1914年3月），《币制汇编》第2册第4编《纸币案》，第157—158页。
② 《会办广东财政事宜王璟芳呈财政部为遵令整理广东纸币胪陈办法文（附清摺）》（1914年3月），《币制汇编》第2册第4编《纸币案》，第158—159页。

理收回纸币事宜。其所派之洋员，应得五团银行之同意。二、关于应收回之纸币。该委员等须调查其各项存在之纸据及所注之册簿（如有，则调查之），并其号数、花纹，且应取得已败露之假票底样，及未经核准之票，而检验之，比较之。其调查所获之结果，应汇总编为册报，以为第五条所载之总司柜等办事训令之标准。三、中国银行应以特别花纹或盖有特别图记之新币，交与该委员保存（每次交数，俟已知应需若干时，再行定夺）。其总数以足敷按照定价收回旧票总额为度。其正当注册簿之预备，应由该委员等指挥办理。四、中央政府委令广东民政长布告，自规定之日期起，凡所有现在通行之省纸币，概应废止其法定之效力，即由该委员等依据1914年5月15日前三个月内之平均市价，定一价格，立即收回。至上所言规定之某日期一个月后，即行停收，逾限便作废纸。五、应特设机关两所于广州中国银行：甲项机关，按规定之价格，用新币以收回各项省纸币；乙项机关，按新币票面价，兑付现款。此两项机关，均用华、洋总司柜各一人主管之。而所派之洋总司柜，须经五团银行之同意。该总司柜等对于委员，应负责任。六、凡有持省纸币至甲项机关时，应由该总项司柜等察验之。如按诸委员所发训令，查系真票，即应注销，并按其数目，照定价换新票。七、新发行之纸币，其准备金不得逾一百万镑之数，系由1913年4月26日所订善后借款己号附件整顿监务费第一、第四两项之下拨用。所有关于此款，自欧洲汇至广州等事，应自财政部及五团银行公同裁夺之。此项所汇之款，由五团银行收存。俟需用时，应按下开条款，由该委员等开据领款凭单，联合签字，并由五团银行所举代表加签，方能支付。条款如下：甲、办理手续之起点。该委员等应将号数相连之新纸币一百万元，发甲项机关总司柜，并须将其号数开单知照五团银行。该委员等向五团银行如数提取现款，交乙项机关之总司柜领收。该司柜等先后所收之款，对于委员，即应负责，且须将现款及已付款之新币，向该委员等点清。所有已付款之新币，即归乙项机关总司柜妥为保存。应将余剩之现款及纸币，每日具一清单，五团银行得派代表一人察阅之。乙、每日收市时，甲项机关之总司柜，应将日间所收回并已注销之旧纸币，连同余存新币数目清单，送交委员查收。该清单，五团银行得派代表之一人察阅之。该委员等收到此项已注销之纸币后，即应按照定价，将等于已注销纸币数目其号数相连之纸币，交与甲项机关之总司柜，并将已注销之纸币，交由五团银行代表一人检视妥存，再分别订期，于委员及五团银行一代表之前，将此项已注销之纸币焚毁之。丙、该委员等将已注销之纸币，交与五团银行后，即可按照定价向该银行如数提取现款，交与乙项机关之总司柜。丁、此项办法，应继续执行，直至汇来款项用罄时为止。此时五团银行所收到之注销纸币，即应等于其所付现款总额减去首次垫交一百万元之数。此后该委员等应将等于一百万元之最后一批注销之纸币，交与五团银行。八、现因时限短促，恐不能于定期之内，将旧币全行察验兑付，以后或另订办法。凡持有大宗旧票者，暂将该票留存。由总司柜等先发收据，再行定期，按持票来行先后之次序，将该项纸币察验兑付。九、中国政府担保以后如遇于第七条所言准备金额数之外，必须增加若干时，中国政府立即另筹款项。十、收回省纸币之事办理完毕后，乙项机关所存之准备现金，以及已兑付之新币，合计一百万元，统应交与中国银行保存。且中国政府担保对于此项特别发行之纸币，常保有其适当之准备金额数，并编制清单，载明流通市面之票数，以及准备金额，由该华洋总司柜会同签字。每星期发登公报，直至此项特别发行之票收毕之日为止。十一、第四条所言之布告，自其发表之日起，中国政府即应禁止广东行政机关，或借其名义，再有发行省纸币之事。"①

1914 年，北京政府收回广东省纸币一案，最后照上述各条办理。由此可见，帝国主义国家已利用中国货币混乱局面，以"善后借款"之名，窃取中国盐税、货币等财政、金融主权，进一步干涉北京政府。

（三）皖、直、奉系军阀交替控制北京政府时期，币改方案朝令夕改

1. 黎元洪时期推行新银主币和提出《国币法草案》

（1）《国币法草案》的提出。

1916 年 3 月，财政部泉币司指出："查中国币制紊乱，于商务实多阻

---

① 《财政部与五国银行团协定整理广东纸币办法及拨用盐款合同》（1914 年 5 月），《币制汇编》第 2 册第 4 编《纸币案》，第 160—164 页。

碍，亟须设法整理，以资补救。近年以来，政府对于币制问题，讨论不厌求详。新银元发行之后，南北通行，已有统一之现象。惟现今世界各国均已采用金本位，而中国独用银本位，于国际贸易，不无窒碍。欲遽改为金本位，财力又有所不逮，故修正《国币条例》，于银本位之外，拟兼铸金币，以为将来改用金本位之基础。然金银并用，而比价不定，究竟能否通行，是一问题，自应详尽研究，以资解决。"①

1917年2月，财政部"根据民国三年二月呈准公布之《国币条例》，妥为修正"，拟订《国币法草案》十三条，以推进币制改革。

《国币法草案》第六条规定："一元银币，用数无限制。中元银币，每次授受以合五十元以内。二角、一角银币，每次授受以合五十元以内。镍币、铜币，每次授受以合一元以内为限。但租税之收受，国家银行之兑换，不适用此种之限。"

第八条规定："各种银币，无论何枚，其重量与法定重量相比之公差，不得逾千分之三。各种银币，每一千枚合计之重量，与法定重量相比之公差，不得逾万分之三。"

第九条规定："各种银币，无论何枚，其成色与法定成色相比之公差，不得逾千分之三。"

第十条规定："一元银币，如因行用磨损，致无法定重量，减少百分之一者，中元以下银镍铜币，因行用而磨损减少百分之五者，得照数向政府兑换新币。"

第五条修正了二厘、一厘铜币之重量成色等。"现在铜价日贵，二厘、一厘铜币，拟由造币厂收回旧制钱，改铸之。其重量成色另行酌定。"

第六条原案为："一元银币，用数无限制。五角银币，每次授受，以合二十元以内。二角、一角银币，每次授受，以合五元以内。镍币、铜币每次授受，以合一元以内为限。但租税之收受，国家银行之兑换，不适用此种之限制。"修正案为："一元银币，用数无限制。中元银币，每

---

① 《财政部泉币司提交政治研究会改良币制议案》（1916年3月），《币制汇编》第2册第3编《铸造新币时期币制案》，第53页。

次授受以合五十元以内。二角、一角银币，每次授受以合五元以内。镍币铜币，每次授受以合一元以内为限。但租税之收受，国家银行之兑换，不适用以种之限制。"理由是："中元原案或称半元或称五角，今修正为一律。"

第十二条原案为："以生银托政府代铸一元银币者，政府须应允之。但每枚收铸费库平六厘。"修正案为："于一定期间，人民以生银托政府代铸一元银币者，政府须应允之。但每枚收铸费库平六厘。前项一定期间，由财政部酌定之。"①

（2）泉币司提交财政会议推行国币建议案。

1917年3月，财政部钞录财政会议议决推行国币办法通行京外各官署，请"遵照并转饬所属各征收机关一体遵办"。② 内称："我国为整理币制起见，颁布《国币条例》，确定以银为本位。自民国三年以来，津宁鄂粤各造币厂先后鼓铸一元新币。推行以来，信用卓著。上年（1916）津厂鼓铸中元、二角、一角三种新银辅币，先就天津、京兆、山东、河南等处发行。本年津厂复鼓铸一分暨五厘两种新铜辅币，酌量推行。""该项主辅新币，或已发行而尚未普及，或已铸就而亟待发行，应由官家极力设法提倡行使，并极力维持主币与辅币及辅币与辅币互相兑换十进法价，俾收统系货币之实效。其提倡维持之法，固不一端。要以公款收入通用国币，为最要办法。查公款收入，以一切赋税捐款为最大宗。如果一面赶速鼓铸推行新币，一面全国征收机关照法价实行收用，则国币之用途广而信用著。统一币制，实利赖之。"③

泉币司提交财政会议推行国币建议如下："一、本部直辖及各省财政厅财政分厅所属各征收机关（各县知事公署包括在内），一切赋税捐款等项，

---

① 《财政部咨呈国务院为部拟国币法草案请提交国务会议文（附清摺）》（1917年2月），《币制汇编》第2册第3编《铸造新币时期币制案》，第75—88页。
② 《中华民国货币史资料》第1辑，第304页。
③ 《泉币司提交财政会议推行国币建议案》，《财政部通行京外各官署抄录财政会议议决推行国币办法转饬遵办文（附建议案暨报告书）》（1917年3月），《币制汇编》第2册第3编《铸造新币时期币制案》，第70—71页。

计数与收款，均通用一元新币，或本国旧式大银元，或中交两行兑换券。其各种银铜新辅币，均应恪遵国币条例，一律收用。其新主币与辅币，及辅币与辅币互相折换时，均按照十进计算，不得丝毫折扣，或故意挑剔。二、通用银元各地方各征收机关，应限用生银。三、征收人员，如违背《国币条例》，由主管长官，遵照《国币条例施行细则》办理。如有失察等情事，应负连带责任。"①

《财政会议审查报告书》内容为："甲、本部直辖及各省财政厅、财政分厅所属各征收机关（各县知事公署包括在内），一切税项，均应以国币计算税率。乙、一元新主币通行省份，征收税款，应以该项主币为本位。该项主币数多地方，应专收该项主币及代表该项主币之钞票。该项主币数少地方，得搭收旧银元、银角、铜元、制钱等，均照市价折合新主币。丙、征收机关，无论在新辅币已未发行之区域（新辅币未发行地方时有流入之事故并及之），凡人民以新银铜辅币纳税者，应恪遵国币条例，一律收用。其新主币与新辅币，新辅币与新辅币互相兑换时均按照十进计算不得丝毫折扣，或故意挑剔。至旧式大银元、银角、铜元、制钱等与新银铜辅币折换时，均应按照各该旧币与一元新主币之兑换市价办理。征收官吏及人民，均不得以各项旧币与新主辅币十进之法相牵混，致启争执。丁、新辅币之发行及兑换事宜，均由中国银行经理之。各种新银铜辅币，征收机关之收受，中国银行之兑换，应遵照《国币条例》第六条之规定，不加限制。戊、银元足用地方，征收机关不得收用生银。若通用银元为数不多时，生银亦应限制收用。己、征收机关不得收受外国钞票，至外国银元，非不得已时，亦不得收受。庚、征收人员，如违背《国币条例》，由主管长官遵照《国币条例施行细则》办理。如有失察等情，应负连带责任。""以上七条，甲条以主币为计算税则之标准；乙条以主币为税款之本位；丙条则分别新银铜辅币与主币，及各该新辅币与各种旧式币之折算方法；均为推行国币扼要

---

① 《泉币司提交财政会议推行国币建议案》，《财政部通行京外各官署抄录财政会议议决推行国币办法转饬遵办文（附建议案暨报告书）》（1917年3月），《币制汇编》第2册第3编《铸造新币时期币制案》，第71—72页。

办法。至其余四条，或则设法流通，或则排除障碍。统一币制，庶可预期。"①

（3）造币总厂监督吴鼎昌沥陈新币制分筹统一进行办法。

吴鼎昌指出："缘前于民国三年六月六日奉部颁修正《造币厂章程》，将三年一月二十九日公布原章第一条，总厂设监督一人，承财政总长之命，管理总分厂事务，监督总分厂人员；分厂设厂长一人，承监督之命，管理总厂事务，监督分厂人员之规定，全条删除。""总厂监督，实无指挥分厂一律办理之权，以致步伐未能整齐，进行不无迂缓。要之第二步计划之进行，现已十有七八。应请大部严饬各分厂铸发银元，一律照条例规定法价办理，并将各省旧银元及各外国在中国通行杂色银元，速行收回改铸。毁铸之损甚微，统一之功实大。此第一期发行新主币办理之大概情形也。"

吴鼎昌说："第一期统一主币办法，既有成效。鼎昌正拟着手第二步统一辅币之进行，适于四年（1915）三月间奉令调皖。至五年（1916）四月间复奉令署造币总厂监督。接事以后，始知此一年中，第二期之计划，竟全未着手。鼎昌当仍抱定原来计划，迭次会同商界银行，筹商布置。即于五年七月间，呈请大部，发行新辅币，先银后铜。计已发行者，为中元、二角、一角三种新银辅币，一分、五厘两种新铜辅币。先就津埠试行，渐次推广。现计前后发出各种新银辅币，约合大银元二十余万元，使与旧辅币并行，而新者一律照条例法价办理，准其兑换主币。铸发以来，商民称便，法价无差。各处商会并迭次来函请领。""惟北方各省，因不兑现钞票充斥，于实行十进辅币，阻碍横生。即如北京屡拟推行，无如人民持十进辅币交换中国银行钞票，法价立生影响。鼎昌迭与中国银行商筹办法。中经变乱，迄未定议。应请大部召集中交银行与币厂，特会议商定推行办法，将区域用途，逐渐推广，并拟由鼎昌亲赴长江流域省分，与银行商会商定逐渐推行南省之法。一经具有端倪，拟即着手第二期第二步之推行。"

---

① 《财政会议审查报告书》，《财政部通行京外各官署抄录财政会议议决推行国币办法转饬遵办文（附建议案暨报告书）》(1917年3月)，《币制汇编》第2册第3编《铸造新币时期币制案》，第72—74页。

民国时期的币制改革思想

吴鼎昌又写道:"筹款分区、分期收回旧辅币,使旧辅币之价抬高,与新辅币相等。然后定期公布,以旧辅币交换新辅币。庶银本位之币制,可期完全划一。此第二期发行新辅币办理之大概情形也。第二期之进行,尚未达十分之一二。即第三期之计划,现并无从着手。然新币制之精神,本具有预备金本位之意。但照条例实行,将来改革金本位时,只须规定对内金币之量,设立对外汇金机关,逐渐将一元银主币收回。其中元以下银铜各种,适合金币百十分之若干分,即仍可用为辅币,统于一系,不虞或紊。在现时货制之急务,仍以推行新银铜主辅币,使之划一整齐,而第三期即已易于入手。"

吴鼎昌说:"惟是本此计划,程序井然。欲期分道同归,各厂出于一轨,非有提纲挈领之机关,不足以收如臂使指之实效。现行造币厂官制,尚仍三年一月十九日公布之旧。虽有厂长承监督之命管理厂务之规定,而修正造币厂章程则将总厂监督管理分厂一条删去,与现行官制冲突。故现在分厂事务,或径呈大部,或请示总厂。办法至为纷歧,命令不能统一。然如果并无窒碍,亦复何事研求。无如按诸事实,隔阂滋多。一则如改铸旧币,收毁外元,火耗人工,自应亏折。各厂或尚狃于旧习,以盈绌为考成,即非督促,有人不免畏难观望。又如将来实行分区、分期收回之时,调查各地市面所存旧币外元,暨各种旧银角银元数目,以为预备新主辅币分别换回之标准,此中支配,尤不可无以总其成。二则新币法价不容稍有参差,辅币铸数更应严为限制,随时查察。应有专司。若一听漫如散沙,各自为政,何以杜流弊而便钩稽。三则辅币发行,即不专由一厂,而流通转用,断难各限一区。……铸发之多寡,彼此未预闻知,兑换之供需准备绝无把握。四则其他币制进行事项,或明知与总厂方针歧异,率行呈部核示,其间准驳,稍失平衡,不免纷乱,愈增缪辖。据此四端,应设法更张,或以后仍由总厂秉承大部一例通筹,即请将三年一月二十九日大部公布原章,仍以部令规复。或总分厂完全不相统属,由部另设专辖机关,通盘规画,以便总分各厂,一听指挥,而期币制精神有所专注。"①

---

① 以上均引自《造币总厂监督吴鼎昌呈财政部历陈新币制推形经过情形并分筹统一进行办法文》(1917年8月),《币制汇编》第2册第3编《铸造新币时期币制案》,第91—95页。

第二章 民国初年的币制改革思想（1912—1927）

（4）发行十进位的新银、铜辅币。

1917年，中元、二角、一角三种新银辅币，推行渐广。财政部指出："新铜辅币，自应一并续筹铸行。且现值各省钱荒，辅币缺乏，尤为推行新铸币最好之时机。当以拟定花纹形式，阴面作方祑行，绕以嘉禾，阳面上镌铸造年分。其一分者，中有一分，并下列每一百枚当一元字样。五厘者，中有五厘，并下列每二百枚当一元字样。币之中心，一律铸有圆孔。即经模印一分新铜辅币，送由大部核定，其重量及成色公差，并即遵照条例办理。惟查条例于新铜辅币列有二分、一分、五厘、二厘、一厘五种。监督以为币制改革，尤在因势利导。从前旧铜元需数，以当十为最繁。现在新币制位以十进，凡公私款项出入畸零之数，应按大洋找算者，自以为一分铜币之用途较大。"

"至民间习用当十铜元，若因新币制推行，使一跃而进用一分铜币，尤不能不为影响生计之预防。即应佐以五厘铜币，借资调剂。例如五厘铜币二枚，适与旧日当十旧铜元两枚市价之数，不相上下。先其所急，拟即先铸一分、五厘两种，仍商由中交两行，代任发行，一切均仿照新银辅币办法办理。""无论租税厘捐邮电轮路及其他一切收入，一律遵照国币条例收受，不得丝毫折扣。""新铜币完粮纳税，一切公家收入，商款贸易，行用便易，可免折合申贴各项烦耗，随时可向国家银行兑换。每大元一枚，换给一分铜币一百枚，或五厘铜币二百枚。其与新银辅币交换之价，均依十进递推。商民以大元或新银辅币，兑用新铜辅币，其兑额固无限制，即因存有新铜辅币，欲兑大元，亦任听多少，均可持往兑换。出入价尤一律，不致稍有亏损。"国家及省立银行"准商民随时到行兑换，悉遵照条例办理"。"至各该银行发行此项新铜辅币，并照法价，随时以大元来厂兑换。至收回较多时，仍准随时将新铜辅币退换大元，由厂如数换给，借维法价而昭大信。"

"惟发行伊始，关系币制统一，至为重要，是非军民官商协助为理不可。凡公款出入，商业贸易，以及私人授受，悉应确遵国币条例，十进行使，不得丝毫折扣，及拒绝不用。违者应照国币条例施行细则第九条处罚。凡一分新铜辅币一百枚，或五厘新铜辅币二百枚，均得换一圆新币一枚，或中元二枚，二角五枚，一角十枚。互相兑换，均以此为标准。兑额多寡，亦即照此标准推算。任听需用何种新货币时，均可随时持向国家或省立银行互相兑换。"①

新辅币成色，远不如旧辅币。"推其用意，无非防将来用金本位时，设成色太高，恐银价腾贵，人民熔毁辅币以易金币，或可获利，必至辅币渐渐销毁，故不得不减轻成色，其理由一。辅币国家有独铸之权，而为人民流通交易所必需，只须国家铸造有一定之制限，无使供过于求，则价格不至跌落，且随时可以换得大银圆，故成色虽轻，人民决无疑虑，其理由二。"②

2. 段祺瑞政府公布《金券条例》

（1）财政总长曹汝霖为金券计划涂脂抹粉，加以提倡。

1918年8月，"为币制重要，亟宜整理"，财政总长曹汝霖"拟请厉行民国三年颁之《国币条例》，统一银货，发行金券，及组织推行金券之贸易机关，并请特设币制局，以专责成"；"酌拟《币制节略》、《金券条例》、《币制局官制》、《中华贸易公司条例》等草案，缮单具陈"大总统。

呈文写道："货币为人民日用所需，圜法乃国家庶政之要。我国币制紊乱，亟待整理。民国以还，曾于1914年2月颁布《国币条例》，期以统一银币，为实行金本位制之预备。施行以来，成效渐著。亟宜再图进步，以竟全功。盖自国家财政言之，每年应还之洋债赔款，本利约居预算全数三分之一，均以金计。银价骤落，固有预算亏短之虑。即银价暴涨，亦有扰动预算之病。同为言财政者所切忌。且欧战以来，金贱银贵，有异常则，而吾国以财政困难，乃不得不举外债，将来偿还期届，欧战已毕，金银之价，较为平复，是借贱还贵，所受损失，竟居两重。""故当银贵金贱之时，不能不预为储金国外之计。此应改用金之理由一。"

"再就社会经济之关系言之，吾国之国际贸易，日见重要。而通商之

---

① 《财政部通行京外各官署为铸发新铜辅币饬属遵用文》（1917年1月），《币制汇编》第2册第3编《铸造新币时期币制案》，第67—69页。
② 《中华民国货币史资料》第1辑，第311页。

第二章 民国初年的币制改革思想（1912—1927）

国，多系用金。国际贸易，乃于通常供求相剂之外，复增一金银涨落之关系。投机危险之性质，因之加甚。直接贸易，固无由发展。外人投资，亦因而却步。中外商人，同感困难。全国实业，振兴无术。每年以用银而所受有形无形之损失，何啻亿万？长此以往，何以立国？此应改用金之理由又一。""况今日世界各国，皆已先后用金。即用银著称之印度，及产银素多之墨西哥，亦复追从列国，舍银取金。我国乃独故步自封，勿求改革，固不待蓍龟而知其非。""顾我国非产金之国，储藏之生金又少。铸造金币，自难骤举。且金银市价，以欧战之影响，逾越常规。金主币与银辅币之重量法价，难以臆定。故金本位制，虽在所必采，而实行之难，亦有不得不量为变通，先求一过渡之办法者。"

"梁前财政总长（梁启超）有见于此，曾于去年（1917）提议整理币制办法大纲。首在厉行民国三年之国币条例，以求银货之统一。次则整理纸币，以谋软货之完善。复拟发行金券，以为采用金本位制之预备。并向英法俄日四国银行团商议借款，以为实行之图。当由日本银行团代表该四国银行团垫款日金一千万元，合以王前总长及汝霖任内续垫之款，共已垫借日金三千万元。""汝霖自兼署财政以来，赓续梁王总长之议，督饬员司，于中外之制度学说，各省商民之习惯，国内国外金融之大势，详细讨论，佥以统一银货，整理纸币，发行金券，三者之计划，实为切合时势之善策。"

"盖我国虽号称为银本位制之国，然银两之用，至今未废。银元之种类繁杂，庞然并陈，亟宜有全国通用之银主辅币。庶于金本位制未定之前，确有银本位制之国币。而金本位制既定之后，币制业已统一，改革亦较易施。且既有全国通用之银辅币，亦可仍旧留用，作为金本位制之银辅币。此银货亟待统一之理由也。"

"中国交通两银行，为政府特许发行之银行。然各省之官银钱号，既各以习惯而发行银铜钞票。即私设银行钱铺，以及寻常之商号，亦有以所在省分之特别情形，发行钞票者。发行之制度，既不一致，准备之虚实，复非确定。因之而信用之厚薄，亦大相迳庭。发行过滥，市价折扣之事，比比而有。人民所受无形之损害，说者或比之于洪水猛兽，亦非太过。此纸币亟当整理之理由也。"

民国时期的币制改革思想

"至发行金券，以为实行金本位制之预备。民国元年，币制顾问荷兰博士卫斯林，曾倡其说，其用意正与梁前总长之议相类。今拟酌采其意，定一新单位币，名曰金元。应含纯金 0.752318 公分，即库平二分零一毫六丝八忽八。由政府指定之银行，发行金券。并特许招商集股，创设贸易公司，经营对外贸易，以为推行之助。并于国家各交通机关，先行改用金券。徐于他项公款收支及薪金俸给，次第酌改金券。将来流通既广，实力渐充。而金银市价，又合于金元银元所含金银纯量之比例，即可宣布实行金本位制。以金券或金元，代一元银币之用。一元银币，或逐渐回收，或暂作为金元代表币。而仍留国币条例之银辅币，作为金本位之辅币。是民不骚动，而金本位制，得以实行。""此则发行金券，以为实行金本位制之预备之概要也。"

"以上三则，既于今日之情势，及将来之需要，兼筹并顾，似为适当之计画，拟请为币制整理之方针。至币制条理，至为烦赜。方针既定，要在假以岁月，积极实行。且事关全国，尤当有居中驭使之机关，使内地边疆均能措置裕如，无分畛域。此在财政部泉币司之规模狭隘，固不足以尽其责。而财政长官之更迭，涉及币制政策，尤不足以保方针之始终贯彻。自非特设专局，不足以专责成而求完善。拟请即设币制局，直隶于国务总理，以崇体制而利执行。仍设督办一员，以财政总长兼任。庶于财政币制相关之处，仍有联络贯穿之实。币制整理方始，于各国改革之经过，借镜自多。中外学识擅长经验卓著之士，尤当礼聘，备充顾问，以收集思广益之效。期以十年，整理币制之功，当可稍睹。"①

（2）《金券条例》与《币制局官制》的制定。

1918 年 8 月 10 日，政府以大总统命令发表整理币制之政策，具体内容如下："据兼署财政总长曹汝霖呈称币制重要，亟宜整理，请厉行民国三年颁布之国币条例，统一银货，发行金券，及组织推行金币之贸易机关，并

---

① 《财政总长曹汝霖呈大总统为币制重要亟宜整理谨缮具币制节略草案等件恭呈祈鉴文》（1918 年 8 月），《币制汇编》第 2 册第 3 编《铸造新币时期币制案》，第 96—98 页。又见青松《中国币制概略》，原载《银行周报》第 65、66 号，1918 年，徐沧水编《中国今日之货币问题》，第 53—57 页。

第二章 民国初年的币制改革思想（1912—1927）

请特设币制局以专责成，酌拟条例官制呈请鉴核公布等语。币制为国家要政，关系民生，尤为密切。民国三年，曾经颁布国币条例，期以统一银币，为实行金本位制之预备，办理以来，渐著成效，自应力图进步，俾竟全功。所有金券条例暨币制局官制，业以教令制定。着由该部按照呈具节略，力策进行，余如所拟办理。"①

同日公布教令第33号《金券条例》："第一条，政府为便利国际贸易，预备改用金本位起见，得由币制局制定之银行发行金券。第二条，金券之单位为一金圆，每一金圆含纯金0.752318公分，即库平二分零一毫六丝八忽八，一金圆之十分之一为角，百分之一为分，千分之一为厘，皆以十进。第三条，金券种类如下：一圆、五圆、十圆、二十圆、五十圆、一百圆，政府得令币制局指定之银行，发行五角、二角、一角三种之金券，并得令由造币总厂铸造一分铜币。第四条，金券在未铸金圆以前，持券人得向制定之银行，汇至本国他处或外国。在金圆已铸之后，得改兑金圆，并得汇至本国他处或外国。金券得以外国金币，或生金按所含生金重量，向指定之银行折合交换之，金器具以生金论。第五条，金券与现行国币不定比价，但得照指定之银行各地随时牌示之比价，以金券向该银行兑换国币，或以国币及生银兑换金券。第六条，指定之银行，发行金券，应有十成准备。该准备为本国金圆或生金，或外国金币，分存中外汇兑商埠，所有准备金之地点及数目，该银行应每旬公布一次。上项准备应受币制局所派专员随时之检查。第七条，金券得照指定之银行随时牌示之比价，于公私款项出入使用之，金券之用数为无限制。第八条，指定之银行，得以金券为存放及其他之营业。第九条，本条例以公布日施行之。"②

同时，公布教令第34号《币制局官制》："第一条，币制局直隶国务总理，整理全国币制，其职掌如下：一关于泉币事宜，二关于钞券事宜，三关于其他币制事宜。第二条，币制局置职员如下：督办一员，财政总长兼

---

① 青松：《中国币制概略》，原载《银行周报》第65、66号，1918年，徐沧水编《中国今日之货币问题》，第50页。
② 《金券条例》（教令第33号，1918年8月10日公布），《币制汇编》第1册第1编《货币法规》，第23—25页。又见《中华民国货币史资料》第1辑，第469—470页。

任；总裁一员，特任；顾问一员，聘任；名誉顾问无定额，聘任。第三条，币制局应酌设员司，分科办事，但各科未经组织成立之先，得先设调查委员会，置委员若干人，以局令定之。第四条，币制局为缮写文件，及其他庶务，得酌用雇员。第五条，凡财政部所属造币总分厂、印刷局、造纸厂及各银行监理官，应受币制局之监督及指挥。第六条，币制局得发局令，必要时得请发院令，或会同财政部发布命令。第七条，币制局设立期间定为十年。第八条，币制局办事规则另定之。第九条，本官制自公布日施行。"①

日本胜田主计谈段政府发布《金券条例》的情况时，强调"借款团"对北京政府和中国币制有干预权甚至是控制权，对段政府为求借款利益，不惜出卖国家主权，无视中国百姓的荒唐无耻行为也讲得一针见血。他说："当中国政府发布此《金券条例》时，各国对于中国政府，提出抗议，谓关于中国币制，从来借款团有深切关系。又关于币制并其实行方法，借款团亦在研究，中国政府采用何种方法，不可不与借款团切实商议然后实行。中国政府与借款团之契约，不可不如此。……故现在之中国，被外国强迫而改革其币制，此中国所甚不以为快者也。中国本思以本国之意而改币制，然时机未熟，偶遇与日本借款，大见进步，于是遂发现金纸币在外国能有某程度之准备金，且受取此巨额之借款，于中国发行金券，便宜而且利益之事，此发布《金券条例》之动机也。"②

又称："曹氏之计划，表面上似极可取，大致由中国从一日人银团借款八千万元，但此借款不交与中国政府，而存于朝鲜银行。对于此宗假设的存款，中国发行大批所谓金本位币制钞票，其价值与日本金制相等，此等中国金本位币制钞票，不能兑现，但作为兑换同价值之朝鲜银行钞票之一种汇票。凡欲现银时，朝鲜银行之钞票，必须送往朝鲜银行及其分行，由该行换给日金，倘持票者需要华银，则必须将日金换成中国银币，如此使日人得此汇兑

---

① 《币制局官制》（教令第34号，1918年8月10日公布），《币制汇编》第1册第1编《货币法规》，第26—27页。
② 《中华民国货币史资料》第1辑，第467页。

第二章 民国初年的币制改革思想（1912—1927）

之利益，中国除由钞票间接以外，不能从日本取得任何现银。然钞票间接一层，亦仅表面则然耳。此计划若成，经手之人将得大宗回扣，殆无疑义也。""曹氏此举，简直系借日本纸币之助，戕害中国银行制度，同时并自图私利焉。尤耐人寻味者，曹氏提议特设一银行，以处理此新钞票，中国及交通两银行，均不得干涉此项计划。倘交行欲染指其利益，亦必须由曹氏经手，曹氏则将为彼新金币钞票银行之总裁。怪哉此计划也！中国将担任付给八千万元日金之利息，而不得丝毫之金银到手。而日本则可因此输入日金钞票于中国，以代中国政府银行之钞票。同时北京政府关于发行新钞票，及设置新银行，并须支出许多巨款。奇哉此计划也！"①

（3）《金券条例》受到报刊揭发和中外反对。

1918年7月7日，《北京导报》刊出以《财政上一大丑态》为题的评论，指陈中国政府以仅存的国币为赌注，一再借款，进行军阀混战，已达于不择手段、不顾任何条件的状态。"在已达极度紊乱的中国政界，如此疯狂的尝试（借外债发行金券），诚不解其用意之所在。""如此改革的币制，诚属举世笑柄，严重地损害中国财政。"②

1918年7月9日，《京津泰晤士报》登载了以《日圆代替了国币》为题的匿名报道，称"中国政府以改革币制为名，拟定导致日本掌握中国财政全权的计划"，必须"使中国政府在尚未陷入这不光彩的计划之前，及时中止，否则中国及其友邦都将蒙受其害矣"。③

1918年8月12日，上海《中华新报》转载"外国报纸论金券和金券借款的卖国罪行"，称"段党之前途，全恃金钱为之维系"，"为筹款起见，拟输入日本金元钞票于中国内地"。"此种金本位币制计划，实属徒然无益。"④

1918年8月17日，上海《申报》揭露颁布《金券条例》之内幕："最初之动机仍发生于号称日本私设公使之西原龟三。西原氏欲以己意改造我国币政，使属于日本币政之下。……然同时四国银团一闻此讯，以该团既

---

① 《中华民国货币史资料》第1辑，第475—476页。
② 《中华民国货币史资料》第1辑，第473页。
③ 《中华民国货币史资料》第1辑，第474页。
④ 《中华民国货币史资料》第1辑，第475页。

与我国币制问题有三年以上之关系（曾经三次垫款），遂急催我国提出对于币制之计划。财政当局受此双方之压迫，颇似两姑之间难以为妇，不得已装作八面美人，制成此种非驴非马、似是而非之条例。……然在西原视之，则两者均失，大不满意于此也。……然银团之意见，在望我国先将银币统一，无采用金本位制之必要。今该条例虽非决定金本位制，而明明为金本位制之准备，此与银团意见根本上不能相容之处。……至该条例之自身，疑点亦正甚夥。……我国民以勿信政府，金券之势力果能驾中、交票而上之耶？故以内外情势观察之，《金券条例》一纸空文而已。况既不定本位，仅与现有之银币、铜币并行，即令人人使用，不过使我国混乱币政之中，添一种花样，加一层纷扰，多造贪官污吏营私自利之机会。整顿币制云云，不亦相距过远也哉。"①"显见当时当局者利令智昏，授日人以经济控制中国之机会，宜乎爱国人士群起反对矣。"②

据曹汝霖自称："迨该法令经总统批准，政府遂开始受国民竭力之攻击，反对文电之来自各处者几如雪片。曹为转图自己之颜面起见，宣称与金券有关之各种条例，并不立刻施行云。"③

中外财政专家一致谓《金券条例》难以实行，因并无准备金，则断难成为货币。政府方面亦承认该条例暂难实行。《金券条例》颁布后，银行团方面强烈抗议，并提出警告。金币借款以银行团反对《金券条例》而中止，中华贸易公司以金币借款未成而停滞。④

3. 提出在中国实行虚金本位的货币体制

1917年9月，梁启超任财政总长，与英、法、俄、日四国银行团提议善后续借款英金二千万镑，为整理币制之用。其提议之币制大纲称，改革币制略分三步：第一，划一银币；第二，整理纸币；第三，采用金汇兑本位。⑤

---

① 《中华民国货币史资料》第1辑，第477—478页。
② 《中华民国货币史资料》第1辑，第480页。
③ 《中华民国货币史资料》第1辑，第480页。
④ 《中华民国货币史资料》第1辑，第478—479页。
⑤ 青松：《中国币制概略》，原载《银行周报》第65、66号，1918年，徐沧水编《中国今日之货币问题》，第48—49页。

第二章　民国初年的币制改革思想（1912—1927）

"现拟着手之事"包括："一、改革造币厂，如减少厂所，不使币厂含独立营利性质。二、造币厂聘外国总技师一人。三、设检查货币会时，得约外国人为名誉会员。四、依民国三年颁布之《国币条例》，严定重量成色型式，鼓铸新币，其一元主币采自由铸造主义。五、稽查炉房。六、规定国币与各地银码之比价，由征收机关照定率收之，使国币与代表国币之兑换券，得以推行全国。七、照市价收回旧辅币。八、发行对外金汇票，以维持中央银行北京钞票价格。九、以造币余利购金存储外国，补充在外准备金之耗损。十、以海外金准备为担保，发行内国公债，充整理各省滥纸币之用。"①

1919年8月，财政部龚心湛、李思浩拟订《币制计划大纲》，拟借款以实行金汇兑本位制。此大纲有五点内容："一、整理方法，当以本位为先决问题。二、鉴世界之大势，本位宜定用金，而以采用金汇兑本位为入手办法。三、定一虚金单位，以现行一元国币代表行用，一元银币即丧失其主币之资格。四、先行统一现行银、铜各币，以全国通行同样之货币为归结，各币各以其次十进。五、筹集金准备，实行金汇兑。"② "但由于国内反对派系的扞格，同时英、日又阻挠甚力，特别是英国政府很不同意，从中破坏，所以借款未成，币改计划随而落空。"③

1922年8月，币制局泉币处拟虚金本位、单位、整理、监督及调查各项办法。

第一，本位问题。"世界各国，本位皆已用金。我国以国际贸易及国际负债之关系，自难永远独异。而虚金本位（金汇兑本位）对外用金，国内仍以银币及纸币代表金单位行用，施行最便。经历次讨论，大端已无甚异议。故本位问题，似可认为已定用金汇兑本位，惟实行之时间及准备，尚有应行讨论之处。"

第二，单位问题。"单位问题与本位问题有密切之关系。如本位继续用银，则现在一元单位币绝无问题。如改定用金，则其虚金单位为若干重量

---

① 青松：《中国币制概略》，原载《银行周报》第65、66号，1918年，徐沧水编《中国今日之货币问题》，第49—50页。
② 《中华民国货币史资料》第1辑，第525页。
③ 《中华民国货币史资料》第1辑，第528页。

之纯金（并不铸造），其代表单位之银币，是否即用现行成色、重量之一元币？抑用现行成色、重量之中元？或就现行一元或中元之重量而减增其成色？似有讨论之余地。……可否即将现行中元（铸数尚不甚多），成色改为与一元一律，多加铸造，在金本位未定以前，以二枚作一元行使。本位既定之后，即可中元代表金单位。……照此办法，有无窒碍，应请讨论决定。"

第三，整理硬币问题。"整理现行货币问题，可分为以下三层：（甲）统一大银元；（乙）铸造暨推行新辅币；（丙）整理旧铜币。"

第四，监督及调查办法。关于监督，"曾于民国九年二月拟具货币检查委员会章程，呈请施行；但未经实行，叶技正景莘整理币制说帖亦主张设立检查委员会，究应如何进行之处，应俟公决"。关于调查，"泉币处前曾拟具货币调查项目一件，计分国内、国外两部。国内之部，分册籍调查、实地调查两项；国外之部，分常年调查、特别调查两项"。"查整理、监督均有待乎调查，内国国情，外国先例，尤属重要。"①

上述币制大纲很清晰，提出在中国实行虚金本位的货币体制。但是，北京政府相当无能，既无币改经费，又无实际决心和举措，反而为了解决财政赤字，大借外债，大肆滥发各类辅币、纸币和变相货币，导致中国货币金融深陷崩溃之中。

诚如王恒所言："吾国社会，虽有货币流通之事实，然以多种货币错杂而流通。一方面以于此等货币之间，无何等联络统制之国，一举而欲施一可以通行全国划一之制度，因此所生之困难，当然不少。由政治关系上言之，当此全国纷扰，地方争权之基础上，原来政治行政之组织，对于创设货币统一之制度，不得不加妨害。各地督军省长总司令，各拥有货币铸造权，即以此扩张其收入，如招商承办，借债自办，皆非以改革货币为目的，而完全以计划自己之收入为目的。故若有人起谋真正的货币之统一，即不啻攘权若辈收入之一大宗，其为积极反对不待论矣，更论谋统一速成时经济上当然发生之困难。吾国人民，自来缺乏法币观念，任何货币，不问其

---

① 《中华民国货币史资料》第1辑，第581—583页。

第二章 民国初年的币制改革思想（1912—1927）

额面价格若何，只注目其含有的金多寡。故骤见新货币之流通，辄镕解之，而各自定其行市以为流通。且吾国大部分人民，生活程度尚低，各部分经济发达之状况，相差甚远。以如此社会，欲一举而施行统一制度，其困难殊未易枚举也。盖铁路及其他交通机关，既未普及全国，各省间之交易交通又不密切，国库如洗，外债山积，人民纳税能力尚极幼稚，欲将一种新货币普及于全国，更非瞬息所能几也。不能普及，而以新旧货币相并而流通，则仅有货币统一之名，而不见其实。加之内外国各银行纸币之发行，钱庄银票铜圆票之发行，欲一举而尽禁之，亦当大费考虑也。此中更有一事应予注意者，即从来因通货复杂之故而寄生其间，专以找换货币、鼓铸宝锭、检查品位，以为生活、坐享利益之兑换商人、银炉、公估局等，互相勾结，以妨害新制度之施行。其势力亦决不微弱也。依上所述，专就中国政治经济之现势而言，货币改革之难已如此，况在今日干戈扰攘之中，其于困难之上，更加困难，不待言矣。"①

北京政府时期，财政困窘、威信渐失的中央政府受到外国势力和各省军阀割据势力的严重威胁，大肆出卖主权举借外债，滥发公债、纸币及各种辅币，致使中国货币银行深处重重危机之中。各省军阀称霸一方，争相滥铸、滥发各种硬币及操纵地方银行滥发纸币，导致各地货币金融危机不断深化。帝国主义列强进一步操纵中国财政金融，不断干涉和破坏中国货币金融主权，导致中国货币危机进一步恶化。因此，这一时期，中国各地铜元贬值、物价飞涨、通货膨胀、银根紧缩、银行挤兑等现象层出不穷，举国上下无不深处日益严重的货币金融危机当中，苦不堪言，货币统一和币制改革的强烈呼声不绝于耳，各种币制改革主张和币制改革条例应运而生。然而，全国纷扰，地方争权，列强操纵，官商勾结，国库如洗，外债山积，人民既不信任政府，又缺乏法币观念，政府的币制改革政策朝令夕改，动机不纯，大多停留在纸面，其中能落地试验的无非新增几种货币，进一步扰乱市场秩序而已，更谈不上实现货币统一、确立货币本位制度。

---

① 王恒编《货币概论》，中华书局，1933，第100—102页。

第三章　南京国民政府统治前期的币制改革思想（1927—1937）

1927年，蒋介石发动"四一二"政变后，成立南京国民政府。1928年12月，东北易帜，北京政府正式结束，国民政府完成形式上的统一。

1929年，世界经济危机爆发。1929—1933年，先后有35个国家放弃金本位制，实行通货贬值政策，导致银价自1931年秋开始上涨。由于中国用银，银价上涨对中国不利。加上1931年日军侵占中国东北、1932年"一·二八"淞沪抗战和长江流域大水灾，中国也陷入经济危机。

在这种危机四伏的经济形势下，中国实行了银本位制。1932年夏，上海洋厘（银元的银两价格）跌到6.8钱，创两元并用以来的最低纪录，银元被大量熔毁。财政部遂于7月成立废两改元问题研究会，将废两改元提上议事日程。1933年3月8日，财政部颁布《银本位币铸造条例》，规定"自3月10日起，以上海规元七钱一分五厘合通行银币一元为一定之换算率"，银本位币一元重26.6971克，成色88%，含纯银23.493448克，旧有一元银币在一定期限内仍可流通。"此项新银元的规定与新银元对于银两的换算比率的规定，实为两元并用之过渡办法。"① 3月10日，上海取消洋厘行市，银元每元按0.715两计算，以元为记账单位。4月5日，中央政治会议宣布于次日起全国废两改元。"如此，废两改元遂告完成。嗣后银两一词仅成为货币史上的一名词，在中国现实的货币上，便没有银两的存在了。"②

1934年6月，美国国会通过《白银法案》，规定白银要占法定货币准备的四分之一，为此要大量购进白银。8月，美国实行白银国有计划，从国外

---

① 〔日〕吉田虎雄：《中国货币史纲》，周伯棣译，中华书局，1934，第96页。
② 〔日〕吉田虎雄：《中国货币史纲》，第100页。

第三章　南京国民政府统治前期的币制改革思想（1927—1937）

购买白银。国际银价急剧上涨，中国白银因而大量外流。中国通货紧缩，物价下跌，工商企业大量倒闭，陷入白银危机。

为了限制白银外流，财政部规定从1934年4月10日开始对白银征2.25%的出口税。10月5日将出口税提高到10%，并加征平衡税。平衡税率随时调整，要做到征税后使白银出口无利可图。征出口税和平衡税只是临时应急措施，银本位制已面临崩溃的危险。"自严格的意义言，白银征税之后，中国币值与世界银价已经脱离关系，白银输出入失去自由，事实上等于放弃银本位。"①

1935年9月21日，英国政府首席顾问李滋罗斯应聘来华，帮助进行"币制改革"。11月3日晚，财政部发表《施行法币布告》，规定自次日起，以中央、中国、交通三银行（两个月后又加上中国农民银行）的纸币为法币；过去批准发行的其他银行的纸币照常流通，但发行额以截至11月3日的流通总额为限，以后逐渐用中央银行法币收回；不得使用银元，各种银类均须兑换为法币；设发行准备管理委员会办理法币准备金的保管及发行收换事宜；由中央、中国、交通三行无限制买卖外汇，以稳定汇价。这就是所谓"法币政策"或1935年"币制改革"。实行法币改革后，物价逐步回升，国民经济迅速恢复并获得较好发展。

这一时期的币制改革思想紧紧围绕货币本位制度、废两改元以及法币改革展开，充分吸收西方货币理论，并立足中国社会现实，涌现出一系列日益成熟和完善、正确的币制改革方案，但也不乏带有严重空想性质的主张。

一　甘末尔金汇兑本位论

1928年，南京国民政府召开全国经济会议和财政会议，讨论确定币制方针：第一，推行纸币集中主义；第二，推行金汇兑本位。"其最适用于今日情形者，第一步，废两改元，确定银本位；第二步，推行金汇兑本位制

---

① 余捷琼：《中国的新货币政策》，商务印书馆，1937，第54—56页。

度。而着手之初，当以创办信用卓著之国际汇业银行为施行本位之助。"① 即创办银行，统一货币，推行金汇兑本位制度。

1929年，中国财政部邀请美国专家甘末尔（Edwin Kemmerer）博士一行来华，帮助中国设计币制改革方案，计划逐步过渡到金本位。

甘末尔认为，金本位制是最好的本位制度。他说："金本位虽不能称为完美无缺之货币本位，然而就世界各国之经验言之，则诚为最佳之本位。故最近将来之紧急货币问题，并非一国之创造替代金本位问题，而实为如何使金本位成为更好之本位之国际问题也。"② 甘末尔建议美国采用金块本位。他说："就经济学原理及世界货币史而言，均表示纸币本位下而欲统制通货膨胀，极端困难，抑且由大规模通货膨胀所发生之流弊，亦极巨大，因此美国应迅速即积极恢复金本位。"③

甘末尔汇兑本位论坚持用较大数量的黄金作为准备金。甘末尔反对其"法定准备一部分为白银"。他的理由是，第一，社会人士均不愿以其纸币兑换银元，"社会人士既鲜欢迎银条，因其携带不便，而其金值又继续变动"；第二，"不能以之偿付国外之债务"；第三，"若以此项笨重之白银为中央银行之准备，其保管费用，殊属可观"；第四，准备金乃"调剂基金"而非"后盾基金"。中央银行准备金的主要功用，是使货币之供给适应贸易需求之变动。"常态之准备"，必须足以吸收"营业上通常不免之过剩或比较充斥之货币"；其数量必须较大，"俾克保障非常之商业不景气或金融危机"。"中央银行之准备金，因此不能视为该行钞票流通及存款债务之后盾，而亦不能视为该行应付此项债务能力之保证。""此项准备金必须足以供为缓冲基金，以调和货币之膨胀与紧缩，借便应付商业上需求之变动。"④ 以上论述符合中央银行的运作原理——中央银行作为货币当局，应当具备管理金融、干预和调控国民经济发展的实力与手段。但是，较大数量的黄金准备，对于当时的中国来说，绝非易事。

---

① 《中华民国货币史资料》第2辑，第61页。
② 〔美〕甘末尔：《甘末尔货币论》，李百强译，会文堂新记书局，1935，第11—12页。
③ 〔美〕甘末尔：《甘末尔货币论》，第142页。
④ 〔美〕甘末尔：《甘末尔货币论》，第92—94、95—97页。

第三章 南京国民政府统治前期的币制改革思想（1927—1937）

甘末尔设计委员会是南京国民政府"财部以数十万重金聘请过来设计新中国的金融及财政改革的方案的"，其对于建设中国币制的报告为《中国逐渐采行金本位币制法草案附理由书》①。

（一）《中国逐渐采行金本位币制法草案》要点

第一，货币之价值单位。国币单位，定名为一"孙"（Sun），应含纯金60.1866公毫，"相当于美金四角，英金一先令七便士七二六，日金0.8025元"。

第二，货币之种类。铸造一孙、五角及二角的银币，一角及五分的镍币，一分、半分及二厘的铜币，为国内通货。"但最小的铜币除万分必要外，不得铸造。且其流通区域亦限于财政部长所指定之地方。""金币不拟铸造。此因金本位没有铸造金币或流通金币之必要。即在今日多数本位国，实际上亦无金币之流通。"国内流通的货币是1孙银币和其他银辅币、镍币、铜币，没有金币。"金孙"只作为计算价值及国外汇兑的标准。"银孙"一币的法价或面值等于"金孙"一枚。

第三，名目货币的兑换。银孙及其他各种货币，均为名目货币，政府得依其选择，以金汇票或生金为无限制的兑换，借以维持银孙与金单位之平价。即在需要时，银孙币可与金汇票或生金无限兑换。

在金块本位制度下，由国家储存金块，作为储备，流通中各种货币与黄金的兑换关系受到限制，不再实行自由兑换，但在需要时，可按规定的限制数量以国币（本位货币"银孙"）向本国中央银行无限制兑换金块。

在金汇兑本位制度下，国内只流通银行券（或银孙），银行券（或银孙）不能兑换黄金，只能兑换实行金块或金本位制国家的货币（即金汇票）。实行金汇兑本位制的国家，要使其货币与另一实行金块或金币本位制国家的货币保持固定比率，通过无限制地买卖外汇来维持本国货币币值的稳定。

第四，金本位基金。设置一金本位信用基金，此基金至少为流通货币

---

① 李权时：《评甘末尔设计委员会的币制报告》，《商学期刊》第4期，1930年7月，第1页。另见《银行周报》第14卷第13号，1930年4月，第1—5页。

价额的35%，并分之为两部分，第一部分来自现金（金币或金块）及以现金支付的外国信用，第二部分来自中国为造币目的所购入之金属。实行金汇兑本位制的国家，国际储备除黄金外，还有一定比重的外汇，外汇在国外才可兑换黄金，黄金是最后的支付手段。

第五，造币益金，即铸币余利。"本草案所规定的货币全为名目货币，故政府可由货币的铸造而得巨额的利益，其益金充当金本位基金。"铸币余利充当储备金。

第六，金本位实行之顺序。第一步，提前60天公布银孙等本位通货的正式流通日。金本位通货流通日的布告，"须于事前六十日公布一省或数省的金本位通货流通日"。第二步，发布公告明确银孙等本位通货成为唯一法定货币的具体日期。金本位法货日的布告，即"此日以后，以金本位通货为契约上唯一之法定货币"。第三步，发布债务整理日之布告，即"此日以后，以银两或其他非金本位通货计算的一切债务、契约及各种支付，当于其满期日，按照政府所规定之换算率以金本位通货支付"。

第七，铜币之处置。首先，暂准"现行的十文即一分铜币（单铜元）"与金本位通货同样使用，但渐次收回，"直使其市价成为每孙二百枚为止（现在每元三百枚左右）"。当"其市价有三省以上达每孙二百枚后"，布告铜币安定日。"此日以后，该铜币成为合法的金本位货币之一部，每枚半分，即以二百枚一孙之率使用之。其后逐渐以小形的半分铜币代之。"

第八，旧货币的处置。全国币制委员会负责"督促金本位货币代替现行通货"。"由流通中撤回的非金本位货币，悉行熔毁。"

第九，旧纸币的处置。财政部长至少于一年以前，布告各省纸币最后收回日（不得早于债务整理日）。"在纸币最后收回日以前，一切纸币，均以平价收回之。但纸币之价格激落，且经若干时而仍无回复之望时，则在某条件之下，得依财政部长所决定之率，以额面以下的价格收回之。"①

"据此以观，甘末尔设计委员会案，非为纯粹之金本位制，乃为金汇兑

---

① 以上均引自《中华民国货币史资料》第2辑，第68—71页。

本位制。"① 可见，甘末尔金汇兑本位论在理论上比较缜密，其改革思路清晰，步骤设计也比较细致。但他对当时中国的实际情况和世界局势的判断有失偏颇，这一点可从姚庆三和赵兰坪的评论中清楚地看到。

（二）李权时、耿爱德、姚庆三等人评甘末尔的币制改革方案

1. 李权时认为甘末尔方案有七大优点

第一，该方案主张国币单位名为"孙"（Sun），而不名为"圆"、"元"或"袁"（Yuan），"实在是很能体贴现在一般国人的心理的"。

第二，该方案主张"孙"为金单位，"银孙"为信用货币或虚币，"实在是将来的目标与现在的事实兼顾的一种妥善本位"。"甘末尔设计委员会币制报告主张中国采用金本位，其单位定名为'孙'，含有纯金60.1866公毫。""金孙只作为计算价值及国外汇兑的标准"，"二十枚半金孙币等于美金一枚"，"这个金单位，虽较德之马克，法之佛郎，意之利拉等为略高；然较英之金镑，美之金元，日之金圆等均小得许多，实在是很合乎中国现今之生活程度的"。"金'孙'既只为标准币，不是流通币，于是该报告乃又主张铸造银'孙'及其他辅币或虚币以资流通。""银孙"一币的法价或面值等于"金孙"一枚，而其总重量则为二十公分，内含纯银八成，即十六公分；至五角与二角银币的成色更减为七成二分。新银孙的总重量（二十公分）约较旧银币总重量（七钱二分）减轻五分之一强，所含纯银亦较旧银国币（即袁洋中山洋等）减少八公分光景，差不多减少三分之一。这是"一来要防止格雷欣法则之活动，二来要增加政府造币权的利益，以便拨入设置及维持金本位的基金"。

第三，该方案主张分区或分省逐渐采行金本位，"亦属深究中国的特别情形之建白"。

第四，该方案对于金平价的维持方法，"虽不脱金汇兑本位的窠臼，然舍此之外，吾人亦想不出来较善而且可行之方法也"。"如果海外金本位基金只存此伦敦与纽约两地之殷实或国家银行，那末一有战争，现金恐有被

---

① 《中华民国货币史资料》第2辑，第72页。

吸收的危险的恐慌,似十九将徒成为杞忧也。"

第五,该方案主张全国币制委员会应由外国币制专家一人辅助,由财政部长任命,其权限较1903年美人精琪氏所主张之洋员司泉官狭窄许多。

第六,该方案主张以金本位通货逐渐代替非金本位通货,亦为合乎国情的妥善办法。

第七,"该报告理由书末节评主张先统一银本位再设法采金本位者之非,亦说得有情其理。该报告谓主张先统一银本位再设法采金本位者,至少有二个大缺点:其一就是此说接连的要经过两道痛苦的币制改革手续必将不胜其麻烦,且虑第二道改革时阻碍之横生。其二就是径改为金本位制下能获得巨大的造币权利(估为美金三万三千万元)将失之交臂,未免可惜。而本位基金顿时失了一笔巨大的来源,致改行虚金本位更觉困难,尤为失算之至。我以为甘末尔设计委员会这种论调,完全是对的"。①

以上李权时对甘末尔金汇兑本位论的理解和支持在一定程度上反映了1928—1930年的中国币值亟须改革,但他们的观点已然跟不上时事变动的步伐,略显过时了。

2. 耿爱德反对甘末尔的建议

耿爱德(Edward Kann)认为,甘末尔不建议中国统一银币,却主张采取从混乱的银币状态一跃而采用金本位的直接的方法,且上述计划之完成,必然要经过很多年,因而反对甘末尔的建议,主张采用间接的计划。事实上,甘末尔主张实行的并不是金本位制,而是金汇兑本位制。当时耿爱德主张继续改革中国的银币和铜币,废两改元,辅币和银币采用十进制。

耿爱德说:"甘末尔的计划未能在当时实行,这对中国是一种幸福。如果中国在1930年采用黄金作为通货制度的基础,则一年之内,就将不得不放弃这个基础了。其结果,纸币将在中国占通货的重要地位了。""但甘末尔提案对中国也不是没有给直接的好处,中国在现实上采用了一种金通货制度,使它抵抗了扩大的世界经济危机的灾难,使它避免了由关税收入担

---

① 以上均引自李权时《评甘末尔设计委员会的币制报告》,《商学期刊》第4期,1930年7月,第1—5页。另见《银行周报》第14卷第13号,1930年4月,第1—5页。

第三章 南京国民政府统治前期的币制改革思想（1927—1937）

保的对外国供款的义务，不致于不履行。海关金单位是在 1930 年 2 月以后决定的，中国海关在征收进口税时要征收金单位，这是甘末尔委员等的建议。"① 耿爱德的上述评论切中要害，比较符合实际。

3. 姚庆三评甘末尔方案

姚庆三指出，甘末尔博士在其《中国逐渐采行金本位币制法草案附理由书》里，虽以金本位为名，实际也是主张实行金汇兑本位制，"至其精密周详则又远出精（精琦）卫（卫斯林）两氏之上"。其最大的特色，即在以为其计划中代表金本位的银"孙"名价大于实价，其铸造利益可以作为金汇兑基金，而无须另筹巨额金借款，所以实行并无困难。②

针对这一点，姚庆三做出深刻切实的批评："甘氏报告发表之时，正值银价暴跌，财政部起初似有实行之意，但后来也毫无动静。"这是因为甘氏计划虽似动人，但在银价暴跌以后，已少实行的可能：一则其计划中之银"孙""实价仅及名价之三分之一，通行未免困难"；二则以"银孙"换回银元之铸造利益，合成金币，不足以做金汇兑的基金。"如果要使实行，亦非另筹金借款不可。"但是，"中国在数年内决无向任何国家借到金借款以为金汇兑基金的可能。这是因为黄金现在已经成为列强争夺的目标，各国自己已有不足之感"。"退一步讲，金汇兑基金就是没有问题，中国在这个时候实行金汇兑本位，也是有弊而无利。""因为金汇兑本位的实行须以金准备存于国外主要金融市场，这在现时至少有以下两层危险：（一）各国的金本位正在动摇，如金准备存放的国家不幸停止金本位，则金准备必将不能提回，而有跟着该国货币跌价的危险；（二）现在是第二次世界大战危机潜伏的时候，如金准备存放的国家不幸变做我们的敌国，那末金准备就也有损失的危险。"所以，姚庆三说："金汇兑本位数年内不但没有实行的可能，而且也没有实行的理由，我们可以不必再谈。"③

1934 年 10 月，赵兰坪著文称，"财政部顾问甘末尔氏之主张，或从一

---

① 《中华民国货币史资料》第 2 辑，第 73、74 页。
② 姚庆三：《中国金融问题之回顾与前瞻》，《东方杂志》第 30 卷第 4 号，1933 年 2 月，第 30 页。
③ 姚庆三：《中国金融问题之回顾与前瞻》，《东方杂志》第 30 卷第 4 号，1933 年 2 月，第 30 页。

般教科书中之论调,先行金汇兑本位制,以为过渡,俟存金稍充,再铸金币,完成欧战以前式之金本位制。此种步骤与方式,恐除极端守旧之经济学者外,现已无人道及。"他说:"旧式之金汇兑本位制,试观印度之经验,并将印度之经济状态与吾国比较后,其难行使于吾国,不可言喻。至于欧战前之金币本位制,已成历史上之遗迹。欧洲金本位国集团之中,于实际上亦无行之者矣。"① 赵兰坪从国际国内形势入手,批判甘末尔主张守旧、过时,且不适合中国。不得不说,姚庆三与赵兰坪的评述和见解很有说服力,值得肯定。

二 改良银本位的种种设想

1929年冬,金价逐渐上涨,银价迅速下跌,至1931年6月,纽约银价达到最低限度,每两只值美金二角六分又八分之五。自1931年9月起,银价暂停下跌。1933年以后,银价反而上涨。②

1930年,顾翊群作《外汇紧缩与通货膨胀》一文,指出中国经济衰败之根本原因在于货币及信用膨胀。他说,"今日之中国,民生凋敝至于口不能言,笔不敢书","此而欲归咎于银价之跌落,则愚认为舍本逐末之谈。盖吾国货币及信用膨胀,为今日经济衰败之本,而银价衰落则其末因耳"。

其一,政府肆意发行公债助长银行信用,造成货币及信用膨胀。"本国银行纸币之保证,硬币而外以公债为主,故纸币流通之多少,盖与发行银行之多寡,暨政府发行公债数额之多寡,有直接相关系数存焉。民国以来,发行暨领券之银行钱庄,日益增加,政府每借公债之发行,以补岁计之不足,公债既由银行承销,一转移间,即变为发行准备。在外国纸币之发行,一本于商业之盛衰,商业盛时则商业票据多,因之而以票据为准备之纸币亦多,商业衰时则反是。在吾国则发行之多寡,以政府所发行公债为准,

---

① 赵兰坪:《征银出口税与今后吾国之货币政策》,原载《中央时事周报》1934年第3卷第42期,后收入赵兰坪《现代币制论》,正中书局,1936,第7页。
② 刘大钧:《白银问题》,原载《时事月报》第10卷第4期,1934年,吴小甫编《中国货币问题丛论》,光明书局,1936,第20、27页。

第三章 南京国民政府统治前期的币制改革思想（1927—1937）

而与商业之盛衰无涉。"

其二，1929—1931年国际银价下跌，中国购进生银较多，造成银钱业信用膨胀。"吾国近二年来购进生银超过往昔，上海存底之巨，前所未有。上海普通商业，仍恃钱业金融为周转，钱业因有出远期本票、轧公单及拆款制度，得以极少数之现金，做极巨额之交易。现在上海二万万银洋存底，大部分虽属于银行，但因华银行之存款第二准备，例存钱庄，以及钱业随时得向外银行拆款之结果，钱业银根亦松懈不堪，造成钱业之信用膨胀。在外国此巨额之银底大都关闭于中央银行之金库中，不作为信用之根据。在吾国现行制度之下，银钱业以牟利为主，此巨款遂以供信用膨胀之用矣。"

其三，银行信用膨胀、银钱业信用膨胀及货币膨胀对经济社会造成的危害不容忽视。"吾国近年以来，各项事业虽甚消沉，然银行一业独特别发达，旧创者虽间有收歇，新创者仍接踵无穷。自公债发行以来，银行信用大量膨胀，存款亦不绝增加，表面上似兴旺气象，实则仍系货币膨胀所造成之把戏。""吾国近来论者，仅知现银底增加之为患，而不知根据银底所造成之银钱业信用膨胀，其为患盖十百倍于银底之增加也。"

其四，货币及信用膨胀助推物价升腾，造成国际汇兑惨跌。"吾国现在大商业中心点，平津汉已衰落不堪，全国内地纸币充斥，现币被其驱逐，均装至上海，更以每月还债款关系，各海关每月须汇款来沪，各地对沪汇水逐渐升腾，沪地之硬货纸币，暨银行钱庄信用，复均极度膨胀，同时货物之生产及交易，因受种种非经济原因之影响，不特不能增加，反形减少，其结果则全国物价有上腾之趋势。夫国际物价，除为人为之限制外，应趋于平。今国外则物价下跌，国内则物价上涨，国际汇兑焉得不跌，愚以为吾国汇兑，非俟国外物价跌风止熄，吾国货币及信用收缩后，无回头之希望焉。"

其五，即便改行金汇兑本位制使汇兑与银价分离，但物价随国外大势下跌，会给国家带来痛苦。"论者每以为吾国此时但改为虚金本位，使汇兑与银价分离，汇兑跌风即止，庸讵知改金本位后，汇率固可对用金国家维持平价，物价则须随世界大势以俱跌，其时政府财政以及私人经济，痛苦实深。"所以，顾翊群认为当务之急是政府必须厉行节约，停发公债，收缩信用。他说："吾国现时诚欲安定汇兑，则在政府须厉行节约，停发公债，俾财政收支得以相抵，在银行须提高利率，收缩放款，即减发行，牺牲存款，此非易谈也。且脱离之后，新货币单位之管理最难，按照现时情况而论，恐将来非如奉票及汉钞不止也。"

其六，政府发行公债不仅加重人民疾苦，而且加重外债负担，既对国民不公，又于己不利。"政府于战时发行公债，较征收租税为易，其害亦较发行纸币为轻，然学者以为在理论上与其发内债，毋宁借外债，国人受害尚为轻减。盖借内债须以税收作抵，已是一重租税；迨债额过巨，至于货币膨胀，物价飞腾时，则人民购买力复经一层剥削，是为第二重租税。但租税原则，须人民有负担能力，而货币膨胀之剥削人民购买力，则不问其能否负担，而普遍绞取，其结果有资产者受害轻，而贫穷小民痛苦重，此不公极矣。苟不发内国公债，而汇兑维持平价时，则外债所需国币数额，翻为有限，现在之政府对外并未举债，徒以汇兑以货币膨胀而暴缩，致已欠外债负担，较前增加甚巨，殊为不合算也。"

其七，发行"金公债"并不能抑制信用膨胀，且将加重汇兑跌风，引起金融恐慌。"近人主张发行金公债，以吸收华侨投资，并防止国内资本之流出。愚以为资本无国际，纯视利率之高低，暨本金之安全程度以为定。吾国近来之华侨汇款减少，以及资本之流出，实因政府财政收支不能相抵，社会金融复膨胀过度所致，盖纯为投资者之一种自卫行动。""此种资金，以在国外之故，不能再致通货于膨胀，且足为将来改金本位之助，政府此时只须持以镇静，从速终止战事，使财政收支得以平均，复厉行紧缩政策，裁并不必要之机关，则通货渐就收缩，汇兑跌风自止，已汇出之资本，终必归来。苟现在复发行金公债，则通货暨银行信用，仍可继续膨胀，汇兑跌风更将有甚。且此新公债，苟以关款作抵，而位置在已发行之国币公债之前，则后者必将跌落，引起金融恐慌，殊未见为得策也。"[①] 所以，顾翊

---

① 以上均引自顾翊群《外汇紧缩与通货膨胀》，《经济学季刊》第2卷第1期，1931年3月，第32—34页。

第三章 南京国民政府统治前期的币制改革思想（1927—1937）

群指出，政府必须从速终止战事，使财政收支平衡，实行紧缩政策，裁撤不必要之机关，"则通货渐就收缩，汇兑跌风自止"。

1931年5月25日，《东方杂志》发表张公权《安定银价问题》一文，指出国际协定确为安定银价之唯一补救良法，亦为"当今之唯一难关"。张公权说："向使各关系国对于银价问题，能得到一种各方共同牺牲之国际协定，则银价之进步固可预卜。惟以此种协定，一日不能实现，即银价一日不能乐观。今日各关系国是否已公认有国际会议之必要，尚不能无疑。"①事实上，"吾国币制改造，应根本上另辟途径，脱离银价，否则将永处于被动地位，任人宰割，坐受银价变动之摧残也"。②

1931年9月，英国放弃金本位。1933年4月，美国放弃金本位。1933年7月，国际经济会议在伦敦召开，会上签订了《白银协定》，限制世界市场上现银的供给。1934年6月21日，美国国会通过新白银法令，"准许政府以白银为发行的准备，但应与金准备为一与三之比"。"美国目的并非专为抬高银价，而在借此实行通货膨胀政策，希望抬高物价，恢复工商各业的盛况。"③

放弃银本位，改革币制迫在眉睫。银价暴涨，"于我国多为不利"。"但救济的方法甚不易有效，因我国非产银国家，而为用银国家。""盖输入货品，以有关税加以障碍，既未十分增加，而欲输出增加，除非我亦放弃银本位，更无他法也。""至为治标起见，应付现银输出，不妨由政府加以统制。"④

"近年世界经济之普遍衰落，长期不振，学者多归咎于货币制度之未臻完善，因而进一步主张统制币制，期币价之变动，适应于社会经济之发展。吾国币制之恶劣，及需要改造之迫切，更甚于他国，而国内物价之安定，

---

① 张公权：《安定银价问题》，《东方杂志》第28卷第10号，1931年5月，第65页。
② 刘振东：《银价与币制》，原载《时事月报》第10卷第4期，1934年，吴小甫编《中国货币问题丛论》，第46页。
③ 刘大钧：《白银问题》，原载《时事月报》第10卷第4期，1934年，吴小甫编《中国货币问题丛论》，第29、32页。
④ 刘大钧：《白银问题》，原载《时事月报》第10卷第4期，1934年，吴小甫编《中国货币问题丛论》，第39、40页。

更较国际汇价之安定为重要而急切。为今之计，宜毅然立断，于脱离银价之立场上，求币制之改造，于安定物价之立场上，谋国民经济之发展，不宜惑于国外有利害关系者之论旨，徘徊失时，而坐受银价变动之害也。"①

1933年，杜桐荪在《政治评论》第57期发表《货币数量说之研究》一文，借用"物价和货币数量成正比"之货币数量说警示政府切勿滥发纸币。他说："反对派不但不能推翻货币数量之说，且证之欧战后各国滥发纸币之结果，其原理反益见精确。吾国当兹币制改革伊始，其或为当局施政之南针乎？"②

1933年，周伯棣著文称："如何能压低汇价，而同时又能避免通货膨胀对于国民经济的弊害，那实在是目下中国货币改善的重要点。"他说："纸币本位，可以国内经济为目标，调节汇兑行市以适应国内经济。……即为了国内经济，不妨以汇兑行市为牺牲，易言之，即可自由移动汇兑行市使合于国内经济。这是纸币本位的长处。但是，纸币本位虽有此长处，实有很大的故障。第一，要实行纸币本位，须国际协调，而国际协调，实为事实所难能。……第二，在纸币本位下，汇兑平价极为难定，从而汇兑比率更无从协定；而各国间物价亦遂无均一水准。其结果是因国内物价而牺牲了国外汇兑。反之，汇兑比率即可协定，那又与金本位制一样，是因国外汇兑而牺牲了国内物价。总之，在汇兑协定与关税协定没有办法的时候，纸币本位是难于实施的。"③周伯棣在此是针对一战后国际货币制度进入混乱调整期的状态展开分析，他认为国际金本位制崩溃以后，纸币本位制难以重建稳定的国际货币体系。

1935年，唐庆永著《现代货币银行及商业问题》，借鉴凯恩斯《货币改革论》(1923)第四、第五两章论述的管理纸币金融政策，反对中国实行纸币本位，坚持认为"宜采用银元本位"。他说："英国经济专家凯恩斯欲平定物价，补救经济恐慌，曾提倡管理纸币金融政策，虽只重纸币，而对于

---

① 刘振东：《银价与币制》，原载《时事月报》第10卷第4期，1934年，吴小甫编《中国货币问题丛论》，第46—47页。
② 杜桐荪：《货币数量说之研究》，《政治评论》第57期，1933年6月，第210—212页。
③ 周伯棣：《国际通货问题之解剖》，《货币与金融》第2册，中华书局，1934，第49页。

第三章　南京国民政府统治前期的币制改革思想（1927—1937）

纸币背后物件——金，却始终未尝抛弃，仍留置作准备之用。其政策主旨如下：一、管理纸币金融政策，目的在平定国内物价及汇兑率，防止商业循环之影响债务者与债权者之受亏。二、国家采行此种政策，事先可不与他国协约，惟国际合作，却为主要之事。三、管理国内物价，在限制信用之过分膨胀，及确立贴现政策。而管辖物价之机关，则为中央银行及财政部，中央银行行使贴现政策，左右一国之币值，抬高减低，务求符合于物价。财政部责在督察纸币之颁发，使不致过多，而与现金之比率相应。四、现金即纸币，纸币包括银行纸币及政府纸币，其颁发之数目，以不扰乱一国之信用及物价为标准。如商业上有需要，则增加颁发数，否则减少之，收回之。五、停止金块之流通及金之自由铸造，惟仍留作为准备，以防不时之需。同时亦用以清偿国际付款，及平定国际汇兑率，操纵之者，亦为中央银行。"① 可见，唐庆永对西方货币学说有一定的了解，对凯恩斯提出的管理纸币金融政策分析到位。

但是，他认为，中国信用制度尚未确立，中央银行又很落后，不宜采用纸币本位，亟宜采用银元本位。他说："按此制完全为一纸币本位之纸币政策，用以弥平物价者也。其最大目的，在左右信用，而又非信用已经成立，不能实行。况信用之为物，瞬息万变，持之甚难，故最后此策并不废金或准备之应用。良以信用之成立，还在金银或背后相当可靠之物件耳。吾国而欲行纸币政策，固绝对不可效仿凯恩斯之管理纸币金融政策，以纸币代现金，使两者不分界限。即注重准备金者，亦须切实谨慎从事。以如此纸币庞杂之局面，信用制度尚未成立，中央银行又形落后，倘贸然施行，市上纸币，恐将较昔俄国卢布不如矣？有谓今日各大银行，对于发行之纸币，无不经过检查公告之手续，其他未发行各银行，政府已不再予以发行权，此点言之诚有理，不过在今日环境之下，除少数大公无私者外，余固不足稍破吾人疑虑也。故愚谓今日吾国不废两改元则已，既然废两改元，急宜采用银元本位。"②

---

① 唐庆永：《现代货币银行及商业问题》，世界书局，1935，第48—49页。
② 唐庆永：《现代货币银行及商业问题》，第49—50页。

关于如何改革币制，使中国的国外汇兑不受银价的影响，姚庆三提出以下方案："（一）整理银本位，但银元须限制铸造，使银元与现银不生关系；（二）控制通货（包括银元和纸币）不使膨胀，庶银元之国内购买力得以稳定，不至影响汇价；（三）管理汇兑，一切国外汇兑集中于国际汇兑银行。国际汇兑银行对于国外汇兑应加以管理，凡购买汇票须确有正当用途，否则即予拒绝；同时对于国外贸易亦须另设机关施行统制，凡一切奢侈无用的货物一概不准输入。这样汇票的需要既有限制，当可与其供给相适合，而汇价亦必可以得到相当的稳定了。"这个办法和寿勉成教授所建议的科学的银元本位制差不多，"如果能够实行，非惟汇价可以稳定，而且一方面因为管理汇兑，资本的外流可以防止，一方面因为统制贸易，入超的漏卮也可以稍稍补救了"。①

寿勉成主张以实行1914年的《国币条例》为起点，进而实行科学的银元本位制，即对银元进行科学的管理，控制它的流通数量，使之成为脱离本身价值的价值符号。寿勉成认为流通不兑现纸币的时机尚未到来，所以主张以银元为价值符号。但是，控制银元数量比控制纸币数量更难，所以，即使抛开国民政府本身的条件，仅从货币制度来考虑，科学的银元本位也不足以摆脱银价波动的影响而成为一种稳定的货币制度。②

法币改革后，寿勉成没有反对法币制度，但还对"银条本位"念念不忘。他说："我国处此环境，似不妨继续现行制度，但既已停止兑现，则仅以银条为准备即可，不必再从事于银圆之铸造，以免浪费。其次，则银条本位之中，可出售其一部分以换取金货或外币汇票，作维持汇价之用。……但吾之所谓售银购金，乃站在管理汇兑之立场而言，非谓将全部白银换成黄金，以实行金本位之意。"③ 寿勉成主张以银条作为发行准备，必要时可出售一部分银条换取黄金或外汇作维持汇价之用，反对将全部白银换成黄金作为发行准备。

---

① 姚庆三：《中国金融问题之回顾与前瞻》，《东方杂志》第30卷第4号，1933年2月，第31页。
② 叶世昌、李宝金、钟祥财：《中国货币理论史》，第326—327页。
③ 寿勉成：《世界币制问题》，商务印书馆，1936，第225页。

第三章 南京国民政府统治前期的币制改革思想（1927—1937）

1932年，李权时提出，中国应提倡国际复本位，"就是有一定比率的国际金银并用本位"，即金银两币按国家法定比价流通的"双本位制"。他的理由是，国际复本位"可以增加全人类储蓄的购买力"，那么，"目前世界上不景气状态可以立刻终止，也未可知"。可见，李权时对金银复本位的优点相当清楚，即币材来源充足，金银两种币材可相互补充；大额交易可用黄金，小额交易则使用白银，灵活方便；既能进行金币贸易，又能进行银币贸易，更加方便发展国际贸易。

李权时也注意到"双本位制"下的劣币驱逐良币问题，即格雷欣法则，但他认为这一问题是可以通过各国政府共同协调、采取干涉政策加以解决的。他说："格雷欣法则之所以能活动的缘故，是在乎（一）国内政府之采取放任政策，任人民自由竞争，而毫不加以干涉；和（二）国际间又各自为政，毫无共同遵守的划一比价。如果现在我们能把上列两个格雷欣法则所以能活动的缘因，一一取消净尽，那末我相信复本位本身是没有什么困难的：因为（一）如果国内政府采取干涉政策，不许人民对于生金生银有自由买卖之权，那末格雷欣法则必不能活动于国内；（二）如果国际间也能放弃各自为政的政策，而采取共同协调的行动，那么格雷欣法则也必不能活动于国外。"殊不知再精明强干的政府也不能违背经济发展规律，金银双本位制早已无法满足社会经济发展的需要而退出历史舞台。

至于有人说，"金以产量有限而日贵"，"尤其是银为副产物而日贱"，"主张金银复本位者，恐终无济于事"，李权时以为"银既多为副产物，副产物是没有成本的，那末为什么不把以后的副产物之银付之东流，投之大海，以维持固有银子的价值乎？世人固尝以此法对付过剩的农产物也"。[①] 实际上，这种政府强制禁止银币自由铸造的办法即跛行本位制，仅作为向金本位制过渡的临时性的币制在历史上出现过。

1934年8月9日美国厉行白银国有令及购银法案后，中国白银危机再次爆发。李权时以为"宜采银块本位与贸易统制并重策，庶几可救此厄"。

---

① 李权时：《中国应提倡国际复本位》，《经济学季刊》第3卷第3期，1932年9月，第47—49、52页。

"所谓银块本位者,即(一)国币单位之分量成色,一仍其旧,惟停止鼓铸银圆,只有纸券在市面流通,已鼓铸流通者从速收回之。(二)中央造币厂以后停铸银圆,只铸大条及厂条,务使其笨重,不易流通。(三)国币券平时不准兑现,惟于国际收支逆差时,可以斟酌情形以应付之,务使白银流出之机会减至极小度。(四)扩大目前平市委员会之组织及职责,为国币券准备保管委员会,以发行银行及领用银行及钱庄之代表各一人组织之。"显然,李权时之银块本位论是参照金块本位制描制的,其可行性不大。值得肯定的是,李权时能够密切紧跟时势,关注中国货币危机,坚持从西方经验中寻求破解中国困境的币制改革良策,在为民国币制改革思想提供原创素材方面做出了一定的贡献。

李权时在提出银块本位论的同时,也能考虑到国民心理,并设计相关对策,可谓用心良苦。"同时对国人剀切宣告,采行银块本位之理由,并非准备不足,实欲避免美国高价吸购白银政策对于吾国国民经济之极恶影响;俟瘥来此种威胁消灭,即行恢复常态的银圆本位,取消变态的银块本位。"

针对银块可能流失的问题,李权时又提出实行贸易统制政策。他说:"银块本位虽能阻止兑现及走私,但如果国际收支始终逆差,则银块亦必有流尽之一日,故必益之以贸易统制政策,庶足以补救此缺陷。"①

表面上看,李权时的银块本位与贸易统制既参照了西方经验又考虑了中国现实,似乎可以尝试实施。但是,李权时对国际国内发展大局的把握有失偏颇,对白银危机的根源和货币制度的发展规律认识不深刻,所以,他并没有找到切实可行的破解方案。

1936年4月,李权时在《银行周报》发表《我国有否采行国际复本位的可能》一文,称"我国币制已与美元发生联系",鉴于美国"银派议员极思以美国为盟主,诱迫中国加入其筹划中之复本位",所以,将来"或采行一种复本位制无疑"。他说:"如果事属可行,不特中国之幸,亦全世界之福也。"② 可见,李

---

① 李权时:《银块本位与贸易统制并重论》,《民智月报》第3卷第12期,1934年12月,第22—23页。
② 李权时:《我国有否采行国际复本位的可能》,原载《银行周报》第20卷第15期,1936年4月,吴小甫编《中国货币问题丛论》,第153—154页。

第三章 南京国民政府统治前期的币制改革思想(1927—1937)

权时对当时本位币制的认识是不足的。

1934年以后,主张放弃银本位的观点日渐成熟。"无论银价提高至如何程度,物价跌落至何种地步,中国非用银本位不可,岂不大受束缚耶?"① 赵兰坪说:"今如放弃银本位制,贬低对外汇价,而使外国货物,在吾国市场之售价,腾贵一倍,提倡国货,必可事半而功倍。较之今之空言提倡,难收实效者,相去不可以道里计矣。"②

马寅初指出,拥护放弃银本位者,其理由有四。其一,放弃银本位后,货币贬值,则进口货之价格提高,其效用无异于保护关税。"盖保护关税之目的,亦即在提高进口货之价格而已。"对于出口,"则无异于出口商以奖励金"。"盖本国币值减低,以出口商所得之外国货币,所以换取较多之本国货币也。"其二,"行使汇价政策,较之于自动调整作用,可得更大之效果"。"今如放弃银本位,外汇之涨落,不复受现银输送点之限制,吾人即可利用汇价政策,以控制对外贸易。"其三,"在银本位制之下,银行利率政策在今日(1934年美国提高银价以后)之中国,殆已失其效用,倘能放弃银本位,则可以管理通货之方法,操纵物价以补银行利率政策之不足,此又一利也"。其四,汇价政策之最大好处,即在较关税政策为优。第一,因为解决入超问题,"倘运用关税政策,非将所有进口货税率,统统提高不可。则修改税前,将不胜其烦",况且本国工业尚需重点保护,关税不能普遍提高,只能就若干种进口货提高税率。"今如运用汇价政策,则只须贬低币值,即可以收进口货普遍腾贵之效,法简效宏,胜于关税政策多矣。"第二,"提高关税,外交上之阻力甚大,恐无法应付,而进口商亦将起而反对,是用货币贬值政策,则收其效于不知不觉之中,外人无所用其抗议,社会上亦不致引起反响"。第三,汇价政策有伸缩性,而关税政策则无。"如用汇价政策,则需要阻止进口奖励出口时,贬低币值可也。无需阻止进口时,回复币值可也。关税一经提高,不能随时减低,因国内若干工业,

---

① 《中央周报》1934年第301期,第8页。
② 赵兰坪:《我国银本位不应放弃乎》,原载《外交评论》1935年第5卷第1期,后收入赵兰坪《现代币制论》,第115—116页。

方在关税政策卵翼之下，逐渐滋长。此种保护关税，必须继续存在，则此种工业，始能立定基础。然此非假以二三十年之时日不为功，否则不旋踵而减低关税，则外货拥入，此方在发荣滋长之工业，受外来势力之摧残，仍无以自保，其当初所投之资本，即因之而耗费，损失不綦大乎？即已经成功之工业，本无需再予以保护，乃因已得权利之故亦不肯抛弃保护，使国内市场，被人夺去，故关税政策，用以保护某种幼稚工业则可，若欲解决整个国际贸易之均衡，则非用汇价政策不可。"第四，"关税提高以后，资本家即不肯再让政府减低，虽其企业已达成长时期，而保护关税依然未去"，则"进口不易，是此种保护关税实已失去其效用，何如取消关税壁垒，改用汇价政策之为愈也"。"盖汇价政策，可以收缩自如，不若关税政策之呆板耳。"①

但是，马寅初认为，20世纪30年代的中国缺乏通货管理之条件。他说："欲行通货管理，不但须先向外国借款，预备一种汇兑基金，且必须先有强有力之政府，及中央银行发行必先集中，现金必先集中。"但是，当时国民政府正在全力"剿共"，"现金既散在民间，发行则各银行皆有，不但中国的银行可以发行，外国银行亦可发行，中国最大之发行银行为中央、中国、交通，今三行虽为一体，但距发行集中尚远"。所以，马寅初认为，"中国今日尚不能放弃银本位，因放弃以后，必须采行通货管理制，而管理通货，则又以种种条件未备，未能实行"。"但如不放弃银本位，则现银不断外流，物价继续跌落，人心益觉不安，加以日美等国大肆汇兑倾销，中国产业更属岌岌可危，故今日之中国，正是进退两难，巨浪袭来，简直无法逃遁。"当时，马寅初非常认可耿爱德的观点，"中国殆有天助，尚可无庸过虑。但国内钞票，不能停兑，现银仍须在国内自由流通，否则必起极大之恐慌。只要美国不再继续提高银价，中国人民之购买力，虽因银价提高，工业失败，工人失业，农产品跌价，而日形薄弱，然尚能忍受"；"但若美国继续提高银价，中国必不能忍受也"。②

---

① 马寅初：《请国人注意银问题并对美国经济考察团进一忠告》，吴小甫编《中国货币问题丛论》，第73—76页。
② 马寅初：《请国人注意银问题并对美国经济考察团进一忠告》，吴小甫编《中国货币问题丛论》，第72页。

第三章　南京国民政府统治前期的币制改革思想（1927—1937）

马寅初说，"中国经济殆已失去其自救之能力，其所以陷于进退两难之境者，盖受外力之迫害"，而"美国之白银政策，实为最大之打击"；"故吾人于无可如何之中，不得不对美国提出忠告"，"希望美国顾全两国向来之友谊，改变方针"。[①] 赵兰坪则对此有不同看法："吾国所遭受之困难，并非绝无自救方法"，"吾国对外汇价过高，实为经济金融恐慌之根本主要原因"；"马寅初先生错误地以为……吾国仅受美国提高银价之害，未受各国贬低币值之累"，"马先生所示放弃银本位之理由并未得其正鹄"。他说："目下银本位之必须放弃，不在控制贸易，控制物价，而在贬低汇价。一方面避免外国贬低币值所予吾国之压迫，他方面，避免银价腾贵吾国所受之弊害。至于国内通货，产业上若无增加之需要，则以防止膨胀为宜。"[②]

事实上，中国曾为顾虑本国白银之继续流出，而向美国政府提出抗议提高银价的通牒，但只得到一个极滑稽的无结果的答复："美国政府乃依国会法令之特殊委托行事，不许行政者表示其态度。"[③] 中国政府不得已而自1934年10月15日起，提高白银的出口税率，将大银条及其他银类的出口税率提高至10%，银本位币则净征7.75%的出口税。这是一种固定税。政府的用意，据说是在于"寓禁于征"，所以犹恐固定税还不足以阻止白银之外流，又于固定税之外加征一种平衡税，即在伦敦银价折合上海汇兑的兑价与中央银行当日照市核定的汇价相差时，按其不足之数征收这种富有伸缩性的平衡税。"按新税则施行当日而论，则中央银行核定的平衡税为4.75%，连固定税合计共征14.75%。这确是一种相当高率的课税，所以当日就有大批装运外国的白银停止外运。"当时，中国各界看到这种情形，对于白银课税法大加赞许。"上海金融界乃至各地舆论界，都认为白银课税法阻止中国白银外流的结果：一方面保持原有银币量而银币价格不至于继续

[①] 马寅初：《请国人注意银问题并对美国经济考察团进一忠告》，吴小甫编《中国货币问题丛论》，第80页。

[②] 赵兰坪：《我国银本位不应放弃乎》，原载《外交评论》第5卷第1期，1935年，《现代币制论》，第134—141页。

[③] 宋斐如：《白银出口课税政策之批判》，原载《东方杂志》第31卷第22号，1934年11月，吴小甫编《中国货币问题丛论》，第85页。

上升，银元也不至于贬值；他方面一般物价不至于继续跌落，外货也不至于拥进，而中国各部门的产业可以繁荣起来。"国际方面对此也极为注意。伦敦各汇兑专家竟赞称这种办法是一种"控制币制"，"其结果自将裨益于一般中国贸易"。某金融家更谓"此后中国……一方保留大宗存银，储为国内贸易之需，控制巨量生银期货之出售及外货进口之增多，一方亦得便利出口，减少入超……"但在宋斐如看来，"单是一个单纯的白银出口课税政策，不但不能够免除中国国民经济的危机，或仅仅是对外贸易的危机，倒反可以因为白银课税的结果引起其他危机，甚至于造成'得不偿失'的结果。譬如白银停留国内酿成现金过剩，乃至通货数量膨胀的结果"。宋斐如说："这些论评，对于白银出口课税的可能的效果，并没有把握住根本的要点。对付美国白银政策乃至贸易政策的根本办法，特别少有人提到。"①

宋斐如指出，美国实行白银政策的目的，"不在于由国家拥有巨量的白银，而只在于借此以更加膨胀货币量"，以便"在激烈的国际贸易场上占得胜利"。"中国白银绝对不能因为加课高率出口税即可停止外流"，因为至少有以下三种阻碍：对外贸易的入超；国民经济上的损失；偷运白银。"白银出口课税法令，事实上不能保存白银于国内；其他维持并提高物价，阻止外货进口，振兴本国经济等目的，更无从达到。"②

宋斐如指出，20世纪30年代的中国深受外国资本之控制，社会经济机构存在严重缺陷（根本缺陷在于国际帝国主义的压迫），带有半殖民地半封建特性的中国经济（"农业经济之片面的崩溃"；"商业资本主义之畸形的发展"；"民族资本主义的衰颓"；"财政金融的对外隶属"），"经不起任何帝国主义的一击"。所以，"这次，我国因为（1934年）美国白银政策的影响，而金融界首先动摇，其后更进而振撼全国经济"；"单靠白银出口课税政策以保存巨量白银于国内，因而繁荣本国的经济，绝对不能达到最低限度的目的；即令达到目的（保存白银于国内）也于中国国民经济没有补

---

① 宋斐如：《白银出口课税政策之批判》，原载《东方杂志》第31卷第22号，1934年11月，吴小甫编《中国货币问题丛论》，第85—87、82页。

② 宋斐如：《白银出口课税政策之批判》，原载《东方杂志》第31卷第22号，1934年11月，吴小甫编《中国货币问题丛论》，第83—84、89、93页。

第三章 南京国民政府统治前期的币制改革思想（1927—1937）

益"。宋斐如说："过去的事实证明：金贵银贱是我们的损失，银贵金贱也是我们的损失。倘若社会经济机构的根本缺陷，不设想从根本上清除干净，使中国国民经济达到健全的领域，金银问题就永久是中国国民经济的一种'疟症'！"①

1931年9月英国脱离金本位以后，世界各国陆续脱离金本位，货币贬值，竞争不已。"华币汇价节节上升，继之而美国提高银价，银币汇价愈长。"② 谷春帆说："中国今日之情形，单单减低币值而不于贸易出入上设法，其事为不可行。若从贸易出入上设法而同时亦减低币值，则其事非不可行。减低币值有若干有利之点，如将贸易统制来补救减低币值之害而保留其有利之点，则两者亦未尝不可相辅而行。"③ 谷春帆可以通过减低币值并实行贸易统制来解决白银危机的想法，与上述李权时的主张颇有几分相似之处，即重视实施细节而忽略发展大局和货币制度演进的内在规律。

谷春帆主张，照减低的成色重铸新币，新币的重量大小，最好与现行银币相仿，这一点对于迷信实质货币的内地民众，极有关系。新币成色所减如多，则市面推行能否不致折扣，尚难确断。"大概推行缓则阻力少，其币在于高值之旧币，长时期流通民间，非但国库应得之收入，为之减少，而私运出口，尤为可虑。推行急则民众或生疑虑，旧币恐将升水，而新币之推行，欲速反将不达。为帮助迅速收回旧币起见，或许可以在各地国营及私营银行内，设立兑换处，酌给贴水，但市上流通，则无论如何，必须维持平价，否则紊乱不堪。"

他认为新币较现行银币减低币值之数至少须与国内外物价差额相等："新币应当贬值若干？减低值币，既然目的在于维持国内外物价之平准，则减低之数，至少须与国内外物价差额相等。"

---

① 宋斐如：《白银出口课税政策之批判》，原载《东方杂志》第31卷第22号，1934年11月，吴小甫编《中国货币问题丛论》，第99—101页。
② 谷春帆：《货币贬值兼论镑汇》，原载《社会经济月报》第2卷第8期，1935年8月，吴小甫编《中国货币问题丛论》，第196页。
③ 谷春帆：《货币贬值兼论镑汇》，原载《社会经济月报》第2卷第8期，1935年8月，吴小甫编《中国货币问题丛论》，第198页。

谷春帆提出，铸币余利应归国库，用来救济实业。他说："贬值利益应归国库，自属当然。但货币贬值，在我国金融组织这样散漫的时候，有赖于金融机关努力合作之处甚多，所以政府一定要将贬值利益来作改良金融组织之用，而贬值之目的，既在救济工商业，则贬值的利益，自应当来作为救济实业之用。"

为防止"高值"银币走私出口，谷春帆提出要在尽快收回旧币的同时加大缉私力度。"货币贬值，如不继之以货币膨胀，则所增之流通额，尚非甚巨，或不致于使物价有巨大变动，或有轻微刺激之效。然货币贬值以后，旧币实值比之面值所高愈多，私运出口，利益愈大，故旧币应在可能范围内从早收回，缉私力量，亦必须充足。"

谷春帆认为，货币贬值必使债务减轻，对于困于重债重税的工农业，很是有益。他说："现在物价虽跌落，而跌落之中，又各有轻重。货币贬值至多只能使物价上升，不能泯除轻重之分，说不定物价普遍上升，则高者愈高，低者愈低，总须另筹调整之法。但货币贬值，必使债务减轻，对于困于重债重税的工农业，很是有益。"

谷春帆说："货币成色减低以后，国币对外价格，比现在减低。但国币成色仍按生银规定，故银价上落之害，仍不能免。如要免除银价上落的危险，则可将国币脱离银价而连系到一种外币上。姚庆三先生的镑汇制度，就是这种意思。"① 事实上，姚庆三提倡的镑汇制度属于现代管理通货制度，与谷春帆提出的将"减低货币成色"之国币联系到一种外币上，是有区别的。

谷春帆认为，减低成色与加入英镑集团，各有利弊，而均以贸易统制为先决条件，加入英镑集团而不减低货币成色，其事不可办；加入英镑集团同时减低货币成色而不同时统制贸易，其事更不可办。他说："必先决定统制贸易保证国际收支之平衡，而后减低货币成色，可以有巨额之盈余，作救济工商安定金融之用途，而后加入英镑集团可以之安定汇率之功用，

---

① 谷春帆：《货币贬值兼论镑汇》，原载《社会经济月报》第2卷第8期，1935年8月，吴小甫编《中国货币问题丛论》，第201—202、205、207—208页。

本末轻重,其理甚明。"

谷春帆说:"初安定时不必以维持汇率为要着,只须将汇率系之英镑,平价上下之伸缩不妨宽留活动之余地,俟过相当时日,汇价自能觅得适宜之平衡,然后再予订定,则既可免汇价安定失宜之患,亦可减轻维持一定汇率之负担。"①

三 废两改元思想

1928年4月27日,全国经济会议第58次会议"通过财政部送呈浙江省政府马委员寅初提议统一国币废两改元案"。马寅初提出的废两改元之大致办法如下:第一,先定筹备期为一年;第二,成立上海造币厂,鼓铸国币;第三,颁布国币新条例;第四,政府即时组织统一国币监理委员会;第五,自1929年7月1日起,无论中外银行钱业还是商民,存有大条或现元宝者,均得按照新国币条例之规定,自由请求上海造币厂,换铸新国币;第六,所有各海关现行税率,凡为银两者,应于颁布施行之日起,一律改收银元;第七,关于国际汇率,应由外交部通知各国预备更改,自颁布施行之日起,实行改用银元为汇率;第八,废除银两,粤、汉、津、沪及尚存虚银单位之各埠,统于颁布施行之日同日实行,同时将洋厘行市取消;第九,政府明令规定一切契约往来,颁布施行之日起,所有国内债权债务,一律以国币银元计算;第十,实施之始,新国币尚不敷市面之用,暂准以本国所铸市面原能流通之银元抵用,惟由政府限定日期,分批向币厂改铸新国币,以期统一。② 此办法细致可行,对于正式实行废两改元有参考价值。

1932年7月27日至8月3日,财政部废两改元问题研究会于上海中央银行召开了三次会议。上海钱业公会、上海糖业公会、财政部废两改元问

---

① 谷春帆:《货币贬值兼论镑汇》,原载《社会经济月报》第2卷第8期,1935年8月,吴小甫编《中国货币问题丛论》,第210—211页。
② 《中华民国货币史资料》第2辑,第62—63页。

题研究会均发表议决之意见。

1. 上海钱业公会的意见

首先,新银元的成色重量,最低限度,当依照1914年的《国币条例》;为使铸造确实起见,当饬各业团体组织委员会,使之实行监理或化学分析,并公告其结果于报章,以昭大信。

其次,换算银两为银元,其关系不止于钱业,亦不止于上海一地,凡国内各业之有债权债务者,莫不有关。而为期公平起见,各地商会应召负责各业妥商规定,以免有畸重畸轻窒碍难行之虞。

最后,为使社会人士对此变更不生疑窦起见,应统一发行制度,特设专局;其准备金,至少如法定为现银六成,且不得移抵他种营业资金;更由公开之义,予各业团体以随时检查之权,庶全国人民不怀疑虑,外人亦无可訾议,此乃全民生计、全国经济上最要关键。①

上海钱业公会的意见围绕新银币成色重量、发行制度和准备金问题展开,很符合实际,对废两改元的更好实施有一定的参考作用。

2. 上海糖业公会的意见

首先,关于新银元的成色重量,质、量、价三者,务须合于现行旧银元之洋厘区中的价格。过高,新银元将被淘汰;过低,物价易受影响。

其次,关于银两与银元的换算比率,沿海沿江的通商大埠的对外贸易,其契约均用银两,即内地市场,用银两者亦复不少。故欲把现在有效期间之银两契约,换算为银元,须征求债权债务双方之意见,妥定换算比率,以为过渡办法。此须与银钱两公会及关系各业协议,而定妥当之办法。

最后,对于此次改革,政府须自树威信,俾民众信任。原民众之怀疑政府者不外数端,就是漫无准备、无力统一发行权、滥铸劣币、滥发纸币、悍然停兑等。此种流弊,确有顾虑之必要。硬币的铸造必须公开化验,以见质量之准确与否;纸币之发行必须公开检查,以验准备之充实与否;又如统一铸币机关以杜绝劣币的发生,均为必要。②

---

① 〔日〕吉田虎雄:《中国货币史纲》,第93页。
② 〔日〕吉田虎雄:《中国货币史纲》,第94页。

第三章　南京国民政府统治前期的币制改革思想（1927—1937）

上海糖业公会的意见强调政府威信和监管公开，注重银两与新银元换算的比率和妥当办法，很符合国情民意。

3. 财政部废两改元问题研究会之意见

首先，关于新银元之成色重量。在中国银本位没有变更之前，新银元在中国通货制度中，为唯一普及之货币单位，这已为众议一致之主张。就是现在流通全国的种种银币，固非逐渐收回不可，但铸费损失颇巨，若政府不克负担，那就没有办法。故提议把新银元的成色减低为88%，总重量为26.6971公分，含有纯银两为23.493448公分。但这并不含铸造费，铸造费应由造币厂当局按应铸造额之多少适当确定之。

其次，银两契约转换新银元的换算比率。为期公平，此换算率应根据新银元之实质价值而定之。尚须广征银行家、实业家及商家之意见而决定之。

最后，欲使社会信任此次改革，应取如下之方策。

第一，不论中国各省间，或中国与外国间，新银元应有运输之自由。

第二，铸造自由。这有三个意义：其一，与旧银元随时兑换；其二，依照公定换算率与元宝银兑换；其三，与成色九九七以上的输入银块相调换。

第三，铸造成色九九九的银块，相当于新银元一千元，并含铸造费在内。此项银块，施以刻印及其他技术，用于银行间的结账及转出于外国。

第四，除上海以外，中国各地造币厂悉行撤废。

第五，邀请金融界、实业界及商界领袖，组织永久的委员团，对造币厂的董事部，尽匡助之职。

第六，先将元宝银速行改铸而消灭之，其次改铸各种旧银币，更有必要，则输入大条银铸造新银元。[1]

财政部废两改元问题研究会之意见最为有力，"后来为财政部最后决定的骨子"。[2]

---

[1] 〔日〕吉田虎雄：《中国货币史纲》，第94—96页。
[2] 〔日〕吉田虎雄：《中国货币史纲》，第94页。

民国时期的币制改革思想

1933年2月,姚庆三说:"废两改元之议,首倡于民六,再倡于民十,其后全国经济会议亦有限期实行的决议,去年财政部更有雷厉风行的表示。但是迁延至今,却仍旧成为问题。这一方面固然由于旧势力的阻碍,一方面也未始不是因为政府的优柔寡断。不过我们希望这初步的改革,总会在最近的将来实现的。"①

1933年3月8日,《银本位币铸造条例》公布施行,中国正式采行银本位币制。银本位币定名曰元,其铸造专属于中央造币厂。"凡公私款项及一切交易用银本位币授受,其用数每次均无限制。""旧有之一元银币,合原定重量成色者,在一定期限内,得与银本位币同样行使。"②

1933年4月5日,财政部布告,"自四月六日起,所有公私款项收付与订立契约、票据及一切交易,须一律改用银币,不得再用银两"。"其在是日以前原订以银两为收付者,在上海应以规元银七钱一分五厘折合银币一元为标准,概以银币收付。如在上海以外各地方,应按四月五日申汇行市先行折合规元,再以规元银七钱一分五厘折合银币一元为标准,概以银币收付。其在是日以后新立契约票据与公私款项之收付及一切交易而仍用银两者在法律上无效。至持有银两者,得依照《银本位铸造条例》之规定,请求中央造币厂代铸银币,或送交就地中央、中国、交通三银行兑换银币行使,以资便利。"③

姚庆三指出,"废两改元为一切币制改革的先决条件"。他说:"现在我们对于币制方面,第一要做的究竟还是废两改元的老调,废两改元没有实现之前,不用说上项计划无从实现,就是其他任何币制改革的计划也必等于空谈。"④ 他认为,废两改元的主要问题不在如何废两,而在如何改元。

姚庆三主张新币重量成色不如照旧(重量七钱二分,成色八九)。他的理由是:"(一)新币重量成色照旧,则符合规定之旧币可以不必改铸,岂不较为经济,固然我们也希望银元式样最好能够统一,不过这点似乎不必

---

① 姚庆三:《中国金融问题之回顾与前瞻》,《东方杂志》第30卷第4号,1933年2月,第31页。
② 《中华民国货币史资料》第2辑,第92页。
③ 《中华民国货币史资料》第2辑,第94页。
④ 姚庆三:《中国金融问题之回顾与前瞻》,《东方杂志》第30卷第4号,1933年2月,第31页。

持之以骤,加重现在国库的负担;(二)新币重量成色如果较旧币为低,则商民势必纷纷熔旧铸新,以图厚利,政府所得亦未必能如预算之多;(三)或谓现在市上所通行之总理币,重量成色类多不及袁币,则新币重量成色如果以袁币为准,恐有随铸随熔之虞,这层理由初看似乎很对,实则可谓误解格雷欣法则的真义。因格雷欣法则之实现,亦有限制,如恶币良币之数量总和适合市场需要,或尚不够市场需要,则良恶两币可以同时并存,在此种情形之下格雷欣法则即完全失其作用。废两改元实行以后,银元数量不够之可能多,剩余之可能少,市面上各种良恶银元,其总和仅足应用,或尚不够,则既无剩余,新币何至随铸随熔而被驱逐?(四)在去年厘价跌至七钱关内时,减低新币重量成色,还可以现行银元实值已低为借口,现在厘价又复高出七钱以上,如果将新币重量成色减低,则根据既失,必将授反对者以口实。"①

四 徐青甫的虚粮本位论

徐青甫在《经济革命救国论》中,主张以"虚粮本位"代替金银本位,在国内用信用制度来代替货币;国民可以把他们的财产——不动产、动产和货币都在内,提供到政府设立的"公信所"去,公信所照估价给他们一种信用;在信用额度内,他们可以发行支票,以为支付之用。这样政府可以通过公信所的作用集中全国的金银,以供国际收支之用,而人民也可以化呆为活,不致有筹码枯竭之忧。② 这完全是毫无根据的幻想。首先,徐青甫设想的"公信所"很难建立,或者说公信所估价很难具体操作执行到位。其次,现代信用货币制度和中央银行制度比这个虚粮本位要成熟得多,完全没有必要另创公信所发行支票。如果说现代信用货币制度无法避免通货膨胀,而虚粮本位正是基于国民财产而发行支票则可避免通货膨胀的话,那么,政府如何解决财政赤字?新增的各类投资融资需求如何得到满足?

---

① 姚庆三:《中国金融问题之回顾与前瞻》,《东方杂志》第30卷第4号,1933年2月,第32页。
② 章乃器、钱俊瑞、骆耕漠、狄超白:《中国货币制度往那里去》,新知书店,1935,第89页。

最后，公信所集中全国金银如何保证公平公正公开合理以供国际收支之用，难免会产生一系列腐败问题并造成搜刮民脂民膏的恶果。

徐青甫"甚不满意于各国现行金属币制"，"其指摘之点"如下。

"现行币制失其本性也。"徐青甫说："货币者，不指名而有价值之物权也。论其性质，不过持此者可以得同值之任何物，实则一种共信之有价值物权耳。其可贵者，在其额面代表之无形权，非在其成此之质也。今斤斤较量其成此之质如何，而忘却其为物权，犹如书立契据，而必采用据上所写价值同值之纸以书写者，人尽知其愚也。"① 徐青甫从货币作为交易媒介或一般等价物的本质出发，指出不必在乎货币的外在形式，而应看重货币的本性是否得以体现，这是值得肯定的。当时金属货币因无法满足市场需求退出历史舞台是必然趋势。对此，李权时评价说："此说不啻是一种主张纸本位的宣言，纸本位为将来理想的币制，恐非现代的人类所能接受所愿接受也。然徐氏后文者固亦不主张采用不换纸币，而是主张以支票本票的转帐方式成为货币者，叫做虚粮本位。"金属币制和纸币制度都是应社会经济发展需要而产生的，虚粮本位则很难在现实社会加以落实。

"现行币制足以扰乱物价也。"徐青甫说："货币者，物值之尺度也。尺度必附丽于一物，而后可以之比较他物。此尺度不特现在交易时需之，而为储蓄者债权债务上所必需，即现在与后来，远年计划上亦所必需者也。故其附丽之物，应择人生之最需要者，方能使其效用较少变异。今乃择此无用之金银为标准，使有用之物，无端随金银之多少，而起其价值之变动，使债权债务者无故受无形之损益。"② 李权时说："按此条所评，徐氏又不啻主张采用米麦本位也，以米麦等为人生之最需要也。"③ 正如李权时所说，为避免物价波动而选择最需要之物作为价值尺度，未免言过其实。

---

① 李权时：《评徐青甫著经济革命救国论》，《经济学季刊》第3卷第3期，1932年9月，第263页。
② 李权时：《评徐青甫著经济革命救国论》，《经济学季刊》第3卷第3期，1932年9月，第263页。
③ 李权时：《评徐青甫著经济革命救国论》，《经济学季刊》第3卷第3期，1932年9月，第263页。

第三章　南京国民政府统治前期的币制改革思想（1927—1937）

"现行币制足以迷眩财观也。"徐青甫说："财为人类可宝之物，所以足贵者，为其可供吾人之衣食住用也。自有货币，而人往往以伪乱真，忽略其盖藏，致易起物质之恐慌。使货币而仍以金银为主，则人只知金银为有价值，不知金银之价值，非其本身所实有，乃吾人所授与，犹如契据上所书之值，非纸与墨之值，乃吾人授与之值也。如不改革币制，则转移其观念甚难，应乘此信用观念已具雏形之机，将币制改正，使其观念离开物质，俾物与物权认识之界限愈清，以免再受眩惑。"① 李权时说："按徐氏改正货币观念的主张，当然值得我们的赞同，不过谓金银本身无价值，此则未免言过其实矣，因金银二物在工艺及装饰上，固有其自身之价值也。"② 的确，徐青甫改正货币观念的主张值得肯定，但不能否定金银的价值。

"现行币制足使供不应求也。"徐青甫说："货币为债权与代用货币之最后交付物。今代用货币与债权之数量，已不知超过于金银货币之若干倍，且金银货币有自然流走之性，亦有被人潜藏之弊，而债权则停滞于一地，社会上之常起恐慌者，每为此最终交付困难也。债权自增之速度又极烈，今已如此恐慌，后将更甚，若不改以自由伸缩之具，为最终交付之手段，则终无法以免此恐慌。"③ 李权时说："徐氏此论亦未免言过其实，因为债权债务及代用货币有互相轧消的必然性，其有需乎最后支付的手段者，不过找尾而已。谓金银数量不足以资应付，是未免杞人忧天也。"④ 事实上，徐青甫看到了金属货币数量有限无法满足经济发展之需要，而李权时则没有意识到这一点，所以他的指责是错误的。

"现行币制足以减少流通效用也。"徐青甫说："货币已由物游离而为物权，本已大增财之流动效用。今以货币本身仍为物货之故，因此物质之阻

---

① 李权时：《评徐青甫著经济革命救国论》，《经济学季刊》第 3 卷第 3 期，1932 年 9 月，第 263—264 页。
② 李权时：《评徐青甫著经济革命救国论》，《经济学季刊》第 3 卷第 3 期，1932 年 9 月，第 264 页。
③ 李权时：《评徐青甫著经济革命救国论》，《经济学季刊》第 3 卷第 3 期，1932 年 9 月，第 264 页。
④ 李权时：《评徐青甫著经济革命救国论》，《经济学季刊》第 3 卷第 3 期，1932 年 9 月，第 264 页。

碍而妨制其流通，致其效用减少，犹如无线电未发明时，电之应用仅及于线之所及。"① 从这个角度谈金属货币的缺憾颇为有理。

"现行币制足以助长罪恶也。"徐青甫说："从前无货币时代，人之罪恶，除性欲罪外，多属阳性的。盖罪恶之源，由于财字关系者居其多数。……自有货币而稳藏易，则阴性之罪恶百出，欺骗也，绑票也，行贿纳赂也，舞弊营私也，层出不穷矣。此亦因币制采用量少而贵之物质有以助长之。"② 徐青甫把人类罪恶滋生的催化剂认定为金属币制，似乎过于牵强。

所以，徐青甫提出了"彻底改革现行币制"的具体主张。

其一，货币一元为平年产地中等糙米若干（例如一斗），因米质有不同，销产有远近，年岁有丰歉，故米价仍未免不同。但米价落至若干（例如八角），农民可将其无人收买之米，售给公仓，公仓有尽数收买之义务；如米价涨至若干（例如一元三角），人民无处购米，可向公仓购买，公仓有接济之义务。

其二，货币以公信机关转账为授受之原则，故以支票本票（限本县市用）汇票为授受之具，但为节省手续起见，可由本县市公信机关发行代用货币（即纸币）以便零星授受，其行使范围以本县市为限，其使用限度以若干元（例如五十元）为限。如为备发薪工等项，分给多人者，其支领之额并不限制，但其行使之时仍受限制。凡无特别理由者，每次支领亦不得过若干元（例如百元）。此代用货币，并须规定使用年限，届期收换。例如以某年之一月一日至十二月三十一日为使用期，翌年一月一日至三月三十一日为缴换期，过期作废；甲年发红色，乙年发绿色，丙年发黄色等，以便识列。

其三，公信总机关与其次级统分公信机关，置备交通用币，发交各县市公信机关存储，遇有旅行者请求领用，可以发给，但每人每次不得过若干元（例如二百元）。另有旅行汇票，可到处支款，以便旅行之用。惟此项

---

① 李权时：《评徐青甫著经济革命救国论》，《经济学季刊》第3卷第3期，1932年9月，第264—265页。

② 李权时：《评徐青甫著经济革命救国论》，《经济学季刊》第3卷第3期，1932年9月，第265页。

第三章 南京国民政府统治前期的币制改革思想（1927—1937）

交通用币亦定期收换，持此币者，可随时向其交往机关缴换。

其四，一元以下之辅币，由各县市公信机关发行，分为一角五角二种，分别颜色大小，以便识别，仍定期收换。一角以下之分厘，可仍用现有之铜币，合以二十枚合一角；吸收减少，使其至于洽需之度。辅币行使限度，铜币不得过五角，角币不得过五元。

其五，数县连界，或以交通关系，代用货币易于流入之处，可由各公信机关相互代换，以便人民。

其六，不以米为食粮之处，由政府调查他粮与米应定之比例，成为法定之代物，各仍惯习，依调节米价之办法，维持各该地之粮价，使其与本位不甚悬殊。

其七，全国货币统一汇兑，只收手续费与电费，不许有汇水、贴水等名目。[1]

诚如李权时所说："徐氏对于币制有如此彻底的革命主张，实不胜评论者的钦佩。在纯粹理论上，论者固表示十二分的赞同者也。不过此种改革，必在设立强有力而且公正廉干的各级政府之后，始有实现之可能性，而欲设立此种政府，似又须先有一群唯心牺牲的领袖阶级的养成与出现。在未有此二种先决条件之前，我们对于徐氏的理想币制，亦只能效过屠门而大嚼而已。"徐青甫的虚粮本位论脱离中国实际，根本无法在当时付诸实施。

"评论者这个事实上觉得困难的批评"，是也可应用于"关于徐氏彻底改革金融机关的具体意见的"。关于改革金融机关，徐青甫认为，第一，"金融机关应作为会计保证机关，绝对不许营利也"；第二，"金融机关应遍设各地，各有区域，脉络分明，绝对不许错杂重复也"；第三，"金融机关应笼罩全民，不使有遗憾或歧出也"；第四，"金融机关应导有形及无形游离财归壑，使其成为有利无害也"。[2] 这也过于牵强，在当时无法实现。

吴平章认为徐青甫所主张的虚粮本位制，"将现有之主辅各币均改为辅

---

[1] 李权时：《评徐青甫著经济革命救国论》，《经济学季刊》第 3 卷第 3 期，1932 年 9 月，第 265—266 页。

[2] 李权时：《评徐青甫著经济革命救国论》，《经济学季刊》第 3 卷第 3 期，1932 年 9 月，第 266、268—269 页。

助货币,由金融机关陆续吸收销毁,使其仅留周转上必需之量而止";"是欲行虚粮本位,而仍留货币之流通。若货币不消灭而与虚粮本位两者并行,人民对货币便利之习惯甚深,虚粮本位不及货币之便利,必归失败"。这一点评是有道理的,虚粮本位制无法满足现实需要,必归失败。

吴平章说:"虚粮本位所采支票、本票转账之方式,乃系一种渐进主义,使支票、本票逐渐增多,货币逐渐减少。但支票、本票乃信用制度之产物,支票、本票之有牢固信用者,为其有钱庄、银行或个人之实际资本作担保故也。若实际资本之信用担保薄弱,则支票、本票不能发行,故支票、本票之流通仅能作繁华都市资本阶级之交易媒介,而不能普及于穷乡僻壤之一般小民。故支票、本票之流通仅能代表某种阶段以上狭小范围之资本,不及货币之代表资本有广泛之效用也。且信用制度,以货币为基础,今放弃本位货币,则基础动摇,安望信用之能发展?信用之能发展与否,又必视社会之安宁与否为转移。中国社会受帝国主义之经济侵略,天灾人祸之袭击,其不安之状,无可讳言。如此而欲信用之发展,诚属过于理想,故此制之推行,实无可望。"

吴平章指出,徐青甫的虚粮本位制和刘冕执的能力本位制存在同样的问题——"驱逐现币及生金银于外国",无法挽救国际贸易。他说:"至其易资本为粮食以作担保,则其弊害又与上述刘氏(刘冕执)之能力通用券第一年以物品作担保者相同。现在海洋交通、国内之货币问题,影响于国际关系者最为密切。此种虚粮本位制度之驱逐现币及生金银于外国,无法挽救国际贸易之最大危险性,当较刘氏之能力本位制,完全废除货币之为害,稍逊一筹。"[①] 以上批评,颇为有理。

吴平章写道:"又谓'生银、生金因其可造货币,故有如此高价,不观夫因改金本位而致银价大落乎?使不以此为货币本位,则其价与铜锡相去不远耳。'是不明金属价值有贵有贱之关系,甚为复杂。既有国际关系,又有人之欲望与数量多寡之关系,不可囫囵吞枣、一概而论。贵金属之所以贵者,为其有可贵之价值存乎其间。金属可贵之价值,在乎不易酸化与改

---

① 吴平章:《从"能力本位制"论到"物产证券"》,《中央银行月报》1936年4月,第1185页。

造时之损耗甚小。银较铜锡不易酸化，故银贵于铜锡，金较银不易酸化，故金贵于银。至改造之损耗，黄金为最小。故亦较三者为最贵。损耗愈小与酸化愈难之金属，愈能满足人之欲望。故其价亦愈贵，如是则金属价值之贵贱，与人之欲望成正比例，与数量之多寡成反比例，不特充作货币而后始有高价也。若谓不以金银为货币本位，则其价可与铜锡相去不远，诚属肤浅之见。试观吾国今日未以黄金为货币，而黄金之价乃高白银之七十五倍有奇，则又何说耶？是未顾及国际与数量诸关系之语病也。"① 可见，徐青甫、吴平章等对于黄金、白银等金属价格决定因素的分析是比较片面的。

五　刘振东的有限银本位论

1930年，刘振东先生创行有限银本位制，其目的原为补救银价大跌时所生之弊害，其要点在政府负统制货币之全责，限制银本位币之自由铸造，使币值不受生银市价之影响，然后政府可以自由操纵通货，俾物价可收安定之效。②

刘振东指出："有限银本位制之办法有四：一为废两改元，改铸新辅币，以统一币制。二为统一造币权，及废止自由铸造，以限制银元数量，为维持币价之手段。三为禁银入口及出口，及国营国内银矿。四为统一纸币发行权，及禁止外国纸币流通于中国市场。""此制之办法，既极简单，且于币制改革之际，不复需要巨额之款项。此制之用意，在于以限制货币数量为维持国内币价之手段，使中国物价币价超然自在，不受世界生产价格变动之影响。至于对外汇价一方面，则利用购买力平价以维持对外贸易，及防止帝国主义者之经济侵略。""无非欲统制国内之银量，使中国币价，不受银价之影响，使中国物价不受外人之操纵而已。"

---

① 吴平章：《从"能力本位制"论到"物产证券"》，《中央银行月报》1936年4月，第1186—1187页。
② 刘振东：《中国币制改造问题与有限银本位制》，商务印书馆，1934，"马序"，第1页。

针对"国人之反对有限银本位,谓此制一行,则伪币将不可胜防",刘振东曾反复解释,"谓有限银本位制下之银币,伪造虽不能免,然当较金本位制下之银辅币伪造为少而易行。政府若不能行有限银本位,则更不足以防金本位下之银辅币伪造。在今日予敢谓政府若不能施行统制,以实行有限银本位制,则更不足以施行统制,维持金本位制,姑无论金本位制之不可企及也"。

马寅初及顾季高等的金本位论称:"中国若能采用金本位,与各国立于同一本位之上,则此后即无复币值变动之纷扰,又谓美国提高银价,待银价高至相当程度时,吾人即可将国内生银出售,收买黄金,改为金本位。"对此,刘振东提出三个疑问:"其一,即各国今日在名义上仍为金本位,而事实上则多废止金本位,实行纸本位政策,以压低其国际汇兑,为推广国外贸易之手段,故金本位制,除欧陆诸国外,早已有名无实。其二,为各国皆禁金出口,银价虽涨,是否有机会购买十万万元之黄金,充改金本位之需要,实际成为问题。其三,中国为唯一用银为主币之国,美国之所以抬高银价,以增加中国购买力为其一个目的,彼见中国亦乘机改金弃银,则必变更政策无疑也。"前两点反驳合情合理,分析到位,但最后一点未免略显主观。

"至于禁银出口,或课生银出口税"之政策,刘振东以为用此政策"为保持国内生银及改造币制之一手段则可,若用此为维持银价之手段则不可"。他说:"银价之变动无常,为无可救济之事实,若必救济银价,则除世界各国共同采用金银复本位外,终必徒劳而无功。国际复本位,不惟十九世纪之币制史切实证明其为已经失败之方案,即今日各国之惟利是图,努力于货币战之事迹,亦可明告吾人为空幻之梦想。故吾人今日之唯一出路,端在保留国内之生银,以维持国内之币价,为促进国内生产事业之方策。"所以,刘振东建议实行有限银本位制,说这是"中国币制改造之唯一途径"。刘振东对金银复本位的认识比较到位,也非常清楚银价变动对中国币制的危害,所以提出要政府操纵通货、平定物价。但是,他提出的有限银本位制和寿勉成主张的科学的银元本位制很相似,国民政府很难在银价上涨时控制银元价值,即无法摆脱银价波动的影响。

第三章　南京国民政府统治前期的币制改革思想（1927—1937）

正如马寅初先生所说，"有限银本位之主张，系倡于银价狂跌之时，用以抬高国内币价，其法甚善，但今日世界银价上涨，国外银价高于国内银价，则此制将难适用矣"。刘振东则认为，"该制之可以适用于银价高涨之时，与其可以适用于银价狂跌之时，其理论与实际皆无二致，所异者不过在银价跌时，吾人之任务为禁银入口，在银价涨时，吾人之任务为禁银出口，其根本作用，在于稳定国内之物价，在于保持国内之银量，使不受外人之扰乱与操纵而已"。事实上，国民政府没有能力禁止外商银行运银出口和日本侵略者的武装走私活动，更何况当银价上涨到使银元含银量的实际价值高于银元的名义价值时，银元会被收藏、销熔。

虽然"今日各国之币制，无论其为金本位、银本位、纸本位，皆用相当之统制。英、美、日之废止金本位，固为统制政策之实现。即德、法、意等国，在今日依旧保持金本位者，亦何尝无统制之作用"，但是，"有限银本位制为一种统制币制，今日中国政府之力，万不足以办此"。①

银价上涨对当时"用银为本位"的中国造成了严重的伤害。国民政府禁银出口及征收生银出口税，则困难重重：禁银出口困难；征收生银出口税困难；筹码缺乏之可虑；外商银行之狡计难防。② 刘振东却认为，只要实行有限银本位制，则这四项都不成问题。他说，"苟我国而犹欲稍尽经济统制之道，则禁银出口，可谓统制工作之至容且易者矣"；"有限银本位制，既已禁银出口，而同时更能利用购买力平价下之汇兑调剂，以减少入超，及增加出口货"，则根本不用担心"筹码缺乏"；"且有限银本位制之保障，于禁银出口以外又有第二道防线，即银圆本位是也。在有限银本位制下，即令有些许生银之偷运，苟不影响于国内银元之数量，亦无碍于国内币价及物价之维持也"。③

---

① 以上所引均见刘振东《银价与币制》，原载《时事月报》第10卷第4期，1934年，吴小甫编《中国货币问题丛论》，第51—54页。
② 马寅初：《美国白银政策与我国之利害》，原载《时事月报》第10卷第4期，1934年，吴小甫编《中国货币问题丛论》，第13—14页。
③ 刘振东：《银价与币制》，原载《时事月报》第10卷第4期，1934年，吴小甫编《中国货币问题丛论》，第54—56页。

显然,刘振东高估了南京国民政府的实力,错估了国际银价波动的实际影响力。国内华商银行之存户,受银价高涨之影响,势必纷纷提款,改存外商银行,购买外汇,以图高银价之利益,资本尽行逃往外国。为防止资金逃走,非与外商银行合作不可,必使外商银行拒绝收受华人之存款,并拒绝代为汇出,方可禁银出口,但与外行合作甚难。①

"征收银税之后,其第一个结果就是银价和汇价差数的突然扩大",这就造成"走私者扩大活动的机会";第二个结果是"远汇折扣的扩大,更重要的一点是表明一般人对于银本位前途信心的根本动摇",于是"资金逃避愈急",白银走私猖獗。"中国政府,虽用种种方法控制白银走私,但事实证明效果甚微。"②

马寅初先生反对有限银本位制,谓:"今日各国争减其币价,以便海外贸易之倾销,有限银本位制,意在维持国内之币价,是不足以防止外人之倾销也。且于各国货币战略之下,彼之汇价日低,而我之币价保持如故,更将有利于外人之倾销矣。"刘振东说:"马先生之言,诚有相当之真理,然不佞则认为吾人之谈币制改造,仅能希望造成一新币制,于此新币制之下,使币价物价能保持常态,有以促进国内事业之发展,及便利国内之交易,更能于必要时发挥相当之伸缩性,以因应社会经济之发展,果能如此,已不失为完美之币制。不能谓币制一经改革,则其余一切经济问题,皆可因此而解决也。"

至于如何抵制"外人之倾销","应于通常所谓保护关税之外,加征倾销税,以资抵制"。刘振东主张,"对于国际贸易实施统制政策","对于吾国所不必需之物品,更宜相当禁止,一以减少一部份入超,一以保护国内之生产事业发展"。他说:"新中国之经济出路,根本上在于发展国内之生产事业,求自立自给之道。货币不过交易之中介,即使采行良好之币制,若国内生产事业不能发达,则终非救亡之道,且即币制本身,亦终难于维持也。"③

---

① 《中央周报》1934年第301期,第8—9页。
② 余捷琼:《中国的新货币政策》,第59—61页。
③ 刘振东:《银价与币制》,原载《时事月报》第10卷第4期,1934年,吴小甫编《中国货币问题丛论》,第57页。

第三章 南京国民政府统治前期的币制改革思想（1927—1937）

六 通货管理论

姚庆三认为，"中国非放弃银本位，实行通货管理不可"，即实行不兑现的信用货币制度（纸币流通制度）。他说："现时中国人民之用纸习惯已极普遍，用银习惯并非牢不可破，今后如有统一健全之纸币，固不难画取银元而代之；盖通货之为用在作交易之媒介，如具无限法偿之资格而有自由受授之便利，则无论为银为纸，人民必无不乐用之。"① 姚庆三的判断和分析是符合实际的，银本位早已不适合采用，实行管理通货制度则是大势所趋。

姚庆三指出，选取联系货币，稳定汇率才是重点。他认为，中国货币与英镑相连最为稳妥。他说："中国今日之币，乃在中国币值在外国币值之上，以致国内物价不断下跌。今后如欲避免外汇跌价起见，则中国币值与外国币值必须择定一种汇率，加以稳定而后可。但究应与何国币值相联，殊有考虑之必要，若与金本位集团诸国之货币相联，则彼方感物价继续下跌之苦，中国亦必至遭遇今日金集团诸国共同之命运。盖两国间之币值，如有一定比价，则此二国之物价水准必趋于平衡也。不与金本位之币值相联，中国不过受银价变动之捣乱而已，倘与之相联，则因金价之变动，中国亦将受其直接影响，故中国币值不能与金币相联。若与停止金本位国家之币值相联，则可资吾人选择者，不出英、美、日三国。盖此三国与中国之经济关系，最为密切。在英、美、日三国之中，目前经济情形最为稳固者，当推英国。……中国货币之汇价如与英镑相联，当可分享英国目前之物价稳定，及经济繁荣，而货币价值，亦不致有剧烈跌落之危险也。"②

姚庆三认为，如果中国银元及其代用纸币对于英镑维持一定之汇率，那么，中国之物价水准亦可与英国之物价水准维持相当之平衡。他说："使国币与英镑维持固定之汇率于一先令之数，俾中国物价水准可以回涨至

---

① 姚庆三：《沙逊爵士建议之检讨及施行镑汇制度之商榷》，《社会经济月报》第 2 卷第 4 期，1935 年 4 月，第 12 页。
② 马寅初：《请国人注意银问题并对美国经济考察团进一忠告》，吴小甫编《中国货币问题丛论》，第 66—67 页。

1931年之高度,中国之经济生活得以恢复相当之繁荣,细节自可商榷,原则当无大误。"①

姚庆三主张的镑汇之说,受到了当时国内人士的责难,归纳其说,则认为中国加入英镑集团,"无异使中国之货币权附庸于英国而已"。姚庆三说:"夫镑汇之实行,是否将使中国之货币权附庸于英国,当视实行之情形而定。如维持镑汇之基金,完全由我筹措,则今日吾人以国币与英镑联系为得计而加入英镑集团,他日如以为非计,则退出可也,权操在我,何得谓为附庸?反之,如维持镑汇之基金,有赖于英镑借款,则我货币权之是否丧失,当视英镑借款之条件而定。苟合同中明白规定,在借款有效期间,中国货币必须与英镑相联系,则在同时期间中国无退出英镑集团之自由,诚无异将货币权附庸于英国。但假令英国虽以中国加入英镑集团为借款之条件,而合同中初无明文规定,则将来中国币制之更张,仍有自由活动之余地,亦不能视为丧失货币权也。"②姚庆三的见解颇有见地。

姚庆三指出:"世人或以为外币汇兑制度无异使国币附庸于外币,于币制之独立性不无损失。依吾人之见,此种见解或为过虑。沙逊爵士主张在中国境内发行镑券,诚属有损币制之独立性,但使国币对于某种外币,维持一定之汇率,则当无伤。瑞典挪威亦为金镑集团之一员,但其币制之独立性,固未受若何之影响也。""在国币贬值以后,欲使国币与英镑维持一定之汇率,汇兑平准基金当不可少。倘使英镑借款可以成功,则即以此项借款拨充平准基金,自为妥善之办法。此外如能集中全国银行之存银,则平准基金当更可加厚。但单赖平准基金恐尚不足应付,如果国际收支之逆调不予纠正,则数万万元之平准基金在二三年内亦不难流尽。故欲维持贬值以后之汇价,施行某种程度之汇兑统制或贸易统制,仍为必要之步骤。汇兑统制或贸易统制初视似颇难实现,但如采取缓和方法,如与洋商银行合作以为汇兑统制,或择若干主要输入物品以为贸易统制,当非绝不可能

---

① 姚庆三:《沙逊爵士建议之检讨及施行镑汇制度之商榷》,《社会经济月报》第2卷第4期,1935年4月,第15、17—18页。
② 姚庆三:《李滋罗斯来华与中国币制前途》,《社会经济月报》第2卷第9期,1935年9月,第2页。

第三章 南京国民政府统治前期的币制改革思想（1927—1937）

之事。事在人为，胥视当局之有无决心耳。"① 可见，姚庆三博士精通西方经济学、金融学原理，能够结合中国实际提供具有可行性的方案。

但在马寅初看来，欲使汇价与物价同时稳定，实属梦想。他的理由是，"若英国为适应其商业上之需要，大发通货"，则镑汇跌；中国欲使汇价稳定，亦惟有增加通货，压低本国币值；"倘此时中国商业亦未增加，对于通货并无需要，则增加通货，适足以抬高物价"。故"以本国货币之汇价与英镑相联，以为可达到国内物价与国外汇价同时安定之目的，是不可信之说也"。他说："英国自1931年9月放弃金本位以后，通货逐渐膨胀，纸镑与金镑之价，亦相去日远，至1935年2月，英镑跌价已超过40%。美国货币贬值，似较英国为甚。……但美元减值亦不过40%。则所谓英国汇价之稳定，稳定乎何有？不过英镑贬值取渐进政策，形势较为和缓耳。要之，今日中国经济之重心，不在国外贸易。……与其牺牲国内物价之安定，不如牺牲对外汇价之安定。此实无可疑义，不容置辩。且中国货币之汇价，与英镑相联，则本国币值之上下，将一视英镑之高低而定。……我尚有自主之余地耶？……此亦自杀政策也。""故中国不欲改革币制则已，如欲改革币制，亦惟有以稳定国内物价为标准。别国之币值，非我所能控制，国内之物价，正应由我控制。苟取一适当之物价水准，使币值与此物水准相联，则亦可以限制政府之滥发纸币，是有联结外币之利，而无联结外币之害。"马寅初认为，"本国货币之汇价与英镑相联"，其结果是"中国币值随英镑以上下，不但本国不能自主，且将牺牲国内物价"。② 不得不说，马寅初对姚庆三所提倡的镑汇制度有一定的误解。

姚庆三指出，当时英国希望中国币值联系于英镑的理由有三：一是可扩大英镑集团之领域；二是中国如加入英镑集团，则中英汇率可以稳定，对华贸易及在华投资可以避免汇率涨落之风险，而易于发展；三是中国经济衰落之病根，在于汇率过高，如能将汇率稍稍降低，则平衡可以恢复，

---

① 姚庆三：《沙逊爵士建议之检讨及施行镑汇制度之商榷》，《社会经济月报》第2卷第4期，1935年4月，第15、18页。
② 马寅初：《请国人注意银问题并对美国经济考察团进一忠告》，吴小甫编《中国货币问题丛论》，第69—71、78页。

经济可以复苏，而英国对华贸易及在华投资亦易于发展。以上三项动机，第一项于中国利益无关，但亦于中国无害；第二、第三两项于英国有益，但于中国亦有益。他说："盖币值如先行抑低，再行稳定，实为中国经济健全复兴之要件。英国如愿加以协助，固中国所乐闻也。至英国在华贸易与在华投资之发展，亦可与中国经济之发展，相成而不相背。盖中国之经济建设，固有待于外国资本之利用及外国材料之供给也。"

姚庆三认为，如果李滋罗斯与中国谈判进展顺利，则以下诸点应为当局所注意。其一，借款应完全供改革币制之用。苟币制改革成功，经济当可复苏，财政问题亦可不解而自决矣。其二，借款条件除本息之担保外，不能附以其他条件。加入英镑集团，可以口头答应而不必载诸合同。其三，国币与英镑汇率联系于何点，应审慎加以考虑。现行汇率似乎太高，必须抑低若干，始可收抬高物价复兴经济之效。其四，国币对英镑之汇率决定以后，可不必以法令加以规定，运用借款所得之汇兑平准基金加以维持可矣。其五，维持汇率亦不必一定不变，上下仍可稍留一定范围之涨落余地，有如两金本位国间之现金输送点。其六，镑汇制度施行以后，银元实值将超过面值，如何集中现银以防偷运出口。其七，镑汇制度施行以后，对于国际收支有何影响，是否需要采取其他方法以资调节。他说："以上诸端，差之毫厘，谬以千里。我财政当局实应缜密研究，以定应付之计也。"①

但是，姚庆三对于日、美、英三国在中国利益争夺战的判断失误。他说："镑汇制度于中英两国固均有利益，即其他国家亦可获得间接利益。盖现时中国经济之衰落及汇兑之不安定，固于各国之对华贸易及对华投资均有不利，非仅英国已也。""鉴于现时美元日圆对英镑之汇率实际亦少所变动"，"是日美等国之对华贸易及对华投资亦必因汇兑风险之减少而益可发展"。"苟从纯粹之经济立场言，日美等固无反对之必要也。"② 实际上，中英双方筹划多时的镑汇制度最后因受到日本和美国的百般阻挠而被迫流产。

---

① 姚庆三：《李滋罗斯来华与中国币制前途》，《社会经济月报》第2卷第9期，1935年9月，第2—4页。
② 姚庆三：《李滋罗斯来华与中国币制前途》，《社会经济月报》第2卷第9期，1935年9月，第3页。

第三章　南京国民政府统治前期的币制改革思想（1927—1937）

1934 年 10 月，赵兰坪著文称："今后吾国货币政策，第一步在集中发行，集中现银，整理补助货币。第二步，则为放弃银本位制，暂行纸本位制。第三步，须待各国币制安定以后，在严密管理汇兑之下，行使以生金与金汇为兑现准备之金本位制。"他说："若行纸本位制，对外汇兑，必然下落。待其下落至相当程度，然后予以安定。汇兑既已安定，再行规定吾国货币单位一元等于纯金若干，实行解除金禁。惟须管理汇兑，提高利率，以防现金之外流。至于吾国货币单位价值似以较低为宜。"很显然，赵兰坪在这里提到的金本位制并不是传统意义上的金本位制，实际上是一种管理通货制度，即"实行对内用纸，对外用金与金汇之健全之币制"，①只是把纸币单位与纯金挂钩，以稳定币值。以当时中国的黄金储备和经济实力，是无法做到这一点的。而第二次世界大战后，美元做到了。

赵兰坪指出，国际金本位制崩溃以后，世界各国一律贬低币值，抑低汇价，国际贸易不能健全发展。结果，惟有召集国际货币会议，共同安定币值，而将本位货币之基础，重建于黄金之上。届时吾国亦应采取一致行动，以金为标准，确定国币价值。按照现行美金之新平价，国币五元等于美金一元之比，规定国币一元，等于成色九九九之纯金 0.177734 公分（成色九九九之纯金一盎斯，等于美金 35 元）。② 值得一提的是，我们可从赵兰坪先生的主张中隐约看到些许布雷顿森林体系的影子。

"国币价值，既已确定，金本位制，即可推行。"这里的金本位制，即赵兰坪所谓的"新式之金本位制"，其要点如下。第一，并不铸造金本位币，流通于市。第二，全国所有现金，集中于国家银行，为国家银行纸币之正货准备。第三，国家银行纸币，为无限法货，对内不能兑换金币。第四，国家银行纸币之法定保证准备额，定为六万万元。第五，法定保证准备额外，为十足之金准备。第六，金准备之中，存于国内之现金，至少须占二分之一，余为存于外国之现金与用金计算之短期债权。第七，人民以

---

① 赵兰坪：《外商银行增发纸币之影响及其对策》，原载《中央时事周报》第 4 卷第 9 期，1935 年，《现代币制论》，第 7、9、29 页。
② 赵兰坪：《中国经济金融财政之根本自救方案》，原载《中央时事周报》第 4 卷第 18—20 期，1935 年，《现代币制论》，第 73—74 页。

国家银行纸币,请求兑现时,国家银行得照法定国币价值,给以一定量之金条,或在外金汇,专供输现出口之用。第八,国家银行照国币一元等于纯金 0.177734 公分之比,对于民间生金,负无限收买责任,并得酌收造币费。造币费以百分之一为最大限度。① 事实上,金本位制早已成为过去,但从国际货币体系的发展进程来看,黄金储备的身影依旧清晰可见。

1934 年 11 月,赵兰坪著文称:"据一般之见解,往往以为纸本位制,必然膨胀通货。此种见解,固极错误,但亦自有其渊源。……惟在纸本位制之下,始有膨胀通货之可能,或有膨胀通货之恐怖。"但是,他认为,纸本位制与增发不兑现纸币及膨胀通货无关。"就一般而论,若能调节通货之供求,不受财政上之影响,国际收支若能平衡,则虽并无正货准备之纸本位制,亦可通行无阻。惟其对外汇兑,不免时有涨跌耳。若在纸本位制之下,再有相当正货准备,为汇兑平衡基金之基础。则其对外汇兑,更可少受巨大之波动。且如汇兑降低,亦可促进输出贸易,抑制输入贸易,而使国际收支,渐趋平衡,助长国内产业之发展。惟于国内切忌作不必要之人为的通货膨胀,以免物价之腾贵耳。"②

1935 年 3 月,赵兰坪著文分析外商银行增发纸币对中国产业、金融、币制、财政之前途,皆有深刻不良之影响,故非迅行禁止不可。他还从治标与治本两个方面提出了相应对策。所谓治标的对策,即采禁止手段,一是禁止发行,二是禁止流通。"禁止发行,于事实上既难收效,应即同时采用有效而又和缓之禁止流通方法":一即"明令政府税收机关,以及国营事业,例如一切税赋、邮政、电局、输运,以及省市公用事业等,对于未经国民政府财政部许可之银行纸币,概行拒绝收受";二即"指令或商同吾国银钱二业,拒绝收解外商银行纸币"。

至于如何禁止外商银行纸币,赵兰坪反对"随收随兑",主张"不收请兑",即"来则拒绝收受,有则请求兑现"。这的确是棋高一着。他说:"有

---

① 赵兰坪:《中国经济金融财政之根本自救方案》,原载《中央时事周报》第 4 卷第 18—20 期,1935 年,《现代币制论》,第 74 页。
② 赵兰坪:《吾国通货膨胀问题与纸本位制》,原载《中央时事周报》第 3 卷第 46 期,1934 年,《现代币制论》,第 10、19 页。

第三章 南京国民政府统治前期的币制改革思想（1927—1937）

谓'关于取缔外商银行增发钞票唯一有效办法，凡外商银行钞票，无论其在民间，或华商银行，随收随即向外商银行兑现。'如果如是，结果恐得其反。随收则有之，随即向外商银行兑现则未必。……若是，不特不能阻止外商银行纸币之增发，反能助长其流通矣。""故其有效办法，不在随收随兑，而在不收请兑。何则？随收随兑，各业既能随时收受，即无随时请兑之必要。故于事实上，随收随兑，必然变成收而不兑。至于作者主张之'不收请兑'，即指来则拒绝收受，有则请求兑现。假如银钱等业，拒绝收受，则有外商银行纸币者，势非请求兑现不可。若不请求兑现，不能行用，则必拒绝收受矣。"

赵兰坪指出，禁止外商银行发行纸币是必要的，但不如禁止外商银行纸币流通有效果。"对于外商银行增发纸币之治标方法，禁止发行，事实上恐无相当效果，手续上则属必要。禁止流通，则于一方面，施之于政府之收入机关。他方面，由吾国银钱二业，拒绝收解。商铺与烟兑等业，势必随之而拒绝使用。市面既不通用，则有外商银行纸币者，惟有请求兑现，且一律拒绝行用矣。故应采取'不收请兑'方法。但求万全计，对于现存之币制金融，惟有迅行统一发行，集中现银，停止兑现，实行纸本位制，防止通货膨胀，始可期全国金融经济之完全，更进而谋经济产业之复兴与发展也。"

赵兰坪指出，放弃银本位，实行纸本位，复苏经济才是治本之策。他说："欲救目前之金融恐慌，须从根本着手。即将吾国外汇价格贬低，消灭经济恐慌之主要原因。经济若能复苏，金融即可安定矣。然欲贬低汇价，除放弃银本位，暂行纸本位外，别无他法。至于借入外资，以此为抵，增发纸币，扩大信用，固能敷衍一时，结果，不过将目前之难关，移至一年半载之后，徒使政府与银行，增加若干负担与损失耳。""沙逊氏救济上海金融计划之中心，即在发行镑券，暂充吾国一般交换之媒介，偿付英镑国输入品之代价，而其重大之错误与矛盾，亦即在此。"赵兰坪反对借入外资增发纸币扩大信用，他指出，沙逊计划的用中英借款发行"上海镑券"不可实行。

赵兰坪指出，如果实行沙逊镑券计划，则会出现银本位币和镑本位币两种无限法货,这是一种倒退。"发行镑券计画,已为吾国金融界所反对。且可预料未必为吾国财政当局所接受。今如退一步论,发行镑券计画,竟能见诸实行,则于吾国币制,有二种本位货币,一为银本位币,二为镑本位币,同为无限法货,流通于市。而此二种本位货币之间,并无法定比价,照每日公定市价,折合行使。此种币制,可以名之曰银币英镑平行本位制。(并非复本位制,因无法定比价;亦非虚金本位制,因银币实价,并不在其面值之下。)吾国币制之发展,将倒退一百年。(盖于一百年前,除英国外,欧美各国,大致尚在金银平行本位制时代。)至于一般经济生活方面,若有二种价值不同之本位货币,以充交换之媒介,则其不便,不言可喻。其他国家之反对,以及英国对华贸易之发展,皆在意料之中。"

赵兰坪说:"沙逊氏之主张,不失为一聪明之提案。对于吾国,利用金融紧张,需资孔急之机会,提议稍增通货与信用,而作稳健之通货膨胀,以救目前之危局,而实遗祸于将来。对于英国之制造业者,则为开一发展对华贸易之捷径。而在提案者自己,则可以地产为担保,不负任何危险,不出任何费用,而能获一低利之英镑借款,并因通货信用之增加,地产价格不致下落,或竟腾贵,可得善价而沽矣。"① 这一看法和姚庆三的认识是一致的。赵兰坪指出沙逊镑券计划是提案者的阴谋,对中国有百害而无一利,无异于饮鸩止渴。

当时主张放弃银本位、实行纸本位的,还有不少专家学者。余捷琼提出:"美国的购银,显然是中国经济恐慌一种推进的动力,但其作用,亦只限于一种推进的动力,而不是根本的原因。即使美国不购银,中国经济亦已在恐慌的路上。惟其恐慌的过程或可较为和缓而已。""就国内的经济情形看,征收银税,即使能够完全有效推行,亦不是解除国内经济恐慌的根本办法。中国经济的恢复繁荣,此时最基本的一点在于推进产业投资、培养社会的购买力,银税政策,最多只能补救一时,国内经济的复原,决不能视此为永远的政策。此时美国既决定贯彻其购银政策,虽经中国一再的

---

① 以上皆引自赵兰坪《评沙逊氏之发行镑券救济上海金融计画》,原载《中央时事周报》第4卷第12期,1935年,《现代币制论》,第24—26、30、36、40—41页。

抗议无效,中国在此情形之下,除毅然放弃银本位,使币值与银价完全脱离关系,然后徐图国内经济的安定外,别无其他道路。但政治局面既极复杂,金融机构又极不完备,致使政府迟迟未敢立即推行此种政策。结果,国内经济恐慌,继续深入,而有征收银税以后一年多的苦痛经验。"[1]

七 阎锡山的物产证券论

1931年3月,阎锡山在新村制度研究会发表讲话,主张废除金银货币,发行物产证券,即提出物产证券之基本理论。1934年,该讲话稿出版,书名为《物产证券与按劳分配》。阎锡山认为,"金代值",即"以金银作货币,而代表工、物价值",形成"二层物产","独占储藏,比限物产(限制生产力发展)","遂生下列四弊害"。第一,"违反为产物而劳动之劳动原则,反成劳动不为产物,乃为金银","重金轻物之弊害因之以生"。第二,"违反生产愈多,生活愈优裕之生活原则,反成生产愈多,生活愈困",因为"生产愈多,剩余愈甚,生活乃愈困"。"在'金代值'制度下,某物剩余,某物势必滞销。一物余,则物滞销,一工受困;百物余,则百物滞销,百工受困。"第三,"违反保障人民生活之政治原则,反成限制人民工作,减少人民生活"。"政府不能无偿获得金银,以尽量接受人民之工作产物。一遇交易壅塞,物产滞销,人民即失业。""政府为调济失业人民起见",不得不限制人民的工作时间,以期增加工作人数,使人民和国家都受损失。第四,"违反互通有无之国际贸易原则,反开商战之路,增兵战之端"。"各国产物,无不竞先输出他国,求换入金银,企图把握经济命脉。各国均争出超,遂开商战之路;争之不已,继之以兵,而增兵战之端。使国际间失却互助之意义,成为侵略之事实。"可见,阎锡山错误地把金银货币当成了生产过剩危机和国际贸易战争的根源。

阎锡山说:"嗣近世物产繁多,交易杂难,纸币乃应运而生;纸币生,则金银作货币之理由已失,只留其扰乱物价,及比限物产,困人民之生活,

---

[1] 余捷琼:《中国的新货币政策》,第50—51、59页。

减社会之富力,助长私资剥削与国际侵略,徒为种种扰害人与人群之罪物耳。"

阎锡山认为,废止"金代值",实行"物产证券"之后,"二层物产制"消灭,金银退为普通物产,则重金轻物之害可除,"比限物产之害自除"。"物产虽多,物价亦无跌落之虞,均可按其价值换得证券,以供需用。则生产愈多生活愈困之弊害可除。""物产对证券作信用;政府收产发券,人民凭券兑物;物产有若干多,证券即可发若干多。……则限制人民工作,减少人民生活之弊害可除。""金银失却超越地位,亦为普通之物产,不能独占贮藏,即不能以之把握经济命脉;亦只能各以所余换不足,国国均是出入相抵,无法出超;既杜商战之路,自少兵战之端;国际贸易,纯为互通有无,毫无侵略作用。则因争商场而启兵战之弊害可除。"①

实际上,取消金银货币,只能消除贵金属货币数量的限制和由货币金属本身价值变化引起的物价波动,但并不能消除上述四种弊害。在金银货币时代,当资本主义经济危机爆发时,会因货币数量不足而使危机加剧。废止"金代值"可适当减轻危机,但不能从根本上消灭危机。② 物产证券论曾受到许多人的批评。

1934年,郑祖骧发表《评阎锡山氏废除现金发行物产证券之主张》一文,指出"对于任何学说,尤须以适合其自身之需要为准则,然后可言纠正错误,挽回危机,如最近国内对所发生之经济问题之主张,即犯有不合需要之病"。"阎氏以为大洋本位为困人民生活及减国家富力之唯一罪物,未免过于武断。查我国人民生计之受窘,国家富力之不张,其咎乃在内战不已,天灾相袭,他方又不能积极建设及鼓励生产耳。"郑祖骧指出,物产证券论"缺点太多,实不能自圆其说",并断定其抄袭了空想社会主义学派英人欧文之"废止金属货币,代以劳动券"主张及法人蒲鲁东所倡之交换

---

① 以上皆引自阎锡山《"物产证券"之基本理论——节录物产证券与按劳分配》,原载《中外论坛》第1卷第4期,1935年,吴小甫编《中国货币问题丛论》,第103—108页。
② 叶世昌:《阎锡山的物产证券论和孙冶方对它的批判》,《复旦学报》(社会科学版)1994年第1期。

第三章　南京国民政府统治前期的币制改革思想（1927—1937）

银行流通券学说。"彼时虽有见诸实行者，但终未成功。"①

郑祖骧认为，阎锡山之物产证券论至少存在五方面的问题：其一，若所生产之货物，不能与需要相适合，必发生过剩，至供求相差太巨时，将无法以应付发出之证券；其二，工厂所需之原料与工作物品不足时，因境内现金多半于宣布此种制度时，散藏民间，由政府以现金向外购买一层，尤属不易办到；其三，物产证券对于货物交换时所估之价值，是否持平，殊不易断定；其四，所收换之货物，若无人再来换取时，搁置必太久，时间上之损失必大矣；其五，此种证券之应用，若仅少数人行使，社会必将发生纷扰，若全体行使，则牵动太大，事实上必不易办到。所以，阎氏所谓物产证券论，"实系一种乌托邦，此种救济办法，不过表面上暂时之衍饰而已"。郑祖骧最后写道："阎氏之提议，其结果仍不免引起一部份之不安也。时人曾有作'文人好骑马，开武人爱题诗'之句，借讽近代一般人之变态心理，阎氏所论，殆亦如是之谓乎？"②

1935年1月，俞寰澄发表《对阎百川先生发行"物产证券"讲话之感想》一文，认为"阎氏之物产证券，理论上绝对可通"，但对其规章和发行手续不能不详加探讨。第一，要想满足人民之所需，其间交易手续甚繁，而又有时因地域之暌隔，处理不易，在办"产销合作机关"之前，必先有精密之调查统计，而始能按图索骥，应付裕如。第二，物产证券"苟有交换之信用，可以替大洋之购买力，则大洋诚可有可无"，但"我国现状之下，不能如苏俄之事事用强迫手段。欲使人民乐从无阻，政府必以信用为先"。第三，以货物为本位计算困难，不如"以一人作工一日之工价，为计算本位国内工价"。假如以普通工价一日之工为本位，约准大洋五角，而发行半工、一工、双工、五工、十工之证券，"以是为物价标准，似较大洋及货物本位为胜"。"若不取工价之说，则与其用货物，毋宁用大洋。"第四，"物产证券"讲话"谓大洋专供人储蓄汇兑借贷之用"，是否物产证券不能

---

① 郑祖骧：《评阎锡山氏废除现金发行物产证券之主张》，《正论旬刊》第1卷第6期，1934年，第10、11页。
② 郑祖骧：《评阎锡山氏废除现金发行物产证券之主张》，《正论旬刊》第1卷第6期，1934年，第11、12页。

用作"此等用途","只供换取物产?""若是推断而确,则物产证券,即失其通货功用,不特推行为难,即作交换之媒介,价值之尺度,事实上为不可能。"第五,"生产与消费,当使之平均适合,供者无滞积之虞,求者无缺乏之苦,而后阎氏之言,可得实践。社会若是其繁赜,产物若是其夥颐,重以天时人事之不测变化。而欲使其丝丝入扣,有条不紊,此非极端的科学计划,科学管理,诚未易见其成功";必须"事先多做调查统计预备工夫,择少数工业,就较小区域内,试办若干事,临之以戒慎之心,济之以致密之制,行之有效,渐次推广"。第六,当此经济改造伊始,需要机器与工作物品必多,现金不足,则困难随之。"政府现金如何筹给,亦属题中要旨。如用现金集中之政策,则利未兴而民先扰;如赋税收现金而不收券,则民重大洋而轻券。总之,当费极端之考虑也。"第七,"十足准备,现金与券可以一致,物产与券,恐不能一致。数量之差,价格之差,为物产天然之缺憾。所以物产难于定为本位,而通货又自有其作用也"。①

1936年,孙冶方运用马克思主义货币学原理,对物产证券论做出深刻批判。《中国农村》杂志1936年第1期、第2期两期连载其《从"物产证券"谈到一般货币理论》一文,指出阎锡山和近代中国许多货币改革论者一样,不敢从正面来观察现实社会的真正病源,而把一切"病症"都归罪于货币,企图从改革币制中来寻找中国的出路。②

孙冶方指出,物产证券论者把社会经济的四大弊病统统归罪于金银货币。"他们没有了解,金银货币在现社会所起的作用完全是现社会的生产关系——说得明白些,即现社会制度——所赋与它的。物产证券论者嘲笑本位货币底拥护者是拜金主义者,但他们自己是变成了货币拜物教底信徒。"

孙冶方对社会四大弊病的真实根源逐一做了剖析。第一弊病——"劳动不为产物而为金银","不是金银本身所造成的,而是以追逐利润为目的的资本主义私有生产制度所造成的,金银只是代人受过而已"。第二弊病——周期

---

① 俞寰澄:《对阎百川先生发行"物产证券"讲话之感想》,《申报月刊》第4卷第1号,1935年1月,第80—83页。
② 叶世昌:《阎锡山的物产证券论和孙冶方对它的批判》,《复旦学报》(社会科学版)1994年第1期。

第三章　南京国民政府统治前期的币制改革思想（1927—1937）

性经济危机，"是无政府状态的生产所必然造成的结果"，和金银无关。在资本主义社会，"生产过剩"永远是与"消费不足"连在一起的。第三弊病——"政府不能无偿获得金银以尽量接受人民之工作产物"，所以，山西省的执政者挖空心思发明不花本钱的"物产证券"来接受人民的工作产物。孙冶方一针见血地指出："不论政府用何种方式（现金或'空头支票'）来接受资本家底剩余生产品，但政府不能自己来消费这许多东西的……那么在大众购买力日益跌落（尤其在危机期间）的条件下，这些生产品只能永久留在政府的仓库中等待顾客光临了。所以如果物产证券可以解决掉危机，那么转运公司的提单和货栈房的栈单早已把经济危机解决掉了。"① 关于第四弊病——各国因争夺金银而引起战争的问题，孙冶方说，"殖民地侵略和帝国主义战争都是追逐利润所造成的结果"，所以，在资本主义制度未被取消之前，"即使单独取消了金银货币"，也不能消灭战争。②

孙冶方指出："'物产证券'实际上便是格莱和欧文的'劳动证券'之变形，'公营商场'实际上也就是欧文的特设商场。'劳动证券'和'特设商场'之失败是对这些乌托邦社会主义思想的实际的批评。"孙冶方通过揭示物产证券论在理论上的荒谬性，对马克思主义的货币学说做了正面的宣传。③

1936年1月，马寅初在《银行周报》发表《物产证券与按劳分配》一文，指出"阎先生之主张发行物产证券，废除'金代值'，即为救济支付工具之不足，而其制度则与'多数物品'本位相类"。"盖物产证券与物产之数量同时增加，不免有通货膨胀之害也。"④

1936年2月，马寅初又在《银行周报》发表《再论物产证券与按劳分

---

① 孙冶方：《从"物产证券"谈到一般货币理论》，原载《中国农村》第1—2期，1936年，吴小甫编《中国货币问题丛论》，第122—124、127、130页。参见叶世昌《阎锡山的物产证券论和孙冶方对它的批判》，《复旦学报》（社会科学版）1994年第1期。

② 孙冶方：《从"物产证券"谈到一般货币理论》，原载《中国农村》第1—2期，1936年，吴小甫编《中国货币问题丛论》，第130页。

③ 叶世昌：《阎锡山的物产证券论和孙冶方对它的批判》，《复旦学报》（社会科学版）1994年第1期。

④ 马寅初：《物产证券与按劳分配》，《银行周报》第20卷第1期，1936年1月，第4、6页。

配》一文,论证在社会主义国家,货币不能取消。他说:"凡有交换之社会,不能废货币而不用。""货币之本身,不论其币材为贝为牛为金为银,必含有价值,可知币材不必一定用金。倘有强有力之政府发行纸币,定为法偿,废除金银而不用,亦未始不可能。所可怕者,得纸币太易,不免流于滥发,预算不均衡尤为危险。故采行纸币本位,并无不可,惟须先求政治上轨道。"①

吴平章这样评阎锡山所主张之物产证券与按劳分配:第一,"金代值"之利,即"物产证券"之害,"物产证券"不合世界潮流;第二,"物产证券"用以发达生产之效率小,金银货币用以发达生产之效率大;第三,"物产证券"不利于国际贸易;第四,劳动者之有无工作机会,乃在国家之为人民谋工作与否,而不在"物产证券"之实行与否;第五,在金银货币制度之下,劳动仍以产物为目的;第六,"资公有"与"产私有"相矛盾;第七,"资私有"虽有罪,然在私有财产制度之下既不能免除,自当由国家统制实业,调剂劳资,则此种罪恶自然消灭;第八,"按劳分配"与"产私有"相矛盾;第九,"产私有"则人人劳动不易实现,人人劳动不能实现,则"按劳分配"之目的不能达,若强制行之,则利害参半;第十,"统制生产"使供需相应,虽"金代值"亦不致"比限物产"而起恐慌;第十一,"物产证券"之信用薄弱,担保品之物质有变更,不易实行。②

针对以上批评,刘杰讲述稿《物产证券》在《后方勤务》半月刊第26—39期(1939年7月至1940年1月)连载,为阎锡山物产证券论辩护。

物产证券论反映了20世纪30年代中国政治经济局势的复杂性,迎合了官僚资产阶级的迫切需要,富有迷惑力和进步色彩。③

八 褚辅成的货币革命论

褚辅成指出,深陷白银危机的中国非改革本位制,实行货币革命,不

---

① 马寅初:《再论物产证券与按劳分配》,《银行周报》第20卷第4期,1936年2月,第3页。
② 吴平章:《从"能力本位制"论到"物产证券"》,《中央银行月报》1936年4月,第1187—1197页。
③ 钟祥财:《阎锡山的"物产证券"论剖析》,《金融研究》1986年第9期。

第三章 南京国民政府统治前期的币制改革思想（1927—1937）

可谋自救。他说："自 1929 年以来，各国经济战争之策略，已由守势改为攻势，而采用货币斗争政策。中国在各国货币斗争之中，尤其在美国实施白银国有政策之后，深受其害，白银外流不止，金融梗塞，农村衰落，商工业凋敝；非改革本位制，实行货币革命，殆不足以谋自救。欲实行货币革命，非熟察现社会之需要不可。……昔日孙中山先生之主张以货物价值为担保而发行巨额纸币，盖深明货币之原理及社会之需要者。今师其意，主张改现制为货物本位制。"

褚辅成所主张的货物本位制大致为："货物本位之纸币，名曰货物兑换券，定为法币，单位仍称元，与关金单位规定比率，在国内可以兑换货物，遇有国际贸易，可向国际汇兑局兑换各国汇票，且中央及地方各公共机关只准收受法币，以扩大法币之效用，使现行其他货币渐渐消灭。一面将全国现有的约值二十万万之金银，收为国有，以一部为国际汇兑准备金，以一部清偿外债。为坚各界人民对于政府之信用，可使由政府及商业团体合组之种种委员会分司纸币政策之施行事务。如是，则社会上计算筹码充足，血脉自然通畅，不但在经济方面可复兴农村，救济工商业，安定金融，挽救入超，防止白银外流，而且在政治方面，在货币革新后可真正以经济谋统一，可实施生产建设，可编遣军队，可增加救国力量。"① 可见，褚辅成的货物本位制和纸币本位制在对待金银货币上有几分相似，即把全国金银收归国有，发行法币（纸币或货物兑换券），扩大法币效用，在国内消灭其他货币，国际贸易则使用金银或外汇。货物本位制与纸币本位制不同之处在于：法币的称谓不同，前者称货物兑换券，后者称纸币或法币；法币发行的担保不同，前者以货物价值为担保而发行，后者则以国家信用作为担保。法币的称谓不同无伤大雅，但以货物价值作为发行担保确有不妥。

1935 年 8 月 21 日，天津大公报发表社评文章《评褚辅成氏货币革命论》，"对褚氏之主张略加批评"，指出其含有极大缺点。

从经济关系方面看，存在三大问题：其一，要将窖藏之金银收归国有

---

① 天津大公报：《评褚辅成氏货币革命论》，《银行周报》第 19 卷第 34 期，1935 年，吴小甫编《中国货币问题丛论》，第 140—141 页。

几乎不可能。"褚氏之方案能见诸实行,则因货币之价值藏储职能之故,亦即因所谓格雷欣法则之故,将见金融悉藏地下而国民经济之必须现金银的对外结账且变为不可能。"其二,货物本位制不可能在商品经济的无政府状态下得以实施。"今如不企图废止商品社会的无政府性及无计划性,而但以货物为本位,则积货难消之时当何如?"其三,种种经济难题无法在短时间内解决,即货物本位制必将无果。"褚氏所谓货币革新后的经济上之利益","须待多方面之设施,尤其须待整个合理的经济计划之实施","如谓货币一变,即一切解决,则未免小视中国今日之种咱经济难题矣"。

从政治关系方面看,存在两个问题:其一,褚氏之主张根本未考虑到政府信用、事权统一以及财政方面的问题,"如何能使信用通货膨胀不变为财政通货膨胀?"其二,褚氏无视的另一大根本障碍是"外来之政治压力","如何能得列强之事实上的赞同或不反对?"

大公报社认为,褚辅成所主张的货物本位制"在货币职能之考虑上尚未周到","对于币制所必需的整个统制经济计划虽已顾到而无说明,政治关系的考虑之缺如尤为大大缺点",所以,"国人以褚氏所论为新币制改革之端绪则可,若竟欲照此原则草草实行,则恐利未见而害先至矣"。①

章乃器等人指出,褚辅成的货币革命论,大致和阎锡山的物产证券办法一样。阎锡山的物产证券办法,是由政府发行物产证券,收买人民的物产,政府取得物产,即以供物产证券准备之用,人民取得物产证券,可以换取所需,以及作通常支付之用。褚辅成的货币革命论,则主张发行货物兑换券,贷放与农民,以救济农村金融之枯竭。②

诚如吴小甫所说:"主张'物产证券'、'货物证券'及类似之学说的,是没有注意到个人的劳动生产品在未经过交换之前,是不能成为社会一般的劳动生产品的,即不能成为交换价值,不能成为货币的。质言之,无货币则各个个人的生产品或者会还返至物物交换,或者会是无法流通。无法

---

① 天津大公报:《评褚辅成氏货币革命论》,《银行周报》第 19 卷第 34 期,1935 年,吴小甫编《中国货币问题丛论》,第 141、143、144 页。
② 章乃器、钱俊瑞、骆耕漠、狄超白:《中国货币制度往那里去》,第 89—90 页。

流通固然是宣告社会的停滞、紊乱与瓦解，但物物交换亦决非现代社会所能容受。所以如果企图这样的废弃货币来革货币的命，结果只会革掉自己的命。"①

九　刘冕执的能力本位制

刘冕执的钱币革命学说，曰钱币革命论，又曰能力本位制，即为"变相不兑换纸币而已"。因"倡之数年，未见采用"，"乃著印小册"，说："文章报国，止于此篇，国人如再不省览，急起实行，坐待全国沦亡，悔将无及！冕执虽不披发入山，亦将逃禅自托。"②

刘冕执的能力本位制，是人民以自己所能供给的能力，发行能力通用券，但须先得保证委员会的保证；无论财产多寡，非以自然人的能力价格，不能发行能力通用券，但国家和地方政府，以及人民公益机关不在此限；人民领发额至多以其生活根据——有收益之财产或全年工作收入十分之一为限，政府及公益机关至多以其生活根据——岁入或产价十分之五为限。他认为国内现金，不敷造产之用，所以应该把金银集中于国际汇兑银行，作为国际收支之用；而在国内，则以能力通用券为流通。③

其施行方案如下：由政府设发行处，发行国币代用券，其印刷及管理权皆属于政府。"发行处设立发行局于各省地方，局分四等，凡发券千元以上者，向一等发行局请领之；千元以下百元以上者，向二等发行局请领之；百元以下十元以上者，向三等发行局请领之；十元以下则归第四等发行局。"其发行之方法，则凡在发行局地方有生活根据之本国人民，以及公司商号，均得以其有收益之财产，或固定工作之收入，作为准备，请求领券。经保证委员调查其家庭状况后，签名盖章，允予保证，始得发行。其发行额至多不得超过准备额十分之一，但以工作收入充准备者，暂时仍应有财

---

① 吴小甫：《我国货币问题之重检讨》，吴小甫编《中国货币问题丛论》，第506页。
② 魏友棐：《评刘冕执钱币革命论》，原载《钱业月报》第14卷第2期，1934年2月，吴小甫编《中国货币问题丛论》，第145页。
③ 章乃器、钱俊瑞、骆耕漠、狄超白：《中国货币制度往那里去》，第89页。

产十分之二三以充第二准备。至于有发行兑换券之银行，并得照其发行额发行国币代用券。其他公共机关亦得照其准备额十分之五，请发行代用券。发行人于发券后满十二月，当以同额之代用券，缴还发行局，作为结束，并不兑现。

以上国币代用券与能力通用券应该是同一种不兑现纸币。刘冕执的能力本位制以一部分财产或收入、岁入作为发行准备，并不可行，而由政府设发行局于各省地方，却未设监管机构，即使其印刷及管理权皆属于政府，在当时也很难统一管理，更难避免滥发滥支。

刘冕执说："如果用能力本位制，则财产人力即为金钱，其富裕状况，与世界任何各国相比，我国均占优胜，可以无敌于天下。"如果说仅凭当时的财产、人力，多印一些纸币就能让贫弱之中国成为无敌于天下的富裕大国，那就太可笑了。他认为能力本位制有救国效用，还有安内效用和攘外效用。在魏友棐看来，"所谓救国效用，货币系对内事，救国为对外事，何能并为一事？""比曰中国之贫弱，固基于穷，设使加多金钱，亦未必骤臻富强。何况社会情势，日在变迁之中，不能一概而论乎。""安内效用，更近滑稽，内乱频兴，决非单纯货币问题。"货币制度对于一个国家的重要性不必多言，但刘冕执的能力本位制漏洞百出，并非救国之策，更何况即使是最优货币制度也未必能解决当时中国的内忧外患。

刘冕执认为，"如行能力本位制，遇破产时，可以其准备财产作为抵偿"。"如某省有政变事项，即可撤回其发行局，使各省拒用其代用券"，"共同设法扑灭其反动行为"，从而使国家实现统一；如行能力本位制，政府和人民能够互相监督，从而使政治日趋清明；"实行能力本位制，即可由富人及公益机关发行能力券，举办公共事业，则贫人不致失业，皆由赤贫而至小康"，从而使社会安定。事实上，能力本位制既不能使国家实现统一，也不能使社会安定。正如魏友棐所说，"政治清明，为吏治问题，更与代用券无关"，"至举办公共事业，尤非代用券所可能致"。

刘冕执说："帝国主义之侵略，由于经济，如用能力本位制，则金钱等于货物。货物出自能力，即不啻以货易货。至于不平等条约，我既不重金钱，则彼重我轻，于我无害。至于出口，则因货物即是金钱，不必求出口，

第三章 南京国民政府统治前期的币制改革思想（1927—1937）

可以独立自强，一面工商乐业，则阶级斗争亦可免矣。"这种想法未免过于天真。

魏友棐评论道，刘冕执之许银行发行无现金准备的代用券，"则无异使银行于资金之外，复得代用券之运用"。"一种资产，两种运用，其危险为何若？且银行兑换券发行制度之纷歧，为我国特殊情状，学者间方且诟病将谋统一发行之图，而刘先生号称钱币革命者，乃至愈益其纷扰，是诚费解者矣。"

魏友棐指出，"刘先生以为货币革命超过一切革命之见解，实为自信过确"。他说："世界恐慌所激荡，决不仅简单的理由为货币之故。生产消费两者不能适应，乃有生产过剩之结果，遂致物价低落，失业者增多种种不安定现象，踵是以生。我国恐慌之故，更非简单的纯为货币之原因。""我国不安定现象所由生，其源实基于资本主义者之掠夺，使产业落伍，少有恢复之机会。""复次，内地关于内战及兵匪之故，使一切产业未由兴复，故其贫乏，乃基于特殊的情形，非货币纯为之害也。"

魏友棐说："提高物价政策，虽为现时各国所采用，膨胀信用问题，亦为盛行之腔调。但膨胀信用之结果，虽能使物价提高，而物价提高，却因货币值之减低，初无关于购买力。""照刘先生之意，代用券与现金并行不悖，其实为增多流通货币量。""货币过多之结果，即容易使物价趋于高涨。且刘先生仅知有发行之便利，而始终未曾虑及调剂之作用，有发行之机关，而无调剂之机关。愈贫穷之社会，愈贫穷之政府，在罗掘俱尽之时，几莫不视发行此不兑换纸币为燃眉之策。刘先生既论货币，能知发行局有调剂全区之金融否？使其不滥不溢，适需于当否？如何适应需要，刘先生有考虑及此欤？"[①]

魏友棐针对刘冕执能力本位制之缺漏的点评，既指出中国贫弱恐慌之故绝非单纯货币问题，又批评无现金准备的代用券发行只能空抬物价并不能提高国民的购买力，还发现其缺乏监管调剂之金融机关"使其不滥不

[①] 以上皆引自魏友棐《评刘冕执钱币革命论》，《钱业月报》第14卷第2期，1934年2月，吴小甫编《中国货币问题丛论》，第145—152页。

溢",真可谓一针见血,颇有见地。

吴平章也指出刘冕执所主张的能力本位制"不合世界潮流与吾国需要"。吴平章指出,第一,能力本位制似非根本救济之策;第二,能力通用券不能维持信用;第三,物品不可作为发行准备;第四,能力通用券难防伪造;第五,能力通用券兑现繁难;第六,能力通用券不易缴回;第七,"能力券"之不能逃避调剂供需关系与货币制度相同,而其对外购买力则与货币制度如隔霄壤;第八,能力本位制对于外人之买本国货固属有利,但对于国人之买外国货必须用现币或生金银者,则甚有害,"所受磅亏之损失,必较用货币时代增加倍蓰矣"。①

1936年12月,谷春帆在《社会经济月报》发表《评能力本位》一文,指出刘冕执倡导的能力本位制,"非但不能适应金融界之季节需要,反于季节需要之外,另加一法定之循环涨缩","宁非大愚?""在国内有造成通货数量于一年内循环涨缩之弊,故假使此法而真见推行,则国际汇率亦必有一年内循环升降之弊。""此种奇怪的货币政策",必然导致物价失常,交易受阻,"国际汇兑更加扰乱"。"总之刘氏之根本观念,以为通货数量应根据一般财产人力之收入者,原属不误。但惟有流通之财产及人力,始为有效之购买力。其余不在流通过程之人力财产,则为未生效之潜购买力。通货之数量,应根据有效之购买力,而不能根据无效之购买力。此则刘氏根本忽略之点也。"②

谷春帆指出,以人为方法直接管理或间接干涉通货之数量,"大都有赖于中央银行之公定利率及市场活动"。"现在中国金融组织,虽无系统,然大概言之,则现币数量,限于流通之法币及尚未收回之钞票,而法币仍有现银、外汇及保证准备之限制。虽不能操纵由我,尚不至漫无限制,信用之给予,全在各银行家及钱庄手中。各金融业者,虽缺乏一统之指导政策,而其自身必力求稳固有利,故滥给信用一事,亦为金融业者所不许。而市况变迁之象征,隐约中亦随时给予金融业者以暗示。今特设一局,使其对

---

① 吴平章:《从"能力本位制"论到"物产证券"》,《中央银行月报》1936年4月,第1179—1184页。
② 谷春帆:《评能力本位》,《社会经济月报》第3卷第12期,1936年12月,第9—11页。

第三章　南京国民政府统治前期的币制改革思想（1927—1937）

于政府及人民之财产及收入分别在十分之五及十分之一以下发行钞票，负有求必应之义务，只问财产之多寡，不问市场之需要，从来在市况垂危之时，尚可借金融界自动之收缩，以免膨胀，此则钞票之发行，反无限制矣。且刘君对于人民发行之限额为十分之一（对财产价值言），而事实上工商业者向金融界求得之融通，往往比其资本额为更大，若金融业者犹肯融通时，决无人向钞票管理局请求发行者，由此言之则市况好时，管理局为赘疣，市况险时管理局反为痼根，既无顺应市场需要之可能，更无操纵市场需要之力量，而反有扰乱市场之危险也。"①

章乃器等人指出："中国目下种种式式的币制改革论，都逃不出是通货膨胀论。粮食本位、能力本位和物品本位三者，着眼于农村金融；他们的共同目标，是使人民在产品或者劳力尚未卖出之前，就能取得货币，使金融不至枯竭。其他各种币制改革主张，主要的是着眼于都市物价之跌落以及政府财政之困难；他们的共同目标，是抑抵币价，抬高物价，刺激人民的购买，同时使政府能以改革币制的余利，度过目下的财政难关，将来更可利用低廉的资金市场，减轻债务上利息的负担，而且以便于发行新债。""倘使没有一个强有力的国策做中坚，把中国民族由侵略和剥削中间解放出来；那末，这一注强心针的作用，便成为'苟延残喘'的结果。"②

十　国民政府法币改革思想及相关评论

从1929年开始，世界经济进入危机状态，各国纷纷采取通货贬值政策，实行汇价倾销，以谋改善其国际收支，而挽救经济的颓势。结果，中国工商业大受影响，尤以自1934年美国推行白银政策后，世界银价急剧上涨，中国银价比较低廉，牟利之徒争运白银出口，国内金融骤形紧缩，工商业所受的打击更大。财政当局为挽救这种危机，曾实行增收白银出口税，但只能治标于一时，白银外流，仍未能杜绝。

---

① 谷春帆：《评能力本位》，《社会经济月报》第3卷第12期，1936年12月，第8页。
② 章乃器、钱俊瑞、骆耕漠、狄超白：《中国货币制度往那里去》，第96、100页。

民国时期的币制改革思想

《基督教科学箴言报》(The Christian Science Monitor) 的经济编辑爱力斯东 (H. B. Elliston) 说:"无人能够怀疑,美国白银政策有害于中国。同时中国人在经济上会发生困难,无论有没有美国的银政策。这个政策对于南京政府在政治上极为有利,使中国政府有借口——外国敌人的理由——去伸张权力管理中国的银行储蓄及中国的银行。"① 刘子文说:"我国虽废两改元,但由来已久之通货现象,短期内虽能收一时之效,根本解决则在于通货之整理与统一,纸币之发行应有严格限制,货币之形式质量应力谋统一,补助货币中之铜元价值之安定,更宜急谋解决。"② 吴小甫说:"中国今日货币上的危机,正与经济上的危险一样,危机之最大来源是政治的,不是经济的,是特殊的,不是一般的。"③

1935年3月,华盛顿发表评论,指出中国的白银货币危机已相当严重,英国正在筹划将中国货币与英镑挂钩,美国应该给贫穷的中国提供贷款,支持中国的币制改革,在白银问题上应该采取一个世界的而不是严格的民族主义态度。④

南京政府为适应世界潮流,彻底改革币制,乃于1935年11月4日实施法币政策。

(一) 法币政策之要点

杨端六称,法币改革要点有四:一曰统一发行,二曰集中准备,三曰规定法币,四曰外汇问题。其实行目的在于复兴国民经济,减低币值,救济财政。⑤

---

① 〔美〕爱力斯东:《中国放弃用银》("China Dethrones Silver," Foreign Affairs, Jan., 1936),高植译,《时事类编》第4卷第3期,1936年,第69页。爱力斯东曾担任北京政府经济讨论处主任编辑多年。
② 刘子文:《中国货币的统一问题》,吴小甫编《中国货币问题丛论》,第267页。
③ 吴小甫:《我国货币问题之重检讨》,吴小甫编《中国货币问题丛论》,第503页。
④ "China's Monetary Crisis, U. S. Observers Forecast Early Action, Examination of the Country's Needs," The North-China Daily News 1864 – 1951, March 11, 1935, p. 16, Washington, United Press, Mar. 9.
⑤ 杨端六讲,周邠、卢其昌笔记《财政部的货币新法令》,《东方杂志》第33卷第1号,1936年,第45—48页。

第三章　南京国民政府统治前期的币制改革思想（1927—1937）

法币政策的主要内容是：第一，中央银行、中国银行、交通银行三行所发之钞票，自公布日起，定为法币，并集中其发行；其他各银行所发钞票仍准流通，但应逐渐收回，而代以中央银行钞票；以后各行不得续发新钞票，所有已印未发之新钞，应交存中央银行。第二，所有各种以银币单位订立之债务，应准照面额，于到期日以法币清偿之。第三，所有银币之持有人，应即将其缴存政府，照面额换领法币。第四，为使国币对外汇价按照现行价格稳定起见，中央、中国、交通三银行，应即对外汇为无限制之购售。① 由此可见，法币发行仍以白银为准备，发行权和全国白银同时集中，但尚未明确公布法币钉住何国货币。

法币改革可分为货币改革与金融制度改革两个方面。关于货币改革方面，自 1935 年 11 月 4 日起以中央、中国、交通三银行钞票定为法币，现银停止流通，收归国有，发行准备特设管理委员会管理之；法币之对外汇价由中央、中国、交通三银行无限制买卖外汇以维持之。关于金融制度方面，一是集中发行。"其他发行银行之钞票，从是日起，不得增发，现在流通中的钞票，以中央银行钞票，逐渐收回。其发行准备悉数交由发行准备管理委员会保管之。"二是集中准备。"改组中央银行为中央准备银行，集中商业准备，办理重贴现。""此外并增设不动产抵押放款银行，修正不动产抵押法令，以谋地产之活泼。"②

余捷琼认为，法币政策的实施，除币制改革之外，兼为整个金融制度的改造。第一，放弃银本位，使币值与银价脱离关系。第二，贬低币值，借以恢复国内外的经济均衡。第三，稳定汇价，以恢复因银价变动而失去的信用，并建立新的信用基础。第四，统一全国币制，结束过去的一段滥币历史。第五，改造银行制度，创造中央金融系统。前三点属于对外方面，后两点属于对内方面。③

1935 年 11 月 4 日，伦敦《泰晤士报》这样评论法币政策："（一）新的

---

① 《中华民国货币史资料》第 2 辑，第 179 页。
② 王烈望：《新货币制度之研究》，《银行周报》第 19 卷第 48 期，1935 年 12 月，第 3 页。
③ 余捷琼：《中国的新货币政策》，第 69 页。

纸币将代替旧的银元;(二)现在各种钞票的发行将取消,代之以统一的钞票发行;(三)此种钞票的发行将为中央银行的专利;(四)政府所有的中央银行将改组并转变为近代的中央银行,而非维持金融稳定之责;(五)新的纸币不兑现;(六)钞票发行的正式专利在两年内实现;(七)预算案要在十八个月之内平衡;(八)一切的银子皆归国有,正如在美国一切金子皆为国有一样。"①

余捷琼指出,1935年11月4日中国实行新货币政策,币值和银价脱离关系,以银价涨跌为枢纽的经济变动,至此告一段落。这一次的币制改革,自其对内对外的作用言之,殆与金本位国之放弃金本位无异,其目的同在使币值不受某种金属价格变动的影响而自行稳定。各国放弃金本位,以为复兴经济的手段,中国放弃银本位,其目的亦在于解除数年来的恐慌。②

何廉指出,法币改革"有其绝对之必要",因为自1931年至1935年,中国"已有四年余之通货紧缩,遂至物价惨落,工商凋敝,贸易衰退,经济濒危"。"此时而行通货管理,实利多而害少。""新制实施而后,全国各地群起响应,关系各国胥表好感,外商银行之存银亦多同意缴存。金融市场风平浪静,虽商品市场略有波动,但系过渡期间所难免,近顷已就平伏。"③

何廉说:"民国以来,我国货币,日益紊乱,经此次改革后,银币禁止行使,法币集中发行,俟辅币整理成功之日,即纷杂之象一扫而空之时,此改革币制之足以促成货币统一也。中央银行改组为中央准备银行后,独揽发行大权,实施再贴现及买卖证券政策,操纵全国金融而成名实相符之中央银行。其他银行各就范围以内经营适当之业务,系统既清,制度确立,此改革币制之足以整饬银行制度也。且通货管理施行之始,物价抬高,自足以刺激工商业之向上。今后货币数量随需要而伸缩,物价持平,故币制之改革,工商业尤能得正规之发展。曩者我国国外贸易商人须负担金银比

---

① 〔美〕爱力斯东:《中国放弃用银》,《时事类编》第4卷第3期,1936年,第65页。
② 余捷琼:《中国的新货币政策》,"叙言"。
③ 何廉:《财政部币制改革后之经过及今后急待解决之问题》,原载《时事月报》第14卷第1期,1936年1月,吴小甫编《中国货币问题丛论》,第317页。

价及对外汇率本身两重变动之风险。今我国币制已与硬币脱离关系，汇率亦定有标准，风险自当减少，进出口商人正可安心经营。且今后我国货币对外价值较前降低，故币制之改革，于对外贸易更为有利。就人民生计言，则今后物价既已稳定，人民生计必趋安适。盖物价之弊不在其过高过低，而在其时高时低也。""惟欲期通货管理之成功，当求措施之审慎与策划之周密。""此次政府举措，颇为妥当"，但尚存以下问题，需要思考对策：一是外汇管理应取何种方式；二是省钞如何整理；三是辅币如何整理。①

（二）关于法币政策之评论

杨时展说："1935年11月4日，中国的暗淡散漫萎靡到像垂死人一般的金融机构，开始在严密和有力的控制下，用火般猛烈的活力在世界货币战争的舞台中以最新式的姿态出演。"②

顾季高认为，法币改革，"从任何观点而论，均不失为有利之举"。第一，银本位之放弃，使吾国货币不再受美国不合理政策之影响，而其价值因得安定于目前之水平。第二，汇价安定后吾国物价亦将安定。第三，对外收支必将转为有利。第四，纸币必可通行。第五，银行业务及组织将趋于合理化。第六，国际地位即将提高，与邻国感情亦将进步。③

谷春帆认为，1935年11月4日的币制改革的最大成就，就在安定汇率和集中发行两点。"汇率安定，无论其为高低，国际市场之货物，始有一确定之标准，始可依此而努力为矫正之工作耳。"减低币值安定汇率者，不止中国一国。谷春帆说："我人可信汇价对于国内物价，殆不能有重大影响，盖影响国内物价者，应系货币在国内之价值而非其在国外之价值。所望国内产业界不要期望新币制法令过深而失望，当局者亦不要信赖新币制度变

---

① 何廉：《财政部币制改革后之经过及今后急待解决之问题》，原载《时事月报》第14卷第1期，1936年1月，吴小甫编《中国货币问题丛论》，第323—328页。
② 杨时展：《我国现行外汇统制技术平议》，《东方杂志》第33卷第13号，1936年7月，第127页。
③ 顾季高：《论我国新货币政策》，原载《社会经济月报》第2卷第11—12期，1935年11月，见《独立评论》1935年第178号，第4—13页，又见吴小甫编《中国货币问题丛论》，第358—370页。

更过深而停顿了其他工作。"①

郑季楷从金融稳定、产业发展、国防加强、财政从容等方面高度肯定法币政策的成效。他说:"查法币自实施以来,对于各方面俱有极良好的影响。就金融方面言之,由于对外汇率的稳定,外汇与标金的投机消灭,资金运用,遂得纳入正轨;且由此而通货稍为扩张,银根稍为松动,拆息下降,有价证券行市,随而上涨,故金融得以稳定。就产业方面而言,因法币价值稍为贬值,各地物价,均缓步上涨,同时,我国对外贸易,亦应于有利的地位,故工商业皆呈繁荣之象。就国防方面而言,现金准备既经集中,对外支付力量加强,政府乃得以购买军事用品,建设国防;他如农村繁荣,工商发达,皆足以增强国防经济的力量。由于币制的统一,使战时财政,得以从容应付,不感支绌;尤有其特殊妙用。故日人曾谓'中国如无 1935 年的法币政策,无 1937 年的持久抗战'。征诸事实,诚非过甚其辞。"②

1. 关于币制问题

王烈望专门作文归纳各方意见研究法币制度的性质,即法币制度究竟是纸本位制、汇兑本位制,还是通货管理制。他说:"据财政当局所发表之意见,此次货币改革,既非停止银本位,亦非实行纸币政策,不过为杜绝白银外流,稳定汇价,安定金融的一种断然措置。但经此变革以后,对于新货币政策之解释,言人人殊。"③ 归纳各方意见,可得下列数种。

(1) 纸本位制。

"财政部绝对否认新币制为纸本位;但仍有许多人以为钞票既不兑现,而国币价值又与世界银价脱离关系,非纸本位而何?"事实上,早期的纸本位制,尚有黄金为之准备。但在王烈望看来,"所谓纸本位者,完全以政府权威为惟一之担保品",即"并无现金准备为担保",所以,"财政部否认为

---

① 谷春帆:《新币制法令实行后汇价与国内物价成本之机构》,《社会经济月报》第 3 卷第 2 期,1936 年 2 月,第 14、18 页。

② 郑季楷:《法币制度与外汇政策》,《广东省银行月刊》复刊第 2 卷第 7—8 期,1946 年 10 月,第 13 页。

③ 王烈望:《新货币制度之研究》,《银行周报》第 19 卷第 48 期,1935 年 12 月,第 4 页。

第三章　南京国民政府统治前期的币制改革思想（1927—1937）

纸本位者，是也"。他说："今英美诸国纸币虽已停兑，并与金价脱离联系，但仍有现金准备为担保，其与纯粹之纸本位较，尚差一层。至于中国新币制办法对于发行准备，尤为重视，特设发行准备管理委员会，由官商共同参加，按月检查准备库一次，足证现在发行仍有现金准备为担保，与纸本位相差更远，财政部否认为纸本位者是也。"[①] 王烈望的分析合情合理，既阐明财政部否认法币制度为纸本位制的缘由，又深入阐述纸本位制的原理。纸本位制又称信用本位制，纸币在本质上是"命令"货币，无须以金银贵金属作为发行准备。20世纪30年代发行不兑现纸币的国家均有黄金准备或白银准备做担保。

（2）银块本位制。

王烈望指出，李权时博士错误地以为新货币制度（法币制度）即为其所主张之银块本位制。"李氏所谓银块本位制者：一、国币单位之分量成色，一仍其旧，惟须集中现银，停止银币流通；二、中央造币厂停铸银元，只铸厂条；三、国币平时不兑现银，惟于国际收支逆差时，可以斟酌情形以应付之，务使白银流出之机会减少；四、扩大平市委员会之组织为发行准备保管委员会，以发行银行及领用银行及钱庄之代表各一人组织之。此与财政部所宣布之办法如出一辙。"[②]

王烈望评论道："李氏认为银块本位制者，实不为过。惟中国是否能永远维持现金准备，殊属疑问。盖现在中央银行所须准备者，惟外汇耳。搁置四五万万之现银，除为镇定人心以外，实已无所用之。将来币制一经巩固以后，难免不出售现银，换成外汇，或者黄金。于是，李博士之所谓银块本位制者，亦即终止于此矣。"

王烈望正确地指出，法币政策的实行实质上就是放弃银本位。他说："称停止银本位者，系根据学理而言。盖银本位在学理上必须具备三种条件：一、自由铸造，二、自由兑现，三、自由流通。今此三种条件均已废止。虽财政部不承认为放弃银本位，但吾人在学理上不能不作

---

① 王烈望：《新货币制度之研究》，《银行周报》第19卷第48期，1935年12月，第4页。
② 王烈望：《新货币制度之研究》，《银行周报》第19卷第48期，1935年12月，第4页。

如是观。"①

(3) 汇兑本位制。

或谓新币制,结果必将变而为汇兑本位制。所谓汇兑本位制者,即以外汇为准备的一种币制,国币与外汇有一定之兑换比率。例如,1935年中央银行所规定的标准汇价为:英汇一先令二便士半(合国币1元),美汇29.75元(合国币100元),又关金一元合国币2.275元。为维持此项标准汇价计,中央、中国、交通三银行无限制买卖外汇。所以,郑季楷认为,法币政策的本质,即汇兑本位制。②

王烈望也指出,以白银作为准备必将被外汇准备取代。其理由有四点。"将来如国际收支逆差,不能矫正或不能举大批货币借款,势非出售现银,无以为继。"此其一。"现在(1935年底)涨价尚高,如不趁机出售,万一银价跌落,准备必成不敷,外汇必难维持。"此其二。"知以现银为准备,汇价仍将受银价变动之影响。"此其三。"现在国内银价与世界银行价之差距百分之六十以上,政府如于此时出售存银,可得大批利益,以充发行准备。"此其四。"从此四点观察,现银准备易成外汇准备之可能性甚大。惟当变革之初,人心易动,非经过相当时期,不能尽将现金运出。顾在此犹豫期间以内,银价之变动如何,要视美国的购银政策为转移。倘若美国变更购银政策,以致银价回跌,则中国必然受极大之打击,此亦不能不加考虑者也。"③

但是,王烈望认为,法币制度下存有外汇准备与郑季楷所言之汇兑本位不是一回事。他说:"现在之汇兑本位,非以前之金汇兑本位制可比。"在各国未放弃金本位制以前采用金汇兑本位者,只须在伦敦或纽约存有准备,与其他各国均可得到一定之汇率。"自金本位制崩溃以后,各国对外汇价,各自操纵,国际汇兑,无一定之比率可言。联系一国,同时不能与他国之汇价安定;若同时联系数国,则准备分散,力量单薄;抑且汇兑投机,

---

① 王烈望:《新货币制度之研究》,《银行周报》第19卷第48期,1935年12月,第15页。
② 郑季楷:《法币制度与外汇政策》,《广东省银行月刊》复刊第2卷第7—8期,1946年10月,第12页。
③ 王烈望:《新货币制度之研究》,《银行周报》第19卷第48期,1935年12月,第4—5页。

第三章　南京国民政府统治前期的币制改革思想（1927—1937）

势不可遏。""因此之故，今日之汇兑本位与从前不同，今日只能联系一国，不能同时联系数国。惟就目前之形势而论，加入英镑集团之国家，固不必说，即美元、日元与英镑之关系，亦至为稳定，故国币如联系于英镑，同时对于美汇日汇亦可得到相当之稳定。然此种关系，究不可靠，将来即使国币与英镑联系，对于美汇与日汇以及其他非英镑集团之汇价，是否亦能同时稳定，须各视其对于英镑之关系为转移。"①

服部岱三认为，法币改革后，中国货币是镑汇兑本位制，"即现在华币一元的对外购买力，是一先令二便士半"。他说："事实既如此明显，然而中国仍不愿明白宣布，追其理由，不外因国际政局不安，即国际将来发生如何纷争，英国何时卷入漩涡，殊难预测，万一发生而卷入漩涡则镑汇如何，亦难预料，因此，中国财政当局，不明白宣布，留点余地，以便将来随时改换他国通货为基准。另一理由，则为中国当局，当此改革初期，尚缺自信，暂观推移，此虽不得已之举，然我以为实有稍加勇气，放心行事之必要。"

服部岱三坚持认为，中国尚未能管理通货，所以法币必须与英镑联结，即实行盯住英镑的政策，固定法币对英镑的汇率。他说："照现在中国的国情看来，尚未能管理通货，当然要以英镑为基准，以求安定对外汇市。那么，中国为什么不能管理通货呢？因为要管理通货，必须先明了过去、现在、未来的通货之需要与供给，如银行统计，尤其是放款，国外贸易，国内产业，交通，仓库，交易所等材料，必需详细明了，若不明了，而欲管理通货，操纵汇兑，岂非缘木求鱼？加以现在的中国，内有半独立的政权，不服中央命令，作地方的割据，外有治外法权，外人与外商银行，均在中国政府统治权力之外，对于管理通货与汇兑，均予极大障碍。以中国现状言，不管对内对外，均处非常难局之下，对其纸币，当然不能任其自然演进，因此，中国政府选择一种最适当的外币，而使华币与之连结，当然是一种极稳当的处理方法。"

服部岱三认为，法币对英镑的汇率值得商榷，即以法币一元兑换"一

---

① 王烈望：《新货币制度之研究》，《银行周报》第19卷第48期，1935年12月，第5页。

先令二便士半"实为不妥。他说:"华币与英镑连结,当然很对,但以一先令二便士半为新安定行市,究竟适当与否,实成问题。据财政当局说,这个新行市,是美国实施购银政策以前,一连五年间的对英平均汇市,但照中国实情看来,过高还是过低呢?这是一个非常重大的问题。中国财政当局,对于此点,向无详细说明,不无遗憾。在日人方面,大多认为过高,而欧美人士,则认为适当,且有人希望再压低多少,就中国本身而言,以上海这样大的都市经济来说,虽算适当,但从农村立场看来,则未免有过高之感。所以,关于这个问题的决定,由中国经济状况所支配之点固多,即受海外经济状况所支配之点,亦属不少。如果世界经济,转趋活况,物价腾贵,这个新行市,或许容易维持。"①

姚庆三认为,"新货币政策(法币政策)之精神,在由中、中、交三行以一定价格买卖外汇,使法币对外汇价钉住于一先令二便士半之数";"此种新货币制度,谓之镑汇制度可,谓之管理通货制度亦无不可",但绝对不能说"犹未放弃银本位"。"盖果为银元本位也,则必纸币可以兑换银元,果为银块本位也,则必纸币可以兑换银块,无一于此,徒以准备中尚有若干现银之存在,而遂谓中国犹未放弃银本位也,其呜呼可!""法币准备之为金为银,抑为外汇,在技术上容有斟酌之必要,在原则上初无可否之分别也。"②

(4) 通货管理制。

"现在大多数人皆称新币制为通货管理制,西文报章杂志,亦多以此相称,而财政当局也表示新币制为通货管理制。"③ 至于如何管理,尚无详细办法可知。

爱力斯东在《东方与西方的银》(《外交事务》1935年7月)一文中指出:"中国在1934年10月15日禁止银子自由出口,是使中国通货的国外价

---

① 〔日〕服部岱三:《中国币制改革论》,李荫南译,《银行周报》第20卷第4期,1936年2月,第15—16页。
② 姚庆三:《银价跌落声中新货币政策之前途及复准备制度之建议》,原载《社会经济月报》第3卷第2期,1936年2月,吴小甫编《中国货币问题丛论》,第156—157页。
③ 王烈望:《新货币制度之研究》,《银行周报》第19卷第48期,1935年12月,第5页。

第三章　南京国民政府统治前期的币制改革思想（1927—1937）

值与银子脱离开。虽然中国脱离了银本位，但在内地银币仍然可以流通。"即"中国内部是仍然留在银本位上，钞票与银币可以自由兑换"。1935年11月4日，南京政府宣布中国放弃银本位，实行法币改革。"于是中国正式地对内对外都脱离了银本位。这个法令是绝对的，在通货管理之外更添上了通货管理。"①

王烈望指出："中国之货币机构，因产业之落后，与夫金融组织之散漫，尚未达到成熟时期，故管理通货之法，断不能步武英美，尤不能援用外国之货币学说。譬如英美管理通货之主要方法为贴现政策与公开市场政策，现在中国管理通货之中枢，尚待产生。其他金融机构，亦需改造。此二种手段，至少在现在不能应用。至若调整储蓄与投资之说，与中国的经济机构，相去更远。故现在谓为进行管理通货之准备则可，谓为已经实行通货管理，则不可也。"王烈望说："现在之新币制，尚在犹豫期间，何去何从，正未可知。"新币制只要能达到两种目的：一为"求国内物价之回涨与稳定"，二为"对外求汇价之调整与安定"，"则办法不妨因地制宜，不必强与人相同"。"现在的所谓通货管理，只有限制发行一点，至于如何回涨，如何调整，尚待详细规划。"②

侯树彤认为，一个国家想要实施有效的通货管理，至少须先有三个条件：一是健全的银行制度；二是精确的统计材料；三是深通货币问题的人才。他认为法币改革后的新币制，"与其称它为通货管理制，勿宁唤它作镑汇本位制，更恰当一点"。他说："我国政府纵然在主观方面有意采行通货管理，但就客观环境论，没有健全的银行制度，真正有效的通货管理制亦必不能实现于中国。"③

侯树彤指出，中国银行制度的第一个大缺点，是纸币发行不集中。1936年初，中国享有发行权的银行，可分作四类。第一类是中央政府控制下的中央、中国、交通三大银行；第二类包括私商经营的商业银行及实业银行；

---

① 〔美〕爱力斯东：《中国放弃用银》，《时事类编》第4卷第3期，1936年，第65—66页。
② 王烈望：《新货币制度之研究》，《银行周报》第19卷第48期，1935年12月，第6页。
③ 侯树彤：《我国银行制度能胜任管理通货乎》，原载《东方杂志》第33卷第7号，1936年4月，吴小甫编《中国货币问题丛论》，第394—395页。

民国时期的币制改革思想

第三类包括各省市的官银号及官钱局；第四类是外商银行。第二类银行"可望遵守法令，不再增发"，但是，"去限制第三、第四类银行以后不再增发纸币，事实上恐怕不易办到"。通货管理制的妙用，全在控制纸币的流通额。但是南京国民政府所能指挥操纵的纸币，"最多亦不过只占全国流通总额的三分之二"，更何况中、中、交三行的纸币中有一部分是因为借债给政府而发行的，"绝难随通货管理的需要而增减"。① 所以，侯树彤认定纸币发行不集中是中国实施通货管理制的第一个大障碍。

侯树彤指出，通货为各种支付工具的总名称。纸币、硬币固是通货，银行信用（各银行的活期存款）亦是通货。因此，通货管理不但须要管理纸币，还得管理信用。他说："一个国家如果不谈通货管理则可；如果谈通货管理，实应当先自信用管理作起。"②

"如果真个实施通货管理，统制纸币流通额外，更须统制信用的张缩。"要打算操纵信用的张缩，一国的中央银行必须先能够控制各商业银行信用的准备。其手段不外三种，一为操纵存款准备金率，二为操纵贴现率，三为买卖证券。对于当时的中国来说，"最要紧的，须得先把所有各银行的信用准备，一概集中于中央银行"。③ 但是在当时的中国，无论是新式银行还是钱庄银号，都把信用准备金存在自己的库里，或存放于其他钱庄及华洋银行。至于外商银行，自然更是各自保存自家的信用准备。因此，侯树彤认定信用准备不集中是中国实施通货管理的第二个大障碍。

侯树彤指出，银行信用即是各银行的活期存款，多半是由放款而发生的。可见，他深深谙商业银行存款创造货币的原理。他说："重贴现既然关系各商业银行信用准备的增减，所以一国的中央银行，只要直接的能够操纵重贴现，间接的即不难控制全国信用的张缩。"遗憾的是，贴现制度在当

---

① 侯树彤：《我国银行制度能胜任管理通货乎》，原载《东方杂志》第33卷第7号，1936年4月，吴小甫编《中国货币问题丛论》，第377—381页。
② 侯树彤：《我国银行制度能胜任管理通货乎》，原载《东方杂志》第33卷第7号，1936年4月，吴小甫编《中国货币问题丛论》，第382页。
③ 侯树彤：《我国银行制度能胜任管理通货乎》，原载《东方杂志》第33卷第7号，1936年4月，吴小甫编《中国货币问题丛论》，第384页。

第三章　南京国民政府统治前期的币制改革思想（1927—1937）

时的中国很不发达，而"外商银行所作的贴现生意虽然不少（因为我国出口商业被洋商垄断的缘故），但它们一不集中准备于我国的中央银行，二不仰给我国中央银行重贴现它们的票据，我们更无法控制它们的信用了"。事实上，"即令将来华商银行及钱庄的信用准备都能够集中于中央银行，同时贴现制度也慢慢的发达起来，但是因为有洋商银行的存在，中国要打算以操纵贴现率的手段来控制信用，也颇不容易见效"。① 所以，侯树彤认定贴现制度之不发达，以及操纵贴现率之无灵，是中国实施通货管理的第三个大障碍。

至于证券买卖即公开市场操作，侯树彤认为在当时的中国根本行不得。因为当时的中国尚无"妥实证券"可以做这种运用，在市场上出现的主要是中央政府发行的公债券及国库券。他说："这种证券，因为政局不安定的缘故，价格涨落，至靡一定。一旦中央银行，为了紧缩通货，而大批的抛售公债券及国库券，市场上的供求关系一起巨大的变动，各种证券的市价恐怕便难免急骤的跌落。假使正当这个时候，再有关于政局的谣言搀杂其间，债市的风险就更大了。中央银行的损失尚是小事，其奈政府的债信何！"② 因此，侯树彤认定证券买卖之不可行是中国实施通货管理的第四个大障碍。

侯树彤说："健全的银行制度，为采行任何种健全的货币制度的先决条件。但是我们的政府似乎尚见不及此。不求彻底改造现有的银行制度，而先筹组什么七大银行或八大银行，这真是有点本末倒置。如果不把现在的银行制度先整理出一个头绪来，任凭你再筹设一百个大银行，亦不过等于在一个垃圾堆上再添上两车'竹头木屑'而已。"③ 可见，他对南京国民政府的批判是毫不留情的，也是入木三分的。

---

① 侯树彤：《我国银行制度能胜任管理通货乎》，原载《东方杂志》第33卷第7号，1936年4月，吴小甫编《中国货币问题丛论》，第388、389页。
② 侯树彤：《我国银行制度能胜任管理通货乎》，原载《东方杂志》第33卷第7号，1936年4月，吴小甫编《中国货币问题丛论》，第392页。
③ 侯树彤：《我国银行制度能胜任管理通货乎》，原载《东方杂志》第33卷第7号，1936年4月，吴小甫编《中国货币问题丛论》，第395页。

2. 关于准备问题

1935年11月4日，孔祥熙在废除银本位的宣言中说："1934年10月对于白银出口征税，已经使货币的价格和白银的价格脱离关系，但是这不过是一种临时救济的办法。因为假设货币保持高价，使中国将来势必趋于货币紧缩一途，而损害中国的经济命脉；假设压低货币的价格，那末币价和银价的不一致，而引起私运白银出口的流弊；对于中国也有相同的害处。所以要规定十足使用中央、中国、交通三行的纸币；中央银行将来改组为准备银行；私人的现银皆需换为纸币；依照货币现在的价格使它稳定；政府各银行买卖国外汇票，以应民间的需要。""但宣言中并未说明依照某一种外国的货币以稳定中国的货币。从吾人观察，华币似乎与英镑连紧，但无正式规定；大概在英镑价格变动过巨的时候，华币可与现金连紧。"①

关于准备问题的讨论可分现金准备与保证准备两部分。"在现金准备方面，是否将以国内存银换成外汇？惟现在外币是否从此稳定，尚须视各国之货币政策为转移。倘将现银换成外币，万一外币跌价，损失綦重。但如不换外币，又惧银价之跌落，二者皆非至计。然则以银易金如何？曰此须视金银比价之趋势及美国购银政策之动向如何，始能决定取舍。"王烈望认为，"中国实有相度机宜，以银易金之必要"。他说："至于准备易成黄金以后，国币价值，如何定法，愚以为不妨暂以海关金单位为标准。""例如一单位合国币二元二角七分半，倘遇外币继续贬价，则国币亦应随之贬价。""此与镑汇制不同之处，即一则以英汇为标准，一则以关金为标准。惟持有国币者，只能依照行市兑与外汇，不能直接兑与关金。""至于保证准备，现在限于公债一种，此后中央准备银行成立，办理重贴现，则于公债以外，自应加入商业承兑汇票为保证准备，以调节金融。"②

法币政策实行之初，白银占法币准备之最大部分，"故伦敦银价之涨跌，仍能播其影响于中国也"。1935年11月4日法币政策颁布之时，伦敦

---

① 崔宗埈：《中国和她的币制》，原载《新欧洲》（法国，1935年12月），《时论撮要》第4卷第3期，第25页。
② 王烈望：《新货币制度之研究》，《银行周报》第19卷第48期，1935年12月，第6—8页。

第三章　南京国民政府统治前期的币制改革思想（1927—1937）

银价为 29.50 便士，超过了作为法币准备之银元面值与实值相等时的银价 17.75 便士，超过值达 11.75 便士，"故其时政府预计可获利极巨，而法币准备亦倍形充实"。其后银价剧跌猛降，"政府前此预计之巨利已成泡影，而法币准备之价值亦于无形之中减低不少"。"论者多谓新货币政策之成败，将决于今后伦敦银价之趋势，苟伦敦银价继续跌至 17.75 便士之下，则一先令二便士半之法币汇价，殆不易维持，而新货币政策即无异宣告死刑矣。"①

姚庆三认为上述论断"未免过甚其辞"，法币政策"固为镑汇制度，固为管理通货制度，但初无机械的联系法币汇价于一先令二便士半之束缚也，视事势之推移，自可上下其汇价"；"而新货币政策之精神固仍确立不动也"。且据他估计，"今后伦敦银价之趋势，以盘旋于十七八便士之间者为最可能"。

鉴于英美等国继续采取通货贬值政策的可能性较大，中国法币准备中一部分存放国外，当不可少，但"若举大部分之准备存放国外"，则"我将受累不少"。所以，姚庆三建议采行复准备制。他说："法币准备之以外汇方式存放于国外者，既应仅占小部分，则其余大部分将为金耶？抑为银耶？我国民间存银极富，自无完全抛弃之可能，但法币准备如大部分为价格涨落靡定之白银，币制前途亦多纠纷，故最为有利之解决办法当使金银比价稳定，而以一部分之白银易黄金。"

金银复本位制，受格雷欣法则约束，"实窒碍难行"，但"果将复本位制加以变通，则即由少数国家相约实行，亦非不可能之事也"。姚庆三之所谓变通之复本位制，又称复准备制，即"一国之内通行纸币，各国之间则维持彼此纸币之汇价于某一水准"，"金银二者均为纸币之准备，专作国际间债权债务了结之用，绝无兑现之必要也"。

姚庆三所主张的金银复准备制，因"无金银二币之实际流通"，故可避免"纯正复本位制下格雷欣法则之流弊"，"又可扩大世界经济之准备基础"。所以，他说："俾各国对于黄金缺乏所感之恐慌可以减轻，而于世界

---

① 姚庆三：《银价跌落声中新货币政策之前途及复准备制度之建议》，原载《社会经济月报》第 3 卷第 2 期，1936 年 2 月，吴小甫编《中国货币问题丛论》，第 157—159 页。

经济之复兴亦可裨益非浅也。此种复准备制在今日行之特为相宜。"

姚庆三说:"采行复准备制之各国必须订立协定,对金银二者之价值定一共同之比价,各协定国之中央银行均有按照此项比价接受金银了结债权债务之义务。有此规定,金银两者相互间有固定价值,始具纸币准备之资格矣。"

他认为,"复准备制采行之结果,不但可使复准备制同盟国之间维持固定之金银比价,即伦敦之金银比价亦可因此而臻稳定","则白银为纸币准备之资格愈形具备,行见世界各国均将采行复准备制,而复准备制即可演进为国际复本位制矣"。① 显然,此"国际复本位制",指的是同时把黄金和白银作为主要的国际储备;其实行的本位制前提为管理本位制,或称纸本位制,亦称"自由本位制",与之前的金银双本位制或金银复本位制度完全不同。

蒋洁指出:"吾国货币在改制以前,直接受海外银价之影响;改制以后,仍以银为准备中心,后以外汇上之支付甚巨,故与银价之关系曾未稍减,第其趋势缓急有不同耳。"他说:"金银复准备制之缺乏国际合作,已决定世界银价之最后命运。故吾国货币如一日与银价发生密切联系,则货币问题一日不能解决,其未来之危难,或将甚于过去所受银潮之影响。最近财部对于货币政策之第二次重要宣言,将充分增加金及外汇之准备,其动机亦即在此。顾吾国货币既因历受银价之压迫,而一再改革币制,此后世界银价之前途,复有下跌之趋势,故最后目的,必须逐渐设法脱离与银价之关系,而以金为货币之主要基础。恢复银本位固为潮流所不许,金银复准备制亦仅可引为适应环境之过渡办法。吾国亟应调整贸易与财政两问题,求国家收支之平衡,庶可以少数之金货,巩固币制,以取得货币之自主权,乃为根本之出路也。"②

以上关于法币准备问题的论述实际上就是在论证国际储备的组成部分。

---

① 以上皆引自姚庆三《银价跌落声中新货币政策之前途及复准备制度之建议》,原载《社会经济月报》第3卷第2期,1936年2月,吴小甫编《中国货币问题丛论》,第159、164—168页。

② 蒋洁:《银价与吾国货币之前途》,《东方杂志》第33卷第13号,1936年7月,第112页。

第三章　南京国民政府统治前期的币制改革思想（1927—1937）

姚庆三和蒋洁均指出适当的黄金、白银及外汇储备是巩固币制、取得货币自主权的必要手段。这是他们充分考虑到国际国内发展局势做出的正确判断。黄金、白银及英镑、美元等外汇在当时同时具有可获得性、流动性和普遍接受性等国际储备资产一般必须具备的条件。

3. 关于汇价与物价问题

1935年，谷春帆在《金融商业周报》（*Finance and Commerce*）发表一文（Silver Ceases as Currency），略论如欲救济商业恐慌，非提高物价不可。但物价提高，汇价必跌。反之，各货币改革只在稳定汇价，则欲提高物价，恐不可能。故不欲提高物价则已，如欲提高物价，惟有任汇价自然涨落。王烈望评论道："谷氏所云，盖系根据购买力平价之说，其意似嫌现在所定汇价太高，尚不足以提高物价。"王烈望指出，汇价与物价之关系，至为密切。对外汇价低落，则国内物价必涨；对外汇价高涨，则国内物价必跌。前者由于进口货失其竞争之力，同时出口货销路可以推广；后者由于加增进口货之竞争力，同时出口货销路滞钝。故物价之与汇价，如影随形。①

据姚庆三对汇价与物价之统计的研究（《社会经济月报》第2卷第6期，1935年），汇价与物价之相关系数为90%。故如欲以1930—1933年之平均物价为回涨之标准，则在汇价方面，亦应以此四年内之平均汇价为标准。王烈望写道："假定此论断未有错误，则现在（1935年11月）国币之对外汇价，至少尚须贬低10%。此后如各国货币政策，未有更动，则我亦当于此加以稳定。倘各国继续贬低币值，则我亦当随之贬值，盖所以谋自卫也。"②

杨时展认为，"新货币政策（法币改革）的命运决定于外汇管理上的成败，外汇管理是最近一切通货管理政策的核心"。他说："这一点，不但于通货的对内价值平常已在一般所熟知的方法下受着政府管理的欧美诸国为然，于通货对内价值平常未受政府管理的我国也莫不然。在目前这种世界金融环境下，通货管理的目的，不外在强化币战的力量，而所谓币战，干

---

① 王烈望：《新货币制度之研究》，《银行周报》第19卷第48期，1935年12月，第8、9页。
② 王烈望：《新货币制度之研究》，《银行周报》第19卷第48期，1935年12月，第9页。

脆说，就是外汇战。如果一国的外汇管理技术无法完成外汇管理所欲完成的使命，她在货币战争中的命运就不难预料了。"①

而何廉提出了外汇管理之法：首先，以中国银行专司经营及控制国外汇兑之责，防止盗金逃避，禁止汇兑投机；其次，公定汇价，一切外汇买卖皆以公定汇价为主，其他行情一律禁绝；最后，外汇供求能否相应，取决于对外贸易能否平衡，所以管理汇兑之中犹含控制贸易之意。②

上述关于汇价与物价问题的研究，颇有卓见。根据购买力平价 $P=EP^*$（P 表示国内价格，E 表示汇率，P^* 表示国外价格），如果国外价格不变，汇率上升，则国内物价上涨。但这种情况不是绝对的，主要有两个原因。一是购买力平价假定世界市场是一个统一的市场，这是不符合现实情况的。首先，商品可以分为可贸易商品和不可贸易商品，汇率变化对可贸易商品的价格影响较大，而对不可贸易商品的价格没有影响；其次，由于关税和配额等贸易壁垒的存在，世界市场被分割开来，并不是一个统一的市场。二是可实施有管理的浮动汇率制度，如果汇率上升较大，中央银行可以卖出外汇，减少货币供给，抑制物价上涨。

4. 关于物价之调整问题

提高物价之目的，原为复兴工商。工商何以能复兴，必须商品售价能在其生产费以上，至少使生产者无亏本之虑，而后工商乃能复兴。略谓利用汇价政策，提高物价，即可复兴工商，事实尚非如此简单。

王烈望写道："吾人皆知当物价上升之时，原料及批发物价之涨，较成品及零售物价为速。布匹未涨，纱花先涨，绸缎未涨，丝茧先涨。而社会购买力臻极度微弱之时，零售物价，更难上涨。如零售物价不能上涨，则原料及批发物价虽涨，销路只有愈缩，结果终必回跌。生产者以出品未涨而原料先涨，则不但未受物价提高之利，而反有亏本之虞，工商安能复兴？"他认为，在工商复兴以前，社会购买力亦无从提高。社会购买力无从

---

① 杨时展：《我国现行外汇统制技术平议》，《东方杂志》第33卷第13号，1936年7月，第127页。
② 何廉：《财政部币制改革后之经过及今后急待解决之问题》，原载《时事月报》第14卷第1期，1936年1月，吴小甫编《中国货币问题丛论》，第324—326页。

第三章　南京国民政府统治前期的币制改革思想（1927—1937）

提高，则工商业亦终不能复兴，二者实为因果。故在压低对外汇价提高物价之际，即应改订关税税率，凡本国所需之原料以及建设所需之工具，宜酌减关税，而后工厂可以维持，并可渐图发展；同时农产品以外汇上涨，出口有利，收入可增，如此，则社会之购买力，乃能逐渐提高。复兴工商，舍此末由。①

5. 关于通货膨胀问题

王烈望指出，银本位停止以后，群疑通货之膨胀，以致物价因商人心理作用而狂涨一时。据财政部新币制说明书所云，法币现金准备仍维持原来60%之比例，其成色含量，亦未变更，故通货绝对不至于膨胀。其实在新币制之下，通货之膨胀与否，不在乎准备比例之是否改变，或法币含量之是否减低，除此二者以外，通货之膨胀尚有两种可能性。②

第一，中央银行收集各地现银以后，充作发行准备，则收集六百万之现银，即可发行一千万之钞票，在现银集中以前，六百万现银只能作六百万元之用，一经集中以后，便可骤增四百万之筹码，自不免流于膨胀。惟财政部既以新币制为通货管理制，则发行自当依商业之上需要为伸缩，不能因预算不敷而增加也。

第二，倘若如前文所云，以国内存银按现在行市换成外汇，则通货亦不免流于膨胀。假定现在各地发行银行（包括上海、南京、杭州、青岛、天津、北平等处）之钞票流通额为五万万元，现金准备以60%计算为三万万元，依伦敦银价29.3125便士计算，国币之平价为23.93便士，而同时海关金单位行市为33便士。因此，三万万元以之现银，以29.3125便士出售于伦敦，可得217000000海关金单位。假定以60%关金，发行100%关金券，其数当为361667000单位，如以国币2.275元折合1关金，当可发钞822792425元，而仍有60%之外汇准备。故同为三万万元之现银，变成外汇以后，可以多发三万万元之钞票，此为耿爱德氏之推算。

王烈望指出，以上二者皆为通货膨胀之可能性。惟第一种可能性较第

---

① 王烈望：《新货币制度之研究》，《银行周报》第19卷第48期，1935年12月，第9页。
② 王烈望：《新货币制度之研究》，《银行周报》第19卷第48期，1935年12月，第10页。

二种尤为大。此因现在各地现银，各自封存，天津、汉口等处，各设准备分库，故一时尚未能将国内存银输出海外也。

至于通货应否膨胀，王烈望以为有限制的膨胀，实为必要。为达到物价回涨的目的计，标准汇价，应再定低10%，如欲减低对外汇价，则有限制的通货膨胀，自属必要。①

1936年3月15日，张公权在学海书院做关于法币问题的演讲时说："管理通货已经成了世界通行的货币制度，这个制度不必专以现金银之多寡为发行通货伸缩的标准，而以生产事业的实在需要及其商业票据为伸缩。同时还可以对外汇兑价值之高下以调整国内的物价，然而因此就不像兑现准备纸的那样简单，就得细心注意取得人民的信任，防止滥发，维持汇率，稳定物价，勿使生出流弊来，那么这个制度就可推行尽利了。"②

方显廷认为，法币改革"集中白银以钞兑现以后"，"事实上已步入管理通货之途径"，其主要目的是"抑止货币紧缩以制止经济恐慌"。他指出，"通货管理之后，在过渡期间，对于经济现状，必有若干波动"：一是财富与收入之重行分配；二是价格之上涨与其对农工商业之刺激；三是公私财政所受之影响。

方显廷说："管理通货设能谨慎施行，当属利多害少，即以过渡时期而言，虽不免通货膨胀，亦足刺激生产，促进繁荣，惟于工人环境，小民生计，应加顾及耳。至管理通货之政策能完全贯彻之后，则无论政府民众，咸当交受其利，盖可预卜。所应注意者，初期膨胀，应有限度，财政亏空弥补之后，物价抬至相当限度，应即停止，如此始可收膨胀之利而不蒙其害。使不加限制，毫无预计，则如吸食鸦片烟毒，初吸时不过为得一时之兴奋，屡吸则耽染而不能自拔，迨毒入膏肓，则悔之已晚。欧战以后德俄往事，殷鉴不远也。是以于实行之初，对于人事之管理，组织之策划，不可不注意也。"③

---

① 王烈望：《新货币制度之研究》，《银行周报》第19卷第48期，1935年12月，第10页。
② 张公权讲，金绍贤记《法币问题（张公权先生三月十五日在学海书院演讲）》，《新民月刊》第2卷第2期，1936年4月，第199页。
③ 方显廷：《通货管理与中国经济前途》，原载《大公报》1935年11月11日，吴小甫编《中国货币问题丛论》，第286—287、289、294—295页。

第三章　南京国民政府统治前期的币制改革思想（1927—1937）

卫挺生认为，"管理通货不膨胀之必要条件"有三：一是"法币之发行，应以收入现银及对于农工商业之信用票据重贴现二事为限"；二是"应竭力避免因政府发行公债，发行库券或临时透支而发行法币"；三是"应竭力避免因人民之消费借贷，或投机借贷而发钞"。"然管理货币之最大目的，应不在限于通货不膨胀为止。其更大之使命，则在于经济复兴。而经济的复兴问题，乃全国的而非局部的。""为达到经济复兴之目的"，应促成以下两事：一是"金融力量应注意为全国各地方与各种经济事业之平均分配"；二是"国际贸易应设法由政府统制"。"以上两事与新币制政策之能否彻底成功，亦均息息相关。统制金融一层，并非难能之事。统制贸易一层，国际现状上稍感困难，然亦非绝对无办法。至于如何奏效，则仍希诸当局之贤有司。"①

上述关于管理通货的论述颇得要领，国家对通货的宏观管理即旨在复兴经济、防止滥发、维持汇率、稳定物价、保障民生。

6. 关于法币兑换银货问题

王烈望指出："或谓银元实值现已超过面值65%，则以一元法币收买一元银币，政府未免有剥夺之嫌。且现在平衡税虽已提高至57.5%，足以阻止现银之出口，然差利愈大，偷运必将愈多，为防止偷运计，政府亟应提高售卖银元价格。譬如以国币一元五角收买银币一元，盖银元既非法货，自可视同银货收买。如此，则藏有现银者，自必乐于出售；偷运之弊，亦可防止。现在广东以法币一元二角收买毫洋一元，其理由即为如此。"②

王烈望又说，但政府方面亦有理由可辩。第一，国币既未正式宣布贬值，其含量并未减轻，自无出高价以收买银币之理。第二，运银出口既须征收平衡税，即在钞票停兑以前，一元银币亦只能作一元之用，运银出口之差利，应归政府所得，此为货币改革以前之既存事实，故银币在国内之实值并不超过面值，则一元国币兑换一元银币，在法理上并未错误。至于

---

① 卫挺生：《施行新货币政策应注意之事件》，原载《时事月报》第13卷第6期，1935年12月，吴小甫编《中国货币问题丛论》，第330—357页。
② 王烈望：《新货币制度之研究》，《银行周报》第19卷第48期，1935年12月，第11页。

熔毁银币偷运出口，为法律所禁，此后自当严防偷运。第三，兑换银币所得之差益，视为政府之铸利，亦无不可。①

双方理由，皆各有据。王烈望则以为，出价收买，理由较强。他说："惟政府既已决定兑换之方针，自不宜多事更张，淆乱人心。且现在如再变更既定方针，出价收买，对于以往持银易钞者，将何以赔偿其损失？而后来者更将以奇货可居，延不出售矣。故在新货币政策施行之日，似宜提高银币价格若干，强制收买，今则惟有抱定既定方策，硬干到底。人们亦当以国家为念，稍受牺牲，以扶助新币制之成功也。"②

7. 关于辅币问题

王烈望指出："自新币制实施以后，银角铜元，狂涨一时，一日之间，行市百出。总计双角行市自七五上下涨之八五以上，铜元自三百五十枚涨至三百枚以下。现在财政部已规定银角及铜元之兑换价格，国币一元兑换银角十二枚，铜元三百枚。溯自废两改元以来，本位币虽已统一，但辅币之紊乱状态，迄无解决办法。外人常谓中国货币有二重本位，一为银本位，一为铜本位。乡间零星买卖，实以铜元计算。惟以铜元行市，涨落不常，农民往往以高价铜元收入，而以贱价用出。譬如农人售卖农产品，多以铜元作价，而购买粮食衣着用品，则以大洋付出，一转手之间，无形中受极大之损失。又当春夏之季，农民以贱价之铜元借入，至秋收以后，以高价之铜元偿还。因农产上市，需用铜元必多，故铜元必贵。"③

"据勃洛许（K. Bloch）氏研究之结果④，铜元之季节的变动，对于农民在出售农产方面有 10%—15% 之货币收入上的损失；在以高价铜元偿还贱价时借入之款，无形中除正常利息以外，须多加 25% 之利息。此外农民收入者既多系铜元，而纳税则以折合大洋计算，故当铜元跌价之时，农民必延不缴纳，而田赋难收矣。自 1931 年以迄于今（1935 年 11 月），铜元价格

---

① 王烈望：《新货币制度之研究》，《银行周报》第 19 卷第 48 期，1935 年 12 月，第 11 页。
② 王烈望：《新货币制度之研究》，《银行周报》第 19 卷第 48 期，1935 年 12 月，第 11 页。
③ 王烈望：《新货币制度之研究》，《银行周报》第 19 卷第 48 期，1935 年 12 月，第 11 页。
④ K. Bloch, "Copper Currency's Heavy Burden upon the Farmer," *Finance and Commerce*, Nov. 6th, 1935.

第三章 南京国民政府统治前期的币制改革思想（1927—1937）

之继续跌落，对于地方财政，确有极大影响。但在另一方面观察，铜元之变动，虽于农民及地方财政均有不利，而于中国货币恐慌却有抵冲之功能。盖当1930—1931年银价惨跌之时，铜元大涨。至1931—1935年，银价腾贵，铜元大跌。银铜既为二重本位，故适可以抵冲货币之恐慌。Arthur Salter 在其《中国与恐慌》（China and The Depression）一书中，亦已言之。惟铜元之变动，究属害大利小，故勃洛许以为铜元与国币亟应规定兑换比率，不能再任其自然涨落。现在财政部规定辅币之兑换率，盖亦有鉴于此。惟如何能维持规定之比率？据勃洛许之意，以为主持稳定铜元之责者，不但须予以充分之基金，并且应予以运输铜元之特权，一如中央银行对于现银在铁路上运输之特权然。盖必须将运输费用之阻碍除去，而后此双重本位，可以合而为一。彼认为改革今日之铜元通货，较之于铸造新辅币尤为迫切。彼又以为铸造新辅币之费，已足供改革铜元通货之用云。"①

1935年法币制度颁布后，辅币兑价异常紊乱，甚至有行无市，于是安定辅币之议又喧腾南北。佟志伸认为，辅币紊乱之原因有五个：一是辅币之乱铸；二是成色之减低；三是币制之不立，主辅币不分；四是调节之不行；五是成色之不齐。他说："辅币流通量超过社会需要，遂至兑价日跌，大有江河日下之势，影响所及，不特紊乱金融，而且破坏法制，贻害民生，流毒社会，故辅币问题，实为吾国重要之问题也。"所以，他提出了整理辅币之治本法与治标法。

关于银角之整理。佟志伸主张铸造一角及五分之辅币，"此项辅币之铸造权为中央所独有，地方政府不得分羹"；与此同时，"依银两之市价（十二角等于法币一元），于最短期内掉回现在流通之银角，而熔化之"。他再三强调，"新辅币之铸造，一定受政府严厉之监督与管理"，"以维持新辅币之划一"；"政府不可过量向金融市场供给辅币，应以市场上之需要为供给之标准，以免重蹈过去因供给过多，致跌价之覆辙"。

关于铜元之整理。"中央造币厂重新铸造一分及半分较小之铜元，依二年来铜元平均兑价收回而熔化之，以为铸造新铜元之币材。此种新铜元百

---

① 王烈望：《新货币制度之研究》，《银行周报》第19卷第48期，1935年12月，第12页。

分，换法币一元，但政府不可过量供给，致因供给过多而跌价，重演过去丑剧。最要者，地方当局绝对不得铸造铜元，则新铜元方能划一。政府收入机关对新铜元应无条件的接受，以维持新铜元之法价。"

关于铜元票之整理。"地方银行所发行之铜元票，自应逐渐收回，以中、中、交三行之角票代之。至于其他私人、公司及商号所发行之铜元票，一律令其收回，不得流通，在未完全收回前，政府先监视其财产，以防万一。"

至于为数极少之镍币，"整理自易"。"命令地方当局收回而熔化之，则整理镍币之全功即可告成。"

佟志伸说："上述之治本办法，乃彻底解决之道。或因种种关系一时不能实现，于是治标之法生焉。（一）于各地方，由政府或者地方团体垫款设若干调节机关，独占辅币运输权，其地方之运输辅币，须经其许可。（二）此种调节机关，于辅币上涨时，则放出辅币，跌价时，则收买之，为调节上之便利计，得发行兑换券，但此种兑换券之流通期间有限制，以免治丝愈棼之讥。（三）对于输入本地方之辅币，规定其成色重量，质劣量轻者，禁止其输入。"

佟志伸主张除铸造一角、五分之辅币，及一分、半分之新铜元外，中、中、交三行更应增发一角、两角、两角五分、五角四种角票，以济通货之紧缩。他说："此种办法，既可免除通货膨胀之弊，复可收救济通货紧缩之益，政府与人民——尤其下层社会——均受其惠。故政府对于辅币之整理，不可再事拖延，应拿出大无畏之精神去实行，则辅币整理，可竟全功矣。新货币制度之使命方告完成。"①

关于辅币问题，何廉认为，"宜鼓铸新辅币，收回旧辅币。厉行十进制度，严禁各省私铸"。"如是则辅币得与本位币相辅而行，裨益自非浅显也。"②

8. 关于币制借款与货币主权问题

王烈望指出，当放弃银本位之日，一千万英镑之币制借款，喧腾一时。

---

① 以上均引自佟志伸《我国辅币问题之检讨》，原载《经济评论》第2卷第12期，1935年，吴小甫编《中国货币问题丛论》，第249—256页。

② 何廉：《财政部币制改革后之经过及今后急待解决之问题》，原载《时事月报》第14卷第1期，1936年1月，吴小甫编《中国货币问题丛论》，第329页。

第三章　南京国民政府统治前期的币制改革思想（1927—1937）

同时谓美国亦将予中国以三百万美金之信用，旋经当局否认，谣传始熄。据日本报纸所载，中国币制借款，日本决予反对，其理由有三：第一，"恐加重中国人民之负担"；第二，恐中国政府挪用别处；第三，恐中国加入英镑集团。

王烈望说："至于币制借款，纯从经济立场言，以之补救一时国际收支之逆差则可，倘国际收支成为长期性的逆差，则币制借款，不但无补于币制，反足以加重币制之危机。盖一至还本付利之期，是否能向债权国展期或重举新债以还旧债，殊不可必。如不可能，则国际收支逆差，更将愈大，结果更难补救。故新币制之最后关键，从经济立场言，断在国际收支逆态之改善（虽然政治上的关键或将视此为尤大）。现在国币之外汇准备，虽可以有百分之百以上，惟将来如国际收支逆态，未能矫正，恐仍无法维持也。"①

钱俊瑞通过阐述1935年中国法币改革前后，日、英、美三国在中国争夺货币权的事实，批评国内有些经济学家"颇藐视帝国主义列强夺取货币权的问题"。"他们认为币制改革只是一个技术问题，至多也只跟市场问题有关；至于它跟英镑、美元和法郎会发生什么关系，他们认为是无足轻重的。甚至还有些朴素的专家，他们以为此次政府规定纸币为法币，'亦仅与欧战及各国之习惯相似，不必对任何外币发生特殊之关系'（如刘大钧先生）。"

他指出，"中国是一个半殖民地国家，中国的咽喉是紧握在帝国主义手里；同时国内割据的情势，还依然存在"。在这些条件之下，中国的法币改革非借用外力不可。中国最初所选择的货币便是英镑，即成为英镑集团的一员。所以，"尽管没有条约和法令的拘束，它一定不能自由自在，相反的，中国在财政和金融上，一定要受英国方面相当的统制"。法币改革最大的成绩，就是"在财政上得到很大的帮助"。中央财政的稳固可以促进中国统一，以及中国政府跟英国的关系密切，都跟日本独占中国的"大陆政策"相冲突。"所以，日本一看到中国实行新货币制，就动手反

---

① 王烈望：《新货币制度之研究》，《银行周报》第19卷第48期，1935年12月，第12页。

对了它。"①

钱俊瑞指出,"中国货币权的问题又是镑(英镑)元(美元)之争的最后关键"。所以,当中国政府宣布法币与英镑挂钩时,美国政府便向英国"作一个猛烈的反攻",一方面在国际谈判中威胁英国,另一方面利用"她对于银价的垄断",把中国拉出英镑集团,"从英国手里把中国货币权拉回自己身边"。②

王承志说:"中美货币协订成立后,中国财政部即于(1936年)五月十七日宣布新货币政策,以执行中美协订所赋与之任务,而美元之控制华币已由此宣言而获得证明。所以,中国的新货币政策,是基于中美货币协订而产生的。即是美国承购了中国白银而以稳定华币取得中国货币权所孕育出来的货币政策,这已属美元的附庸,而中国新货币政策的决定者是美元而非华币。"③

王承志说:"自中美货币协定成立,中国政府宣布新货币政策后,禁止使用银币之政令,已为铸造银元之事实所打消,中英币制连系,已为中美币制协定所代替,英镑对华币的控制,已为美元所独占,而中国法币政策又已为金银复本位制破坏无余。目前的货币政策,无疑的取消了去年十一月三日所宣布之币制改革法案。或者有人说,目前的货币政策,不过修正补充了过去法币制度之不足,然而丧失主权的币制,它本身的改变,是随着帝国主义货币对它的支配而决定的,它的改变,决不是它本身的福利,而是美元对华币的控制力量较英镑强大罢了。"④ 王承志能够看穿美元对法币的控制阴谋和实质,却将金银复准备制度与金银复本位制混淆了。中美同时将黄金和白银作为法定准备金,实行通货管理制度,并没有倒回金银

---

① 钱俊瑞:《中国跌进英镑集团以后》,原载《世界知识》第3卷第9期,吴小甫编《中国货币问题丛论》,第407—408、410—411页。
② 钱俊瑞:《中国跌进英镑集团以后》,原载《世界知识》第3卷第9期,吴小甫编《中国货币问题丛论》,第415—418页。
③ 王承志:《中美币制连系问题》,原载《时代论坛》第1卷第5期,1936年6月,吴小甫编《中国货币问题丛论》,第437页。
④ 王承志:《中美币制连系问题》,原载《时代论坛》第1卷第5期,1936年6月,吴小甫编《中国货币问题丛论》,第440—441页。

第三章 南京国民政府统治前期的币制改革思想（1927—1937）

复本位时代。

9. 关于国际收支问题

王烈望指出，中国国际收支，向无统计，开始研究中国国际收支者，非中国之经济学家，而为外国之"中国通"。最初有摩斯博士（U. B. Morse）、章格雨（S. R. Wagel）等。雷穆教授（C. F. Remer）《在华之外资》（*Foreign Investment in China*, 1933）一书出版后，遂成为一时之权威，但加以批评与怀疑者亦颇有人。同时中国银行经济研究室亦有国际收支估计之发表，学者多取资焉。此外，日本三井银行外国营业部部长土屋计左氏，亦有估计发表。"自1864年以来，究竟中国国际收支，是否为支出超过？如为支出超过，则究竟超过多少？迄无定论。在1932年以前，虽无从证明之数不减于今，而白银则年有入超。自是年起，白银乃滚滚流出，是白银之出超，似不尽由于国际支出超过之故。有人谓中国白银出超与入超，由于国内外银价之差别所致，确有理由。惟黄金则年年出超，似为用以抵补支出超过之一部分，故又有人谓近年来白银之出超，因黄金将尽，乃以白银为继，借以抵补支出之超过。""在1930年以前，黄金出超，均在两千万金单位以内；至1931年起，乃突然增加，盖近年来因金贵银贱之故（现在银价，依金计算，仍未见贵），内地黄金饰物，尽被银行吸收，而汇集上海，大量出售，于是黄金出超陡增。可知黄金出超之增，海外金价之贵，不无关系，除非尽为抵补支出超过。"

王烈望继续写道，若谓抵补支出超过，则从上列统计所示，由来已久，何以从前黄金出超既近来为少，而白银且反有入超？于是又有种种解释。第一，有人谓"以前本国银行代理全国消费者将现金送入外商银行，以清偿其债务，外商银行收受此项现金后，并不运送国外，而是另在国外吸收现金，以偿付债务"，故现金得存留国内。第二，有人谓"中国为用银国家，但国内并不产银，所需银货，必须从海外购入，故以前现银年年有入超"。王烈望则以为此种看法，专从现金之流动方面着眼，皆不足以把握国际收支变动之真相。

王烈望提出，对"历年之国际收支，加以分析与比较，始能把握其变动之真相。1934年支出之减少，不及收入减少之数为增加外，其余均见减少，而尤以出口货为甚，约减60%；在支出方面，除进口货约减40%外，其余为数既微，所减亦少。故是年金银流出之增加，除由于资本之逃避假定为194.1百万元外，在金银出口数之中，至少有197.3百万元为抵补其他支出。由此可知1934年金银之流出，一半属于资本逃避（尤以白银流出部分最多），一半则为抵补其他支出超过。国际收支逆差之真相既明，可进一步论补救之方。第一，即须设法阻止资本之逃避，并诱回已经逃出之资本。第二，即须设法增加经常国际收入，减少经常国际支出。现在三大银行应合组外汇管理局，实行统制汇兑，阻止资本之逃走。同时应将标准汇价压低10%，而后加以稳定，则逃出资本因汇回本国，甚为有利，必源源回来。华侨汇款，亦可增加。且汇价压低以后，可使进口减少，出口增加。此外如能实施统制贸易，别择进口货之内容，应增者增，应减者减。如米麦棉等农产品，本应自给，而今反占进口货之首位。今后宜如何复兴农村，增加农产，使米棉麦进口地位让与生产工具！至于向外借款或利用外资，因格于国际关系，甚难如我之愿，故暂可勿论。"①

10. 关于法币改革能否成功的问题

在中国法币改革前夕，中国政府财政顾问耿爱德在维也纳的一个专门杂志《东方汇兑》（*Eastern Exchanges*）发文说道："所谓有管理的通货之采用不但在数百年来人民皆用硬币的国家有大困难，且可引起公然反叛。"②

而爱力斯东指出法币改革与华北问题关系甚大。他认为中国的法币改革案很难完全施行，因为南京政府在日本政治压力之下，为了提高权力反对日本，会"使日本更加愤恨"。③

余捷琼说："目前最重要的工作，在于运用种种可能的方法，谋国内政治经济情形的安定，借以维系一般人对于投资前途的信心。关于此点，吾人特别指出平衡财政收支及维持国内政治局面安定的必要，至于汇价政策的适当运用，银行制度的改造，以及物价的维持适当等，乃技术上的问题，其得失

---

① 以上均引自王烈望《新货币制度之研究》，《银行周报》第19卷第48期，1935年12月，第12—15页。
② 〔美〕爱力斯东：《中国放弃用银》，《时事类编》第4卷第3期，1936年，第68页。
③ 〔美〕爱力斯东：《中国放弃用银》，《时事类编》第4卷第3期，1936年，第65页。

第三章　南京国民政府统治前期的币制改革思想（1927—1937）

对于国内投资事业的影响，远不如政局变动与财政情形关系的重要。"①

章乃器认为，管理货币就是膨胀政策的运用。他说："如果我们要给通货膨胀一个比喻，那末，我们不妨说她是一注强心针。假如一个人的元气未竭，打了一注强心针之后，身体里的自然抵抗力就出来了；那末，凭借这一注强心针接一接，那效力是可以宝贵的。但是，如果那个人的元气已竭，那末，一注强心针的作用，就不过是苟延残喘了。"章乃器还指出，"在中国民族未曾得着解放以前，一切的繁荣都是虚伪的"。法币改革实行通货膨胀政策之后，"中国在帝国主义势力重重的束缚之下，在封建势力的块块割据之下"，根本无法谈得到平衡国际收支、平衡预算，以至统一币制。因此，"目下币制改革的力量，需要一个强有力的国策去维持她；而这个国策，必然是革命的，而不是和平妥洽的。这是'败子回头'的唯一做法；也只有这样才能开发潜伏中的元气，使一注强心针能有可以宝贵的效力"。②

吴小甫说："我们应该怎样解决我国的货币问题呢？解决路线的基调在哪里呢？简单的说一句，非第一步去除列强与封建势力的侵害不可。但封建势力是列强所扶植的，故'九九归一'，目前最重要的是脱开列强所加于我们的种种直接间接的侵压。否则所有的设施会被破坏，会被利用，并且会引起更大的纠纷与难题。故从货币了解货币固无由了解，而从货币问题解决货币问题则更会是无法解决的。"③

周宪文认为，"新币制之本身，利多于弊，不失为一善举"。"惟其今后之成败，则有两先决条件"：一视政府是否忠实推行，即政府万一借此机会，实行通货膨胀，则其前途将不堪设想；二视日方是否故意为难，即日方万一故意为难，激起重大事变，则其前途亦未许乐观。④ 后面的历史事实证明，周先生的判断是正确的。

---

① 余捷琼：《中国的新货币政策》，第 202 页。
② 章乃器：《币制改革以后》，原载《大众生活》创刊号，吴小甫编《中国货币问题丛论》，第 399—400、405—406 页。
③ 吴小甫：《我国货币问题之重检讨》，吴小甫编《中国货币问题丛论》，第 506—507 页。
④ 周宪文：《中国新币制之检讨》，原载《新中华》第 3 卷第 22 期，1935 年 11 月，吴小甫编《中国货币问题丛论》，第 310 页。

民国时期的币制改革思想

　　崔宗埙说:"以前对于中国改革币制的怀疑者以为,中国的任何改革,都有极大困难。其实也不尽然,困难的来源有三:第一,私立银行或者不愿抛弃发行纸币的权利,不肯将现银交与政府;但是这次改革币制的原因之一,就是为救济这些银行的破产,他们当然不至于反抗这个举动。第二,一般的商界或者要抵抗;可是现在商界似乎很满意,因为他们已久受银根过紧的痛苦,从改革之日起,上海市面即觉一新。第三,是一般民众或者因为向来用银的缘故而要反抗;不过近年以来,交易已很少用银,纸币亦已经流通到内地,所以实际上亦没有什么大的困难。民间当然仍有藏银,但是对于新币制无大妨碍。""吾人若认为中国币制改革与英国罗斯爵士有很大关系,也是一种错误。中国政府在实行之先,自然要征求他的意见,和探听英国政府的态度,但是中国的币制改革是中国的环境所造成的,在罗斯至华之前,早有这种计划了。""再者,若说,因为中国币制改革,致日人再度侵华,也不很对。因为从满洲事件发生以来,日人对华的压迫,没有放弃过。日本的政策是始终一贯的。日本的侵华,是因欧洲各国自相纷争,不能一致给中国有效的援助;所以日本有机可乘即又活动了。"①

　　服部岱三认为,影响汇市最厉害的两大因素是国际贷借及财政关系。可是,中国"近年巨额出超",且"每年财政赤字极大",军费支出占政府支出大半。"这回政府改革币制(法币改革),当然得到很大利益,不过照现在这样支出,恐怕所支出的资金,马上流到海外去了。"所以,"这匹利益如何使用,便可判定新币制的前途了"。②

　　"关于改组现在的中央银行,而使其成为独立的中央准备银行,若能办到,当然极好,但这是很难的。"服部岱三1936年时说:"现在南京政府,要造成一个完全独立的中央准备银行,实与上述的倾向完全相反,究竟将来如何独立呢?以中国政府过去办事精神而论,恐不容易。这回改革币制时,对于纸币的准备,并无若何规定,只成立一个发行准备管理委员会,

---

① 崔宗埙:《中国和她的币制》,原载《新欧洲》(法国,1935年12月),《时论撮要》第4卷第3期,第25页。
② 〔日〕服部岱三:《中国币制改革论》,李荫南译,《银行周报》第20卷第4期,1936年2月,第16页。

第三章　南京国民政府统治前期的币制改革思想（1927—1937）

规定处理收回纸币及准备金，而对纸币发行额与其准备额的比率，及准备金的内容，所在地等重要点，亦均无若何规定。我以为像中国这样的国家，应作严格的规定才成。关于这些要点，一向固无注意，即自改革币制以来，将届五旬，当局对此，仍守沉默。"

在服部岱三看来，中国实施法币改革后，随之产生几个重要问题：第一，以镑为华币基础或将货币与美元联结？第二，预定期内用什么方法来征服赤字财政？第三，将来用什么方法使中央银行独立？第四，如何处置中交两行的支配权？第五，对于一般银行的支配权应取若何程度？第六，如何分配通货准备金的内容？第七，鉴于最近银价之跌落，所存现银应出卖多少？第八，由改革币制所获得的利益，应如何处理？第九，以一先令二便士半为对英新安定汇市，认为适当的理由为何？他说："财政当局在实施新币制后，将达两月，对此问题，仍守缄默，实不解其故。所以，我以为当局应有更明白的表示之必要。"①

以上评论或肯定法币改革之成功意义，或查找法币改革存在的问题和隐患，均颇有见地，值得肯定。

十一　其他币制改革思想

20世纪30年代经济危机时期，凡是克服恐慌的国家，"其复兴无不开始于膨胀政策之实行"。"货币松动与利率低微，在成本不能裁减之国，成为复兴必不可少的条件。"政府直接刺激有效需求（必须辅以信用的创造）的行动方式很多，如以不足预算执行公共工程等。究竟应该采用何种方式，要视环境而定，其中最重要的环境是一般的经济背景。如其经济结构已至过于失调，则仅恃货币或财政政策，恐怕也不能起到调整的功效。"但如果减低成本的不可能，为吾人所认识，又如果金融当局的货币政策不仅以变更货币数量，金平价或汇价为能事，而以刺激货币需要之畅流与

---

① 〔日〕服部岱三：《中国币制改革论》，李荫南译，《银行周报》第20卷第4期，1936年2月，第16—18页。

夫一般就业之促进为其主要目的,则吾人所得于此次大恐慌之教训为不虚矣。"①

1936年,崔晓岑注意到,世界币制自1931年英国停止金本位,1933年美国放弃金本位之后,复入混乱状态。他认为,世界币制所需要解决的有两个问题:一是如何稳定国际汇兑,二是如何平定物价。他说:"所谓复本位、金本位之争,所谓管理钱币说,无非是想对于这两个问题,求个相当的解决。但是愈求全而愈不得全,往往顾此失彼。"②

崔晓岑认为,金本位虽然不是绝对完美的币制,"但是其他种种理想的制度仍然不能够见诸实行,结果恐终于恢复金本位",因为金本位仍然可以作为钱币和信用的标准,对于物价虽不能绝对的稳定,也还有相当的成效,而对于国际汇兑的功效,则十分可靠。③

(一) 杨荫溥的纸币改革主张

1934年11月,杨荫溥著《银潮中吾国纸币现状及其应变政策》一文,指出中国白银危机"决非单独征收银税所能奏效","纸币问题,颇有成为吾国最近将来货币政策中心之可能"。"在此种情状下,欲谋彻底之补救,确似非采取积极之纸币政策,其道无由。"④

杨荫溥指出,"实行纸币停兑,始能统制国际贸易,实行统制国际贸易,始能减少贸易入超;确能减少贸易入超,始能仍保存银为我有"。"纸币停止兑现,在吾国即为停止银本位。此后无论对内对外,即一律以此不兑换纸币为交易上唯一之媒介物。"外商以货来华交易所得纸币,"可为在我国暂时投资之用,亦可为在我国交换土货之用"。"一出入间,入超即不能立时全部消灭,至少亦或能渐趋于减少;而保持现有存银之可能,自亦随之增加。保持现有存银,庶进可以谋金本位之采行,退可以维银本位之

---

① 王烈望译《货币与复兴》,《银行周报》第21卷第15期,1937年4月,第27—29页。
② 崔晓岑:《近百年来之世界币制问题》,《东方杂志》第33卷第13号,1936年7月,第185页。
③ 崔晓岑:《近百年来之世界币制问题》,《东方杂志》第33卷第13号,1936年7月,第209页。
④ 杨荫溥:《银潮中吾国纸币现状及其应变政策》(1934年11月),吴小甫编《中国货币问题丛论》,第214、234页。

第三章　南京国民政府统治前期的币制改革思想（1927—1937）

基础。"

杨荫溥提出的纸币政策，即实行纸币停兑、取消银本位、保持现有存银，主要是对当时纸币混乱的局面进行整顿，强调实行公库制集中纸币发行，并未从根本上提出管理通货，与现代纸币本位制相差甚远。

杨荫溥认为造成"今日纸币复杂情形者"有四点：一是发券地点不同，纸币不能随地流通；二是纸币不能按照面值行使；三是纸币单位不一，流通受到限制；四是发行机关庞杂，"纸币并无整个系统"。

关于纸币整理，杨荫溥建议针对私票现状、省市钞现状、外钞现状及本国银行券现状，分别进行。私票流通数量缺乏统计，"最不易估计"。"且私票当初每为应内地社会需要而发行，其深入民间，可不待言；而其影响民生之深刻程度，亦随之增加。一有风潮，平民尤感痛苦。"杨荫溥说："私票之整理，比之其他纸币问题，确似较易着手；所谓癣疥之疾，尚非心腹之患也。"政府一纸公文，对于"未发行者，绝对不准其再发；已发行者，勒令限期收销"，并辅之以"银铜币之加铸，或中央、中、交各行辅币券之增发"，以消解"私票向极流行之区域内"人民所感"通货不敷之痛苦"。杨荫溥建议政府下令限期收销私票，并增加铸银铜辅币或增发辅币券，以消解通货不足之苦。

针对省市钞之滥发流弊，杨荫溥建议分三步对其进行整理：第一步，在增加其准备金的同时收销其滥发额；第二步，用健全的普通银行券取代省市钞票；第三步，用全国统一的纸币（公库券或中央银行兑换券）取代普通银行券。他说："省市钞流通复杂情形，恐并不在私票之下。其行使之普遍，影响之广远，恐尚非私票所可与同日语。""私票之弊，在于杂；省市钞之弊，在于滥。省市钞发行之始，亦莫不谋树信用；但发行之渐，流弊滋生，浸至视印刷机为救济省库市库之良策。利用政府权力，强迫流通。其流通额愈巨，则人民所受之损失亦愈大；其强制力愈重，则人民所受之痛苦亦愈深。""省市钞流弊之深，贻祸之烈，实远甚于私票。盖一则为私人牟利之具，地方政府一纸法令，即可以使之绝迹。一则为公家理财之径，欲言整理，中央政府亦且不无投鼠之忌也。""虽然，不欲谋全国发行之渐入正轨则已，否则省市钞之整理，实为万不容忽视之步骤。一方渐厚其准备金,一方渐收其滥发额。替代以健全之普通银行券,为之过渡;替代以全国统一之公库券或中央银行兑换券,为其最后目标。庶几心腹之患渐除,而发行亦易入健康之域。"

杨荫溥认为,外钞问题并不严重,"可以不药而自治"。他说:"外钞之流行,除边省及外人势力特大之少数区域外,鲜有流通。稍有流通,为数亦似不多。""其流行即不易广远,其病势即不致内侵或蔓延。即甚于肌肤之痛,犹幸非心腹之忧。在吾国币制渐入正轨,发行渐见巩固之情况下,金融既日就康健,外感即无从侵入。肌肤之痛,可以不药而自治,故外钞问题,事实所昭示吾人者,似已不若吾人推想之严重。"

杨荫溥认为,"在今日发行渐上正轨之情况下,以本国银行券为发行中心,似为将来必然之趋势"。然而,"吾国发行采多数制,而此多数之发行银行,又无一致之步骤,于是急进者遂借人力之推行,谋发行之进展;而不自然之膨胀,遂为其不可避免之结果";"在竞争发行下,发行迁就之方法愈多,则正当发行之途径愈狭;发行急进者之进展愈速,则发行稳健者之机会愈稀。而合法发行之受阻,亦为其不可避免之结果"。"故吾国现行之多数发行制——多数竞争发行制,就整个市场言,颇易直接造成发行超过需要之趋势;就各个银行言,颇有间接袒护采用不正当途径发行之怀疑。因之,在平时,在市场安定、金融平稳之时,市场上有纸币充斥之趋向,有发行积极各银行所发纸币充斥市场之趋向。"

杨荫溥指出,"现行之多数发行制——多数竞争发行制"颇易造成纸币充斥、金融恐慌等严重危机。"在吾国发行现状下,一遇恐慌,原应增加发行,以补救通货之缺乏者,今反有收缩发行,减少通货之事实。因增厚准备,而广集现金;因防止挤兑,而减少发行;因应付同业,而竞藏他行发行券。于是现金少,钞券亦少。市场通货之已缺乏者,至是而更缺乏;市场恐慌之已严重者,至是而更严重。"

杨荫溥说:"在现行多数发行制度下,平时因竞争扩张,往往造成发行超过市场需要之趋势;而恐慌时期,需要正殷,反因各谋自卫,又往往造成发行骤然紧缩之现象。……应伸反缩,应缩反伸,背道而驰,所以调济市场者,正所以紊乱市场,是乌乎可!"所以,他极力主张集中纸币发

第三章　南京国民政府统治前期的币制改革思想（1927—1937）

行权。

杨荫溥认为，"在常态下吾国纸币之整理计划，私票外钞之必加取缔，省钞市钞之必加整理，已为推想中不可避免之步骤；而本国银行发行之应亟谋集中，又似为整个纸币问题症结之所在。集中，则不必为发行之竞争，可以避免各行平时作人为之扩张；集中，则不必谋个别之自卫，更可以避免各行于恐慌时作人为之收缩。如此，庶发行数量，可以大致常随市场实际需要为伸缩，而不致有过滥过缺之弊"。至于发行集中之困难，"似并不在取消银行之已得发行权"，因为各银行对于发行"已视同鸡肋"。"设政府拟有适当办法，经由适当步骤，抱集中发行之决心，在各银行亦似无反对之余地。""就各银行之立场言，集中发行后，其需要充分保障之点似不外两端：一为集中后兑换券信用维持问题；一为集中后领券有否障碍问题。"

鉴于中央银行制度尚不成熟，杨荫溥主张实行公库制。他说："发行集中，依情度理，自应由中央银行出任艰巨。然在中央银行本身基础尚未臻巩固以前，是否肯肩此重任，是否能胜此重任，坦白言之，恐尚成问题。则过渡办法，似确莫善于公库制。"

杨荫溥说："公库制之倡议，实发动于民国十二年（1923）底，当时曾由币制局拟有《公库制大纲》；后并拟有《银行公库兑换券条例》，虽未实行，而办法似不可谓不善。其大意，由各地银行公会，联合组成公库，为发券机关。凡有领券资格之银行，得照缴现金及保证准备，领用兑换券，此项兑换券，全国一律通行，不载发行地名，但规定若干处为兑现地点，其余各地均得汇兑，不取汇费。至其发行数，流通数，及准备金数，须按时公布。其准备金由公库经理保管，政府派员监督，并由该地商会检查之。当时所拟条例，于实行上虽不免仍有其困难处；然在集思广益之研究下，其困难处似均不难设法避免。"①

可见，杨荫溥面对当时深重的中国货币经济危机，并没有深入思考治本之良策，而只是针对纸币问题提出退而求其次的治标方案。

---

① 以上均引自杨荫溥《银潮中吾国纸币现状及其应变政策》（1934年11月），吴小甫编《中国货币问题丛论》，第233—234页。

(二) 张成达论证货币供给与物价、产出的相互关系

张成达认为,物价不仅为"财富分配之南针,亦为财富生产之防标"。物价的变动可以辐射整个经济社会,所以研究生产量与货币数量的变化对经济社会的影响,也应当由物价着手。

货币政策的目标就是保持物价稳定,增加产出,促进经济发展。货币供给量的调整作为货币政策的工具之一,发挥着重要作用。张成达论证货币供给与物价、产出的相互关系,开拓了中国近代经济研究的热点领域。

传统货币数量论的观点是,货币供给与物价之间的关系为:存在稳定的正相关,即货币供给增加会带来物价的同步上涨,但对于实际产出水平不会产生影响。而瑞典学派创始人维克赛尔认为货币供给会对实体经济产生影响。维克赛尔在《利息与价格》(1898) 等著作中分析了货币利率和自然利率变动对物价及实体经济的影响。

凯恩斯认为,货币供给不仅与物价有关,而且对实体经济有间接的刺激作用。20世纪60年代,资本主义世界出现滞胀矛盾,弗里德曼强调货币供给只能在短期内影响实际产出,在长期中则只会引起物价变动。Tobin (1970) 首次将货币因素引入经济增长模型,并阐明货币供给引起实体经济波动的途径及"Tobin effect"所需要的条件。[1] McCandles 和 Weber (1995) 发现,实际产出增长率和货币供给增长率在长期中没有明显相关性,物价和货币供给增长率之间的相关性几乎为1。Sims (1972) 发现货币供给的变化是名义产出 GDP 变化的显著原因。[2]

目前,西方经济学界关于货币供给对经济增长影响的理论分析存在"推动"论、"中性"论和"抑制"论等三种论点。中国学者一般都承认货币供给对物价与经济增长具有不可替代的作用,但对货币供给发挥作用的方式存在不同的认知。总的来说,货币供给影响产出,而较高的产出会带

---

[1] 章泽武:《中国货币供应与经济增长关系研究》,硕士学位论文,武汉理工大学,2002。
[2] 李嘉霖:《我国货币供给与物价、产出之间关系的实证研究》,硕士学位论文,湖南大学,2007。

第三章 南京国民政府统治前期的币制改革思想（1927—1937）

来较高的物价水平，物价水平的进一步提高又会导致产出的减少。三者之间的关系则是相互制约、相互促进，最终实现经济稳定的发展。

张成达说："有的人以为生产量的增加，在正常的状况下，一定相伴着交换量的增加。费雪在他的《货币购买力》一书里面，第五章虽然承认交换量的增加可以减低物价，到第八章却以为交易量增加，可以增加货币以及银行存款之流通速率，而使物价不至于下跌。但是，实际的情况并不是这样的。"可见，张成达主要针对美国经济学家费雪1911年《货币购买力》一书中所提出的货币数量的计算方程式表达不同意见。

费雪方程式的主要内容为 $MV=PT$，M 表示一定内流通中需要的货币数量，V 代表货币的流通速度，P 代表交易中各种商品的平均价格，T 代表各种商品的交易量。这个方程式是一个恒等式，其中 P 的值取决于 M、V、T 这三个变量的相互作用。费雪分析认为，在这三个经济变量中，M 是一个由模型之外的因素所决定的外生变量；V 由于制度性因素在短期内不变，可视为常数；交易量 T 对产出水平常常保持固定的比例，也是大体稳定的。因此，只有 P 和 M 的关系最重要。所以，P 的值特别是取决于 M 数量的变化。理论上，如果 M、V 不变，那么 T 的增加可以降低 P 值，即"交换量的增加可以减低物价"。同理，如果 T 增加，P 不变，那么 M、V 增大，即增加 M 或提高"银行存款之流通速率"。张成达联系现实案例，提出"实际的情况并不是这样的"。

张成达认为，"货币效用之增加，减少了货币之价值，但并不能减少对货币之需要"。"原来货币行使效用之增加，有两种可能的结果：第一是货币供给对生产量之增加保持一定的比率，使物价高涨；第二是货币供给相对的减少时，使物价维持原来的水平。但是历史上的证明，已出现货币行使效用的增加，只能有第一种作用，没有第二种作用。"

张成达认为，单独的货币和银行存款的流通速率的变动，绝不能维持物价，使不至跌落。生产量增加，而货币数量不能相应的增加，则物价一定下落。这失之武断。

张成达说："我们对费雪的解说，还有一层要注意到的，就是其中的时间问题。货币和银行存款的流通速率，固然在增加，若是没有其它的妨碍，允许他继续发展下去,也可使他的作用完全显出。但实际上货币及银行存款的流通速率变化是很缓慢的。因为他和人口的稠密,商业的习惯,运输的迅速,和他种专门技术有关。所以在流通速率的变动中,为着交易量的增加,均价早已跌落了一部分,并且有继续跌落的趋势。在流通率的每一个变化里,他只向着新的均价,求一个平衡的关系,到后来一个新的交换公式的平衡实现了。但是这个平衡要在流通率变化,和价格变化的调和点确立,并不能使物价保持或恢复原来的水平。"

张成达从公平与效率两个角度论述物价跌落对于经济社会的影响。从公平角度来说,如果人口和生产相应的增加,则生产总量增加,而每人生产量(收入)并不增加。但是在物价跌落以后,一定量的货币所代表的(货物单位)增加了。而借贷的关系是由货币的数量表示的。贷方于一定期间后,收回的货币数量虽然并没有额外的增加,但所收回的货物数量增加了。显见得于贷方有利,于借方有损,是不合于公平原则的。如果生产量增加,人口不增加,则总生产量增加,每人生产量(收入)也随之增加。

他说:"在资本主义社会里面,货币数量是单位货物交换价值的表现。货币所有者要能随时随地以货币易得价值相等的财货,也就是易得财货的价值,要和他取得这货币时所用去的财货的价值相等。他的内含的意义,就是每个货物单位的价值是不变的。依据这种信念,他们借出货币后,只想收回相等数量的货物单位,不愿意减少也不希望增加。若是货物价格跌落,他所收回的货物数量一定增加。(即于贷方有利,于借方不利)假如说这个是合乎正义的话。除非变更现在社会中通行的公平观念。"

从效率角度来说,物价跌落以后,第一是实际的利息增加,第二是原料价格相对的增加,第三是工资稍稍的增加,这三种费用增加,形成了货物成本的增加。从相反的一面看,货币的购买力增加,就是货物的售价低落。无论是货物的成本增加,还是货物的售价减低,都能减少利润,或使利润没有,甚至亏本。企业家的目的在求得利润,正常的利润不能维持,或是企业的危险增大,都能使企业家退出生产的阵线。

以上张成达从公平与效率两个角度论述的是通货紧缩的危害:加速经济衰退,导致社会财富缩水,分配负面效应显现,可能引发银行危机。通

第三章　南京国民政府统治前期的币制改革思想（1927—1937）

货紧缩意味着消费者购买力增加，但持续下去会导致债务负担加重，企业投资收益下降，消费者消极消费，国家经济可能陷入价格下降与经济衰退相互影响、恶性循环的严峻局面。但因此而误以为生产量增加就必须增加货币数量，否则就会出现通货紧缩，就有点言过其实了。

张成达说，但是有的人以为生产量的增加，若是由于生产技术的改良，则货币数量不增加，货物跌落，对一般的经济社会是有利的。他们这种主张，基于两个信念。第一，他们以为若是货币数量随生产量的增加而增加，使物价不至下落，那么生产技术改良的那种企业，因为他能获得额外的利润，必大量生产，而引起生产过剩。第二，他们以为若是货币数量不随生产量的增加而增加，使物价跌落，那么那个生产技术改良的企业，他所有的商品虽然售价减少，但是另一方面他的成本也减少了，依然可以维持他正常的利润，而没有受到任何损失，但对消费大众有十分的利益。

张成达指出，上述两种解说中，后一个是很有理由的，但并不必要；而前一个解说里面却含着一个错误的假定。这个假定就是他们所谓额外利润的获得。他们这种错误发生的原因，是他们把一般的物价水准同个别的物价混为一谈，若是用费雪的术语，就是把均价和个别物价混为一谈。笔者以为，这是在偷换概念。事实上，技术进步带来的产量增加、单个商品价格下降对经济社会是有益的。

张成达认为，货币数量对于均价是一回事，各种物价的相差又是一回事，正像水的深浅和浪花的高低是两回事一样。货币数量增加了，只是能使在生产量增加后平均每一单位货物价格不至低落，并不能使某种特定的货物，保持它原来的价格不变。生产技术进步的工业，不能因货币数量的增加，而维持其原来之价格；反之他的价格的变化，与其他货物价格比较之变化，正与货币不增加时相同，生产者是不能获得额外利润的。并且假如货币数量不增加，必引起一般物价的跌落。虽然生产技术改良的企业并未蒙受害处，但对一般产业的不良影响，正同前面所讲的一样。一定要使企业家退出生产的阵线。

张成达说，主张货币量不应当随生产量做相应增加的人的重要理由，是避免经济危机。他们以为货币量随生产量做相应的增加，只是避免了慢性的危机,反又促成了急性的更剧烈更严重的危机。

张成达认为,货币数量不随生产量相应增加时,必然出现经济危机。物价低落,货币的购买能力渐次的增加。一般人对于货币的储蓄额一定增加,货币流通率一定减少,物价将继续跌落。生产者更不敢轻易冒险,投资减少,生产量渐次减少,造成更深的经济危机。这主要是指中国近代的"银荒""钱荒"和白银危机。

但经过相当时间后,因生产量减少,货物之供给减少;同时一般人又不能不消费,需要增加。因此供求的关系,又使物价稍涨。货币的购买力渐次减少,一般人对于货币之储蓄欲亦日渐减少,货币之流通率增加,物价更高涨,企业家受此刺激,投资增加,货物之生产量增加,入于恢复时期。但至生产量达到某一限度时,因货币数量不能相应的增加,又引起物价的跌落,而入于危机的状态。

这种循环的危机,是必然发生的。它对于经济社会的影响,同现时世界上所遭受的正无分别,或者还更要严重些,因为它更能阻碍生产量的增加。这是金属货币制度下货币供给量不足的惨痛教训。

张成达指出,民国前期经济社会几种重要的变动,一是如除却循环变动,生产量的长期趋势是逐渐增加的;二是货币数量增加,但较生产量的增加迟缓得多;三是银行存款数量对货币数量的比率增加得最快;四是银行存款的回转率从长期趋势方面看,可以说没有变化。

张成达指出,经济危机和货币制度有密切关系。货币制度的缺陷,造成了经济危机或增加经济危机的严重性。而货币数量本身的增减,对经济危机的关系却又当别自讨论。

当时很多人认为,银行存款既然同货币在交易上有同等的效用,那么增加银行存款数量,就很可以维持物价,不必再增加货币了。张成达指出,银行存款的无限扩大,增加了经济危机的严重性。他说:"在过去若干年里面,金银的产量并没有逐年的十分显著的变化。而物价指数的变动,则特别强烈。自1875年以后,最高的物价指数,和最低的物价指数,相差三倍有奇,这是什么原故呢?这完全因为银行存款的膨胀和收缩的关系。"经济危机的前夜,物价极端的高涨;经济衰落的末期,物价极度低落。在当时

第三章　南京国民政府统治前期的币制改革思想（1927—1937）

货币的供给量显然的没有十分重大的变化，变化最大的就是银行存款了。

张成达的论述主要基于金属货币制度下的中国现实问题展开，货币供给不足所造成的经济危机是不容置疑的。

张成达指出，生产量增加以后，若想维持物价使不至跌落，有三种办法：一是增加货币及银行存款的流通速度；二是增加银行存款对货币之比率；三是增加货币。关于第一个方法，因流通率随习惯而变，被动的性质很大，不易控制，且变化很小，所以不能用来维持物价。关于第二个方法，银行存款的过分增加，造成了经济危机或增加其严重性，所以不能单靠银行存款来维持物价。维持物价的第三个可能方法，是增加货币。增加货币数量，才是维持物价最好的方法。

张成达说："我们这里所谓货币量的增加，他的增加速率并不一定要是每年百分之三，或每年千分之二十七。这个数目并不是一个充分的货币供给。……所以维持物价不能不靠银行存款的膨胀。这是近代经济社会的特点。"

张成达主张的是控制银行存款对货币数量的比率，使货币数量和生产量有相应的增加。这种货币是要在供给方面不受任何自然的限制。他说："主张货币数量每年增加百分之三或千分之二十七的人，因为他们看到了平均每年如此数目的金银供给，可以维持物价。他们忽视了银行存款对货币数量比率的变动。他们不知道这种货币的供给是不足的。他们被现实的状况蒙蔽了。"

物价长期趋势高涨的时候，危机的严重程度降低；物价长期趋势低落时，危机的严重程度增加。这种物价的长期高涨或低落，完全和金银供给量的增减成一定的比率。在金银供给充足的时候，存款的膨胀使物价高涨，当金银供给量不足的时候，存款的膨胀受到阻碍所以物价跌落。

要使物价水准保持一定而不变，必先控制银行存款对货币数量的比率，然后以充分的货币数量供给经济社会，使与生产量的增加相适应。那么物价水准不致变动，免除了慢性的经济衰落，也可以减少急性的经济危机及其严重性，使企业家得以在常态的利润下增加生产。①

---

① 以上均引自张成达《生产量增加货币数量应否随之增加》，《银行周报》第20卷第12期，1936年，第7—13页。

上述张成达的观点主要是基于1932—1935年中国白银通货严重不足的危局分析得出的，符合"时势之需"，具有很强的现实针对性，这一点值得高度肯定。通货紧缩的残酷历史让张成达的论述得到事实验证，但时过境迁后就略显片面了。

三　王烈望论货币管理

王烈望认为，西方货币理论家大都注重以利率政策来稳定币值，如费雪的"实物利率"、凯塞尔的"真实利率"、维克塞尔的"正常利率"、哈耶克的"均衡利率"、斯拉法的"商品利率"、凯恩斯的"自然利率"。"他们各自有其如上述的标准或理想利率，银行利率政策适合于理想利率，即可获得通货价值相对稳定，或者通货对于物价之构成保持中立，或者通货稳定于以若干种商品来表示的价值，但是最流行的思想却为一般物价水准的稳定。"虽然各人对于通货稳定的对象不同，大家都主张稳定则是统一的，罗伯森甚至说"稳定总胜于不稳定"。"但若干主张对外稳定与对内稳定的人，都是物价稳定的信仰者。汇价的稳定至多只能保持货币兑换率的稳定，而对于国内物价，生产与就业，并不能发生怎样的稳定作用。在另一方面，一般物价水准的稳定论者在理论上的价值已经凯恩斯加以否定。可是仍然有对于稳定以一般物价为表示的币值抱很大的热情者，他们依然相信一般物价水准的稳定可以获得就业与消费的稳定。"由此可见，王烈望十分认可凯恩斯的宏观经济学理论。他认为，过分注重于币值，便会忽略成本与物价均衡，亦即储蓄率与投资率均衡的重要性，而这是维持产业均衡的要件。

19世纪与20世纪初年的货币理论注重币值的讨论，以币值为货币理论的中心，也为货币政策的对象。"他们似乎没有感觉到在这一时代，货币政策的最大目标是产业稳定，币值的遭际，犹在其次。""事实是高物价与繁荣，低物价与不景气，伴随着一起。"20世纪二三十年代，由于世界生产力的急剧增进，货币理论方面发生了引人注目的转变，并产生了新的思想。购买力的稳定其本身不再是货币政策的目的，而仅仅是附属于生产与就业的稳定，因为产业不稳定所产生的后果比其他任何经济问题更为严重。王

第三章　南京国民政府统治前期的币制改革思想（1927—1937）

烈望认为，"这一经济思想的转变是一种健全的征象，货币理论的未来发展必须遵循这一路线"。货币当局运用管理通货的方法来避免产业波动是可能的。为达到这一目的，王烈望认为成本与价格均衡是最重要的工具。他说："凯恩斯的所谓自然利率的功用，即在维持成本与物价及投资与储蓄的均衡。货币管理的意义，就是使物价在低落或上涨的时候，不能落于成本之后，必须随时加以矫正，使其与成本的构成相适合。"

王烈望充分利用西方经济学理论和世界各主要资本主义国家的经济现实问题，论证了货币管理的目的与方法。他说："银行制度的主要作用，必须是避免利润膨胀与利润紧缩，调整物价与成本。而让社会消费与社会储蓄的过程，完全由有关的人自己去决定。""在一个富裕与进步很快的国家，资本的蓄积往往超过其应有程度，而使储蓄与投资失衡，这时货币当局只有在某一范围之内来操纵投资，或使利润膨胀，或使利润收缩以纠正投资数量，但是这种管理必须是非常谨慎的，否则恐怕一发而不可收拾，弄巧成拙矣。在一个贫弱的国家如中国，资本的蓄积过缓，欲加速经济建设，而为过度的投资，势必造成物价激涨，故除了利用外资以外，投资是受储蓄之限制的。"

至于表示物价与成本均衡的技术问题，王烈望就是借鉴古典经济学理论来论证和分析的。

第一，拿充分就业的一年作为基期，编制总成本指数。这种成本指数是由全体工业或各组工业的工资、利息、租金与正常企业利润分别加权编制而成。从成本构成来看，总成本包括工资、利息、租金与企业的正常利润，前三者为显性成本，后者为隐形成本。以不同的权数确定显性成本与隐性成本，确定总成本水平。以充分就业年为基期（100）编制之后年期的总成本指数。

第二，考察生产力的变动，编制生产要素的生产力加权指数。根据古典生产理论，生产要素包括劳动力、资本、土地和企业家才能，生产要素的生产力水平指的是劳动力、资本、土地和企业家才能的产出水平，对生产要素产出水平的加权求和，得到生产要素的加权生产力。以充分就业年为基期（100）编制生产要素生产力加权指数。

第三，以生产力指数除以总成本指数即效率成本指数，表示每单位产品的成本之变动。王烈望说："如果更要详细的话可以编成各组工业的成本与价格指数，这样可使成本与物价的均衡问题比较易于解决。如果任何一组物价的变动，无论是上涨或下降，落在同组的成本之后，金融当局即可对于那一组工业加以特别注意，减少或增加对于它的贷款。这样的行动并不至于与一般政策有所冲突，我们也不必过虑对于某一部分产业注入了购买力以后立刻会使物价的高涨蔓延到另一部分不需要高涨的产业上去，只有邻接的各组物价才会受到影响。而这邻接的各组物价，因为以前跟着下降，当然也是需要回涨的。金融当局对于各组工业的分别待遇是必要的，而且因为各组物价之间的阻力，分别待遇也是可能的，不过这种信用之质的统制在技术上与统计上尚需要有所改进。在另一方面说，假定在各组物价之间，并无摩擦存在，则金融当局只须维持一般成本与物价均衡即可，那就方便得多了，可是事实上并不如此。"①

四 邹宗伊论通货膨胀与战时财政

抗日战争全面爆发前夕，中国一般经济学家，鉴于外侮日亟，战祸实难幸免，而中国财政制度及金融组织又不健全，一旦战争爆发，势必因经济能力无法支持而归败北，主张创办所得税、遗产税及通货膨胀政策，以为战时财政之准备。

邹宗伊认为，所得税与遗产税之优点甚多，"故国人对于此项主张，未有不表赞同者。其成为问题而为研究中心者，厥为征收方法应如何始可期其易于实施而有效耳"。至于通货膨胀政策，对于中国平时财政基础之建立与夫战时财政之充裕各方面，是否必要与可能，实属一大疑问。"且观现在国人心理，对于通货膨胀，视若洪水猛兽，唯恐避之不暇。"财政部洞鉴其情，故于1935年11月颁布新货币法令之时，再三声明"并非通货膨胀"。"讵料目前一般经济学家集议战时财政问题，因而提出通货膨胀政策后，竟

---

① 以上均引自王烈望《货币政策之目的》，《金融季刊》第1卷第1期，1933年10月，第37—42页。

第三章　南京国民政府统治前期的币制改革思想（1927—1937）

被国人误以为财部拟议实行，纷纷电请财部审慎处理。经财部正式声明否认后，群疑方释。足见通货膨胀政策，对于国人心理上恶劣影响之深刻为何如也。兹姑无论国人心理若何，但就通货膨胀政策在目前我国经济情状之下，是否有实行之可能？"

邹宗伊指出，"通货膨胀"一词，在学理方面言之，意义非常广泛。盖因"通货"的内容，非常复杂，举凡同一经济领域内可以通行无阻之货币，不论其为纸币，或为支票，或为汇票，均可称为通货，故学者常将通货膨胀的意义，分而为三：一为纸币的通货膨胀；二为信用的通货膨胀，亦即支票或活期存款的通货膨胀；三为汇兑的通货膨胀。但就事实方面言之，则通货膨胀之意义，非常简单，即将市面流通的货币数量，人工地使其增加。邹宗伊说："欲知我国目前经济情况下，能否实行通货膨胀政策，须知运用何种人工的方式，始能使市面流通的货币增加。通常各国所用的方式有三：（一）放款，（二）贴现，（三）购买有价证券。"可见，邹宗伊对通货膨胀政策的主要内容和手段的分析是很到位的。

邹宗伊指出，银行能借放款的方式而使市面流通的货币数量增加。若一国中央银行独占发行纸币之特权，其他银行放款之纸币概由中央银行发出，则中央银行对于市面货币之流通总量，可以伸缩自如。如欲收缩通货，仅需提高放款利息，如欲膨胀通货，亦仅降低放款利率足矣。我国之情形，大不相同。通常银行对于各商号之放款，多经钱庄之转手。而其钞票之发行，亦由钱庄领用。其法即由钱庄缴纳六万元现金于银行，即可向银行领用钞票十万元，此多领之四万元存放各庄，不计利息，亦无定期，银行随时要用，随时可以提取。钱庄领用此项纸币后，可以转放各商号，收取利息。于是钱庄银行两得其便，而纸币流通于市面矣。此种方法若在经济平稳之状态下，诚为至善。一旦信用动摇，经济恐慌，钱庄受比，倒闭立至，而纸币立即回收银行矣。因银行对钱庄之放款无定期，而钱庄对商号之放款有一定期限，一旦市面恐慌，银行立刻向钱庄提款，钱庄放出之款尚未到期不能收回，于是调转不灵，因此倒闭。又钱庄对各商号之放款，多凭信用，毫无抵押品做保障，故各商号一旦营业失败，即令到期之款，亦无法收回。

邹宗伊说:"近年我国天灾人祸,农村破产,加以白银问题之激荡,市面动摇不安。乡帐倒塌,时有所闻。去岁(1935年)宁波、北平、上海、汉口之钱庄倒闭风潮,其原因殆亦此也。银行鉴于钱庄放款之风险以及市面信用之动摇,自然极力收缩信用,不敢轻易贷放,纸币回归银行。今政府欲使银行纸币流通市面,纵令利息降低至若何程度,亦不能使通货膨胀。因放款风险太大,银行方面未敢轻率举动也。苟中央银行自告奋勇,尽量减低利息,任意滥放款项,则各行如有余资,势必存入中央银行,而中央银行将取钱庄之地位而代之,其危险之大,可想而知。欲图根本挽救,先须减杀天灾人祸……又须整顿保甲,建设公路,甚至其他一切政治设施,经济设施,均有关系。此类设施,自非短时期内所能凑效。即改善信用制度,亦非一蹴可跻。故吾人认为在我国目前经济情况下,不能实行通货膨胀。"

邹宗伊认为,在当时的中国,政治环境恶劣,经济设施薄弱,信用制度和中央银行制度不健全,不能实行通货膨胀政策。

邹宗伊说:"中央银行苟欲增加市面上流通货币的数量,仅须降低贴现率足矣。我国情形,则大不相同。"具体而言,第一,商业交易方面,素采挂账制度,商业承兑期票之使用极少。中央银行纵使降贴现利率,请求贴现者亦必寥若晨星。"试观中国银行创办商业承兑票据之贴现业务,迄今五载,所营交易数额,每年不过数万至十数万元,足见我国债信制度,狃于放账积习,虽银行降低贴现率,亦苦无票可贴,而银行纸币始终难以流行市面也。"

第二,我国中央银行之资本,尚嫌薄弱,不能承做转贴现业务。"查我国中央银行创办时之资本不过两千万,现经政府惨淡经营之结果,资本总额虽有增加,但对于承做转贴现之资格,尚属不及。因此,即令商业界债信制度改用承兑期票之后,各银行有票可贴,亦不肯承做此项贴现业务,因其承做之贴现票据不能转向中央银行贴现,则其资金不免有搁浅之虞。近年国内各大商埠提倡商业承兑汇票及银行承兑汇票之呼声,高唱入云,而卒未能见诸实行者,其原因盖在此也。"

第三,我国商人之商业道德,尚未臻完善。若按旧习采用放账制度,

第三章　南京国民政府统治前期的币制改革思想（1927—1937）

完全为人与人之关系，或许顾全名誉，遵守信诺。一旦改用商业承兑票据又可持往银行贴现，则变为物的关系，势必弊端百出，或竟有蓄意倒骗之事发生，亦未可知。银行为顾全自身安全计，亦决不肯轻易承做贴现业务。

由此观之，我国欲用贴现方式以达到通货膨胀之目的，首先须充实中央银行之资本，其次须培养商业之道德，最后须改善现有之债信制度，而此三事，又非短时期内所能竣事，故邹宗伊认为"在我国目前经济情况下，实行通货膨胀政策实不可能"。

有债证券通常分为三种，即公债、股票及公司债票。银行欲使市面流通的货币数量增加，除放款、贴现两种方式外，又可购买有债证券的方式出之。但在我国情形，大不相同。

具体而言，第一，我国企业组织，大半是个人独资经营，独负损益责任。间有少数合伙企业，亦系集合亲朋好友，合资营业，共同负担无限责任，其股票根本不能转让。"最近二十年来，始有公司组织之创办。其发行股票的方法有二：一为公开发行，无论何人均可购买公司之股票，来作该公司之股东。一为不公开发行，公司之股票完全由发起人认定，非至万不得已时，不愿招素无关系之人入股。故不公开公司之股票，不能由银行承受，仅公开公司之股票，可以转让。但公开公司之股东，对于公司事业之发展与否，公司寿命之永久与否，漠不相关。其心目中所注意者，厥为目前公司之红利。为顾全公司之基础起见，不得不将公司之真实情形，隐匿一部。然而股票之真实价值，则未能表明矣。"因此银行方面既不敢承受，诚恐将来价跌，银行自冒风险。且公司既如上述有不得不守秘密之苦衷，则局外人对于公司之营业情形，完全不明真相，于是裹足不前，不敢冒昧投资。所以交易所对于股票，虽有行市，亦无人过问。故在未有活跃股票市场之时，银行决不肯以高价购买股票。结果，银行纸币始终难得流通市面。

第二，依我国公司法之规定，公司有四种：无限公司、两合公司、股份有限公司及股份两合公司。其中仅股份有限公司可以发行公司债。至发行条件，第一须将公司的财产、组织、管理、营业状况、大股东及董事姓名等，作成详细报告，并说明还本付息办法，而后交易所肯予登记拍板，否则不肯，因其负介绍人之责，不能掩饰投资人也。现在中国所有公司从未依法登报公告，外界不明其内容，即令交易所开拍公司债行市，亦必无人过问。且各公司发行公司债，又无确实基金做担保，更无基金保管委员会之组织，至于投资者参加保管，事实上更不可能。所以上海虽有证券交易所之组织，然而实际买卖者仅公债一种而已，公司债之买卖绝无。公司债既无活跃之市场，银行自不敢轻率购买，自招资金搁浅之危险。然则欲使银行以购买证券方式膨胀通货，势必先须纠正公司严守秘密之积习，然后促成证券之活跃市场而后可。但公司积习自非一朝一夕所能更改，而欲促成活跃的证券市场，又非具备下列二大条件不可。一是证券发行的数量要大。如数量不大，交易所之买卖，易为有力者所操纵。我国目前之公司，大半规模很小，发行公司债之数目亦必不大，如一二百万，倘被一人占有七八十万，则空头必为所轧，易于操纵。二是买卖次数要频繁。倘若一二星期或一二个月，始能有一二次交易，则购买者无随时脱售之可能，结果亦必有行无市。由此可知想要促成活跃之证券市场，还要待中国经济进化之后，产业发达之后，公司规模扩大之后始有可能。至在目前经济情况之下，公司积习未改，证券之活跃市场全无，而欲使银行以购买有价证券之方式来膨胀通货，实不可能。

第三，或谓我国公债市场，"近年以来，经政府锐意整顿，颇现活跃，银行固可借购买公债之方式，而使市面流通的货币数量增加"，实则不然。因购买公债而发行之纸币额，始终要受公债发行数额和放款及贴现数额的限制。故欲借购买公债之方式而使市面流通之货币数量增加，终不可能。

邹宗伊称："由此观之，通常各国用以膨胀通货之三种方式，在我国目前经济情况之下均不可能。是目前而谈通货膨胀，不啻痴人说梦，终不能见诸实行也。"

主张通货膨胀者认为，现代战争的要素，不仅是人马将谋的问题，物资充盈实占其重要之成分。一国对于战争欲操胜算，非一面开发国家物资，一面充实政府财力不可。我国地大物博，物资非不充盈也，不过因我国财力不足，未能尽量开发耳。设使将来物产开发之后，一旦遇有战争，苟政府财力不逮，又将如何使民间物资转移于政府之手，以供军需之用？按照

第三章　南京国民政府统治前期的币制改革思想（1927—1937）

各国旧法，不外三种：加税、发行公债及通货膨胀。三法之中第一法因我国税收以关、盐、统三税为大宗，一旦战争发生，三税均不可恃，加税更不可能。第二法发行公债，必向富翁募集。但我国富翁资金大部集中上海，一旦战争爆发，彼等为个人财产安全计，或存入外国银行，或汇往外国，本人则逃亡上海，托庇租界。彼时虽欲强令承购，亦不可能。然则只有第三法发行纸币，最为直截了当。邹宗伊说："虽然，通货膨胀对于一国国民经济及政府财政有益亦有害。主张者只知其利而不知其害也。"

邹宗伊说："至于我国交易市场，大都使用现金，去岁（1935年）财部颁布法币命令后，始改用纸币，至于使用支票之习惯绝少。若效法英兰银行而以放款贴现及买卖有价证券之方式膨胀通货，不但在事实上有不可能（理由已于前述），即令可能，亦必出纸币滥发之一途。结果，现金准备减低，纸币数量扩张，信用扫地，金融为之紊乱，预算失其平衡，终至不可收拾而后已。""至于我国币制，根本不同，若减低币值或滥发纸币，必使币价跌落，财政预算愈益失其平衡。其结果，必较战时德国之为害更劣。"

邹宗伊指出，若中国实行通货膨胀，既不能效法英国，以放款贴现及购买有价证券之方式，增加市面支票之流通量，使纸币信用仍能保持不堕，而国民经济及政府财政两收其利；又不能效法美国以贬低币值，增加国库收入，膨胀国家事业费，而使国内经济转趋繁荣。其结果必效法德国，滥发纸币以弥补财政亏空，直接发放军饷，使市面流通货币数量增加。此法固属直截了当，但纸币信用扫地，影响所及，则为国民经济破产、政府财政奇绌，终至战争失败、全国破产而后已。

邹宗伊对南京国民政府之通货膨胀政策的预测分析非常透彻，令人叹服。他针对当时主张通货膨胀救济经济危机的相关分析，指出中国经济危机是天灾人祸所致，应"减杀天灾人祸，改善债信制度，健全金融组织"，"使纸币信用坚实，工商利润平稳"，也值得肯定。

邹宗伊说："我国今日之主张通货膨胀者，其目的固在一方提高物价水准，救济经济恐慌；一方弥补财政亏空，以为战时转移民间物资之手段。然一细考我国经济恐慌之乱源，一半由于国内天灾人祸，纷至沓来，使国民购买力低降，物价跌落，形成经济恐慌；一半由于外国对我倾销（包括汇兑倾销在内），国货被其压倒，百业凋敝，工人失业，形成经济恐慌。经济恐慌既已形成之后，乡帐倒塌时有所闻。银行信用因此收缩，市面通货数量因此减少。是经济恐慌乃由于天灾人祸及外力侵略所致，并非由于通货收缩而来也。反之，通货收缩则由于经济恐慌所形成。经济恐慌为因，通货收缩为果。如欲救济经济恐慌，不应倒果为因，而应从减杀天灾人祸，改善债信制度，健全金融组织做起。欲改善债信制度，健全金融组织，非使纸币信用坚实，工商利润平稳不可。是目前之问题，正努力于纸币信用之坚实与物价平稳，复何能倒行逆施以破坏币制扰乱物价乎？至我国战时财政问题之症结所在，尤在于国民之自力储蓄与夫官民合资共同开发国内富源。因战时财政问题即国民经济总动员问题，苟国民平时毫无储蓄，一旦战争爆发，即令膨胀通货以为转移民间物资之手段，亦苦于无员可动。"

所以，邹宗伊坚决反对发行纸币膨胀通货，主张战时采用征发课税或摊派公债的方法解决财政赤字。他说："盖财力物力人力，均在政府管理之下，战争发生后，无论采用征发课税或摊派公债之任何方法，均可将民间物资转移于政府，固不必发行纸币膨胀通货也。"

邹宗伊认为，中国战时财政之准备宜创办所得税和遗产税，不宜实行通货膨胀政策。他反复强调，减低币值或滥发纸币，必使币价跌落，财政预算愈益失其平衡。纸币信用扫地，影响所及则为国民经济破产、政府财政奇绌，终至战争失败、全国破产而后已。应从减杀天灾人祸、改善债信制度、建全金融组织做起。欲改善债信制度，建全金融组织，非使纸币信用坚实、工商利润平稳不可。如果政府能在短时间内，做好金钱、物资和人力上的储蓄工作，中国战时财政可谓不成问题。①

不得不说，邹宗伊的判断是准确的，其分析也鞭辟入里，令人信服。

---

① 以上均引自邹宗伊《通货膨胀与我国战时财政问题》，《东方杂志》第 33 卷第 13 号，1936 年 7 月，第 83—90 页。

第四章 全面抗战时期的币制改革思想（1937—1945）

一 全面抗战时期币改思想的特点

全面抗战时期，日本帝国主义对中国展开了疯狂的军事攻击、恶毒的经济侵略和处心积虑的文化渗透，中华民族面临亡国灭种的危机。一大批爱国学者纷纷奋笔疾书，为救国救民出谋划策，涌现出一系列充满爱国情怀的币制改革及经济救国主张。这一时期的币制改革思想具有鲜明的反侵略性、时代性和进步性。

1939年，姚庆三从中国通货的立场论"日元集团"，通过对日元集团与英镑集团做比较分析，揭露了日本帝国主义的阴险用意。他指出，"凡加入日圆集团的，都是为武力所强制，而且加入之后，国家之货币独立性完全丧失"。姚庆三说："我们由满洲与华北看来，日本希望中国加入日圆集团，即无异要独占中国全部贸易和全部资源，此与中国或其他各国之自愿加入英镑集团者完全不同。"①

法币发行后，初期的币值呈缓慢上升趋势。由于得到英、美的支持，无限制买卖外汇的政策一直维持到1938年3月。同年3月10日伪中国联合准备银行成立，企图以该行纸币联银券换取法币，套取外汇。于是国民政府规定购买外汇须经过审核，随即外汇黑市产生。1939年3月，国民政府依靠英国贷款，设立一千万镑的汇兑平准基金，维持1元法币合8.25便士的黑市价。之后黑市汇价仍继续下跌。官价和黑市价的并存，使外汇投机

---

① 姚庆三讲，朱志豪笔录《中国通货问题》，《大夏半月刊》第2卷第1期，1939年6月，第64页。

盛行。所以，这一时期有不少币制改革思想围绕稳定汇价展开。

1940年，国内物价的上涨速度严重超过了法币发行的增长速度，中国进入恶性通货膨胀时期。1942年7月1日起法币由中央银行统一发行，到1945年8月抗战胜利时，法币发行额为5569亿元，为1937年6月的394.8倍，同期重庆的批发物价指数为1937年1—6月的1795倍。① 所以，全面抗战时期的币制改革思想都离不开稳定物价、治理通货膨胀这一主题。

这一时期币制改革思想最突出的特点是理论与实践相结合，一方面是利用西方货币数量学说分析中国通货膨胀难题；另一方面是将马克思主义和中国实际相结合，在货币理论方面取得明显成绩。

这一时期，很多学者对近代经济学界中最流行的学说——货币数量说（Quantity of Money）展开了研究和批评，并结合中国实际做了借鉴分析。

刘燕华认为，货币数量说思想的错误，同资本主义经济思想本质的错误有密切关系。他们对于商品与货币的价格，仅仅把握着物与物之量的关系，而并没有理解持有价值的商品与货币的关系。他说："货币数量论者的主要错误，便是不能了解货币的本质，因而颠倒了原有的因果关系，所以在他们的学说中，充满了混乱与矛盾的成分。"②

姚庆三非常认可凯恩斯的一个观点，即"物价稳定较汇价稳定尤为重要，如二者不可得兼，则应牺牲汇价以维持物价"。③ 姚庆三这样总结哈耶克的货币理论：如果依一般学者的主张，使通货数量随生产数量之增加而增加，以维持一般物价水准之稳定，则必将引起消费品价格与资本品价格之不自然的相对变动，而促成经济危机之爆发。所以，合理之政策应使货币数量固定，货币利率等于均衡利率，使投资与储蓄相均衡，投资随储蓄而增加，俾消费物价水准随生产效率之进步而渐渐跌落，则人民之货币所得纵有减少，其实物所得必可增加，而经济危机亦可消灭于无形矣。他说："汉约克（即哈耶克）之货币理论颇为新颖，故国内学者多为鼓吹。但吾人

---

① 叶世昌、李宝金、钟祥财：《中国货币理论史》，第416页。
② 刘燕华：《货币数量说之检讨》，《中国经济》第4卷第7期，1936年7月，第79、84页。
③ 姚庆三：《凯恩斯货币理论之演变及其最新理论之分析》，《国民经济月刊》第1卷第2期，1937年6月，第57页。

第四章　全面抗战时期的币制改革思想（1937—1945）

以为汉氏之说不无可议。"所以他这样批评哈耶克的货币理论：其一，"汉约克之出发点为生产力完全利用之经济社会，故生产资本品之基本生产要素增加，则生产消费品之基本生产要素即须减少，反之生产消费品之基本生产要素增加，则生产资本品之基本生产要素即须减少。但此项前提实与实际情形不合"；其二，"汉约克谓自动储蓄增加时，消费品之需要减少，故在初时消费品之价格必将跌落，消费品之生产必受损失。但当消费品之价格既已跌落，消费品之生产既受损失，则资本品之需要何以反能增加？"①

1937年1月，夏道平通过对瑞典经济学家卡塞尔1936年出版的 The Downfall of the Gold Standard② 进行介绍与点评，认同国际金本位制已经过去的观点。他认为，"健全的广泛的国际新币制仍有待于贤明的筹备；而东南欧及东亚的国际政治局势之澄清，尤其为任何贤明政策实施的必要条件"。③

夏道平介绍道，卡塞尔在货币学方面有两个著名的理论：一是购买力平价说；二是在国际金本位制下，欲维持物价安定，黄金供给量每年须增加原有总额百分之三。对于1929年的经济危机，卡塞尔认为是货币因素所造成，不能用生产过剩说或概括的经济循环理论来解释。这种见解，在他1932年所刊行的《世界币制恐慌》(The Crisis in the World's Monetary System) 一书中已详加讨论，1936年仍持前见，在 The Downfall of the Gold Standard 一书中又加以论述。

1937年，陈仲秀著《银行存款通货数量及其流通速率计算法商榷》一书，采取费雪货币数量说之 M' 及 V'，探讨银行存款通货数量及其流通速率的计算方法。陈仲秀认为："存款通货之数量，包含（一）用支票支取之活期存款，（二）保付支票，（三）未用透支；减去其中之（一）同业存款，（二）收取中之支票，（三）窖藏存款，（四）无交换流通用存款，（五）银行往来用存款。而余数复析为：（一）消费存款，（二）经营存款，（三）金融存款。""在

---

① 姚庆三：《汉约克之货币理论及其批评》，《国民经济月刊》第1卷第2期，1937年6月，第101—102页。
② Gustav Cassel, *The Downfall of the Gold Standard*, Oxford: Clarendon Press, 1936.
③ 夏道平：《*The Downfall of the Gold Standard*——新刊介绍与批评》，《国立武汉大学社会科学季刊》第7卷第2号，1937年1月，第453—458页。

一定时期内存款通货之流通速率，为在该时期内支票交易之总量，与同时期内平均存款通货总量之比率。存款通货之计算法，已如前述；至于支票交易，历来学者皆假定每张支票仅与目的物交换一次，故支票交易之总量，亦即所开支票之总量。计算所开支票之总量，普通所用方法有三：（一）根据票据交换统计；（二）根据各银行在一定期间内收入之支票；（三）根据一定期间内存户用支票提出之存款。"① 陈仲秀认为，第一种方法粗疏，可置勿论；第二种方法和第三种方法所得结果相同，但第三种方法更好采用。

陈仲秀的银行存款通货数量及其流通速度计算法的确存在不成熟、不完善的地方，但这是国人第一次尝试利用西方货币数量学说结合中国实际从数理角度分析国家通货问题，这是值得一提的。

关于马克思主义和中国实际相结合在货币理论方面取得的成绩，主要是章乃器、钱俊瑞、孙冶方等人运用马克思主义的货币理论分析中国货币问题及对本国错误货币理论和主张的批判。这些分析和批判对于人们正确认识中国的货币问题发挥了较好的影响。②

二 全面抗战初期的币制改革思想

（一）伍启元论货币数量说

1936年7月，伍启元在伦敦写了一篇论述货币数量说发展史（1937年1月发表）的文章，他在文中指出，无论是费雪数量说还是剑桥数量说，大都只是"适用于定态经济学而不适用于动态经济学的"。也就是说以上理论和现实经济社会有差距，很多条件限制是死板的，和现实不相符。

他说，整个社会对货币之需要等于社会中各人对货币的需要之总和，所以个人需要实是社会需要之基础。个人所以需要货币，是因货币为一种交易媒介，为一一般收受的"购买力"。这是费雪方程式考虑的重点，所以费雪方程式也叫现金交易说。我们若把研究的对象由一时期改为时间之一特

---

① 陈仲秀：《银行存款通货数量及其流通速率计算法商榷》，出版社不详，1937，第24、29页。
② 叶世昌、李宝金、钟祥财：《中国货币理论史》，第391页。

第四章 全面抗战时期的币制改革思想（1937—1945）

定点，则个人之货币需要可以做另一种解释：个人需要货币，是为准备将来购买物品，或应对不时之急需。个人的货币需要既被看为将来用款的一种准备，那么需要的形式自然是"储存"，而个人对货币之需要量即他对货币之储存量。一般来说，个人的货币需要量或储存量是由经济环境和个人习惯决定的。这些决定个人的货币储存量之因子包括他的岁入数量和岁入的收取方法。他的收入或所得之数量决定他的支出或用款之数目。其次，他的岁入的收取方法决定储存之久暂。这是剑桥方程式的侧重点，故称现金余额说。

伍启元说："在这银行制度发达的今日，各种信用如银行钞票和往来存款都是很通用的交易媒介。这些银行信用是货币之代用品，他的存在减少了货币之需要。"所以，他用四种不同的方法把"银行信用"引进了公式，从而使费雪方程式和剑桥方程式发生以下变化：

$$D = P(\frac{1}{V}X) \qquad （费雪方程式）$$

$$D = P(RX) \qquad （剑桥方程式）$$

$$D = PX(\frac{1}{V + aV'}) \qquad （公式1）$$

$$D = PX(r + br') \qquad （公式2）$$

$$D = PX\{R[c + b(1-c)]\} \qquad （公式3）$$

$$D = PXR - C \qquad （公式4）$$

式中的 D、P 和 X 与费雪方程式和剑桥方程式中的 D、P 和 X 含义相同，即 D 为货币需求量，P 为平均价格水平，X 代表商品总量。R 为 X 被用购买力（无论是货币或银行信用）的形式去储存的成数，r 为 X 被用货币的形式去储存的成数，r' 为 X 被用"银行信用"的形式去储存的成数，所以 $(r + r') = R$。V 和 V' 是等同于费雪方程式的 V 和 V'，C 代表纸币和信用工具。

这四个公式的内容实际上是相同的，它们的差别只是形式上的。我们只要把 $(V + aV')$ 看作 $(r + br')$ 之反数，那么"公式1"和"公式2"便成一个公式。"公式2"和"公式3"很明显是相同的。因为根据 c 的界说，

$r : r' = c : (1-c)$。那么:

$$r + br' = r\left\{1 + \frac{b(1-c)}{c}\right\} = r\left\{\frac{c+b-bc}{c}\right\}$$
$$= r\left(1 + \frac{r'}{r}\right)\left\{\left[\frac{c+b-bc}{c}\right] \div \left[1 + \frac{1-c}{c}\right]\right\}$$
$$= (r+r')\{c+b(1-c)\} = R\{c+b(1-c)\}$$

"公式 2"因而等于"公式 3"了。

(二) 唐庆增论中国之货币数量学说

1939 年 1 月,唐庆增著《中国之货币数量学说》一文,重点阐述中国古代至明末货币数量说盛行时代之相关学说。唐庆增指出,中国先哲之主张货币数量论者,当推管子为最早。《管子》一书,纵为后人所伪托,当亦不出战国末期以后,其言论精审而有条理,《轻重》篇尤多卓识。《管子》不仅为中国货币数量论者之鼻祖,而且为提倡统制经济之第一人,其学说之基本概念,即"币重而万物轻""币轻而万物重"。

唐庆增指出,管子之货币数量论有两大特色:"(一)言论甚有条理,且能提出具体之办法。(二)治货币数量说及分配论于一炉,是能于我国古代经济学说中,别树一帜者。""唐代陆贽以货币价值之腾贵,证明人民负担之加重,而归咎于两税法措置之失当(两税法征钱而不征谷,故货币价值愈贵,则折合后之亏损愈巨),纯以货币数量理论,说明财政现象,颇具卓识。……陆贽更从货币数量说推演得一结论,谓政府应有铸币之权限,须随时操纵市面上流通货币数额之多寡,借是以控制物价,其说实亦由《管子》之理论,递嬗而来也。"

唐庆增认为,宋代叶适《水心文集》一书中论财计之数篇,是其经济学说精华之所在。叶氏于货币与物价之关系,剖析甚精,而于货币跌价之祸害,观察亦颇周密。

他说:"明末王船山盖谓钱在某地之数量,与该处货价之贵贱,有直接之关系,物价之跌落,其原因由于钱少而货物多。亦有交通不便之区,产物停滞,以致价格跌落,倘能多铸良币,则可平衡货物之价格,故二者可

第四章 全面抗战时期的币制改革思想（1937—1945）

收调剂之效，无轻重不均之病，可知货币数量，务求其适当，有余及不足，皆为大患也。"

唐庆增说："货币数量学说之定义，各家所述不一，穆勒谓：'假定其他情形不变，则货币之价值，与其数量成反例之变动，数量增加，价值跌落，数量减少，价值涨高，其比率正负相等。'行此说之绪余者，当以维塞（Wieser）与叨雪格（Taussig）二氏为巨擘。"他指出，按物价为经济社会之重心，故如何安定价格，乃属吾人之切身问题，其方法不外二种：一是安定个别物价，当从调剂某项物品之供求下手；二是欲使一般物价趋于稳定，则非统制货币数量不为功。货币与物价之关系，即若是之密切，无怪引起西洋经济学者之注意。况货币之流通，为最重要之经济现象，国民经济生活，往往由市面上流动货币数量之变化而引起极大之反响，故货币数量说之重要，殆无疑义。

唐庆增说："中国货币思想之发展，大致可划分为四时代：（一）古代至明末，为货币数量说盛行时代。（二）明末清初，乃属讨论'银''钱'优劣之时代。（三）清初迄道光时期，系学者研究纸币问题之时代。（四）近人研究之范围，甚为广泛，若本位银价制钱诸问题，皆有人讨论，可名之谓发扬时代。"

唐庆增指出，中国古代至明末之货币数量学说，有如下三大特点。

第一，发生早而进步迟缓。我国各种货币学说，产生之时日，往往较西洋各国为早，即以货币数量学说而言，亦有此种情形。在外邦最先论及货币数量及物价关系者，应推法国之巴丹（Jean Bodin，今译博丹），时在1576年。巴氏曾著《共和国》（*Republique*）一书，内中述及欧洲1500年至1675年物价涨高之现象，认为货币增加，为其原因之一端。于二者之关系，虽有说明，然嫌简略。次则当推英国之洛克，所著《利率降低及货币价值之涨高》（1691）最为人所称道，但其研究者，仅限于货币数量与其价值关系一点，二人之学说，缺漏甚多，殊无足取。然自17世纪以后，货币数量说突飞猛进，最近二三十年来，进步尤速，非我国之所能望其肩背也。

第二，内容殊欠完备。研究货币数量学说，欲求其精审详尽，必须用数字加以说明，始能将经济定律之奥妙阐发无遗，现代欧美各国学者，如费雪、卡塞尔之流毋论矣，即早年之麦克洛特（Macleod，今译麦克劳德）、华尔克（Walker，今译沃尔克），莫不引数字，作为解释，此为我国学说不逮。再则经济问题，本极复杂，吾人研究货币数量与物价之关系，除二者以外，更当注重其他要素。西文中 other things being equal 一语，虽似空泛，然绝不可遗漏，如穆勒（J. S. Mill，今译密尔）即甚加以注意，盖不如此则学说不能称为完整，此亦足资吾人之取法也。

第三，学说乃系附属而非独立的。我国之货币数量学说，多系附属于他种理论，盖其范围本属狭窄，而往昔经济思想本不甚发达，故货币数量学说，其成绩亦仅至此而已。惟究从何方面加以研究，则各人立场不同，若《管子》于讨论国家经济统制时述及，陆贽则在研究租税问题时提及，皆其例也。要之，一种学术于其时代背景，有相互之关系，尤以经济问题之内容，错综复杂，不易研究，学者对此，往往是丹非素，挈长较短，处理之方，惟有加以分析与比较，始能洞见学说之真相。①

以上唐庆增通过中西对比分析，对中国之货币数量学说展开深入论述，把民国以前中国货币思想之发展划分为古代至明末、明末清初、清初迄道光、近代四个阶段，有重要的参考价值，而他对中国古代货币数量学说之三大特点的精辟分析更是透彻到位，深谙其中精髓。

（三）刘涤源论通货膨胀与战时财政

刘涤源指出，全面抗日战争爆发后的前两年（1937年7月至1939年7月），中国物价逐渐上涨的主要原因并不是通货膨胀，因为这两年中国纸币发行虽逐年增加，但并没有产生通货膨胀的问题。理由是：这两年中国物价变动与汇价变动在程度上并不一致；法币对外价值在狂跌之后回涨，这与通货膨胀理论不符；中国物价并未持续不断地普遍上涨，而是因时因地各异。②

---

① 以上均引自唐庆增《中国之货币数量学说》，《编译月刊》第1卷第2期，1939年1月，第2—6页。
② 刘涤源：《我国战时物价问题》，《东方杂志》第36卷第16号，1939年8月，第5—19页。

第四章　全面抗战时期的币制改革思想（1937—1945）

针对全面抗日战争时期中国物价上涨问题，祝百英、王仲武等分析了物价上涨之原因。一是供需失调。一方面，战时生产减少，交通不便，进口减少，从而使供给减少；另一方面，人口集中后方都市，商人和消费者群起囤积，战时若干需要又额外增加，从而使需求增加，供不应求，物价上涨。二是货币的关系。外汇腾贵，使进口货物价格抬高；内汇增加，使国内流通物资成本亦高；战时通货数量增加，货币流通速度加快，通货贬值，物价飞涨。三是心理影响。四是物价的连锁性。①

在刘涤源看来，中国全面抗日战争初期物价上涨，是许多因素所促成的，绝非由于通货膨胀。供求不能均衡，"为我国战时物价上涨的主要原因"。"商人操纵缘起于供求的脱节，但结果却足以加重此种供求不均衡的程度，使物价上涨更加厉害。""通货膨胀只是一个不重要的因素，只是一个附带的因素。"他说："不论从我国的纸币的实际增发量的正面证明，或是从法币对内价值与对外价值之畸形差异的反面证明，我国当今物价上涨，绝对的不是由于通货膨胀的原因。更从各种对货币发行额在物价上发生影响的矫制作用及抗战以前的发行情形对照观察，来做旁证，更可以证明此种结论之真确。所以我国抗战以来法币发行额的轻微增加，绝对的不能与通货膨胀混为一谈，因之通货膨胀绝不是我国当今物价上涨的主要原因，也不是次要的原因，至多只能是认为一个不关重要的附带原因。"②

刘涤源认为中国战时制造品物价上涨的主要原因，可以用"物品供求不均衡"来概括。所谓"供求不均衡"，包括物品供给减少和需求增加两方面，每一方面又包括许多经济因素。一般人列为物价上涨原因之一的"交通困难"，只是供给方面的一个因素。在使物品供给减少的许多因素中，中国生产机构之缺乏弹性，是主要的因素；其他如入口货物对于西南诸省的隔绝，及内地交通之困难，都是使供给减少的原因。

综观物品供给方面，不仅没有扩张性，相反还大大减少，再加运输的

---

① 祝百英：《我国战时物价问题》，《华侨先锋》第2卷第8期，1940年10月，第5—7页；王仲武：《我国战时物价问题》，《抗战与交通》第61期，1939年，第482页。
② 刘涤源：《我国战时物价问题》，《东方杂志》第36卷第16号，1939年8月，第7、17页。

民国时期的币制改革思想

困难与商人的操纵,使供求关系更被扰乱,更不能自由调节,因之物价即步步地向上腾贵。因为战争的关系,西北、西南诸省的消费者增多了,消费需要在程度上或品种上增大了。此种需要之增多,使供求脱节的程度增大,促物价的继续向上。

综合供求两方面看,一方面供给大大减少,另一方面需要大大增加,在增加与减少的两个极端之对比下,越能显示出供求的不平衡之严重。在这种供求脱节的严重局势下,更加上商人阶级用人为的力量推波助澜,于是,越使供求脱节的程度增加,物价上涨的趋势也越见严重。

刘涤源认定用广泛的"供求不均衡"来解释当前物价的上涨,是非常恰当的,尤其是解释当时物价上涨的畸形状态——物别间的差距与地别间的差距,更形正确。因为交通困难等种种关系,物品的各地域流通不能调节自如,各地间的供求关系彼此有所不同,于是地别间的物价上涨差距发生了。又因为技术资本及自然的限制,各生产部门间对于生产品之种类不能自由转换,如农业者之难以立即转入工业部门,即为明证。尤其在中国的战时,此种各产业部门间之转移更加困难,所以各物品的供求关系间彼此有了差距甚至是极大的差距,如米与布之供求关系差距,各物品的价格上涨程度也就难以一致了。至于每一种物价上涨的本身,我们解释为由于供求脱节也是很容易说通的。此中原理很简单,即供求法则(Law of Supply and Demand)之运用促物价上涨。

所以,刘涤源认为用广泛的"供求不平衡"可以解释当时物价上涨的全部现象,一方面可以解释每一种物价上涨的本身,另一方面又可以各种物价上涨程度之地别差距与物别差距。因此中国当时物价上涨的症结在于供求不平衡。虽然供求不平衡所包括的因素极多,但在综合的方面看,物价上涨的症结很简单。①

刘涤源后于1941年发表论文《通货膨胀与战时财政》,文中首先分析通货膨胀发生的前提条件有三点:战争的爆发与战时状态之延续,尤其是

---

① 以上均引自刘涤源《我国战时物价问题(续)》,《东方杂志》第36卷第17号,1939年9月,第27—30页。

第四章　全面抗战时期的币制改革思想（1937—1945）

现代大规模的持久战争；政府脆弱无力，不能用租税或公债筹措战费，由于财政上的迫切需要，被迫冒险；国内货币制度或信用机构相当的有基础，使通货膨胀的运用成为可能。

然后文章指出，通货膨胀可视为租税的一种方法。通货膨胀政策与普通租税虽在方法上有根本的差别，但在政府增收的实效上两者实多类似，通货膨胀政策可视为一种特别租税，或更具体地名之为"用钱税"。能够比较圆满地解释此种租税吸收资源之功效的，当时一般货币学者大都承认是"货币数量说"，但刘涤源的观点与货币数量说的观点并不一致。刘涤源认为，货币数量说的大意是：假定一个社会的用钱习惯不变，又生产水准和分配情况保持常态，则该社会所需的通货数额由其物价水准决定。事实上，刘涤源的观点与货币数量说的货币量决定价格水平的观点正好相反。紧接着，文章从负税人与税率、政府所获得的实益、经济影响、暴利者与被牺牲者及一般人民之反应及其逃避对策等方面深入分析通货膨胀问题。

最后，刘涤源得出以下结论：通货膨胀与战时财政关系密切，是现代经济史上很明显的事实。财政上愈无办法，则愈只有实行通货膨胀；反之，愈实行通货膨胀，则财政上愈无办法。战时财政使通货膨胀的速度越来越快，程度越来越严重，愈跑愈远。物价上涨是通货膨胀的必然结果，也是战时通货膨胀恶化的加速器。人民心理的反常与使用货币习惯的改变，也是通货膨胀的必然结果。此种心理愈反常，此种习惯愈改变，则货币流通速度愈大，市场物资供需愈不均衡，于是通货膨胀对物价之影响在程度上愈形恶劣，愈为明显。[①]

可见，刘涤源对1937—1941年中国通货膨胀与战时财政的研究有据、有理、有力，既能熟练运用通货膨胀理论展开深入精确分析，又能结合中国各地数据开展差别化探索，得出的结论很有说服力，与历史事实完全吻合，值得肯定和学习。

---

① 参见刘涤源《通货膨胀与战时财政》，《东方杂志》第38卷第7号，1941年4月，第5—32页。

三 全面抗战中后期的币制改革思想

针对恶性通货膨胀问题,丁洪范主张限制消费和投资,认为抗战到了最后阶段,物价高涨亦达到严重关头,厉行普遍储蓄是刻不容缓之举,统制银行业务及金融证券市场实属必要。①

梅远谋说:"物价上涨之主因为囤积居奇,物价愈涨,利率落后,以致储蓄无人,投资无益,募债无望,岁出膨胀,如是循环无已,乃构成目前之局面,利率不过其中之一环。流动性侧重受交易动机、预防动机与投机动机三种心理之支配。在此非常时期,人心浮动,此三种心理所生之影响均著,人们均争求现金而争购实物,致使货币需求总量骤增,货币流动速度益剧,流动性侧重之程度既强,利率势必因之昂涨。信用独占为矫正目前畸形现象之直接有效办法,其作用在使信用之支配、资金之运用均集中于国家之手,实有立即施行之必要。"②

(一)梅远谋论利率、物价与储蓄之关系

梅远谋指出,在货币经济时代,储蓄是边际消费之延续,亦可谓为支付之延缓。马歇尔说,利率为市场使用资本所付之价格。庞巴维克说,利息是时间的价格。凯恩斯特别注意"流动性偏好",认为"利率是一定期间放弃流动性之报酬"。

关于利率、物价与储蓄之关系,18世纪法国经济学大师理查德·坎梯隆(Richard Cantillon)在其所著《商业性质论》中有云:"一国币量之增加,如出之于贷款人之手,市场利息将因贷款者之加多而降低。但一国币量之增加,如出自消费者之手,其结果相反。物价上升,企业家有利可图,相率借资增产,市场利息随后趋涨。"

---

① 丁洪范:《储蓄与利率》,《财政评论》第12卷第2期,1944年8月,第11—13页。
② 梅远谋:《当前利率问题及其对策》,原载《经济论衡》1943年1月1日,《金融知识》第2卷第5期,1943年9月,第198—202页。

第四章　全面抗战时期的币制改革思想（1937—1945）

19世纪中叶，英国威廉·纽马奇（William Newmarch）与托克（Tooke）合著《物价史》，得一结论曰："新金矿发现之第一结果为减低贴现率以及长期利率。然此种结果只是暂时性质，不久必使利率趋于上涨。利率极度低落之时，生产成本必然减轻，企业利润随之加厚。企业扩张又使资本之需求激增至超过资本之供给，结果利率相继上涨。"

马歇尔1888年时指出，银行金属准备增加之后，其贴现率必然降低。贴现率低落，工业家以及投机家之借款必多，随之原料、人工与商品之需求增加，于是物价呈普遍上涨之势。物价上涨所需通货更多，银行渐觉金准备之不足以应付，迫而提高贴现率以资保护，于是物价回跌。

瑞典经济学家维克塞尔认为，银行贴现率可以左右物价之变动。如果银行能采用一种"无限弹性"通货制度，必可以贴现政策控制物价之变动。如欲抬高物价，使压低贴现率（货币利率）至正常利率（自然利率）之下；如欲压低物价，便提高贴现率至正常利率之上。"贴现率确系决定物价水准之主要工具。"

凯恩斯则认为，以贴现率对于物价之影响颇为微弱，只有长期利率始足以支配物价。必须由中央银行采取直接行动，在公开市场做无限买卖以上下实在利率，物价将紧随之而高低矣。

维克塞尔提出了与货币利率相对应自然利率的概念，并指出二者的关系中后者居主要地位，是影响价格变动的主要原因。二者的差异对经济活动和价格变动的影响是十分重要的结论。维克塞尔在《利息和价格》等著作中分析了货币利润率和自然利率变动对经济的影响。如果货币利率低于自然利率，资本边际生产力提高，投资和生产扩大，对商品的需求上升，物价上升。出现相反的情况的话，经济出现紧缩，投资和生产缩小，商品需求下降，物价下跌。而货币利润等于自然利率时，生产物价保持稳定，经济呈均衡状态。他认为，这种行为并不限于眼前的冲击。由于传统与惯性定律反复地持续下去，即具有"累积"的性质，这后来被人们称为"维克塞尔累积过程"。

维克塞尔在该书中还指出，如果货币利率与自然利率相等，对资本的需求即投资等于资本的供给即储蓄，物价稳定，经济处于均衡状态。在均衡状态下，各种产品的相对价格和产量以及生产要素的价格和数量，将由实物领域即非货币的因素决定，因而货币对经济过程是中性的或中立的，这就是所谓的中立货币论。

梅远谋在介绍上述主张后，总结道："以上诸家之说，咸认利率、物价与储蓄三者间有联带循环之关系在，然主张把握利率机构以控制其他，似认定物价与储蓄为被动因素。"关于此点，梅远谋并不认同。他认为，中国物价暴涨不已，利率政策屡试屡败，惟实行"信用独占"，将金融市场、资本市场一并纳入国家手中，则国民经济事业可运诸掌上矣。①

（二）邹宗伊论战后金融政策及货币制度

邹宗伊说："战后政府对银行资金之运用，非采统制政策不可，惟其宽严须有差别，俾可增进资金流通之效能。我国战后必须从事重工业建设，根据过去各国经验与现势，我国战后币制体系应以完成面面俱到的通货管理制为目标，将国债、物价、利率、国内信用之涨缩，与国际资金之移出入，悉纳于通货管理的范畴，以有系统的办法，分别处理，方可有助有利于战后经建之开展。"②

邹宗伊又于1943年7月1日发表论文指出：第一，战后稳定国际通货，须有一个超集团的国际货币单位，这个单位最好是用一定分量的黄金为计值标准，却不必以实质的黄金做基金。第二，国际货币单位的基础，即建立于参与各国货币信用的恢复坚实健全的状态。因此，关于战后国际间债权债务的调整与国际投资，不能与国际货币机构分离讨论。第三，战后国际汇率应以力求稳定为原则，但对于产业落后的国家，不能长期固定于某一点。最初应估定于较低之水准，以后随其生产效率之提高而逐渐提升到其他同等生产效率国家之水准。第四，战后国际货币机构的活动决策，应以平等为原则，一国一票权，是精诚合作的起码条件。中国在战后的第一

---

① 梅远谋：《论利率物价与储蓄之关系》，《财政评论》第12卷第2期，1944年8月，第5—9页。
② 邹宗伊：《对战后金融政策及币制的意见》，《财政评论》第9卷第5期，1943年5月，第21—26页。

第四章 全面抗战时期的币制改革思想(1937—1945)

个重要工作,就是从事经济建设,实行工业化。货币政策的目标是:第一,能保障国内经济的安定与就业的增进;第二,能促进工业及国际贸易的发展;第三,能助长外资的来投;第四,能恢复货币信用于坚实健全的状态。脱离了这些目标,即无货币制度可谈。

邹宗伊指出,关于中国战后的外汇政策,当时有两种意见。一种主张采用机动的汇率政策,但并非一个毫无拘束的自由汇率制,而是希望在战后维持一个相对稳定的汇价。如果发现国际收支平衡失调,汇价即需修正,不能受任何协定的约束。该派主张的理由,认为汇价、物价的安定不能兼顾时,则可牺牲汇价的安定,以求安定国内经济及维持一长久的充分就业水准。国内物价的安定及失业的消除,是战后复兴及防止社会动机的基本条件。反之,带有弹性的汇率对扩展国外贸易、保证国内工业发展、保证工业化的进程,俱有莫大助力。且战后外资来华,谅多属政治外币性质,更丝毫不受中国汇价变动的影响。另一派则主张汇兑管制,他们认为机动的汇率是利弊参半的,且借汇率以取巧,恐怕以中国的金融力与世界金融强国相抗,未见生效,并认为统制汇兑,是足以促使中国经济发展健全与经常化的,因此英美两国是不会反对的。

邹宗伊赞成机动汇率政策。他说:"用统制汇兑方法能维持一固定的汇率,比较采用机动汇率更困难。前者所有的金融实力比后者更要雄厚,这是一。汇兑统制和固定汇率对于国内经济是利是弊,颇难预卜。但就国际经济言,则无害甚烈。反之,机动的汇率如能适应国内经济的要求,自较固定汇率为有利。其对国际经济,如能出于协商的行动,当比统制汇率为害较轻,这是二。统制汇兑乃自外于职后国际金融合作,不易获得国际谅解。例如英国属地在华资金受我统制,颇不易办到。至于汇价的变动,如为顺应生产效率的提高而变动,即对于世界贸易有促进的功能,这是三。"[①]

关于二战后世界币制问题,伍启元著文分析道,过去的世界币制是国际金本位(1815—1914)。二战后的世界币制,美国和英国的提案计划的共

---

① 以上均引自邹宗伊《战后国际通货制度与我国》,《湖南省银行经济季刊》第 1 卷第 5 期,1943 年 10 月,第 33—39 页。

同点,可说是一种修正国际金本位的计划,这可分两方面说,消极方面,以恢复到19世纪金本位的几种重要原则为目的;积极方面,对19世纪的金本位有许多修正。

伍启元主张,二战后的世界币制应负起双重的责任:一方面应构成世界经济合作的一部分,成为促进世界和平的一大因素;另一方面须有扩张性,能防止经济不景气和维持经济繁荣,并能解决若干战后复员及将来平时经济问题。①

第一次世界大战前至20世纪30年代,资本主义世界实行"金本位制",这是以英镑为中心,以黄金为唯一基础的国际货币制度。在金本位制下,汇率是以各国货币单位的含金量比例来确定的,因而它具有相对稳定性。后来,由于英国经济地位的下降和资本主义各种矛盾的激化,特别是1929—1933年资本主义经济危机的冲击,金本位制彻底崩溃,各种货币危机(如美元危机、英镑危机)连绵不断,国际金融关系经常处于混乱之中,国际金融领域已不具有相对统一和相对稳定的货币制度。经过第二次世界大战,资本主义各国间的实力对比发生重大变化,美国取得了政治、军事、经济上的压倒性优势和霸权地位。

诚然,英美两国对于布雷顿森林会议有至关重要的影响,但从中国抗战和国际地位变迁的角度考察,中国也发挥了重要作用。布雷顿森林会议召开的1944年,在日军"一号作战"攻势下,国民政府主导的正面战场呈现溃败局面,使得包括美国在内的盟友十分不满,国内财政金融状况则持续恶化,但国民政府仍然积极参与了布雷顿森林会议的筹备,并派行政院副院长兼财政部部长、中央银行总裁孔祥熙率领中国代表团与会,同英美及其他参会国折冲樽俎,在为战后国际货币金融秩序的构建做出有益贡献的同时,确立了中国在国际货币基金和世界银行中的地位,并利用参会机会开展各项外交活动,一定程度上缓和了当时中美两国间的矛盾冲突,巩固了与以美国为代表的主要盟国的关系。邹宗伊、伍启元等诸多学者论战

---

① 伍启元:《战后世界币制问题》,原载《中央日报》1943年8月4—7日,《金融知识》第2卷第5期,1943年9月,第191—195页。

第四章　全面抗战时期的币制改革思想（1937—1945）

后金融政策及货币制度恰逢其时，这在一定程度上为政府的科学决策提供了参考意见。

（三）昆明九教授对于物价及经济问题的呼吁

1945年7月，《昆明九教授对于物价及经济问题的呼吁》一书面世。昆明九位教授的主张，反映了广大人民的呼声。他们主张惩治贪污，改善士兵生活和公教人员的待遇，取缔通货膨胀，严格统制物价，铲除"既得利益集团"的恶势力，增加由富裕阶级负担的租税，主张经济民主、平均社会财富和实行不流血的社会经济革命。

书中收录了以下文章：伍启元、李树青、沈来秋、林良桐、张德昌、费孝通、杨西孟、鲍觉民、戴世光等《我们对于当前物价问题的意见》，杨西孟、戴世光、李树青、鲍觉民、伍启元等《我们对于物价问题的再度呼吁》，戴世光、鲍觉民、费孝通、伍启元、杨西孟等《现阶段的物价及经济问题》，詹同章《呼吁》（转载1944年9月29日重庆《大公报》）。

九位教授的呼吁没有被政府及时采纳，但引起了广泛讨论，尤其是对于征税和统制两项讨论颇多。在原则上，增税的主张各方没有什么反对。有些人说，增税"是当前战时财政的唯一出路，是物价问题的根本之计，是社会公平的天经地义，而应该为每一个中国国民所拥护的"，但对运用租税的程度及租税征课的种类，各方意见不尽相同。有些人认为增税固然是应该的，但单靠征税是不够的，必须辅之以发行公债，才能平衡国家的收支。有些人认为增税虽然是有益的，但不应征课我们所建议的几种租税，而应改征其他租税。至于统制的办法，千家驹等九位先生在"论当前物价问题"中，表示统制应当加强，在原则上也是没有问题的，但过去由于人事机构之不当，其结果是不能令人满意的。有人说，假使五年来的经济政策，不采取似是而非的统制，其结果亦许能较现况为佳。此说不无原因。①

伍启元、李树青、沈来秋、林良桐、张德昌、费孝通、杨西孟、鲍觉民、戴世光等著《我们对于当前物价问题的意见》一文，不同意"单靠租

---

① 伍启元等：《昆明九教授对于物价及经济问题的呼吁》，求真出版社，1945。

税不够应付财政支出,必须辅以发行公债甚至增发钞票"的见解,认为征税、募债与发钞不是属于几个截然不同的范畴,都是征取国民收入或资产以供国家使用的手段。征税是明白地、强制地和无偿地征取国民收入或资产的一部分。募债也是明白地征取国民收入或资产的一部分,但不一定是强制的,并且将来是有偿还的。发钞虽然在表面上不是由人民缴纳实物或货币于政府,但实质上也是政府征取国民收入或资产的一种办法,它和征税一样,也是强制的和无偿的,不过不是明白征取而仅是间接征取而已。因此,募债及发钞都是一种"征税",凡是募债与发钞能够做到的事,只要政府有能力与决心,也可用租税达到。征税、募债与发钞的不同,不在于能够应付财政支出与否,而在于财务行政的便利与对社会经济的影响。从财务行政的便利角度说,征税不如募债,募债不如发钞。反对以征税为筹措战费主要工具的人,大都是从这个观点立论的。就社会经济的影响说,发钞因使财政重担落在中下阶层的身上,通常不如募债,而募债通常又不如征税。五年的通货膨胀已耗尽了中下阶层的储蓄,并降低他们的生活至最低合理水准之下,他们差不多已完全无力再负担战费,同时富裕阶级却已积聚了巨额的财富。在这种情形之下,筹措战费不但应着重租税,而且应该尽量征收由富裕阶级负担的租税。他们主张征收一般财产税(用来把富裕阶级过去所获取的国难财收归国库)、所得税(用来征收富裕阶级今后的收益)和奢侈品税(用来限制富裕阶级的生活,使他们不要过分浪费)。由富裕阶级负担的直接税通常比较难以征收,但这是可以克服并且必须克服的。只要政府有决心克服既得利益集团的阻力,则征收战时一般财产税是可以办到的。至于具体办法,可用提高免税额及自报公布与检举等方法,以便利其推行。①

1942年4月30日,杨西孟、戴世光、李树青、鲍觉民、伍启元等发表《我们对于物价问题的再度呼吁》一文,指出物价问题本质上包含物价上涨高度、物价上涨速率、各种价格上涨程度不齐等问题;就影响上说,物价问题实包含生产失衡、分配不均和其他社会经济问题。就物价上涨的高度

---

① 伍启元等:《昆明九教授对于物价及经济问题的呼吁》。

第四章 全面抗战时期的币制改革思想（1937—1945）

来说，自 1938 年春季起，国内各地物价开始上涨。至 1942 年春，昆明物价平均约近战前 60 倍，重庆物价平均为战前 30 余倍，后方其他各地为战前二三十倍不等。我国物价增长实已达到惊人的高度。其次，就物价上涨的速率来说，后方的物价不是按等速率的增长，而是做加速的增长。再次，就物价增长程度的不齐来说，各种物品因供求的变化不同，结果价格上涨程度亦有很大的差别。这种加速率的和不齐一的物价高涨，结果对生产、分配和其他方面都产生重大的影响。在生产方面，物价变动到达现在的程度，不但不如一般人所想象的可以促进生产，反而构成扰乱生产的一个重要因素。对分配的影响则更为严重：一方面许多对国家民族有贡献的阶层，实际的报酬大为减少；另一方面投机取巧和对国家民族无甚贡献的阶层，却反而得到极大的收入。社会财富的重新分配极度不公平。若物价上涨继续下去，"则财富的重分配与集中，势必愈演愈烈，可能孕育下将来社会激烈变动的祸根"。物价上涨对于人心道德也产生不良的影响。社会风气之变，直可颠倒是非而不自觉。这种道德人心的败坏，若不从根本上加以纠正，其将来可能发生的祸患，恐怕比强敌的侵略还要严重。物价上涨的因素有三：通货膨胀，物资缺乏，投机活动。首先，通货膨胀使求方货币收入不断增多使各种货品的需求曲线向上移动，于是供求曲线的交点或物价决定点就向上移动。其次，物资缺乏是指物资的相对缺乏，即是一面供给减少，一面需求增加。供减求增，物价自然上涨。最后，加入投机活动，投机活动不但使供求两曲线更快的向上移动，而且使它们改变形态，以致物价更快地往上移动。上述三因素中，通货膨胀是最根本的原因。物价与法币数量互为因果。物资缺乏是物价上涨的另一个根本原因。投机活动是一种增加通货流通速度的因素。通货流通速度的增加是投机活动的一种表现。投机活动与物价上涨的速度是互为因果的。投机活动不是一个独立存在的因素，通货膨胀和物资缺乏是主，投机活动是从。通货膨胀和投机活动又是互为因果的。通货膨胀可用加增富裕阶层负担的租税根本制止。统制物资的交易、消费、储藏和生产是应付物资问题所应采取的途径。只要通货能够紧缩，物资能加管制，则投机因素自然消失。九位教授称，总括起来，建议两个办法，即增税和统制。增税是用来平衡财政的收支和平均财富的分配，统制是用来管制物资和统制生产。政府应切实征收大量的财产税，厉行所得税和战时过分利得税，征收奢侈品税。①

(四) 刘涤源的货币相对数量说

1945年，刘涤源著《货币相对数量说》一书，指出货币数量说的"绝对"观念，以"充分就业"为假定前提，与客观事实相差甚远，所以采取"相对"观念，以未达充分就业的水准为前提，以"相对于货币需要的货币数量"解释货币数量变动所引起的物价变动，将货币数量说改为货币相对数量说。全书共八章。第一章导论，主要交代现行交换经济体系之特质及货币在现行经济社会中所占的地位。第二章论述货币之本质及其职能，在分别评述金属主义和名目主义的货币本质论的基础上，指出货币之特质，及货币商品说或金属主义之错误，并归纳名目主义之基本论点，最后点明数量说与货币之本质，归纳货币之意义种类及其职能。第三章论述货币价值及其决定因素，先从货币价值之特质、货币与货物之对立性、货币价值或一般物价水准之内容等方面论证货币价值之意义，后分析促使物价变动的各种因素及各因素之特性，并交代货币相对数量说的研究范围及对象。第四章针对货币数量说两大派别遭受各种批评，归纳总结各种批评意见，具体内容涉及货币数量说两大派别之异同、对数量说的整体批评、对费雪数量说的批评、对剑桥派数量说的批评，等等。第五章论述物价水准、货币数量与流通速度之关联性，先从货币供给之特性、发行制度与货币供给弹性、信用机构与存款通货等方面论述货币数量的主要内容，后分析货币流通速度及其决定因素，最后做出总结分析。第六章论述物价变动与经济发展，先分析物价变动会造成财富重新分配，后分析物价上涨与生产、消费之间的关联性，最后论述经济发展的测量问题。第七章论述货币数量与物价水准，深入分析货币数量增加方式与物价水准之变化过程，既考虑了时间因素，又对其他扰乱因素做了一定的说明。第八章论述货币相对数量与币值稳定问题，首先肯定币值稳定的重要意义，其次说明币值稳定不是

---

① 伍启元等：《昆明九教授对于物价及经济问题的呼吁》。

第四章 全面抗战时期的币制改革思想（1937—1945）

一成不变，而是能把货币贬值的幅度控制在比较小的范围之内，最后指出由货币相对数量去稳定币值。①

刘涤源提出货币相对数量说，表现出创造性的理论思维，在中国货币理论史上应占有一席之地。② 针对抗战中后期的恶性通货膨胀问题，刘涤源对货币流通速度与物价关系的研究也颇有见地。

刘涤源指出，货币具有"永久流通性与一般接受性（自然两者均各有其限度）"，能充当交换媒介，具有储藏手段等职能，故能使人们将其持有或储藏一个时期。"货币流通过程中被人储藏之时间的长短，以及时间长短之变化，实为货币流通速度问题之实体的所在。"

他说："所谓货币流通速度，实为货币之转让（Transfer）与货币之暂息二者所交织而成。二者均为构成货币流通速度之必要条件，不可偏废，徒有前者或徒有后者，在现行货币体系中，同为不可想象的事。"

货币数量说学者对于货币流通速度的看法，有的偏重一定时期货币的转让过程之次数，有的偏重货币过程之暂息，前者如费雪派各学者，后者如剑桥派各学者。这两种看法虽不冲突，但均只见到货币流通速度之一面，而未见其整体。实则货币流通速度即指在某单位时间内货币之转让过程与暂息过程之交相配合和连续进行的整体而言，亦即指此两过程在此单位时间内所发生之次数而言。此两过程交相配合一次，使货币即流通一次。在此单位时间中，同一货币之此两过程之交相配合的事实，连续出现若干次，即为该货币在此时期流通若干次，亦即为该货币在此时期之流通速度为若干。所以，所谓货币流通速度，实即货币流通过程一次所费的时间，和单位时间的长度究为此过程所费时间之若干倍的计算问题。尽管此单位时间之长度系出于假定或武断的拟定，但货币流通速度之得以具体地呈现出来，时间因素实具有非常重要的关系。

在事实上，货币流通速度是极复杂的。例如，货币种类不一，有本位币和存款通货等，其流通速度彼此不一，计算方法亦各异；各货币之用途

---

① 刘涤源：《货币相对数量说》，中华书局，1945。
② 叶世昌、李宝金、钟祥财：《中国货币理论史》，第435页。

不一,如工商业者与消费者使用货币之习惯与态度不一致,前者注重利润之追求,对其储藏货币备用之数额,计算与管理比较精确而周密,而后者则每不如此;即以同一种人(如消费者或工商业者)而言,各个人处理货币之态度不同,以同一个人而言,其处理货币之态度,亦因时因地而变化;以同一货币而言,前一流通过程与后一流通过程所费的时间,彼此又不相同。

货币流通速度是如此复杂而变化莫测,要做绝对精确的计算,实为不可能的事。但如果利用平均数的概念,求出一个大概的数值,以窥出货币流通速度变化之一般的倾向,却有助于货币价值理论之阐述。而且,用概略的计算方法,去观测此重复事象变化之一般倾向,也并不是全无理论根据的。尽管在严格而精细的分析方法之下,货币流通速度呈现极端复杂的多样性,但如采取一般的看法,货币流通速度之变化仍有其共同的倾向。而且,刘涤源研究货币价值时,对于货币流通速度之重视,即在此流通速度之变化,而不在于此流通速度之静止不变。因为货币流通速度如静止不变,则以此流通速度确立之时间为起点言,对于货币价值之变化根本没有影响,即根本不必加以重视。故一般地说,货币流通速度无疑可成为货币价值变化之一个决定因素。

货币流通速度变化具有共同的倾向,实是极为明显的事实。如法定货币与银行货币两者之流通速度的变化,其方向程度与速度大体上是一致的。当工商业情况良好,用于工商业之货币,其流通速度增大,同时,消费者所得增加,消费增加,故用于消费部分之货币的流通速度,亦告增加。当物价下跌,产业不振,失业人数增加,不论何人均以保持货币而延迟购买为有利时,则货币流通速度比一般的减小。如通货膨胀之后期,人民心理感觉恐惧,不论工商业者还是消费者都是采"左手收进,右手付出"的办法,务使手中所储存之货币额降低至最低限度,且务须使货币在手中停留的时间缩短至最低限度,则货币流通速度必为一般地增大。由这种种例论,可见货币流通速度之变化,大体上实具有共同的倾向。但是,刘涤源亦明白指出,此种共同倾向之中,尚包含非常复杂的内容,故在实际应用时,理论与现实每有相当大的距离,这是值得特别注意的。

第四章　全面抗战时期的币制改革思想（1937—1945）

凯恩斯将现有储藏分为四种动机，即所得动机（Income Motion）、交易动机、预防动机和投机动机（Speculative Motion），但并非谓人们将其所保存之现金严格地分为四部分，彼此独立。在实际上，因为同一货币可为甲动机而应用，亦可为乙动机而应用，故保有者在心目中不必对动机方面做严格的区分，更无将所存货币按动机而分为四部分之必要。故为各动机所保藏之货币，实构成一个单一的钱潴（a singe pool）。尽管保藏货币有各种不同的动机，但我们最好将个人在一定场合对于货币之总需要，视为一个单一的决策（a single decision）。所以在讨论货币流通速度之决定因素时，可视货币为整体，不必加以人为的区分。刘涤源说："如近年来有些学者将货币区分为两部分。一是为有规律性之支付而储藏者，谓之流动余额者（working Balance）；二是无规律性之支付而储藏者，谓之'呆藏余额'（idle-Balance）。前者包括为消费者与投资者两种用途所储藏之现金，后者则包括各种准备金。由经济体系之各种因素决定两者间之比例，更由两者间倍比（Multiple）决定货币流通速度。此种分别看待之方法，实非吾人所愿采取。"理由如下。

第一，以单个货币之任务言，决无终年被呆藏的货币，纵某货币一时被呆藏着，但过一些时，即为保有者另派任务，而以他货币改充此项呆藏之任务。即使偶然有因巧遇而被终年呆藏者，为数亦必极少，而且根本可不视为流通货币。

第二，储藏余额既为不规律之收出而存在，人们对此种支付之预测，必大都以最近的将来为限。对于较远之将来的支付如三五个月以后或一年以后的支付，预测既不可能，亦无必要。所预测之时间既短，则呆藏余额为数亦不甚大，在整个支付总量中，此种支付所占百分比实不堪重视。

第三，在银行制度发达的国家，人们储藏现金变少，最大部分被存入银行，则此项呆藏余额，在银行的立场或整个社会的立场，并未陷于呆藏的状态，而系继续被人运用。在银行不发达的国家如我国，此种余额虽较大，但亦因私人间之借贷及钱庄银号之经营，使此种余额有所减少。

第四，"因货币种类之繁多，与各个货币流通速度之差迟，在技术上，只采取一种概略的平均数，以窥测其变化之共同趋势；而呆藏余额在整个货币数量中所占地位极小，故纵加以忽视，亦无多大关系"。

所以，刘涤源将全部货币视为一体，研究货币一般购买力，讨论其流通速度变动之共同倾向对于物价所产生的影响。

在物价水准和货币数量之间，在正常的情形下，货币流通速度实为富于调节功能的弹性绷带。由于货币流通速度之增大或缩小，物价水平与货币数量二者之间不能有确切的比例出现。货币流通速度对物价水平与货币数量二者关系之调节功能可分两方面。第一，货物方面之因素有变动，使物价水准之变动首先发动而到货币数量之变动。例如，供求脱节，使物价发生变动，而货币数量一时难以完善地加以适应，此时则由货币流通速度之增大或缩小，以资调节。第二，由货币数量之变动首先发动而到物价水平之变动。如货币数量增加或减少时，货币流通速度无法变动，使物价水平之变化，在速度上和程度上，超越或不及货币数量之变化，实即冲销货币数量变化对于物价之影响的一部分，或加强其影响。

刘涤源认为，在抗日战争后期我国的物价波动中，货币流通速度之增大，其实主要的因素之一。如果从货币与物价两者之对立关系来看，我国当前物价上涨速度之快，程度如此之大，一部分原因固由于货币数量之增大与货物数量之减少，其余一部分则不得不归咎于人民心理反常，改变货币之使用习惯，使货币流通速度增大。他指出，以通货数量与物价之关系而论，在通货膨胀之前一阶段，货币使用习惯之改变，使货币流通速度缩小，故为通货数量领导物价；及后一阶段，货币使用习惯之另一改变，使货币流通速度增大，故为物价领导通货数量。我国抗日战争后期物价的继续暴涨，无疑已进入通货膨胀之后一阶段。

事实上，在正常的情形下，货币流通速度之大小因各种因素之共同作用而确立后，是相当安定的，其变化是非常微弱的。但在战时或通货膨胀的时期，人心浮动，心理因素对于物价的影响非常大。在此场合下，物价的上涨常因各种心理和社会的原因，超过经济因素所容许的程度，故此时期内的物价水准，实为经济因素与心理因素之共同产物。[①]

[①] 以上均引自刘涤源《货币流通速度与物价》，《经济评论》第1卷第1期，1943年4月，第37—44页。

第四章　全面抗战时期的币制改革思想（1937—1945）

（五）刘涤源论战后货币整理问题

刘涤源指出，抗日战争胜利后，中国面对的"国际通货计划"是：一方面，积极地寻求"各国货币间对外价值，彼此联系，趋于安定，发展国际贸易"；另一方面，消极地"防止各国采用货币贬值武器，阻碍国际贸易"。但国际币值的稳定，实以参加各国之币制健全及币值安定为前提。"货币对外价值固应求稳定，但对内价值之稳定，实属更重要工作。""再者在现在价格制度之下，货币价值之安定对国民经济之发展及战后我国之经济建设关系最巨。"故"战后货币整理"是中国"必不可少之工作"，且愈早愈好。

据刘涤源观察，抗日战争胜利后，中国货币整理之环境如下：第一，"战事结束物价必跌，唯下跌时间能维持多久，则视政府所采之财政金融政策及物资供求本身对此新形势之适应能力大小快慢而定"。第二，"战事结束之复员支出总额将达战时最后一年财政支出之二三倍。租税与公债实难于战后初期适应此庞大支出，故仍有增发通货之必要"。第三，"战后初期物价水准下跌虽减低货币需要量，但因货币流通速率降低与交易总额之增大而构成货币需要的增加"。所以，刘涤源写道："依前述战后货币需要因各种原因大形增加，若此时不使货币绝对数量作相应的增加，则促使货币相对数量减少，物价水准下跌，对战后经济发展极为不利，故政府应采适当的调整政策，用增加通货方法，求物价大体安定。"

刘涤源认为，战后因战事结束及政府大量输入黄金作健全货币机构之用，人民心理对货币当有好转；再，复员人口移动或准备移动中，人民手中保存现金比较多，皆能减低通货流速而促物价降落。再就物资供需而言，内地各省人口减少物价下落，且交通方便物资供给增加，囤积货物大量进入市场，准备迁移及正在迁移中之人民停止购买并抛售一部分原有之物，安居当地人民亦在看跌而延迟购买。故战事结束物价必跌，惟下跌时间能维持多久，则视政府所采之财政金融政策及物资供求本身对此新形势之适应能力大小快慢而定。

刘涤源对抗战胜利后国内货币需要扩大之预测颇有道理，但他1944年预测法币将"成为外汇市场中交易对象之一",则未免对国民政府过于信任,才会做如此"高瞻远瞩"之预测。后来的事实是,法币持续严重贬值,令国人失望至极,很快退出历史舞台。

刘涤源说:"货币需要据物价水准、货币流通速度及交易总额三种因素而决。战后初期物价水准下跌虽减低货币需要量,但因货币流通速率降低与交易总额之增大而构成货币需要的增加。因收复区地区之广大,物产之富庶,人口之稠密,交通之便利及政府解放战时限制货币需要之措施(如田赋征实对军公教人员发放食米)皆促使交易总额之增大。国内如此,更有国外加香港等埠,届时法币成为外汇市场中交易对象之一,必有一部分法币流入国外之外汇市场,亦足使货币需要量增加。"

关于"战后货币整理的时机"问题,刘涤源认为,"在复员工作未完成之前,金融当局作各种适当调度工作是必要而且可能的,但币制的彻底整理则须在复员完竣,一切大体安定以后方可"。"若操切从事,则第一次整理等于白费,势将增重第二次整理之困难。但在复员完成以后整理货币则愈早愈佳。"

关于整理货币时物价水准高度之选择问题,刘涤源认为,有遵循下列数项原则之必要:其一,只要币值安定,在理论上,物价水准之高低,对货币所能行使之职能,全无关系。其二,物价水平既经上涨,绝不宜用通货紧缩政策使其下跌。其三,所谓币值安定是相对的,为求产业发展与经济繁荣计,不仅使一般物价水准在长期中做温和上涨,且须在相对物价方面保持适度之均衡。他说:"选择物价水准时应注意在于安定,不能以人为方法使其下跌。其理由有三:就产业云,物价水准上升后,人为方法使下跌,在平抑物价观点上为成功,但产业受大打击。就债权债务云,因物价上涨财富重分配,既已形成后,欲用通货紧缩办法使币制上升,则形成另一种的财富重分配,而前一种财富分配中受损者,未必能在后一种财富分配中获得确切的补偿。就政府财政云,无形增大政府债务之负担。"

第一次世界大战后,各国通货膨胀之程度不同,整理方法亦各异。就英、德、法三国而言,彼此亦有不同。第一,关于货币单位名目之选择,

第四章　全面抗战时期的币制改革思想（1937—1945）

英法两国沿用旧名，德国略改。第二，关于货币价值高度为准，德国另行规定新值高度。第三，关于旧有货币之处理，英法两国战时通行之纸币，整理后仍保有其通货之法定资格，惟内容各有更改，而德国旧币以新币限期收回。第四，关于整理时机之选择，德国通货混乱，无法久延，故整理为时最早。英国以英美汇价之接近战前金平价为整理时机来临之条件，法国整理时，以新汇价为准加以稳定，且须奠定健全财政基础。但此三国整理币制有共同之特点：一是在整理时机成熟前，先做各项准备工作，如英国之紧缩发行，法国之改善财政，德国之设立列登银行。及时机成熟，则取大刀劈斧手段行之。二是整理之后确立健全的财政基础，并力求货币之安定。

刘涤源主张，中国战后货币整理办法，主要原则为：其一，战后币值整理时，如物价水平上涨过大，应将币值做适度之升高；其二，最好以整理时之官定外汇价格为稳定之标准；其三，应尽先参加国际通货机构，并欢迎友邦善意的协助；其四，整理货币之最要条件为财政状况之改善，即以收支平衡为原则，财政政策之运用应积极促进产业之繁荣，消除危机之发生。

关于本位制度，刘涤源认为，"仍以汇兑本位为宜"，即纸币本位。"若国际通货机构设立，我国货币对外价值不必对任何他国之货币加以钉住，只需将我国货币与国际通货之间选定一适当比值，即可运行自如。他如现金准备制度，亦应确立。"对于债权债务之调整问题，此分两方面解决：用旧货币订立之契约，于一定期内，依规定比率改换新货币单位；关于币值下跌之补偿，应采用差别办法，即依契约成立期早晚，并参照各时期币值下跌之程度，酌定改换新币之各种比率。

刘涤源提出，整理敌伪钞票时，应力求符合下列原则：第一，政府应酌定与法币之兑换率，实行兑换；第二，用法币所兑回之敌伪钞票，全部由敌伪负责赔偿；第三，在收复失地兑换伪钞过程中，须尽量减低对人民经济生活之扰乱作用。整理敌伪钞票的工作如下：首先，敌伪钞票之兑换问题。惨跌伪钞，政府应依跌价程度，酌定比例用法币收兑，收兑地区最好以县为单位，以三个月为收兑期限，过期停止流通。按各种伪币代价高

363

低，采差别兑换率，用法币收兑。收兑机关系以金融机关及邮政机关为主，他如乡公所、保长办公处亦可代负汇集兑换之责。其次，债权债务之调整问题。开始收兑伪币之日起，如有再以伪币订约者，一律无效。在收复前以伪币订约者，限三个月内，一律换成法币单位，逾限契约作废，因伪币不断膨胀，为减少债权人损失计，折换率应依契约成立时期先后，酌定差别待遇办法。其折合率亦因各地伪币种类价值分别规定。最后，向敌人索偿问题。敌投降时，我方应明白列举此种赔偿条款。赔偿额以法币或我国整理后之货币单位计算。以敌伪各年度之发行额为准，折合率采取差别办法，发行愈早者，折合率越大。此赔款所得之总额，无法做个别补偿人民，故应全部用于沦陷区内兴办各种企业。及金融机关之未被破坏或迁移者，可充此赔偿价额一部，其余部分如敌寇无款可付，可用敌寇国内之各种资本财拨充。

刘涤源认为，货币问题与财政问题有非常密切的联系。我国当时所谓通货膨胀问题，在本质上即为战时财政无法平衡的问题。通货膨胀之发端在于此，其终结亦在于此。因为财政无法平衡，而被迫走上增发通货之一途，故必须将财政状况彻底改善，方足以言制止通货膨胀，实行货币整理。所以，财政收支不能平衡与通货膨胀，在经济动乱中，实为发生的两种事象，两者同时发端，同等扩展，到最后则同时归于消灭。就两者发展之外形的角度看，其彼此间的关系是如此。"如果就另一种角度去观察，则财政收支不平衡为主要的事象，通货膨胀为从属的事象；前者是因，后者是果；前者是发动力，后者是随之旋转的其他轮轴；前者是水源，后者是洪流。故欲对后者作有效的制止，用货币整理的方案去解除通货膨胀之灾害，则最基本的先决条件，即为彻底改善财政状况，使其达到收支平衡的境界。惟有如此，货币整理才有成功的可能。故讨论货币整理问题时，整理方式之选择及整理的各种技术问题，故须以极谨慎之态度去研讨，但最基本而最困难之问题却在于如何谋财政状况之彻底改善。吾人希望战后财政当局要采用大刀阔斧的财政政策，一方面开源，一方面节流，以堵塞通货膨胀之根源。此者之重要性，无与伦比。不仅健全的货币制度依存于此，战后一切建设工作——尤其工业建设之成功，均依存于此。"①

刘涤源通过对第一次世界大战后西方各国整理通货膨胀之方法的述评，对外国治理通货膨胀的主要经验进行总结借鉴，指出中国抗战中后期的通货膨胀在本质上就是财政无法平衡的问题，并提出战后开源节流堵塞通货膨胀之根源，同时积极参与国际合作、及时整理国内货币等适宜的对策建议。

（六）钱大章论战后伪币之整理问题

1944年1月，钱大章发表《战后伪币之整理问题》一文，阐述伪币整理的理由、时间、步骤及整理基金之来源等问题。

抗战时期，"在我沦陷区内流通之伪币，计有华中伪中央储备银行发行之伪中储券，华北伪中国联合准备银行发行之伪联银券，伪蒙疆银行发行之伪蒙银券及东北方面伪满洲国中央银行发行之伪满中行券等四种"。钱大章说："伪币之流通范围既广，数额亦极庞大，抗战胜利以后，对于此等伪币，究应如何处置，已渐为人所重视。抗战期中，政府虽曾一再申令我人民不得接受伪币，并宣布所有抗战期内之债权债务，凡以伪币为基准者，概归无效。惟一般认为沦陷区人民迫于暴力而接受并使用伪币，其情毕竟可原。战后政府为顾全事实，对于各种伪币，似仍有予以整理之必要。"

钱大章认为，"伪币应整理之理由"主要有三点。第一，"伪币已为人民财产之一部"，"若完全否认伪币之价值而不予整理，则受伪币发行之利者为敌伪，而蒙其害者则为我国民，自与情理不合"。第二，免使经济基础遭受打击。"若伪币一旦变成废纸，则不但沦陷区内之一切经济事业，将暂时失去其活动能力，且因各种事业间债权与债务之无法清算，难免引起各业间之纠纷，凡此均将使社会上之经济事业，陷于停顿。果如此，不特直接减少社会生产，影响民生，抑且间接减少税收，影响国计。"第三，伪币

---

① 以上均引自刘涤源《战后我国货币整理问题》，原载《金融知识》第3卷第1期，1944年1月，见王福增《文摘——战后我国货币整理问题》，《中农月刊》第6卷第1期，1945年10月，第103—105页。

发行之责任可以追究，不致增加政府负担。"伪币既非如市面上常发现之赝币，来历不明；亦与旧日各地军阀滥发钞票，及其倒台后无法归其责任者有异。伪币虽系由各伪组织设立之伪银行所发行，而其幕后操纵指使者则为日寇。战后伪组织纵已消灭，但敌国则仍存在。归究伪币发行之责任，仍可唯敌人是问。凡因伪币之发行而引起我政府及人民之损失，自均可责令日寇负赔偿之责。故整理伪币，并不致增加我政府之负担。"

关于整理伪币的时间，钱大章认为，"须待战事结束相当时期以后整理"。"宜由政府宣布在整理办法未颁布以前，各地伪币仍准照常流通，并由政府宣示，此等伪币，将来应全由日寇负责，不致使持有人蒙受损失，以免其价值之跌落过甚。"这样方可"安定人心与物价"，"便于各种伪币间真正比价之求得"，也为央行供应收兑伪币所需巨额法币券料提供相当时间。

"伪币之发行，大多毫无现货准备，亦无经济上之基础。战后整理时若不先准备整理之基金，而全凭制造信用之方式，以增发通货，则对于我货币制度本身及社会经济各方面，均将发生不良之影响。故关于整理伪币基金之筹集，至为重要。"整理基金之来源有三：一是各伪银行之资产，二是没收之敌伪财产，三是自敌国取得之赔款。

钱大章说："俟各种伪币之真正比价确定，法币之价值已趋平稳，整理伪币之基金已筹集，券料已储备后，乃可开始进行整理。其步骤，先由政府择定某日市场上法币对各种伪币之比价，作为收兑之标准，通令各地，限自公告之日起，三个月内全部收兑完毕。其收兑机构，除中央银行外，可委托其他国家银行，省县银行或商业银行代办。乡镇则应委托邮政机构或合作社代为收兑。总之，收兑之机构应力求普遍，而收兑公告之传递，则应力求迅速，务以使任何地方，不致发生奸人造谣套利之情事，以免有人因收兑而遭受损失为原则。至于民间原有一切以伪币为单位之债权债务契约等，亦应自公告收兑之日起，一律按公告之比价折成法币计算。"[①]

---

① 以上均引自钱大章《战后伪币之整理问题》，《金融知识》第3卷第1期，1944年1月，第59—62页。

第四章 全面抗战时期的币制改革思想（1937—1945）

可见，钱大章能够充分考虑社会现实，把握实际难点，找准问题症结，指出整理伪币仅属整理全盘货币工作中之一部分，法币整理刻不容缓，"俟各种伪币之真正比价确定，法币之价值已趋平稳，整理伪币之基金已筹集，券料已储备后，乃可开始进行整理"。

（七）杨叔进论战后钞券的整理

1944年7月，杨叔进作《战后钞券的整理》一文，对沦陷区敌伪钞券的整理和法币的整理问题，提出相关解决办法。

杨叔进指出，在沦陷区流通的敌伪钞票有东北四省的伪满洲国中央银行券、内蒙古的伪蒙疆银行券、黄河流域的伪联合准备银行券、长江及珠江流域的伪中央储备银行券及军用票。此等敌伪钞票，除了有的可兑汇日元外，大都不能兑现。敌伪以伪钞购夺人民物资劳服，已成人民财富，故不应废除，而应整理向敌人算账而安定人民生活。收复后政府应暂时维持伪币价值，然后再收回敌伪钞票。伪币与法币比价的规定有三种可能：其一，据收复前相当稳定的敌伪钞与法币的购买力平价订定比价，这样人民全不受损失。其二，按某地完全收复敌伪钞已惨跌后的市价订定比价，这样虽然可以节省整理敌伪钞所用的法币，但人民的损失甚重。其三，按伪钞跌至未到剧烈程度，按当时市价订定办法。比价订定后，即可规定短时内在此时将敌伪钞票按规定比率收回，收回之伪钞应由敌方赔偿。首先将当地敌方及汉奸之财产拍卖，以其所得偿债，不敷之处再向敌方索取。负债额计算依照敌伪钞票发出时的加权平均（以数量为权数）的金额，折成黄金，偿还我国中央银行。

关于法币，"现在货币单位感觉太小"，为保持原有"元角分"的计算概念，为减免计算数字的麻烦，为整饬钞票的种类与形式，战后法币有整理的必要。其整理应根据能恢复正常的计算观念与计算方便两大原则。战后应发行一种新币每元合美金一角，新法币仍自由兑换外汇，元以上为纸币，元以下为铸币，其角币为镍币或银币，分币为铜币。至于新旧币的兑汇比率，可按稳定汇价时的旧币汇价与新币一元等于美金一角的标准计算，公教人员的薪给有偏高偏低之处也正好予以调整。有人不主张发行新币，恐引起紊乱,其说法除非将旧通货废除不要。在稳定恢复后发行新币,确定比率以收回旧币,故不会发生弊端。但如果就旧通货加以紧缩必须有大量黄金或外汇或在财政上收入超过支出,我国不易做到。即使能做到收缩通货,会因物价跌落而引起国内工业凋敝,第一次世界大战后英国收缩通货所遭受的苦痛可以为鉴。①

综上可知,杨叔进提出的整理纸币办法如下:合理订定伪币与法币比价,收回敌伪钞票;发行一种新法币,每元合美金一角。他的理由是:其一,"敌伪以伪钞购夺人民物资劳服,已成人民财富,故不应废除,而应整理向敌人算账而安定人民生活";其二,"在稳定恢复后发行新币,确定比率以收回旧币",不会发生弊端;其三,我国财政紧张,没有大量黄金或外汇,无法收缩通货,且战后收缩通货会加速经济衰退。

(八) 凌舒谟的战后通货稳定计划

凌舒谟指出,第二次世界大战结束以后,"世界货币重要问题有三:(一)战后世界金融将暂以何国币制为重心?(二)英美将是否重行恢复金本位?(三)如何获得国际合作稳定各国通货汇率,以利国际贸易"。抗日战争胜利后,"我国货币重要问题亦有三:(一)我国究应采用何本位?(二)我国货币是否应与他国货币发生联系?(三)法币应否予以维持"。

凌舒谟的见解如下:美国为世界最大债权国,故战后世界金融恐将仍如上次战后以美元为重心;美国存金占世界总额百分之八十,其势将恢复金本位,并希望原来用金国家恢复金本位,英国虽拥世界黄金百分之六,且其属地年产黄金占全球之半数,恐亦不致一时完全放弃;美国存金如是之多,在战后国际金融合作政策方面,亦必以稳定黄金价值为出发点;我国战后不应重行维持银本位,亦不应即采用金本位,为过渡计,暂宜设立一种内外计值隔离币制;战后我国货币应与美元发生联系;法币为抗战金融之柱石,战后应竭力予以维持,以免国内社会经济发生剧变。

---

① 杨叔进:《战后钞券的整理》,原载《财政评论》第12卷第1期,1944年7月,见王福增《文摘——战后钞券的整理》,《中农月刊》第6卷第1期,1945年10月,第105—106页。

第四章 全面抗战时期的币制改革思想（1937—1945）

根据以上分析，凌舒谟拟战后通货稳定计划如下：一面采用专为外计算价值标准之单位，以便在国际金融合作与对贸易汇兑上做适应灵敏的措施。此单位或名为清算金，其虚设的含金量应与美元同，以便发生联系。并仿金汇兑本位办法，实际上不铸金币，仅以适当数量金块，外汇或美元存储美国或国际金融机构，以为对外汇兑准备。政府应于战后设一对外贸易清算局统筹之。必要时得发行清算金券，不能在国内市场流通，专做对外贸易清算周转之用。一面仍采用现行关金与法币为对内计算价值标准之单位。是项关金与法币不必规定含金量或含银量，既不铸币，又不兑现，且无须准备，以免受金银缺乏之苦。两者在国内流通具同样无限法偿，但应仿跛行金本位制度方法，于战后绝对限制法币发行额。故政府尽力用征税举债等方法力求财政预算平衡。

凌舒谟说："战后国际通货问题可较战时尤为复杂，各国货币基础似难短期内稳定，我国似宜取用是项内外计值隔离币制为过渡之办法，俟国际通货状况明朗，国内经济复原时，再建立一种比较永久适宜币制。"①

可见，凌舒谟对第二次世界大战结束以后世界货币和中国货币的重要问题把握十分准确。以美元为中心的国际货币体系就是在20世纪40年代确立的，此后世界各国都需要储备大量美元来保持贸易的正常进行。

（九）余捷琼论战后整理货币问题

余捷琼说："在国际大势未定前，我们固不应定策过早，但应选一时机，把政府的计划，作近乎正式的宣布。（一）使国人思想易于集中，避免复杂的见解，引导言论界在已定方针下作比较技术性问题的研究。（二）使国际方面明了我国趋势所在，可作与外人谈判之根据。（三）消除人心上一部分疑虑，俾对当前局势有益。"

他具体写道，第一，货币本位应否改变。从1935年改革币制，我国货

---

① 凌舒谟：《战后我国币制稳定计划之拟议》，原载《财政评论》第12卷第1期，1944年7月，见王福增《文摘——战后我国币制稳定计划之拟议》，《中农月刊》第6卷第1期，1945年10月，第106页。

币制度由落伍的银本位走上相当进步的汇兑本位,可谓相当得策,所以就货币本位改变问题,在消极方面,除现有的汇兑本位外,尚未能寻出适当的本位。再从战后需要言,稳定对外汇价可以纠治虚弱的人心;我国币值如与有关强国直接或间接的联系,必在政治上及国际心理上对我有利;稳定对外币值以吸引外资;便于参加国际货币的合作。故汇兑本位,对战后需要有多方面适应性。这里的"汇兑本位",即指法币改革后实行的与美元挂钩的法币制度,或称纸币本位。

第二,流通中之货币应否更换。货币价值之大小与该种货币之新发或旧有绝无关系。战后整理通货,集中力应在如何平衡财政与增加生产能力。放弃一种货币,发行另一种货币,是复杂而多磨折的过程。我国通货尚未至如德国不可收拾之时,不应轻言放弃。

第三,汇价如何调整。"目前美元一元合法币二十元的汇价和我们目前的发行数额,物价水准等皆脱节。战后应选定一新的低度水平,做一次的调整,在实行调整之初,仍可能引起恐慌,并可能造成长期的失调,为防止计,于初期对外供需略加限制,似有必要。"

第四,通货如何实行紧缩。停发新通货与施行紧缩,为整理币制之要着,而我国在战后皆不能立即办到。但紧缩工作仍应尽量实施。此种工作,以金融方面入手,主要在信用方面,因紧缩信用,间接亦可辅助发行之收缩,主要工作即紧缩银行放款,避免信用之过滥。此中工作可分为三方面,即银行信用之管理、私人资金活动的限制及推行节储及其他足以使信用紧缩或钞券回笼的政策。至于发行绝对数额的收缩,大部分应从财政方面入手。

第五,敌伪钞如何整理。沦陷区货币之整理,以恢复币制主权为目的,以肃清敌伪币为手段。整理伪币原则应向敌人取得赔偿而还之于民,其赔偿折合率应按伪钞与敌币比价而定。依1942年12月8日以前敌币对美元之比价折成美元数,权以赔偿时美国物价对1941年12月物价变动之比数,定为敌国对我于敌伪钞方面应行赔偿之美元数。至于对内法币与伪币的兑换比率,是一个政治问题,可随政府政策随意决定。而敌人索偿部分,应于战事停止之日立即强迫敌人交出所有之黄金外汇及任何可以使用之物资作

第四章 全面抗战时期的币制改革思想（1937—1945）

价备抵。战事全面结束时，政府应严令陷区银行存款之提取及敌伪钞之迁移，并禁止敌伪金融机关存款之转移及现钞之搬动，敌伪直接控制银行之存款，均应没收归公。其他银行对奸伪存款归公，其私人大户存款酌定成数强购公债，散户存款按新定比率折法币发付。[①]

综上所述，余捷琼为政府解决战后货币问题提出了五点合理可行的对策建议。第一，战后中国币制宜继续采用盯住美元的纸币本位制；第二，整理通货的重点在于平衡财政与增加生产能力，断不可发行新币；第三，合理调整汇率的同时适当限制对外供需；第四，紧缩银行放款，避免信用之过滥，尽量收缩货币发行量；第五，及时整理肃清敌伪钞，恢复币制主权。

[①] 以上均引自余捷琼《论战后整理货币问题》，原载《金融知识》第3卷第5期，1944年9月，见王福增《文摘——论战后整理货币问题》，《中农月刊》第6卷，第1期，1945年10月，第107页。

第五章 抗战胜利后的币制改革思想（1945—1949）

一 抗战胜利后币制改革思想概述

抗日战争结束后，面对法币贬值、通货膨胀的严重问题，很多学者开始怀疑纸币本位制，建议实施金本位制。"主张实施金本位者，以为目下政府所售出黄金，均由人民私藏，与货币物价和社会经济成了脱节状态，即实施货币金本位制，规定黄金折合法币率，并准黄金流通使用，借以稳定通货，安定物价。"①

但是，"我国现在通货流通额约四千亿左右，黄金保有额至少尚有二百万两，以每两折合十万元计，可作为法币流通额百分之五十之准备。要实行此办法，通货必须不再增发才可。现在通货继续膨胀，人民必将法币换成黄金，最后黄金来源告罄，金本位必随之崩溃"。至于说"在金本位制下，尚可不令法币与黄金自由兑换，另行设铸金币与法币同时流通"，此办法能实行，"亦与增发巨额法币无异，况由于格雷欣法则存在，金币必退隐净尽，反不如现在直接出售黄金为佳"。刘颖士指出，若谓金本位只有其名，仍旧行使法币，或增发金币券，则与"现状"一致。说"目前实施金本位固不宜，即战后亦得考虑"，也是经不起推敲的。刘颖士称，19世纪金本位均成功是由于经济环境顺利及政治局面安定，并非金本位本身有何魔力，"今后时势变化，金本位之不能复见已成了确定的结论"。

刘颖士认为，战后中国币制宜继续采用盯住外汇（强势美元）的纸币

---

① 刘颖士：《论币制改革》，原载《新蜀报》1945年8月5日，见王福增《文摘——论币制改革》，《中农月刊》第6卷第1期，1945年10月，第107—108页。

本位制。他说:"战后我国币制应取汇兑本位为宜,盖战后我国需要大量外资,促助经济建设,但必须维持稳定的汇价,始足以坚投资者的信心。今后外资之还本付息,大致将假手于出口贸易,而出口贸易之发展,亦有赖于汇价之稳定。更有我国已正式参加世界货币金融会议,而该会议之意义在稳定国与国间货币的相互兑换值,故吾国亦应保持稳定的汇价为实施的要着。"

至于汇率,刘颖士认为,应采取先自由浮动后管理浮动的汇率制度。他说:"战后汇率,大致应采自由放任的原则,使之逐渐探觅得一自然水准,但为避免短期变动计,仍需辅以轻微的管制,但汇率第一不能过高,致影响外国物资与劳务输入而有碍我国经济建设。但亦不能过低,免致出口物资过多而妨碍国内的使用。有人主张以购买力平价为准,实则我国进出口货种类不多,难作计算购买力平价的根据,尚有若干无形科目影响国际收支者,亦不能即以此购买力,作为代表的汇率。唯一方法只有先使汇率放任自由,自行觅得其大致水平,然后再以人为力量,除去其短期波动,使之归于稳定。"①

(一) 中国货币本位需否改革及如何改革

"现在(1945年9月)战事结束,复员伊始,我国币制对内必须整理法币,另发新币以稳定对内币值,对外则已参加国际货币基金,应稳定货币对外价值。故吾国币制本位,至适当时机,为加一番革新,以适应国内外经济之需要。"②

那么,关于中国币制本位,究竟应如何改革,有学者提出,在实行法币政策以前,中国实行银本位,因世界各国皆视白银为货物,中国既不产银,银市价操之于伦敦,故"吾国已早受银价涨落之苦",怎能恢复银本位制?

---

① 刘颖士:《论币制改革》,原载《新蜀报》1945年8月5日,见王福增《文摘——论币制改革》,《中农月刊》第6卷第1期,1945年10月,第108页。
② 《我国币制本位问题》,原载《商务日报》1945年9月,见王福增《文摘——我国币制本位问题》,《中农月刊》第6卷第1期,1945年10月,第108页。

民国时期的币制改革思想

金本位在第一次世界大战前各国皆相采用，金本位之优点是有使现金自动调节以稳定汇价之作用，但其缺点是常牺牲国内物价的稳定。一战后因各国国内经济失却均衡，深蒙不利影响，故致金本位之崩溃。

汇兑本位为求外汇价的稳定，国内物价亦如金本位然不能达到稳定目的。且汇兑本位，存放巨额准备金于国外，本国货币之对外价值，缺乏独立自主精神，由于中国曾设立之汇兑平准基金放弃之事定，足证该币制尚有内在缺点。

至于管理通货制度，必需外汇统制及贸易管理，"此与今后货币合作的新局面不相容"。"今后我国币制应是货币二元新制，就是对内为管理的纸本位，对外为管理的国际金本位。国内发行不兑现的纸币，但由中央储备银行有一定的法定准备金，以昭信用，当可稳定纸币的对内价值。就对外而言，我国已加入货币基金为会员国，以期国际汇兑之稳定，其缴认基金以黄金为主，实为国际金本位，复各会员国货币平价的议定与必要时的变更，均经基金会的协议决定，故可称为管理的国际金本位。此种国际性的永久机构与所有汇兑平准基金仅限于一个国家或几个国家集团者性质不同。"①

王绍轩说："我国的货币本位，本来已有问题。1934年颁布的银本位铸造条例迄未废止，1936年货币宣言实质上致为外汇本位，1938年3月实行外汇管理或有人称为一种管理本位制。但管理本位制须国内经济机构富于弹性，亦仅能用于挽回商业颓势时发生效力。如向紧缩通货方面努力，颇为不易。"② 所以，他主张中国采用"新金本位制"，在国内发行新法币。

他说："改革后的新币制，究竟采用什么本位？过去采用银本位，币值变动操之在人，外汇本位在政治上、经济上成为他国的附庸。因为外汇本位制必须将国币与某一特定的外国货币联系，如果所联系的某外国币制本身有动摇，我国的币制也将随之动摇，好像小船系在大船的旁边一样。大

---

① 《我国币制本位问题》，原载《商务日报》1945年9月，见王福增《文摘——我国币制本位问题》，《中农月刊》第6卷第1期，1945年10月，第108—109页。

② 王绍轩：《亟待整理的币制问题》，《财政评论》第15卷第1期，1946年7月，第20页。

第五章 抗战胜利后的币制改革思想（1945—1949）

船如果倾覆，小船即难幸免。如果其他各国间的汇率有了变动，我们为了免除牵累起见，势必选择其中之一去和它联系，那么，又将依附一国而丧失他国的友谊。且对他国汇率亦必发生变动，扰乱彼此间的贸易关系。所以外汇本位，只有在国际局势协调，各国套汇率决不轻易改变的情形下，方可采行。但这是很难预期得到的。至于金本位的缺点甚多，它只能安定汇价而牺牲国内物价的安定。况且我国既不产金，要采行金本位事实上是很困难的。现在国际货币基金制已经成立，这可以说是一种国际新金本位制。这种制度对于参加的国家的国内货币本位制度虽然没有什么约束，可是我们参加了国际货币基金制以后，我们的新币制，仅可以对外兑付国际货币单位，国内流通仍以无限法价的纸币为之。这样对外汇率既以国际货币单位为对象，就不致于像外汇本位制下附着于某一特定的国家而成为某一国的经济附庸。不过国内流通既以无限清偿的纸币为之，这种新纸币的价值，必须力求其稳定。为了防止新纸币的滥发，并使其富于弹性，而能适应景气变动的需要，我们在发行准备和发行制度方面，当然要妥为规划。"①

综上可知，王绍轩所主张的"新金本位制"并不是传统金本位制，而是实施新金本位下的二元货币制度，即在国际货币基金组织下，对外兑付国际货币单位，"国内流通仍以无限法价的纸币为之"。很显然，这是基于战后国际货币体系重构视角，为避免依附一国或牵累之祸，以确保本国货币主权而提出的新观点。

（二）稳定币值成为讨论重点

如果说战时货币难免动荡不安，那么战后就应该稳定币值。货币是社会经济发展的最高产物，具有价值尺度、交易媒介、储藏手段等功能，故如货币本身价值如有动荡不安，必引起社会经济的恐慌和混乱。

"战时币值跌落不能避免，现战事结束，为谋战后经济建设，必需先稳定我们的币值，今日是稳定币值最好的机会：（一）法币的流通区域扩大，

---

① 王绍轩：《亟待整理的币制问题》，《财政评论》第15卷第1期，1946年7月，第20页。

可减轻战时的膨胀。（二）失地收复，社会生产物资增加，且今后交通可以畅通，供需可渐均衡。（三）海外封锁解除，海外物资可输入，一则可平抑社会物价，二则可减少政府发行。（四）台湾和东亚的收复可增加政府租税与公营事业的收入，减少法币的增发。（五）现在市场上的黄金价格，全为政府所把握，私人不能操纵，不致有金融市场风浪影响社会经济的波动。（六）民间尚有大量外汇（美钞）储藏，不难吸收，以供外汇的需要，而安定币值对外的比率。"

所以，必须处处为稳定币值着想，展开全盘计划，平衡财政收支，发展生产事业。"目前收复区及后方物资皆趋低落，可利用此低落倾向，使跌后不致再涨。并沟通后方及收复区价值使趋平衡，全面物价不生波动，而当然的币值即可开始稳定。另一方面政府新发行的用途，须处处为稳定币值着想，展开全盘计划，平衡财政收支，发展生产事业，以固币值之稳定。"①

王绍轩指出，币制的稳定需要以安定和平的政治环境为前提，但在政治澄清的局面不可预期的情况下，绝不能不谈经济问题的核心——币制问题。他说："最近财政当局发言人称，对于币制整理，现正积极研究彻底的办法，付诸实施。而纽约电讯，谓美国视察家认为中国币制改新必待国内政治安定以后才能实现。同时国内的朝野人士，也有不少作此主张的。他们认为目前我国的政治未安定，经济状况未恢复，财政收支还没有平衡，在这种情形下，币制问题，一时尚谈不到。然而在我们看起来，中国的政治问题，绝对短时期内所能澄清，而经济问题，则迫不及待。政治问题未澄清对于币制整理虽不无影响，但究非战时可比。而币制问题，则为当前整个经济问题的核心，不能坐视其演变而不谈。我们知道当前所发生的工潮问题，工业危机，外货倾销，外汇问题以及税收不能保持定值等零碎问题，都可以说是币制不稳定而发生的枝节问题。假使我们能够把握着这个核心的关键的币制问题，从早立谋解决，其他许多的枝节问题，都不难迎刃而解的。当然，币制的稳定是需要一个安定的和平的政治环境为前提的，

---

① 《我国币制本位问题》，原载《商务日报》1945年9月，见王福增《文摘——我国币制本位问题》，《中农月刊》第6卷第1期，1945年10月，第109页。

第五章 抗战胜利后的币制改革思想（1945—1949）

但在政治澄清的局面不可预期的情况下，决不能不谈经济问题的核心之币制问题。"①

稳定币值可从两方面进行，一为稳定物价，二为稳定汇价。"惟物价之稳定须经过长时期之调整，不如汇价之易于稳定。不过汇价水准须稳定在均衡的汇率上，否则对于内外经济又要发生扰乱。汇价稳定，对外贸易转趋活跃，外人投资及举借外债便于进行。就我国实际情况言，战后整理财政专靠税收希望甚微，必须举借外债，先求汇率之稳定。汇率稳定，恢复人民对于法币之信念，消灭大部分投机活动和提前购买之行为，减低纸币的流通速度，物价亦可相当安定。汇价物价之大体安静，使经济结构获得喘息的机会，以便从事其本稳定工作的计划。币制改革易于成功。"

所以，王绍轩主张整理币制的步骤是：第一步先将汇率稳定于均衡，汇率水准或稍偏低，并放宽外汇的限制。第二步力求财政收支平衡。待财政收支有平衡的把握时，立即进行第三步改革币制，发行新币代替旧币。②

事实上，说到币制改革，我们必须注意到客观的经济环境。"货币价值的反应，对内为物价，对外则为汇价，欲使物价汇价稳定，必须物资供需及贸易收支平衡，而根本症结，则须财政收支力求平衡。通货膨胀若能阻止，生产事业能予增进，则财政收支平衡可求，否则客观条件不能做到，则币值难以稳定，而所谓币制改革恐不能竟其全功。"③

1947年，关于中国是否适合施行一种新的通货的问题，《密勒氏评论报》发表文章称："问题的焦点，并不在是黄金准备还是外汇准备，也不在对新币的信仰，而是在于国民对于货币的买卖基础和国内外购买力的信仰上。也就是说，这货币问题的解决，完全决定在国内经济体系健全和国家总生产力的发达两个基点上，与货币的新旧并无关系。"④

---

① 王绍轩：《亟待整理的币制问题》，《财政评论》第15卷第1期，1946年7月，第17页。
② 王绍轩：《亟待整理的币制问题》，《财政评论》第15卷第1期，1946年7月，第20页。
③ 李葆江：《从外汇新政策说到币制改革》，《商学研究》复刊第7期，1948年7月，第22页。
④ 《由匈牙利的币制改革谈到中国发行新币问题》，刘树荣译自《密勒（氏）评论（报）》，《经建通讯》第1卷第7期，1947年9月，第6—7页。

郑季楷提出："中国法币政策的实施，其要点包括统一发行，集中准备，与稳定汇率三项。由于币制的统一，使战时财政，得以从容应付，这不能不说是奇迹。时至今日，因政局未臻统一，交通未全恢复，以致金融市场动荡不安，物价继续高涨，形成国计民生的绝大损失。故建立健全的币制，已成为全国有心人士一致的要求。""说到建立健全的币制，必先有赖于外汇政策的适当措施，同时，尤须紧缩通货，稳定法币地位，二者有如唇齿相依，缺一不可。""目前中国经济危机，日趋严重，唯一的办法，只有加强通货管理。""我国币制，应根据现在实际情形，增加其管理的程度。"

郑季楷认为，"统制外汇，计划贸易，与利率政策的运用，实为建立健全币制的三大骨干。在实行的初期，必须以较为严格的方式出之"。①

（三）从外汇政策说到币制改革

物价、汇价之不能稳定，自有其内在的必然性，币值稳定又岂可能。币制之需要改革，容或急迫，然自反面言，惟其汇价、物价有其内在不能稳定之原因，所谓以币制改革来求经济稳定，恐亦难如理想。

外汇稳定，为管理通货之一大目标。杨时展指出，"通货对外价值（即汇率）的管理并不是十分容易的事"，我国的金融环境不允许我们照搬英美等西方国家的相关方策，"因之，更增加了我们研究现行外汇统制技术的重要性"。②

谭秉文认为，稳定外汇，"固有赖乎金融组织之完善，中央财政之均衡，与夫细民之信仰"，"举其荦荦大者，如贸易平衡，债务关系之改善"等因素，均不得不加考虑也，而平衡贸易实为当务之急。他说："苟从贸易方面改善，则汇价自能稳定。否则入超年增，现金外流，虽欲谋稳定物价而不可，奚足以语稳定外汇。"③

---

① 郑季楷：《法币制度与外汇政策》，《广东省银行月刊》复刊第2卷第7—8期，1946年10月，第12—14页。
② 杨时展：《我国现行外汇统制技术平议》，《东方杂志》第33卷第13号，1936年7月，第127页。
③ 谭秉文：《稳定外汇问题》，《商业月报》第16卷第2期，1936年，第4页。

第五章 抗战胜利后的币制改革思想（1945—1949）

郑季楷指出："说到建立健全的币制，必先有赖于外汇政策的适当措施，同时，尤须紧缩通货，稳定法币地位，二者有如唇齿相依，缺一不可。"① "我们总以为外汇政策，务须稳定汇价；由稳定汇价而稳定金价，由稳定金价而稳定物价；至少亦应谋通货问题的解决，并缩小其波动的幅度，然后才能达到稳定货币之目的。"②

杨时展认为，"新货币政策（法币改革）的命运决定于外汇管理上的成败，外汇管理是最近一切通货管理政策的核心"。他说："这一点，不但于通货的对内价值平常已在一般所熟知的方法下受着政府管理的欧美诸国为然，于通货对内价值平常未受政府管理的我国也莫不然。在目前这种世界金融环境下，通货管理的目的，不外在强化币战的力量，而所谓币战，干脆说，就是外汇战。如果一国的外汇管理技术无法完成外汇管理所欲完成的使命，她在货币战争中的命运就不难预料了。"③

杨尔汇说："我们以为外汇问题，在今日经济领域之中，确系一个迫切的问题，必须谋得解决。但就解决的时间或程序言，必需在通货问题解决之后，至少应与通货问题的解决相配合。就方法言，应规定一比较合适的汇率，至少应规定一适当的汇率，以便缩小稳定汇范围。就管理言，应力求严密，使外汇资金不至大量浪费，稳定效能可以充分发挥。"④

俞增康说："目前的外汇问题，在于如何稳定物价，使汇率与物价能得初步衔接，以利经济复员的推进；然后再求汇率应如何变动，使与物价相适应，而恢复均衡，趋于正常。"⑤

可见，时人充分肯定外汇政策在国际竞争和通货管理中的重要地位与

---

① 郑季楷：《法币制度与外汇政策》，《广东省银行月刊》复刊第2卷第7—8期，1946年10月，第12页。
② 《稳定货币的两项措施》，原载《和平日报》1946年2月28日，《财政评论》第14卷第3期，1946年3月，第88页。
③ 杨时展：《我国现行外汇统制技术平议》，《东方杂志》第33卷第13号，1936年7月，第127页。
④ 杨尔汇：《评开放外汇市场案》，原载《民国日报》1946年2月27日，《财政评论》第14卷第3期，1946年3月，第87页。
⑤ 俞增康：《汇率问题与外汇政策》，《财政评论》第15卷第1期，1946年7月，第10页。

作用，并指出法币币值稳定与外汇稳定相辅相成，不可或缺。

李葆江指出，1948年，当结汇新办法发表后数日，一般物价非但不涨，反而趋跌，乐观者即以为新办法已收功效，殊不知当时物价所以平静者，一则以周期性之循环涨风正告段落，再则票据禁止当日抵用，国行抽紧银根，各方对于新办法未尽明了之前暂取观望，物价暂免刺激。如一旦压力稍弛，物价腾涨恐仍难避免。因为一则结汇新办法已替物价潜伏了腾涨之根，再则当局对于其他平抑物价之各种经济措施亦并未预有适当布置。再就一般物价言，由于结汇证明书制度，"今后进口货品之成本因证书价格之随时变动亦将随时增涨，此后进口货价之趋昂自亦将较过去为激烈"。"目前最受影响者，即为公用事业，因不能再获得固定之低价外汇，故在新办法公布不数日，即已引起甚大反响，万一公用事业及出口货价首先激起涨风，则一般物价自亦随而普涨，此乃就外汇政策观察未来物价，此外物价趋涨之必然性，尚可从政府最近数项经济措施方面加以窥测。"

李葆江说，自1947年新内阁成立后，关于经济方面之措施，种种迹象均可证明有意行使高物价政策，第一，提高官定利率，例如国行贴放委员会之贴放息已改增为月息二角四分，对于国家行局之拆放息且已提高为一角八分，转抵押息二角四分，至于众所周知之短期国库券套利，则约合月息二角五分以上；第二，上项结汇新办法施行后，国行对于进口外汇无异不再直接供给；第三，食米恢复自由买卖；第四，抛售物资似有暂停之象；第五，谣传大钞再将问世，一时尚无停止发行之兆。"窥测当局之用意，也许以为在战乱期中，钞票发行，无法避免，在外汇贸易陷于僵局下，结汇新办法不得不予施行。物价上涨乃为必然事实，今既明知物价非趋腾涨不可，则不若使其上涨趋于合理而纳之入正轨。故一方面希望善用美援扶助生产，另一面则索性提高利率吸收游资，官定利率既为二角五分，黑市利率通常则在三角左右。换言之，物价在一个月中涨起三成，不能说不合理，投机家在一个月中除非物价激涨起八成至一倍，则扣去三角利息负担所获亦将有限，然所负风险则属甚大，果能善于管制使跳跃式之腾涨，演化为逐月平均之慢性上涨，则投机囤积自将消减，一切经济活动亦可事先预计

第五章　抗战胜利后的币制改革思想（1945—1949）

按步就班了。"①

李葆江认为，在当时环境下，物价之日趋腾涨，确属不争之事实，当局放弃过去低利政策及低汇率政策以免为少数人获取厚利，亦属无可非议，"惟在采取以上政策时，同时在其他经济措施方面亦应有适当合理之配合，所以既欲限制物价每月不得涨过三成，则把握适当时机抛售物资抽紧银根，自仍应相机而行。又如最近定期禁止奢侈品发售，消息甫经露布，尼龙丝袜不数日却已猛涨一倍，遥想正式实行后被禁奢侈品之黑市，必难避免，且可预料者，价格必反更无拘束的上涨，影响所及，且将连带引起其他舶来品价格之趋涨，与其如此，则又何不对于所谓奢侈品根本禁止服用，今既不禁服用，反只禁止出售，则又何若仍旧不禁。推而广之，金钞买卖又何不然，未禁之前，涨落尚有限度，既禁之后黑市依然，反因无管束上落更大，且朝野人士并已一致承认黑市存在，而官价且在努力追求接近黑市，则又何不根本取消禁令。综言之，当局原意在使物价缓性上涨，但不能善为管制，反使上涨程度及周期性之距离更广更短，此则为施行高物价政策者始料所不及也"。②

李葆江认为，中国当时经济不能安定之主要原因，并不在于币制问题。他说："法币本身初无缺陷，其所以形成今日之局面者，以运用上未臻妥善。回忆抗战前夕，法币制度且为抗战奠定必胜之基础，厥功固不可没，其后因抗战财政关系，通货不能不增发，迄至胜利后，讵料戡乱战事又起，不特复兴建设需款孔殷，戡乱战费更为浩繁，财政预算益难平衡。直至最近为止，战事财政固仍有赖于增发通货一法，纵使另换一种币制又有何益。换言之，与其另改币制，不如停止发行。"我国通货，"全国各地除法币外，复有台币及东北流通券，与法币且均订有兑换比率，除流通券现已订定收兑办法外，台币汇率且由台湾银行随时挂牌"。"尽管台湾之物价亦日见上涨，台币大钞亦逐渐增发，但台币汇率则有如外汇，时见提增，通货复杂如此，所谓改革币制如单指法币而言，则对于其他通货是否预备再来一次

---

① 李葆江：《从外汇新政策说到币制改革》，《商学研究》复刊第7期，1948年7月，第22页。
② 李葆江：《从外汇新政策说到币制改革》，《商学研究》复刊第7期，1948年7月，第23页。

改革？"所以，李葆江认为，"即使欲言币制改革，亦应先将其他通货予以整理，或先统一全国通货而后一次改革。在目前一切时机未届成熟，何必三番两次轻言更张"。

然而，1948年各界要求改革币制之呼声甚嚣尘上，尤其紧接于新外汇政策后，有改革币制之计划，甚有传说"不数月即将实行，且系采取银本位制者"。李葆江说："有此准备固可，若急欲一蹴可就，则大可不必。至于新币采用银本位一说则更不近情理，纵使改革，在二十世纪各国无不放弃金银本位而采取管理本位之潮流，金本位且已不合时宜，遑论过去殖民地国家所常用之银本位哉。要之，我国即使改革币制，决不能亦无法采行硬货本位。大势所趋，恐仍不出汇兑等管理本位一途。"

李葆江说："不论就财政经济物价外汇及其他环境言，币制改革诚然需要，但目前实施为时过早，若戡乱战事不能结果，而上述各种条件不能改善，则今之所谓改革币制，亦犹昔之以法币收兑伪储备券。但法币收兑伪券则为事实所必需，而废弃法币，另换新币则不一定有此必要。今后要图，仍应从平衡预算收缩通货着手。"①

综上所述，李葆江坚持认为，金银本位早已不合时宜，中国币制绝不能采行金银等"硬货"本位，而必须实施管理通货制度（纸币本位制度）；以法币收兑伪券实属必需，改革币制则应从平衡预算收缩通货着手。

（四）治理通货膨胀的学说大量涌现

这一时期，战火不熄，军需巨大，"此外还有各种受灾的救济费用也是一笔巨大的开支"。这一笔突然增加的巨额战费，最理想的办法是以发钞来应对紧急的需要，以推销公债来收回社会的过剩购买力，而以增加旧税开辟新税作为偿付公债本息的财源。王绍轩指出，因为税制的不健全，金融机构的组织不完备，这种理想的筹措战费方法，在中国行不通。抗战前中国的租税，以关税、盐税和统税为大宗，战争发生以后，沿海沿江各埠相继沦陷，占税收总额百分之五十的关税收入锐减；占税收总额百分之二十

---

① 李葆江：《从外汇新政策说到币制改革》，《商学研究》复刊第7期，1948年7月，第23页。

第五章 抗战胜利后的币制改革思想（1945—1949）

以上的盐税收入也大为减少；而统税也因为都市沦陷、工厂破坏，所能收得有限得很。支出大增而税收大减，弥补的方法，本是发行公债。可是中国并无完备的投资市场，国民的储蓄力又极低微，历届国币公债的发行，多是由政府开一张公债预约券，交给国家银行，由国家银行垫款给政府。

国家银行的垫款从何而来，则靠印刷机增发纸币，于是纸币源源流入民间，而国家银行库存的公债预约券，从来没有推销到民间，把民间过剩的购买力收回的。因此中国的通货膨胀愈演愈烈，纸币不断地灌注到民间，不再回归政府。于是国家银行吃饱了公债，民间吃饱了法币，同时社会的生产力和物资又被战争破坏而减少。纸币增而物资减，物价焉得不涨。物价愈涨，财政的开支愈大，收支不能平衡，纸币又要加速增发。纸币增加，物价又涨，财政亏空更大，纸币愈增发。如此后浪催前浪地演成一种循环累积变动的局势，不可收拾。①

鉴于财政亏空形势日益严峻，通货膨胀愈演愈烈，已经到了不可收拾的地步，王绍轩主张实行"新金本位制"，发行新法币。

1. 王绍轩主张通过发行新币，治理通货膨胀

王绍轩提出："通货膨胀到了这种地步，对于财政经济社会各方面的影响是很恶劣的，尤其对于薪水阶级的生活，给予更大的威胁。调整待遇也并不是根本改善薪水阶级生活状况的办法，因为薪水调整之后，纸币就要增发，物价必然跳动，其结果，薪水增加的比例和速度，总是落在物价上涨的后面，而况调整待遇的办法尚难得通过呢？物价缓慢上提，对于生产者是有利的，可是当物价急速上涨的时候，生产者一方面不能接受定货，一方面制品出售之后难得买进原料，货币停留在手固然要受损失，即或开工生产，也是不利，不如把原料买进来囤积着，过了相当时期卖出之，倒可获利，这样一来生产不如囤货，生产事业只得停顿下来。正当的生产事业没有人做，囤积投机之风盛行，社会秩序巅倒错乱，道德评价的观点已经改变，颓丧腐化之风气，笼罩着社会各阶层，这样的情况继续下去，还

---

① 参见王绍轩《亟待整理的币制问题》，《财政评论》第 15 卷第 1 期，1946 年 7 月，第 17—18 页。

能谈得上经济复原、经济建设吗？"

王绍轩认为，若要经济早点复原，经济建设早点进行，非从速整理币制不可。他说："我们的币制本来是有问题的，试问我国今日的币制是一种什么制度，银本位铸造条件，到现在并未停止，银已收归国有，但它还是法币的准备金。法币在当时实行之初，有中央银行无限制买卖外汇作条件，可说是一种汇兑本位制，自从1938年3月统制外汇以后，法币的本质已有所改变，法币准备金的内容，也已改变了。究竟现在是一种什么币制，我们说不出来。我们的币制，根本是有问题，惟在战争时期币制不宜多事更张的，但现在战事已经胜利结束了，货币制度非从速确立和稳定不可的了。"

他说："有人说改革币制须待财政收支平衡国内经济大体安定以后才能实行，否则操切从事，难免不做第二次之改革。这话是对的。但反过来讲，欲求财政平衡又须先稳定法币价值，如法币价值不稳定，则财政收入不能保持实值，经济不安一切财政整理工作无从着手。战时币值下跌虽由于财政亏绌所致，而货币贬值已达相当程度时，却须以币值稳定为财政平衡之先决条件。故第一次欧战后膨胀剧烈之国家，稳定币值大都在财政平衡之先。"所以，他主张实行"新金本位制"，在国内，通过发行新币，治理通货膨胀。

王绍轩说："所谓新币的单位，实际上就是新币一元要值多少国际货币单位或美金几角，又新币一元要值旧法币多少元的一个单位。这是实际的单位。同时我们还得规定一种虚金单位，那就是规定新币一元含多少纯金量，这是虚的。虚的含金量本来可要可不要，但我们认为：（一）为了坚定人民对新法币的信心；（二）为了便于规定汇兑平价；（三）为了准备万一将来操行金本位预留地步起见，虚金单位是要的。不过在定新币单位的时候，特别要注意下列几点：第一，新单位和旧法币的兑换比率，必须要根据旧法币贬值的程度规定。换一句话说，新单位一元必须与战前的法币一元价值相当，才能使国民的收入，获得普遍的相称。第二，新单位的对外和对内价值必须要能够协调，如果相差太远，必然发生重大的扰乱。第三，新单位的对外法定汇率，如果较均衡汇率稍为偏低（即法币稍为低估），则汇率易于稳定，人心可以安定，鼓励出口贸易，利于国内工商业的活动，同时鼓励资金内移，充裕外汇头寸，但不宜偏差太远。"

王绍轩强调，"为了防止新币的滥发，须要对于新币规定严格的准备，以牵制发行的数量。对于发行的程序和责任，当然要有法律的制裁。可是为了使新币的发行不致于过分保守，又得要有多少的弹性。在这种情形下，我们主张新币的发行分为三部分：一是定额部份，无需准备，其量数是以经济衰落时社会需要纸币流通的最小量为准。非经立法程序，不得增加。二是现金准备部份，须有十足的金银外汇准备，才能发行，以牵制发行的数量。三是伸缩部份，以商业票据为准备，以适应景气变化和季节的变动需要。但因商业票据有兑票和不坚实的情形，所以须按票面额打一折扣，至少只能作为六折发行纸币。于是第二第三部分，也可以合并计算，等于现金准备至少须有发行总额的四分之一或百分之二十五，而商业票据面额则为发行总额的百分之百，二者合计为发行总额的百分之一百二十五"。

最后，发行及准备制度规定以后，还须严厉地监督执行。第一，中央银行应组织发行审核委员会，审核增加发行的法币，决定增加发行是否适当和需要。第二，财政部应组织发行准备检查委员会，聘请各业代表社会公正人士为委员，负责检查发行数额和准备实况，钞票的发行是否具备法定手续，发行数额和准备实况是否合于法律规定，并定期检查公告以昭大信而坚定人心，稳定币制。①

2. 杨西孟提出根治通货膨胀之良方

1947年上半年，出现两度物价暴涨，一是2月初的金潮，一是5月初的米潮。杨西孟说："当时各地市场的混乱和人心的恐慌情形，是抗战以来所未知见的。""这样的物价暴涨，拒卖，抬贵，以至打、抢，种种情形，不是寻常的市场现象，而是非常的现象。这种非常现象并非偶然，而是在非常的情形下才会发生的。"

杨西孟指出，在四项非常情形之下，当时中国的物价问题，"不但较之

---

① 以上均引自王绍轩《亟待整理的币制问题》，《财政评论》第15卷第1期，1946年7月，第18—19、21页。

德国在 1922—1923 年时马克崩溃的情形远为复杂，即较之我国抗战快胜利前，大后方物价的情形亦为严重"。

第一个非常的情形是通货膨胀已深入崩溃期。在纸币继续大量增发之下，一般人对于纸币已失信仰，大家尽量用别的东西（如实物与外币）来代替法币，或快快地使用通货。于是通货流通速率增加，通货流通量的实值减缩，一般物价上涨率超过通货增加率，并且市场利率起来追逐物价上涨率。在这种心理之下，人们对一般物价的大趋势总是看涨。或许说，对法币的价值，总是看还要再贬。稍遇到刺激，这种心理和预期很容易演变成恐慌状态。

第二个非常的情形是物资显出严重的缺乏。因为，其一，抗战对中国各种有形资本造成的重大破坏尚未恢复，而大规模的国内战争又来，其对经济的破坏、阻碍、消耗之大，更难以数计。其二，恶性通货膨胀的恶果与一贯压低外汇率的失策，以及豪门巨室对若干行业的垄断等，使我国民族工业已大部崩溃。同时政府掌握的工矿等事业，又受战争与通货膨胀的影响，多任其停顿与败坏。其三，一般农村遭受破坏和苛扰，北方又遇到严重的旱灾，华南又有水灾，今年农产量将有甚大的减少。其四，过去国家的大量外汇既已浪费殆尽，出口和侨汇亦因压低外汇率而受到甚大的打击，而且大量的国外贷款或援助亦不易再得，因之从国外输入物资是很困难的。以上这些事实说明国内的物产在大大的减缩，同时国外的输入也远不够需要。大家对物资看少，于是卖家更不肯卖，买者更要抢买，市场更易发生混乱，物价更加猛涨。

第三个非常的情形是人民对政府信仰的丧失。经济上的重要目标，无论是平抑物价、平衡财政、增加生产、改善分配，还是从事建设，年年都在说，但至今无一做到，而且是向着相反的方向进行。不管用什么言辞自解，人民对政府的信仰已经丧失太多了。

第四个非常的情形是国内大规模内战仍在继续其巨大的消耗与破坏，并且国内的分裂与战乱是有一个重要的经济背景的。

杨西孟称，在这种情形之下，通常平抑物价的方法在这里多不能收效。如对物价的直接管制，如施行食物配给，如紧缩预算，都是政府曾经或正

第五章 抗战胜利后的币制改革思想（1945—1949）

在采行的方法，但没有收到平抑物价的显著效果；今后这套方法更难收到效果，因为上述几种非常的情形已形加甚，远非这些治标的、局部的甚或敷衍的方法所能胜任。再有抛售黄金和发行美金债券以收缩通货，在过去是定价太低，还加上走漏消息。结果是大帮助特殊和富有者发财；现在黄金外汇已告匮乏，同时政府这方面的信用甚为降落，所以美金债券也难推行了。

杨西孟指出，"物价指数债券，单是保存币值，未必即能吸收巨量的存款"。以米麦市场的抢买与拒卖来看，固然买卖双方都有轻法币重实物的心理，但是如以物价指数债券来销售于他们，告诉他们这能保存币值，他们决难舍米而取指数证券。何以故呢？第一，买卖双方当时对于米价上涨的估量，必然认为将远较一般物价指数上涨为多为速，所以他们必不愿要指数证券，而愿要米。第二，他们在灾荒战乱之下，感觉以后取得米粮将更加困难，莫说物价指数证券不能换取他们要米的心，就是更合当时意思的条件——例如米价指数证券——也难打动他们的心，特别那些准备多买或多存一些粮食自用的人是如此。第三，发行物价指数债券，必须人民对政府有信仰，相信政府有公正、有信用，才好推行，但是这种公正和信用已经丧失太多了。在这三个理由之下无论是故意囤积粮食的地主或粮店，收购粮食的投机家，还是企图多买粮食以备存储的消费者都不会愿意放弃他们对米粮的心意，转而图取物价指数证券。那么，指数证券在这样的时候，便见不出有平抑米价的效力。米价如此，其他重要物品的价格亦复如此。

他说："当前通货膨胀恐远非指数证券这点吸收储蓄的力量所能制住。所以一方面原有的通货膨胀和投机活动不因指数证券的推行而有多大的减弱，他方面这种物价指数证券所吸收的储蓄额将随物价指数而作同比例的增涨。这后者便形成通货数量上的膨胀。不过指数债券多少总可以吸收一部分通货，缓和一些通货流速，减少市场上一些投机需求，对于物价总是有好影响的，不过政府为什么不采行呢？多少是因为政府害怕指数债券的本利总额随着物价上涨而日趋庞大，对于政府是一个可怕的负担。还有一层，在指数债券的本息总额庞大之后，一般人心遇着军事、政治或其它刺激，失去信心，一挤而要求指数证券兑现，那确会造成恐慌。不过假如一面尽力求财政收支的平衡,一面推行指数证券以为辅助,这些顾虑就可以没有了。"

杨西孟认为,从国外输入物资平价出售的办法,在物资显得严重缺乏的时期,能从国外输入主要必需物资,当然很有益处。但是对于需要输入的数量的估计和怎样取得这必需的输入,都是不可看得太简单的。

"要解决当前物价及经济问题,至少须解除目前通货、物资和一般心理上的非常情势,而下手处应该是打破既得利益集团对财政经济的控制,严惩贪污并清算豪门巨室,并重征富裕阶级的租税,借此表示决然制止通货膨胀并实现社会主义。这几点做到,便能改变一般心,并一洗过去偏私、不公和无信的作风。这样才可解除前面所说的第三个非常的情形,即人民对政府信仰的丧失。"

"这种心理的转变,使一般人对于货币、物价以及一般经济前途的预期都随之转变。这种预期转变的良好效果会表现于通货流通速率的减少,物价水准的转稳,及市场的转趋正常。这种效果,国外几万万美元的贷款也未必做得到。并且在清算豪门巨室,没收贪污财产,并征课富裕阶级办法之下,财政收支不难平衡,增发政策便可废弃。在通货流速减少而增发确有限制之下,虽深入崩溃期的通货也可稳定下来。这便解除前面所说第一个非常的情形,即通货膨胀已深入崩溃期。"

杨西孟说:"以上这些做到,便可把现在财政、金融及经济上若干失衡现象和失常办法逐步纠正过来。例如各种价格间的失衡,薪饷实值低微的不合理,扰害人民的田赋征实,对外汇率不合理的压低与钉住,帮助投机的生产贷款等,都可改入正常。"①

1948年2月,中国政府已决议推进币制改革,称"此乃稳定物价,及经济之唯一办法"。拟定两项计划:一是发行金本位新币与美元相连,其价值等于战前一元,合美元三角三分。二是发行银本位硬币,并以若干数目之纸币相辅。张纲伯指出,"照第一项办法,似乎政府拟采行金汇兑本位

---

① 以上均引自杨西孟《非常情形下的物价及经济问题》,原载《南京世纪评论》第7期,《现代文摘》第1卷第10期,1947年8月,第190—192页。

制，与美元相联系"，"照第二项办法，似乎退回到 1935 年以前的银本位，向美国借款购买白银，鼓铸硬币"。张絅伯认为，"除非政府别有用意事实上不可能达到目的的。无论银本位制，早已时代落伍，没有复活的余地。寄人篱下，高攀美元，希图联系的金汇兑本位制也是剜肉补疮，借债度日。希望他们不要急不暇择，杂药乱投，是于病症无补，反而有害的"。他说："战事一日不停止，国家预算，一日不平衡，外汇基金，一日不调整，经济制度，一日不确定，金融政策，一日不规定，官僚政治，一日不打倒，封建帝国主义，一日不消除，通货膨胀，绝不能制止，币制改革，绝不会成功。"①

综上可知，杨西孟、张絅伯认为，停止内战，打倒官僚政治，消除封建帝国主义，打破既得利益集团对财政经济的控制，严惩贪污并清算豪门巨室，并重征富裕阶级的租税，平均社会财富的分配，才能平衡财政，获得人民的信任；与此同时，调整外汇基金，确定经济制度，完善金融政策，币制改革才能成功，恶性通货膨胀方可停止。

3. 方显廷论货币流通速度与物价波动

方显廷认为，物价的波动主要是受实际因素与货币因素的影响，其中，实际因素有生产力以及影响商品供应的交通运输力量等，货币因素则归于货币数量以及流通速度。中国 1946 年的生产量大约是 1936 年度的 91%，减少了不到十分之一。因此，1946 年内商品供应之缺乏，"并不负该年物价比战前水准涨 10% 以上的责任"。所以，产生物价波动的主要原因，实是货币因素。方显廷从中国战时物价飞涨的实际情况发现，货币流通速度与物价波动关联甚密，并指出费雪教授的理论无法解释中国物价问题。他说，费雪公式"忽视货币流通速度的重要性，已经使得任何人要去了解中国目前的物价问题极感困难"。方显廷利用中国实际案例说明，一般物价水准与货币扩张相比较，其增加较大，"只能以货量流通速度的增加才能解释"，"不幸地费休却将它的伸缩性看漏了"。

方显廷指出，"费休教授似乎忽视了对人的浪费习惯确有重大影响的种

---

① 张絅伯：《再谈币制改革问题》，《国讯周刊》第 451 期，1948 年 2 月，第 5 页。

种心理因素";而剑桥学院的庇古教授的"现款差额理论","在它对于通货事件的种种观点上,却是更为前进的"。庇古相信,"现款差额总数也许可以不多不少地,恰正满足便利与安全的需要,但将一方面随客观的经济环境,而另一方面随个人的心理状态,有所变动"。

方显廷认为,公众的经济行为,主要是受对于未来的"期望",或对未来经济局势的预测指导的。在战争时代内此种情形甚至更为显著,因为战争时代内常常发生巨大的经济变革。例如,在抗战第一阶段内,由于战争需要增加和交通的破坏,物价有过上涨的趋势。但因当初大家均抱战争在短期内可以结束的希望,所以人民都并不赶买物品,遂使物价在退缩之中。因此货币流通速度就减低了,而物价的上涨也就落在货币增加之后。但因战区继续扩大,政府不得不发行更多的货币。一旦公众觉得他们从日益增长的物价中所必定蒙受到的种种损失,他们对于未来的期望就突然发生改变,甚至在消费者间,也盛行囤积与投机。货币的流通速度就显出尖锐地加快了。

"为了详细说明货币流通速度如何加快的情形",方显廷还引用了凯恩斯的货币需求理论(即人们的货币需求是由交易动机、预防动机和投机动机决定的)。方显廷说:"日益增涨的物价,对于为收入动机与商业动机而保持现款所发生的影响,实极巨大。但此种情形对预防动机和投机动机也是一样适用的。当物价发生上涨趋势时,将现款变成货物就永远是有利的事情,而到物价增高时,就可将货物出笼了。因此,囤积货物比现款更能满足预防动机。再者,在以延期付款而使物价高涨之时,投机动机就无效用。因为此举大有遭受损失的可能。为了这个目的而保持现款,现款必将日趋减少以至近于灭至零度为止,我们这种说法,也许不算过份大胆。现在囤积的利润已经大到如此地步,至于使得人们甚至借钱收购货物。所以,货币流通的速度,也就大大加速起来了。""如果我们将银行存款便利估计在内,那么货币流通速度就更增加。""此外,新金融机关的设立,帮助促进信用扩张,也帮助了证券交易所和票据交换所的存在,以及信用制度的改进,所以这一切对于货币流通速度的增加均负有责任的。"

以上方显廷从中国现实出发,用战时事实案例论证货币流通速度与物价波动之间的紧密联系,补充说明费雪公式的假定前提与现实社会有差距。

第五章 抗战胜利后的币制改革思想（1945—1949）

方显廷认为，通货膨胀依据货币流通速度，可以分成三个阶段：一是在和缓的通货膨胀下，物价增高的比率姗姗落在钞票发行增加额之后，这是由于生产扩张，或是货币流通速度减少。二是在真正的通货膨胀下，物价就像通货发行一样快地增长起来，随着生产已经达到它的增加限度。三是当货币流通速度的加快以及物价上涨的比率，最后终于追过钞票扩张的比率，那就是已经达到超通货膨胀或狂奔膨胀的阶段。和缓的通货膨胀虽有刺激生产的好处，但真正的通货膨胀是一道界线，超出这条界线，就将发生由狂奔的通货膨胀造成的大灾害了。

据武汉大学张培根教授的意见，中国的通货膨胀也可分成上述三个阶段。他认为，第一阶段，系发生于以抗战全面爆发至 1939 年上半年。第二阶段就从该时开始，在这一个阶段内，钞票发行额的每月平均比率，自 1939 年 6 月至 1940 年 6 月这一时期是 5%，而接近于物价增加 4%—8% 的每月平均上涨比率。在 1941 年下半年后，局势就变得更恶劣，当时第三阶段即历然出现，直等抗战结束为止。胜利以后，公众的期望虽已发生改变，但物价的跌落以及货币流通速度的变慢，并未能延长多久。由于国内内战复起，通货膨胀也就挟着比以前更大的力量再度猖獗起来。

方显廷说："在去年（1947 年）的物价三次惊人大涨潮时期内，物价上涨的每周比例竟高达 30% 至 40%。然而这三次大涨潮都是完全受心理因素控制的。恐怕局势现在已经跨过那道'超通货膨胀'的门限，大家都在这样提心。"

在研究货币流通速度与政府财政间的关系这个问题上，"我们心中应该记住下述这几种最近十年内中国通货膨胀之特性的循环发展过程"。其一，因为预算不足，所以增加通货发行。其二，因为钞票发行增加，一般物价漫天上涨。其三，因为物价上涨，政府遭逢更进一步的预算不足。对于这几种过程，我们还必须加上公众的期望这件事情，它使通货、物价和财政的险恶循环更形恶化。

西蒙杨（Simon Yang）教授也对 1937—1947 年的政府支出做过详细研究。他以随物价增加比率贬低货币支出的方法，求得这十年内支出的真正价值（就是战前的通货价值）。他就根据这些推定下结论说：其一，全面抗战最初二年内支出的真正价值似乎颇为安定。其二，第二阶段为抗战其余年份，在这许多年内，支出的真正价值就慢慢贬低，直到战争结束为止。其三，抗战结束后，虽然通货发行增加从未停止，但支出的真正价值一年多来恢复甚大。其四，从1947年起支出的真正价值再度减小。

方显廷认为，以上四个阶段的不同可由货币流通速度的上下波动来说明。在第一阶段，人民预料未来短时期内必能和平，而且他们的心中又是那样为正统的物价概念所先行占据，至于使得他们相信，货币流通速度绝不至于加快。和缓的通货膨胀也使工业界发生畸形繁荣，他们就愿意生产更多的物品，所以物价的增加远落在通货发行之后。但在第二阶段，这种种概念首先被1940年的歉收，后来又给战争不可能早期结束打得粉碎。因为囤积和投机刺激货币流通速度，而且因为物价波动使工业生产陷于残废，一般物价开始比通货发行增加得更为快速。第三阶段的光明景象，也许就是战争的突然结束造成的。当时一般的观点都集中认为，物价在短期内必将回缩。可是，1947年的普遍光景却是那样的恶劣，至于使得人民对物价增高和通货发行的期望心又恢复过来了。此事与外汇准备金涸竭连在一起，就使日益增加的物价比率，再度起而领头。在这种环境之下，政府发行的通货愈多，实际收入就变得愈少。我们可以从这上面获得结论说，鉴于货币流通速度的增加，政府已不复能仰仗印刷来解决财政问题了。①

方显廷从货币流通速度与物价波动之紧密联系入手，侧重从人们心理预期的角度即运用货币需求理论深入分析1937—1947年中国通货膨胀四个阶段的真实情况，这种创新研究得出的结论与张培根、西蒙杨等教授的观点不谋而合，值得肯定。

二 治理通货膨胀的学说

1920年以后，苏联、德国、奥地利等国的物价指数连续上涨，开创人

---

① 以上均引自方显廷《货币流通速度与物价波动》，朱正明译，《钱业月报》第19卷第5期，1948年5月，第23—29页。

第五章 抗战胜利后的币制改革思想（1945—1949）

类文明史上的新纪录。褚葆一先生注意到，在通货膨胀以前，社会财富的分配，本来呈金字塔的形式，大资本家人数较少，居于塔尖，中产阶级人数稍多，构成塔的中部，无产阶级人数更多，居塔的底层。通货膨胀以后，中产阶级消灭，贫者愈贫，富者愈富，金字塔的中部脱节，整个建筑就会发生动摇，无法稳定。他认为，中国在通货恶性膨胀时期，"豪门资本"迅速成长，一方面利用通货膨胀所赋予的机会实行囤积、投机、操纵；另一方面利用政治力量，在官方统制的空隙中大翻筋斗，故弄玄虚。如果不设法停止通货膨胀，中国的前途，实极渺茫。[①]

（一）蒋硕杰提出平衡财政收支最重要

蒋硕杰认为，治理通货膨胀的根本办法是：平衡预算，抑制官僚资本；发行以物价指数为移动标准的储蓄证券，以市场为依据，迅速加强生产性投资。若不以此方策压住日益高增的通货膨胀，则经济的全面崩溃为时不远。[②]

1947年2月16日，国民政府颁布《经济紧急措施方案》，除针对黄金美钞投机的取缔办法以外，对于平衡预算、发展贸易、挽救工商业及管制物价工资等问题都有所规定。针对黄金美钞的办法是，放弃以往之抛售黄金以吸收通货回笼之政策，取缔黄金外币之自由买卖，由中央银行按指定之公价收买黄金外币而不售出及禁止黄金外币之流通等。

蒋硕杰一向对于政府的抛售黄金吸收通货政策不表赞同。他认为，在战争大破坏之后，政府应该动员全国所有资产从事国内生产之复原与建设，现在为了吸收若干法币回笼，拿宝贵的黄金抛售与豪商富宦作为投机或窖藏之对象，实在太浪费了。何况在人民对法币的信仰根本动摇的时候，抛售黄金所收之通货紧缩之效也很成疑问。事实上在紧急方案施行以前，大宗的交易差不多都是以黄金或美钞为交换媒介，所以中央银行抛售金条之后，交换媒介的总额并不见得会因法币的回笼而减少，因之从整个国家的

---

① 褚葆一：《通货膨胀的严重后果》，《经济评论》第1卷第1期，1947年4月，第18—20页。
② 蒋硕杰：《由经济紧急措施方案谈到今后稳定物价的途径》，《经济社会体制比较》1989年第2期。

立场看来，黄金政策实为加倍的浪费。蒋硕杰说："政府这次毅然地停止这种浪费国家的国外资产的黄金政策，是值得欢迎的，虽然这措施对于通货膨胀的阻止无能为力。"

在国家预算不能平衡的时候，奖励一般人民的储蓄是极端重要的，在战时各国政府没有不极力鼓励人民节约储蓄的。与此同时，发行一种以物价指数为移转标准的公债，其本息均使之随物价指数的增长而增加。惟有如此，才能使人民安心储蓄购买政府公债而不必担心他的储蓄随着物价的高涨而贬值。

蒋硕杰认为，该方案中最重要的一项是平衡预算。"今后物价是否能渐趋稳定（姑置内战及治安问题对于生产及运输之阻碍及破坏于不论），最后仍得看政府财政收支能否渐趋平稳。如果收支依然悬殊，只靠发行来弥补，物价必然继续上涨，黄金美钞及民生日用品必然产生黑市，而日用品之供给，亦必大量流入黑市。在这种情形下工人及公教人员之配售制度，亦将弊端丛生，工资管制的企图也必终归失败。那么这方案的一切希望，都不能实现了。""所以我们应该督促政府当局对于平衡预算一项，尤其必需严格施行，秉公去私，厉行征收累进所得税、过分利得税，及开辟新税源如采行购买税及实施倡议已久之财产税（在国外之达官巨富之一切资产，不仅外汇存款，尤应用累进的方式征用），并且积极奖励储蓄，以公债代替发行，同时我们更呼吁停止内战，使老百姓不必负担这种自相残杀的冤账。"

总之，蒋硕杰不赞成政府抛售黄金吸收通货，认为政府取缔黄金美钞的买卖，禁止以黄金或外国币券作交易支付之用，是早就应该办的事。平衡财政收支最重要。稳定物价，必须平衡预算，开源节流，征收累进税、过分利得税、财产税、购买税等，管制工资及日用品价格，实行生活必需品定价配给制度，并且积极奖励储蓄，以公债代替发行，停止内战。①

1947年11月，物价涨风又起，政府采取了种种紧急措施，其中有一条新颖的办法即国家行局停止一般工商贷款，对于平抑物价颇有成效。但是，

---

① 以上均引自蒋硕杰《由经济紧急措施方案谈到今后稳定物价的途径》，《经济评论》第1卷第1期，1947年4月，第6—10页。

第五章 抗战胜利后的币制改革思想（1945—1949）

工商业颇有周转不灵而起恐慌之虞。蒋硕杰指出，政府抗战以来行之未改的利率管制政策，造成国家行局和商业银行都不过是中央银行膨胀通货的工具而已。生产贷款利率过低，且其唯一资金来源就是中央银行的信用膨胀和发行的增加，其主要用途是购囤原料或囤积成品获取巨利。政府应速提存贷款利率，使之至少能略超物价上涨的速率，且利率必须随物价增长之缓速随时调节。在改革币制的借款尚未见着落的时候，发行指数储蓄证券实在是最轻而易举的自力更生的稳定方案。①

但是，胡寄窗先生提出了批评意见：第一，通货膨胀不是物价"波动"（上涨）的唯一因素，所以物价指数储蓄证券不能使物价绝对稳定；第二，物价指数储蓄证券可能有吸取过多之"游资"使工商业运转不灵之危险；第三，物价指数储蓄证券可能吸收之资金甚微，故稳定物价之功效甚小；第四，物价指数储蓄证券的发行增加国家银行现钞的需要，及发出之证券随时均有加倍数兑出之可能，尤其在物价一旦稳定时证券持有人必纷纷要求兑现；第五，物价指数储蓄证券之运用及其在稳定通货政策中的地位；第六，关于各都市的物价上涨率不一致时发行物价指数储蓄证券的困难；第七，物价指数储蓄证券发行后各商业行庄将无法维持营业；第八，物价指数证券发行后较长期之贷款均将无法举行。

蒋硕杰对上述理由——反驳，再次论证发行物价指数储蓄证券对于平抑物价的紧迫性和必要性。他说："等到物价稍趋平稳，平衡财政收支刻不容缓。"②

蒋硕杰认为，政府倘欲吸收人民储蓄以弥补国库，惟有发行以物价指数为活动标准之储蓄证券。其基本原则如下。第一，该券先在各大都市，由银行发卖，利息及增值每月底发一次。第二，卖出后之次月起即可随时持向银行兑现，按物价指数之增长率加倍付给之。第三，作为移动标准之物价指数可以京沪津汉穗等都市之平均批发物价指数为准。指数之编制可由中央银行会同各市政府各大学经济研究所及有声望之经济

---

① 蒋硕杰：《工商贷款之停止与开放问题》，《经济评论》第 2 卷第 21 期，1948 年 2 月，第 7—8 页。
② 蒋硕杰：《再论物价指数储蓄证券并复胡寄窗君》，《经济评论》第 1 卷第 17 期，1947 年 7 月，第 9—13 页。

研究机关合作办理，计算方法务必公开。第四，指数每星期计算一次，务求迅速。第五，该券券面利息可从低，只需年利四分左右。储蓄证券在物价上涨甚剧时，将使金融市场一般利率提高。惟目下之市场拆息实际已接近物价上涨率。倘该券吸收大量储蓄后，使物价趋稳，市场利率必亦随之降低。故可使市场利率自动随物价波动而调整之，而使实际利率稳定于一定水准。此法如施行有效尚可制止囤积风气，并取缔效率过低之生产事业。①

（二）刘大中建议发行新法币，推行直接税

刘大中认为，更换新币本身就可以是稳定币值的一种手段，银钱业应领的新币暂不发给，同时命令银钱业暂停提存和放款，以稳定币值。②

刘大中指出，目下物价涨风的一个很重要因素，是银钱业的未能协助政府稳定金融，"并且实际上还在促进物价上增加速率"。这种因素，虽然有其重要性，但这只是病的"表"，而不是"里"。杨桂和指出，换发新币，减少游资，无异政府向人民赖一次债，战事有望，财政收支有办法，且得到大量外援，这时候来换发新币，才比较能够收效。③

刘大中指出，"政府现行平抑物价办法无效"。因为停止贷放，阻碍生产，一旦恢复，刚投机盛行；限制申汇，可运送现钞；查抄金钞，游资转入商品，否则金钞领导商品，如压低利率，游资转入地下，如提高，则对平价无益；取缔囤积办法最无效；如美贷立即成功，有助于平价，其条件为，能把借款变为主要日用品，且能立即搬回国。其缺点为：借款变为物资，只可去除涨价之一个因素，对通货膨胀之影响颇为微弱；借了钱要还本付息；能够"自力更生"的不应恃外援。自力更生的方式为：没收

---

① 蒋硕杰：《物价指数储蓄证券与通货膨胀下的利率政策》，原载《经济评论》1947年5月10日第1卷第6期，又载《金融周刊》第8卷第21期，1947年5月，第25—26页。
② 刘大中：《从苏联改定币值谈到平抑我国物价》，《资本市场》第1卷第1期，1948年1月，第84页。
③ 杨桂和：《论发行新币平抑物价——向刘大中先生质疑》，《资本市场》第1卷第1期，1948年1月，第84—85页。

第五章 抗战胜利后的币制改革思想（1945—1949）

游资，有效统制存放款，增加生产，开辟税源。他说："金汇兑本位不应采用，存款流通速率的空前增加是物价上涨超过现币增发的主要理由。从财政预算看币制改革，成败关键不在美贷多少，而决定于财政收支及国际收支能否平衡。目前尚无走向平衡的趋势，改制势在必行。"① "在现行货币制度下，准备金的增加或减少，与币值的高低以及人民对于法币的信任心，并不能发生直接关系。币值的跌落是因物资的减少和通货数量与流通速度的增加。政府没有诚意征收财产税和高度累进所得税，政府没有办法限制奸商利用银行机构去作囤积和投机生意，稳定币值就是空谈和幻想。"②

他认为，通货膨胀的根治方策是利用调换新币的机会去封冻游资，借以把物价急剧上升的趋势抓住，然后再去有效推行所得税，使政府的收支大约相等。他说："在战争不停的局面下，物价仍能相当稳定，是绝对可以办得到的事，可通过封冻游资和有效推行直接税，使政府财政收支大约相等，来平抑物价。"

刘大中强调，不能采用通货膨胀的方式去应对支出，发行新币的基本条件有三：政府收支大约相抵，或是虽不相抵，政府能用发行公债的方式，把人民的储蓄吸收，用以补足差数；国内的生产渐能提高；国际收支渐趋平衡。他认为，"根治方策"能抓住急剧上升的物价，使国家财政收支趋于相抵。物价平定以后，利率降低，囤积停止，资本必流向正常生产。物价平定和生产增加以后，国际收支才能渐趋平衡。③

所以，刘大中建议发行新法币，同时实施更换新币，以达到两个目标：封冻过去因政府收支不抵而产生的游资，导之入生产正途；推进直接税（企业利得税和私人所得税），借以大量减少政府财政收支的差数。他说："只有封冻游资和推行直接税，才是根本挽救经济危机的办法（这是指经济方面而言，平弭内战自然是更根本更重要的政治条件），其他都是

---

① 刘大中：《自力更生应自金融开始》，《资本市场》第1卷第1期，1948年1月，第85—86页。
② 刘大中：《准备金多了有什么用？》，《新路》第1卷第1期，1948年5月，第10—11页。
③ 刘大中：《再论"根治目前经济危机的方策"》，《经济评论》第1卷第11期，1947年6月，第6—12页。

治标或根本无效的方法。推行这种治本的方策，必须先要有一个健全的执行机构。"①

1947年，刘大中提出根治经济危机的具体方策如下。

（一）政府于七月初命各企业申报一月初至三月底及四月初至六月底两期的各项业务及收支详数，最少限度需包括下列项目：一、售货入款。二、期初存货的数量和币值。三、期内所购新货的数量和价值。四、期末存货的数量和价值。五、薪水和工资（详列收款人名及每人额数）。六、利息及房租（详列收款人名及每人额数）。七、折旧。八、盈利。九、本期初各项资产负债详目。十、本期内债还之债务。十一、本期内放出之债务。根据本条所得情报，只是为以后各期内执行政策时比较参考而用，本身并无防止逃避的效能。

（二）政府于七月初命各企业申报当时所存有的现款数目，同时声明旧币自本月初起无效。各企业须于此时申请调换"第一次临时性法币"。政府并在这种法币的票面上，注明"仅于七月初至九月底期内有效通用，过期作废"字样。

（三）政府按各企业的性质和营业范围的大小，规定各企业应有现款的最高数额。任何企业申请调换新币的数目，如大于准有的最高数额，政府即将此项超过的数目封冻（所封冻的，自然是各企业所交入的旧币），各企业自政府领来的"第一次临时性法币"的数目，自然不会超过本条所规定的最高数额。

（四）政府于七月初命各人民申报一月初至三月底和四月初至六月底两期的收入。

（五）政府于七月初命各人民申报当时所存有的现款数目，同时命人民申请调换"第一次临时性法币"［票面上注明之字样，自与第（二）条所规定者相同］。

---

① 刘大中：《论根治目前经济危机的方策》，《经济评论》第1卷第1期，1947年4月，第10—18页。

第五章 抗战胜利后的币制改革思想（1945—1949）

（六）政府规定每人应存有现款的最高数额，任何人所申请调换的数目，如大于准有的最高数额，此项超过的数额，即予封冻。

（七）第（三）条和第（六）条下封冻的游资，可采取"强迫存款"方式，用各企业和人民的名义存入国家银行。以后每月可支用一规定的最高数额。如有特别情形，经申请审核后，随时亦可提用。未经提用的部分，可由政府给予合理的"累减"式利息（例如，第二个五百万元的利息，较第一个五百万元的利息为小，第三个五百万元的利息又较第二个五百万元为小，以此类推）。政府可用这种冻结的资金，去做建设事业。资金的原有人，如要投资到正常的企业上去，也可于申请审核后办理。经济状况和购物逐渐稳定后，政府自可把封冻的资金慢慢解冻。

（八）政府于十月初命各企业申报七月初至九月底各项事务的收支的详数，所包括的详目，和第（一）条中所列的相同。

（九）政府于十月初发行"第二次临时性法币"，于票面注明"仅于十月初至十二月底期内有效通用，过期作废"，同时命各企业申报当时所存有"第一次临时性法币"的数目。

（十）政府于十月初命各人民申报七月初至九月底的收入，和十月初期所存有"第一次临时性法币"的数目，同时命人民申请调换"第二次临时性法币"。

（十一）政府于十月初征收各企业及人民七月初至九月底的所得税（税率自应为累进制），由各企业发出的人民收入，应缴之所得税应由各企业事先扣除，汇总缴纳。人民由企业范围以外所得的收入（如房产租金等），应缴之所得税应由人民自行缴纳。

（十二）政府余下年一月初，将上面第（八）、（九）、（十）、（十一）、（四）条的内容，再执行一次。如果政府封冻资金和推进直接税的成绩相当圆满，这一次发行的新币，就可算作"永久性法币"，以后就不必再行调换。若是逃避的情事，依然甚多，政府可再发行一次"临时性法币"。若是连续发行三次"临时性法币"，各企业逃避所得税的代价就会过高，以后应无再发行"临时性法币"的必要。①

刘大中说："目前我国经济危机的严重性，是无人可以否认的。若要彻底救治这危机，必须要从根本上铲除造成目前危机的因素。换言之，已有的游资必须加以封冻，然后逐渐引用到生产正途去，同时必须要树立健全的国家财政基础，推进直接税，使政府收支差数大于减低。"②

刘大中提出的上述方策，受到了其他学者的批评。他们认为，首先，在内战停止以前，当时的经济危机根本无法救治。其次，新币的发行关系重大，在基本条件成熟以前，不容轻易尝试。③ 针对这两项问题，刘大中又发表《再论"根治目前经济危机的方策"》一文，展开相关论述。

针对第一个问题，刘大中说："《根治方策》主张利用调换新币的机会去封冻游资，借以把目前物价急剧上升的趋势抓住。然后再用所建议的方法，去有效推行所得税，使政府的收支大约相等。目的在用釜底抽薪的方式，使通货和人民纳税后所余的'货币收入'（Money Income）不至继续扩大，物价自必趋于平定。若是政府为作战目的的需用的物资数量又有增加，或是交通和生产工具因内战而更趋败坏，政府可将直接税率比例增高，人民纳税后所余'货币收入'，和可能够用的物资数量的比例，因之不变，物价仍可不涨。"他说："《根治方策》虽然不能减低因作战而耗用的物资数量，但能使政府的支出由收入大的人去担负。人民消费物品的供给若再行减少，直接税的税率就可比例增高，借以减低收入大的人的购买力，物价仍可不升。同时因为物价的平定，非战地的正当生产也可有增进，人民消费品的供给也可因之而增。"④

针对第二个问题，刘大中说，发行新币固然是国家经济的百年大计，

---

① 刘大中：《论根治目前经济危机的方策》，《经济评论》第1卷第1期，1947年4月，第11—12页。
② 刘大中：《论根治目前经济危机的方策》，《经济评论》第1卷第1期，1947年4月，第16页。
③ 刘大中：《再论"根治目前经济危机的方策"》，《经济评论》第1卷第11期，1947年6月，第6页。
④ 刘大中：《再论"根治目前经济危机的方策"》，《经济评论》第1卷第11期，1947年6月，第7页。

但同时也可作为稳定国家财政金融的一种有效工具。问题是在发行新币以前，有无具体的办法和健全的执行机构。所以，他坚持认为《论根治目前经济危机的方策》"能抓住目前急剧上升的物价，使国家财政收支趋于相抵"。物价平定以后，利率降低，囤积戢止，资本必流向正当生产。物价平定和生产增加以后，国际收支才能渐趋平衡。《论根治目前经济危机的方策》中发行新币的办法，是达到这些目标的主要工具之一。[①]

（三）侯国聪反对发行新币

1948年1月，侯国聪著《中国的币制可以在今日改进否》一文，探讨如何治理财政收支失衡导致的恶性通货膨胀。据侯国聪估算，至1947年12月底为止，法币发行额至少当在45万亿元以上，较战前的14万元增加了约32000倍；批发物价指数，至同年12月底止，如以上海为准，当已达战前的144000余倍，比法币发行额疾速好几倍。侯国聪说："似此无限制滥发，诚令人隐忧第一次大战后德国马克之命运，会重见于今日。"

侯国聪说："币值下跌，物价上涨，生产衰敝，民生困苦，论者多谓欲稳定经济，非立即改进币制不可，先后财部顾问、中央日报、经济委员黄元彬氏、刘大中教授及王新命先生等，均主是说，且引新近欧陆八国（比、波、南、丹、荷、挪、捷、奥）、远东日本及苏联的改革币制为例，认为我国亦可立即仿行。无论其立论动机如何，但大多数都只凭主见臆测，过高估计预期效果，而忽略了我国当前的客观情势。"

侯国聪进一步指出改进币制的客观条件：第一，岁计预算必须平衡；第二，国际收支必须平衡；第三，外汇平准基金必须充裕；第四，生产及交通必须恢复。他说："无第一条件，则不能保持对内购买力的稳定，无第二条件，则不能保持对外购买力的稳定，无第三条件，则不能避免汇价的波动，无第四条件，则不能避免物价的波动。要具备这四个条件，方足以言币制改革。"

[①] 刘大中：《再论"根治目前经济危机的方策"》，《经济评论》第1卷第11期，1947年6月，第7—8页。

侯国聪说:"内战一日不停,军费一日无法缩减,以财政政策为印刷机政策,而言平衡预算,谈何容易?法币的保姆李滋罗斯说:'中国财政当局,必先平衡收支,才好发行新币,不然,新币也难免膨胀不已。'(《中国建设》四卷六期)俞鸿钧部长也说:'中国财政收支不平衡,改革币制,必无济于事。'(1947年12月《大公报》)"

侯国聪指出,"政府维持官价汇率的手段,一向是靠外援,1942年曾获美贷五亿美元,以二亿美元买黄金来执行黄金政策,一亿美元发行零星公债,一亿美元发行美金储蓄券,另一亿元付印钞等零星用途,嗣又在美军驻华费用名义下获二亿一千万美元,接着又得借款三亿美元,此外英美两国先后拨交外汇平准基金亦达二亿美元左右,政府运用这笔外援,名义上是用种种方法维持币值,实际上是替豪门资本开投机之门。1946年3月政府将法币对美元汇率调整为1:2020,同年8月调整为1:3350,至1947年2月调整为1:12000,在12月已陆续调整为1:83000。只以国内政治经济财政的客观条件未能改善,汇价与物价脱节,黑市汇率高涨,入超加剧,走私猖獗,侨汇走漏,益使外汇基金更感枯竭。同年(1947)8月政府公布修正管理外汇办法与管理进口贸易办法,所成立的平准基金委员会,本身并无基金,其主要任务仅以调整汇率及严格审核外汇的需要两种方法来平衡外汇的收支,然仍未能免物价波动,黑市汇率依然高涨,走私依然猖獗,所赖以换取外汇的东北大豆输出,又因为炮火所毁,输出锐减。最近美国国会虽援华贷款一千八百余万美元,然数目微小,何能济事?如欲稳定外汇,势非五亿至十亿美元的外汇平准基金不可,目前又能从何筹措此笔巨款?"

侯国聪指出,"在内战扩大与恶性膨胀通货的两大钳形攻势下,中国的生产事业,已经是走入末路,美货倾销,民族工业大多破产,因物价猛涨,成品涨价远不及原料及人工的涨价,利息高昂,均非厂家所能负担;加之官僚资本的垄断,使民营工业几无立足之余地。国内工业,1946年四川工厂停工者达百分之八十,上海中小工业停顿者达百分之七十五以上,一般工业生产能力,恐仅及战前百分之五十至六十。农业方面,因兵源征集,农村劳动力减少,荒地增多,战乱使人民流离失所;棉花、粮食、生丝、茶叶、桐油等产量较战前减少甚剧,生产业全濒于萎缩之中。说到全国交通,亦因战乱至半身不遂,物资无法畅流。生产与交通未恢复所加于物价的压力,有增无已,相反地,即是表示币值愈益下跌,虽发行新币,又安能不步旧币后尘?"

他说:"所谓我国币制应从速改进,显少实施可能。中国在经济本质上,仍然是一个未完全脱离半殖民地性质的资本主义社会,国内特权阶级,正垄断一切国民经济命脉,任何法令都首先由自身加以破坏。或以为此次大战未结束前,英、美、加等国的物价都增加有限,在战争不停的局面下,物价币值仍能稳定,甚至在物价上涨的趋势更凶的情势下,应即实行这种方法的迫切性更大,中国亦可援用这些例证,即时改革币制;殊不知中国现在的战争是内战,与英美加等国的外战(作战对象及地区均是外国),本质上是不同的,不能相提并论。改制有迫切性是一回事,而能否行之有效又是一回事,决不能混为一谈,我国的币制改进,现在已不是应否的问题,而是能否行之见效的问题。忽略中国社会经济本质,撇开政治不谈单纯由经济言经济,必无补于当前经济局势之改善,冒言改制,必蹈此次战后匈牙利改革币制失败之覆辙!总之,按照当前客观情势,我国的币制,立即改进,尚非其时!"①

(四)其他学者纷纷发表相关见解

周作仁、樊弘、费孝通、刘大中、王遵明、徐毓楠、蒋硕杰、丁洪范、沙咏沧、袁贤能等各教授专家关于治理通货膨胀的见解如下。第一,政府财政收支不平衡,必须依赖发行法币来弥补。战争不结束,生产减少,物资缺乏。这两大因素互为因果,辗转循环,物价上涨,无有止境。制止之道,非及早结束战争不可。第二,物价上涨还有人谋不减之处。政府尚无固定的财政政策,公库制度迄未贯彻实行,也是促成涨风的因素。政府对于平抑物价的对策以往和现在都是治标的而非治本的,是局部的而非全部

---

① 以上均引自侯国聪《中国的币制可以在今日改善否》,《国讯周刊》第453期,1948年,第4页。

的，是暂时的而非永久的。第三，在物价上涨中，工业固可繁荣一时，但在物价急剧波动之下，因生产过程关系，成品与原料间出现了时间的落后，以致卖出的成品换不回原料，无法从事再生产。在此情形下，工业的维持往往靠吃存底或借债。今日之情势如果政府不加援手，前途实在不堪设想。政府扶植之道可从改善进出口贸易政策下手，切实辅助产品之运销，放弃进口原料之管制。但物价一日不稳定，仍恐不会有根本解决的办法。第四，工资虽赶不上物价，但对于今日衰颓的工业，则实亦成为严重问题之一。现行工资依照生活费指数调整给付，尚属公平合理。①

1947年5月13日，南京《大刚报》发表社论：稳定物价的根本措施，在于及早实施币制改革。发行新币与整理收支，要配合并进。②

1947年5月14日，上海《益世报》发表王祖念的《通货管理政策与今后本位币》一文。其中指出，首先，黄金政策已失效，其他如存款准备金政策、外汇管制政策及利率政策等皆为治标办法，其治本办法则为改革币制。其次，币制改革应采用含有管理意义之新金本位，一方面币值与黄金发生联系，以求国际间物价之稳定与平衡，并便利国际间资本与商品之流通；另一方面规定黄金价格之变动不得超过百分之一，而达到国际间黄金移动之限制。最后，改革币制之先决条件为和平统一、交通恢复、物价平稳、收支平衡。③

张培刚认为，物价问题之核心在如何制止发行量之增加，借发行物价债券以吸收游资，缓衡涨势，并非问题核心所在，难收根治危机之效。又推行物价指数债券，能否见效当视下列问题能解决与否。其一，物价指数能代表各阶层各地区通用物品之价格。其二，游资之增加如小于通货之增发，绝缘纵令吸收全部游资亦难稳定物价，何况吸收大额游资不易，而全

---

① 周作仁、樊弘、费孝通、刘大中、王遵明、徐毓楠、蒋硕杰、丁洪范、沙咏沧、袁贤能等：《物价上涨与工业经营》，《工业月刊》第5卷第8期，1948年8月，第3—8页。
② 南京《大刚报》社论：《稳定物价的根本措施》，《金融周刊》第8卷第21期，1947年5月，第25页。
③ 王祖念：《通货管理政策与今后本位币》，《金融周刊》第8卷第21期，1947年5月，第25页。

第五章 抗战胜利后的币制改革思想（1945—1949）

部吸收更难办到。其三，今日物价涨势已超过通货增加率，游资如不能完全吸收，物价仍将上涨。即令吸收比率与通货增发率相同，物价仍难免上涨。其四，即令游资及增发之通货全部被吸收，物价指数债券之功效仍难超出实际生产减少程度之极限。①

李崇淮认为，解决通货膨胀方法，不外增加物资供应及减少有效通货流动量两途。但外汇资源枯竭，出口萎缩，无法大量输入外货。国内产业因资金短绌等因素亦处于破产之边缘，至于财政收支，虽可出售物资及国营事业以资弥补，但短期间断难望接近平衡。增税自有限度，且将影响再生产进行。此时除发行大量而有效的"物价指数国库券"外，诚别无良策以挽时艰。库券如按物价指数还本付息并可随时买卖，恰合人民保持币值心理，发行量亦可随物价涨势而定，俾保持物价平稳，而略带上倾之姿态。②

郑林庄指出，紧急措施方案实行后，政府为平抑物价，贴补交通、水电及燃料之受益人大部分为城市中之富裕阶级，使用邮电者亦多为知识分子。故贴补只是一种特惠，而增加国家与平民之负担。贴补政策不能稳定物价。③

梅远谋说："1947年2月16日国府公布经济紧急措施方案，为稳定物价，促进生产，内曾规定工资应以一月份物价指数为标准，不得再行提高。十年来物价步步高升，其故在生产萎缩，物资缺乏，而不在劳动成本之过高。这十年工资水准与物价水准相去不可以道里计。平抑物价应从疏导游资与增加生产着手，决不能采不合理的硬性工资政策而贻国家政治社会前途以无穷之祸患。"④

1947年，有几位经济学者倡议发行物价指数债券，以抑制或缓冲当时

---

① 张培刚：《论物价指数债券》，原载《经济评论》第1卷第6期，1947年5月10日，又载《金融周刊》第8卷第21期，1947年5月，第26页。
② 李崇淮：《如何解决通货膨胀——再论"物价指数国库券"之发行》，原载《经济评论》第1卷第7期，1947年5月17日，又载《金融周刊》第8卷第21期，1947年5月，第27页。
③ 郑林庄：《论贴补》，原载《经济评论》第1卷第7期，1947年5月17日，又载《金融周刊》第8卷第21期，1947年5月，第28页。
④ 梅远谋：《论工资与物价》，《劳工》1947年第6期，第7页。

的通货膨胀。李崇淮撰文论通货管理并建议发行"物价指数国库券",即政府发行一种债券,以物价指数作为宣布券价及随时兑现之根据。蒋硕杰主张"政府应该发行一种新公债,不但它的利息应使之随物价指数同一比例的增加,就是将来还本的时候,也应该照其票面额乘以发行至还本期间物价指数增加的倍数"。方显廷在上海经济团体联谊会上亦主张发行"物价指数储蓄券"以吸收市场之游资,而期稳定物价。①

刘大中、陈振汉、吴景超、蒋硕杰、胡寄窗、关大中等认为,金圆券发行的激增已威胁到平民的生活,稳定新币值的有效措施,除"订货贷款"外,政府应即"停放封存",同时发行物价指数债券以吸收游资。②

吴东初说:"金银及铜等金属货币的价值按供求规律发生变动,但纸币价值之变动非特应需要与供给之定律,更视发行纸币政府之信用为转移。政府因财用支绌,信用不著,往往恃发行纸币以继其穷。纸币贬值,债权人受损,债务人受益;纸币升值,债务人受害,债权人受益;等等。通过观察18世纪美、法、英、意、俄、奥地利、西班牙、南美诸邦及日本等国发行公债及纸币的情况,得出以下结论:第一,各国公债因战争而产生,几成公例。各国政府往往通过发行纸币弥补财政空虚,结果则致通货膨胀、百弊丛生。求财政充裕,首在维持预算。一旦财政赤字陡增,则必至更增国债之额与续发纸币以使膨胀。第二,发行不兑现纸币,币值必渐减。而物价增涨有两种情形,一种是普通物价之渐增,另一种则是因纸币贬值而使物价骤增。第三,证之往史,知通货膨胀之大弊。纸币持有者、债权人、固定收入者等受创殊巨;工商业界更是苦于物价增高、工价增高而衰败;节俭储蓄之风至此扫地;投机与侵吞公款之风骤涨;政府税收亦减,财政拮据。第四,收缩通货,不外二途,一即减少债务,一即实行收缩纸币之额。"③

1938—1949年,中国通货膨胀的危机之所以愈演愈烈,主要是因为国

---

① 《申报》1947年3月17日、18日、19日,"星期论坛"。
② 刘大中、陈振汉、吴景超、蒋硕杰、胡寄窗、关大中:《稳定新币值的有效措施》,《新路》第1卷第19期,1948年9月,第4页。
③ 吴东初译《货币膨胀各国公债略史》,商务印书馆,1947。

民党政府既没有及时采取真正增加收入的措施来解决不断增加的军费开支，也没有及时采取有利于恢复和发展生产的正确措施来摆脱经济困境，而是铤而走险，依靠货币发行弥补财政赤字，采取扩张信贷的政策刺激生产，通过从国外进口增加供应，结果是财政赤字日益严重，通货膨胀的危机急剧恶化。在日益严重的恶性通货膨胀危机中，农业生产大受打击，日益衰败，手工业生产遭受沉重摧残，民族工业更是日益萎缩，商业贸易在投机猖狂的风暴中备受打击，日益萧条。中国经济在恶性通货膨胀的沉重打击下完全瘫痪，国家税收因而大幅减少，公债信用一落千丈，国民党政府的财政危机急剧恶化，并很快全面崩溃。恶性通货膨胀所导致的社会不公极其严重，打破了许多人的幻想，促使他们站到反对国民党政权的立场上去，从而加速了其垮台。

三 国民党政府的金圆券改革及国人的评论

1948年8月19日，国民党政府颁布《财政经济紧急处分令》和《金圆券发行办法》，宣布"自即日起，以金圆为本位币，十足准备发行金圆券，限期收兑已发行之法币及东北流通券"，①强制将黄金、白银和外币兑换为金圆券。根据有关法令的规定，"新金圆将为今后唯一的本位货币，而以一比三百万倍的巨大比率，折算以法币为计算单位的一切价格"。②

"新币制颁行一个半月以来，物价飞涨"，虽然国民党"以只准成功不许失败"的决心来平抑物价，但是各地物价无不在暗中波动。许多商品都从公开市场隐匿不见而钻入黑市，日用品黑市价格早已上涨4—10倍。更严重的是，国民党政府的限价是武断的、支离的，其威力相当有限。国民党政府在改币以后宣称冻结工资，这是既不公平而又事实上做不到的事。③

1948年10月1日，国民党政府被迫宣布放弃限价政策，准许人民持有

---

① 《中华民国货币史资料》第2辑，第574页。
② 勇龙桂：《币制改革后的上海金融市场》，《经济评论》第3卷第21期，1948年9月，第16页。
③ 蒋硕杰：《新币制的善后》，《新路》第1卷第23期，1948年10月，第4—7页。

金银外币，并提高与金圆券的兑换率。限价政策一取消，物价再度猛涨，金圆券急剧贬值。10月11日，国民党政府又公布《修改金圆券发行办法》，取消发行总额的限制。至1949年6月，金圆券发行总额竟达一百三十余万亿元，超过原定发行总限额的六万五千倍。票面额也越来越大，从初期发行的最高面额一百元，到最后竟出现五十万元、一百万元一张的巨额大票。金圆券流通不到一年，形同废纸，国民党政府财政金融陷入全面崩溃，人民拒用金圆券。1949年7月，金圆券停止流通。

国内外各界人士对国民党政府实施的金圆券改革反响很大。国外方面，"美当局声明否认美金支持中国新币"；"华盛顿邮报评论币制改革必失败，预算绝难平衡，基金空空如也"；"菲律宾报认为，南京改革币制为治标方法"。国内方面，上海中外商界金融界人士认为，"行使新币将依旧通货膨胀"；"立法委员批评新经济方案，重视富豪利益，主张修正以顺应民情"；"故都教授看新币，认为一点没打击豪门，倒是牺牲了小有产者……"①

金圆券改革是一场骗局，引起了时人的广泛讨论，可从赞成改革方与反对改革方两者加以分析。

（一）赞成金圆券改革方提出币改修正方案

1. 杜梅和提出"拥护新币制应有之努力"

在国民党政府宣布金圆券改革之前，很多专家指出当时中国尚未具备改革币制的条件。他们所考虑的，不外三点：国家预算未平衡，国际收支未平衡，生产消费未平衡。在学理上，这三个平衡是币值稳定的因素，也是改革币制成功的要件。

可是，杜梅和说："我们虽不能在自然状态下得到绝对平衡，但我们可以在人为环境下接近平衡。假使我们能够正视现实，则知近期的法币流通情形简直增加了财政收支、国际收支和生产消费的不平衡程度。市场贸易，许多不以法币为交易媒介了，人民财富许多也不以法币为储备工具了，情

---

① 《国内外各界人士对南京币制改革的反响》，金烽、赵广志等：《国内币制改革与工商业》，南方论坛社，1948，第35—46页。

况不能说不严重。再拖下去，国家经济基础也受其牵累。这次政府毅然宣布改革币制，固然是适应时势的要求，也是为着全国人民的需要。"

他说："这次币制改革系财政经济紧急处分中之一节，就新币——金圆券本身言，其特点为：（一）十足准备，四成金银外汇，六成产业准备；（二）限额发行，发行总额限定为二十亿元；（三）公开发行，组织金圆券发行准备监理委员会检查保管，公开报告。""金圆券的发行基础，既有上述稳固特点，同时更进而整理财政，管制经济，收兑民间金银外汇，以为配合改革币制之主要措施，其应得的效果自然是：（一）物价可以安定；（二）工商业可渐趋繁荣；（三）人民生活可望改善；（四）国家财政收支可望接近平衡。"接着他提出了"拥护新币制应有之努力"。①

显然，杜梅和对国民党政府抱有不切实际的幻想，误以为只要人民拥护新币制，金圆券改革就能成功。事实上，由于国民党政府一开始并没有积极采取开辟税源、增加税收，同时减少军政开支的举措来根治财政赤字，而是采取发行纸币、扩张信贷的通货膨胀政策，恶性通货膨胀愈演愈烈，法币贬值势如水泻，物价涨腾有如脱缰野马，法币增发的速度远远赶不上物价增长的速度，进而致使财政赤字急剧增加，财政崩溃不可避免。尽管当通货膨胀进入恶性阶段，并严重威胁到国民党政权的时候，国民党政府采取了物价管制、外汇统制、贸易管理以及黄金政策等一系列反通货膨胀政策，但是这些政策在日益膨胀的财政发行面前不堪一击，而通货恶性膨胀则变本加厉，急剧恶化。国民党政府在发行大额钞券仍无法满足财政需要之后，制造金圆券改革骗局，以新通货金圆券取代法币进入流通。然而，金圆券的发行不久就迅速膨胀。其贬值的速度比发行更快，因而很快就为人民所拒用。

2. 吴大业建议发行物价指数储券，举办物价指数存款

1948年，吴大业撰文《改革币制以前通货膨胀下的经济》，支持币制改革，并陈述其理由如下："法币既已失支人民的信念，如若换发一种新币，而换发的技术，又可以增加人民对于新币的信念，使得人民愿意以货币保

---

① 见杜梅和《改革币制成功之因素》，《经济建设》第3卷第3期，1948年，第2页。

民国时期的币制改革思想

留于手中,不急急抛弃以购存货物,则物价可能得到一种初期的稳定。……这时就可给与财政上一个很好的喘息机会,在这个过渡时期,仍可继续以发钞抵补岁亏,而不致使物价上涨。物价有了这段初步的稳定,则财政的改革亦易为力。若能在这个喘息时期内得到收支平衡,则改革币制不独可以得到初期稳定,并且可以间接的得到长期稳定。这就是未达财政平衡先行改革币制的理论根据。至于实行改革币制以后,是否即可得到财政的平衡与物价的稳定,就要看新币制的内容与一切的配合政策了。"①由此可见,吴大业先生对国民党政府抱有一定的幻想,以为可以通过金圆券改革终结恶性通货膨胀的噩梦,使国民党政府获得喘息的机会,这说明他并未认清现实,无异于痴人说梦。

吴大业认为,金圆券不能兑换金币或金块,新币制仍然是一种管理货币,所以新币制用以恢复信心的方法是:其一,十足准确,其中40%为金银外汇,余为有价证券与国营事业资产;其二,限制最高发行额为二十亿圆;其三,公开检查发行数额与准备情形,定期公布。他说:"改革币制,表示政府的一种新的决心,与以前的紧急方案不同,必将全力以赴,期在必成。"②

吴大业针对新币制缺乏自动调节货币数量的工具,人民缺乏保存购买力的工具,政府缺乏补抵岁亏的工具,建议在新币制下发行物价指数储券,举办物价指数存款。他认为,第一,举办物价指数储券可以表示政府本身对于新币制的决心与自信;第二,指数的编制没有困难;第三,不致因为人民对于政府没有信任而不存款;第四,储券存款的销路没有问题;第五,指数储蓄并非便宜富人而对薪资阶级利益更大;第六,投机家对于指数储蓄不能操纵取利;第七,指数储蓄按照此法不致用为交易媒介;第八,物价指数储蓄不致提高利率而反压低利率;第九,物价指数储蓄不致加重区域经济的失衡;第十,此法不致于某个时期骤然放出巨款;第十一,物价

---

① 吴大业:《改革币制以前通货膨胀下的经济》,中国经济研究所编《新币制——金圆券》,华夏图书出版公司,1948,第7页。

② 吴大业:《新币制内容及其稳定的作用》,《新币制——金圆券》,第11页。

第五章 抗战胜利后的币制改革思想（1945—1949）

指数储蓄政府负担极轻。吴大业说："新币制与紧急处分令中的其他办法，仅能得到一个初期的安定，不能持久。若加上物价指数储蓄的办法，即可延长这种初期稳定的时间，也可以说延长新币用什么方法，最后的长期安定仍靠财政，这点是不可忘怀的。"①

1948年，吴大业草拟发行物价指数储券与举办物价指数存款的办法如下。第一，物价指数储券与物价指数储蓄存款先在上海、南京、广州、汉口、天津等地办理，以后再逐渐推广至其他商埠。第二，成立各城市物价指数委员会，每会委员五人，由政府指定二人，当地学术机关或人民团体推定三人组织之。第三，各城市之物价指数委员会逐日编制各该城市之物价指数，于次晨九时以前公布之。第四，由财政部委托中央银行发行物价指数储券与举办物价指数储蓄存款，按照储券售出或储款存入前一日之物价指数收受款项，按照还本前一日之物价指数还本付息。第五，物价指数储券面额为五百金圆、一千金圆二种，物价指数储蓄存款不限金额。第六，物价指数储券之期限分为一个月、二个月、三个月三种，物价指数储蓄存款分为一星期、二星期、四星期、二个月、三个月五种。储券随时发售，储蓄存款随时存入，到期本随息付。第七，物价指数储券之利率一个月满期者年息三厘，二个月与三个月者利息与储券同。第八，物价指数储券与存款过期不取者，每存满一星期仍继续按存满该星期之末日物价指数还本，但不加付利息。不足一星期之零数，不照物价指数计算。第九，物价指数储券与储蓄存款必须在原发行或原存入地点偿还本息。第十，物价指数储券与存单得用以向商业行庄抵押借款，但不得向国家行局抵押借款。第十一，为推行普遍起见，中央银行得委托其他银行代售储券代收储款。第十二，物价指数储券与存款之由代理银行发出或收存者，期满后向原代理银行收回本息。第十三，代理银行应于每日将代售储券代收储款之数额及到期期限详填表格，连同所收款项送交当地中央银行。第十四，代理银行应于每日将次日到期之该行经手储券储款报告当地中央银行，中央银行即于次晨将应付本息拨入各该代理银行指数储款专账内以备提取，但不能提作

---

① 吴大业：《新币制下加强稳定力量的具体建议》，《新币制——金圆券》，第95页。

储券储款还本付息以外之用途。第十五，代理银行于偿还储券储款之本息以后，须将注销之储券与存单送交中央银行销账。第十六，中央银行对于代理银行得酌给手续费。①

3. 褚葆一认为币值稳定、国际收支平衡是币制改革成败之关键

褚葆一说："新币制实施以后，对于我们的国际收支状况，是否有使之改善的可能？这是币制改革成败关键之一。""在新币制之下，要紧缩进口数量，似乎不易达到可见的效果。同时，我们觉得在目前的情形之下，要扭转贸易差额，节省外汇基金的消耗，应该在鼓励输出方面多所努力，不要仅在打击进口方面做文章。对于进口贸易，我们应该鼓励工业原料以及生产器材的输入，只有奢侈性消费品，才需要用全力阻止其输入。""这次改革币制，提高汇价，输出数量却有增加的可能，其实际增加的程度，将视市场、物价、生产三方面的困难，是否能获得适当解决而定。"

褚葆一指出，此次币制改革，同时规定限价办法，政府为求币制改革的成功，管制物价，使之钉住不涨，确属必要之图。从对外经济关系方面看，出口贸易能否因此获得刺激，增加出口，消除入超，都以物价管制的成败为关键。可是从经济制度的自然趋势看，出口物价如钉住不涨，出口数量的增加一定很有限，只能使过去囤积待售的物资输出，要大量扩大来源，恐怕不易成功。"还有，中国目前的出口物资，主要是农产品，其次是矿产品。在现在，战区自北而南日渐扩大，农村不宁，田园荒芜，壮丁逃亡，人力缺乏。交通破坏，运输困难的情形之下，出口物资的生产，要保持现状，已是不易，更谈不到增加产量。所以，出口数量要有显著增加，必须在政治军事方面有一小康局面才可以。""至于贸易方面的逆差问题，在进口方面，虽物价有提高的可能，可是进口数量，恐怕不能有多大的低减。在出口方面，数量的增进，虽不无困难，可是大致是可观的。新币制施行以后，贸易逆差可能缩小。不过，过去的贸易逆差相当巨大，要使逆差从此完全消减，还是不可能的。"②

---

① 吴大业：《新币制下加强稳定力量的具体建议》，《新币制——金圆券》，第86—88页。
② 褚葆一：《新币制与国际收支》，《经济评论》第3卷第21期，1948年9月，第10—11页。

第五章 抗战胜利后的币制改革思想（1945—1949）

褚葆一又写道："现在世界各国，国际收支的平衡，大都感觉相当困难，对于资金外流，无不严加限制。""由于近半年来资金的大量逃避，以致法币的外汇价值，迅速跌落，香港申汇紧缩的程度，超过国内的物价涨率，上海的美钞黑市，也超过中美货币购买力平价。""资金逃避的主要原由，当然是法币价值的连续跌落，使一般人对之失去信心，因此不愿加以保藏。此种现象，原是通货膨胀期间必然发生的现象，假如资金逃避，单纯是由于通货价值不稳定而起。那末，一旦币值稳定，人民对通货的信心恢复，逃亡的资金也就可相率归来。此次币制改革，一方面由中央银行收兑人民持有的外币，一方面限期申报人民在国外的外汇资产。（1948年）八月二十三日起，上海以及各大都市，都有大批市民纷纷以美钞港币交中央银行换成金圆券，这是一个良好的开端。"

"资金的大量逃避，一方面使国际收支无法平衡，外汇基金迅速消融。另一方面使汇价过度高涨，动摇人民对通货的信心，而加速其崩溃。这是通货制度致命伤，非竭力防范不可。新币制施行以来，资金逃避似已停止，今后要防范资金逃避的死灰复燃，必须设法使物价与汇价获得长期稳定，使人民对新币有充分信心才好。人民有了恶性通货膨胀的经验以后，犹如惊弓之鸟，对于币值的变动，有特别敏锐的感觉，币值如不能稳定，资金逃避是无法防止的。"

最后，褚葆一总结说："从整个国际收支的形势看，新币制的前途是光明的。贸易的逆差，有缩小的可能。侨汇收入可能增加，而资金逃避事实上已告停止。不过此种乐观的现象，是否能继续保持，主要在于币值能否长期保持稳定。物价涨风假如一旦兴起，国际收支的前途也将阴霾四布，不堪设想了。"[①]

4. 吴国隽提出三种平衡预算的办法

1949年，吴国隽作《改革币制后的财政问题》一文，提出三种平衡财政收支的办法，幻想金圆券改革可以取得成功。

他说，改革币制的主要目的，乃求预算的接近平衡，其所谓改革币

[①] 褚葆一：《新币制与国际收支》，《经济评论》第3卷第21期，1948年9月，第12页。

制,以及维持新币的稳定各端,实只认为是达到预算平衡的前奏与后果而已。"本来在改革币制以前,大多数人总认为要改革币制,必须在预算平衡以后,使人民对新币发生信心,才可成功;而这次政府的政策,却恰恰相反,竟把改革币制这一件事,首付实施,以为达到预算平衡的手段之一;这在学理上,实际上,原亦有其根据,不是绝对不可成功的。因为币值的稳定,或变化,根据各国的经验与统计,不特与通货的数量有关,并且与人民的心理,亦有莫大的关系。我国在改革之前,物价的指数,约超过发行增加的指数五倍以上。这亦就是说,法币购买力的减少之数,较发行的增加指数相差五倍有奇,与货币的数量学说不符。这里面的原因,当然是因为一般人对法币缺乏信心,而继续看跌,这种心理要素,在里面作祟。所以这个时候,根本改革币制,充实准备,公开发行,以昭信对国人,把货币在前时根据数量说所不应减少的五倍购买力恢复过来,俾减轻国家岁出入预算失衡的趋势,在政策上,我们决不能说它是错的。所惜的,是政府在改革币制的初期,币值虽稍见稳定,而国家预算的本身那些失衡的要素,却未能清除或减少,致使新币的价值,终于无法维持其稳定,而国家的财政情形,亦一步一步要回复到改革前的状态。税收的实值,既益见减少而国库的支出,亦因物价的涨高而大增。整个政策,遂告失败了。现在政府看到这一点,又再度颁布改革币制的补充办法,企图利用金圆券有限制兑现的方法重建新币的信用,以阻止新币购买力的剧烈下降了!这种政策,自实施以来,市面虽较为平稳,但其最后成功的关键,仍在政府能否利用这一喘息的机会,把预算本身那失衡的要素清除掉,使其接近于平衡以为定。这因为单单兑出二三亿的黄金白银,决不能阻止将来预算的赤字,与通货的继续膨胀,而使新币得维持其稳定的。所以政府现在最重要的工作,应是如何设法使财政稳定,而预算接近于平衡,否则错过这个时候,亦必如同错过改革币制初期的时机一样,又再度宣告失败的。"

"本来政府在改革币制之初,对于如何使预算趋于平衡这一点,曾拟有种种的办法,例如出售物资,发行公债,增加税率,及节省支出等,在理论上,实际上,都是站得住的。但是结果却缓不济急,办法的实施,与所

第五章 抗战胜利后的币制改革思想（1945—1949）

发生的效力，都赶不上支出预算增加的速率，最后预算的赤字，仍得要增加发行来抵补它，其失败的原因，不是由于平衡预算的办法不好，而是这些办法在时间上，未能悉中机宜，这是很可惜的。现在新币的价值，在金圆券有限制兑现的政策之下，或有较长期的稳定，对于预算本身那些失衡要素的清除，比改革初期，当获有更从容的时间，以从事工作。不过在改革初期，所拟定各种平衡预算的办法，以时过境迁，或未尽适用，且办法尚多，亦决非那几种。私意以为现在我国对于平衡预算的办法，不特要挥其收入较丰富的，同时并须择其收效较速的。"

吴国隽提出，最重要的三种平衡预算的办法为：第一，采用机动税率，与机动计税，使税收的增加与物价相适应，以减少国库收入的损失；第二，在生产上，厉行节源增产，使财货得发挥其最大的效用，以充裕国库的收入；第三，根据边际效用的原则，对国家各项岁出实施节制，使人尽其才，物尽其用。

吴国隽说："我对于平衡预算的办法，所以只提出这三个原则，并非说此外就无别的办法，实则如发达生产，出售物资，征收财政税（对真正豪门），发行公债等办法，在理论上，实际上，都是可采用的。只因这些办法的实施，在我国现在的环境之下，须有充分的时间与准备，才能克服其在技术上的困难，或是缓不济急，所以我就只选择这三个较切实的原则，以为政府现在努力的目标。"

吴国隽天真地相信国民党政府能把这三个原则切实做到。他说："国家岁出入预算，很快的就会接近于平衡，而新币的价值，亦自可维持相当的稳定。我亦知道货币对外价值的稳定，此外尚有待于国际收支的平衡，但是新币对内的价值，能比较的稳定，物价不增加，则对于国际收支的平衡，亦可发生有利的作用。这三个平衡预算的原则，不特在战时可以适用，即在平时亦可适用，端在我们的运用而已。"①

5. 邢广益拥护金圆券政策

金圆券出世不过三个多月，当初尽管如何强调"只可成功，不许失

---

① 吴国隽：《改革币制后的财政问题》，《银行周报》第33卷第2期，1949年1月，第10—12页。

败"，但国民党政府放弃限价政策于先，宣布金圆券贬值于后，事实上表现出金圆券已面临危机，币值前途已到相当严峻的境地。

邢广益指出："查金圆券发行额，截至（1948年）九月三日止共达九亿五千余万元，其中收兑金银外币及法币等计支出六亿五千万元，出口结汇和侨汇计支出约八千万元，其余二亿二千万金圆乃是改币后的国库及其他业务支出。截至十月底止金圆券发行额跃升到十六亿，不过这个月因物价和汇率的波动，各地收兑金银外币数量甚少，为收兑而发行的不及十分之一，出口结汇及侨汇亦均锐减，大部分乃是应付财政赤字。直到十一月十一日政府修正金圆发行办法，根本取消了金圆券二十亿的限额，这就是说金圆券要在二十亿以上继续发行了。""所以今后发行数额仍应按时发表，以坚定人民对金圆券的信心，以免摇动而丧失，这也是挽救金圆券应注意的一点。"

国民党政府所公布的《修正金圆券发行办法》第十一条规定："凡以金圆券存入中央银行指定之银行，定期满一年者，除照章计息外，并得于存款时，已与存款同额之金圆券，向存款银行兑换金圆，在金圆未铸成前，得按规定比例兑取黄金银币。"邢广益认为这是重要的修正。他说："原来的金圆券是管理货币是不能兑现的，现在一变为兑现的本位币，包括法定份量黄金的铸币，其代替铸币流动的兑换券，持券人得兑取铸币，这一转变确是挽救金圆券的必要措施，至于附带的要存款同额金圆券，目的在抽紧银根，用意乃在稳定币值，这一措施是无可非议的，我们应该竭诚拥护政府这种政策。""不过在实施上是否能收预期效果，似有指明的必要，我们不妨具体的说明，假定要兑付黄金一市两先要交一千圆定期一年存款。人民是精于打算的，照政府规定利率只有周息二分，而市场上利率当然高得多，且物价愈涨利率越高，权衡轻重，何去何从，这是不言而喻的。除非金银市价超过兑现官价与同额存款之和，例如上海的银元每枚要卖二十二元，而官定兑价只有十元，即使再存十元，合计不过二十元，人民当然乐意存款兑换的。不过金银市价与官定兑价相差过远也就失去了稳定币值的意义，真令人左右为难了。"

邢广益指出，"在我们看政府实行存款兑现办法只限金银，虽然是稳定币值的对策,但还嫌不够,更应该准许金圆券持有人得以金圆券按照政府规定汇率购买外汇"。他说:"同样的是挽救金圆券的必要措施。这在政府方面似无十分困难,因这次收兑人民外币等既有两亿多美元,假定目前金圆券发行额是二十亿,按修正官定汇率美金一元对金圆券二十元,只需一亿美元即可应付,何况一部分金圆券要被黄金兑现所吸收,实际上不一定需要付这样多美元。似有迅速考虑采行的必要。"①

最后,说到金圆券本身,邢广益认为,通货的发行一定要力行紧缩,务要"以少为贵",否则在金圆券持续扩大膨胀之下,这个无底洞,绝非这有限的金银外币所能捏注的。

(二) 反对金圆券改革方提出币制改革新方案

诸葛黛认为,张群遗留下来的十项自助计划中,最好的一项还是"尽力建立一种使币制趋于稳定的基础,俾外援(美援)得收最大功效"。"本来,恶性通货膨胀的结果,中国的币制已到了非改不可的地步,客观的事实摆在面前:即有大都市的黑市与半黑市交易都讲美钞或黄金,甚至连南京中央政府中贵人们的房子出租给外国人住的时候,也非美金莫办。至于农村呢?早就以粮食做交易的工具了。尤其是袁大头(银元)一个个从坟墓里跑出来,闹得行政当局手忙脚乱,因为财政部要禁止银元流通,而司法院的解释,却是银元买卖,并不违法。这一切一切都说明,你政府不改革币制,我们老百姓先替你改了。"

诸葛黛指出,在主观上,翁文灏本人也是赞成改革币制一收稳定经济局面之效的。在他看来,由于军事形势,改币要想有什么了不起的扭转乾坤的效果,固然不可能,但至少可以造成一个小康的局面。而新任财政部长王云五更是主张破釜沉舟地用改革币制来冲破当前经济的难关,认为改革币制为唯一"救命之策"。但是,王世杰极力反对改革币制,还有"美国人根本不赞成我们现在改革币制"。"美国总是说,请先改革军事局面,同时,美国并愿帮助中国把军事局面改好,尽速通过一亿二千五百万军事援助计划,

---

① 邢广益:《如何挽救金圆券》,《银行周报》第33卷第2期,1949年1月,第13页。

先打几个大胜仗再说。""就在这改币似乎要搁浅的时候,张群从昆明回到南京,宋子文也被蒋总统以中美号专机从广州接来。这两天(1948年8月8日前后)蒋翁张宋之间,接触频繁。熟悉内幕的人都知道,这个方案想要提出,势非先让这三位内阁揆取得一个一致的意见。以张的政治见解,加上宋的经济算盘,加上翁的科学方法,就等于一个改革方案。"①

勇龙桂说:"由于最近期间全国物价水平的不断波动,特别自六月以来迅速的上涨,使得通货与物价之间的关系,发生了更为显著的变化。换言之,即是前一阶段每月物价的波动,尚不过以百分之四十至百分之八十为限度。同时新钞券的发行每月亦不过达到上月的百分之二十五至百分之三十。但因六月间物价过度的高昂,使得原来法币膨胀的速度,已经不能迎合实际的需要。因此降入七月,法币发行额便有了惊人的增加。而八月以后,更因物价的继续动荡,膨胀率仍站在相当的高峰。"②

1. 蒋硕杰提出"善后的具体办法"

蒋硕杰认为,金圆券改革办法"根本出发在一个不可能的假定上"。1948年8月初,法币发行总额六百万亿,仅当金圆券二亿,但金圆券发行办法,却将发行总额按战前法币流通总额的实值推算,定为二十亿金圆,即8月初法币流通总额的九倍。这里面隐含的假定就是,改革币制以后,人民对金圆必有坚定之信心,故金圆之流通速度亦可恢复至战前法币之流通速度。因此政府在用二亿金圆收回所有法币以后,还可以增发十八亿的金圆券而不会使物价重起跃动。在这个如意算盘之下,政府可以用金圆的发行来弥补赤字,还可以大批地发行金圆券来搜集民间储藏的金银及外国币券等。殊不知这种假定完全是一种表示政府内心希望的幻想而已。

如果政府谨慎发行,并采取有效的控制"有效需要"的方法(刘大中等建议),使物价确能稳定两到三个月,以物价稳定的事实(并非限价而买不着东西),来增强人民对金圆的信心,那么金圆的流通速度也许可以逐渐降低,以后市面也许可以容纳更多的金圆流通额。但是,政府并未这样做。

---

① 诸葛黛:《改革币制有穴风来》,《新闻天地》第46期,1948年8月,第6页。
② 勇龙桂:《币制改革后的上海金融市场》,《经济评论》第3卷第21期,1948年9月,第16页。

第五章 抗战胜利后的币制改革思想（1945—1949）

政府仗着金圆券发行额之大，竟以空前未有之速度膨胀通货之发行。在8月19日的限价之下，各种商品必然会供不应求，市上对货物的"有效需求"自然随着发行的增长而猛涨。政府此时应根本改变其对物价问题的看法，坦白承认目前的一面膨胀通货一面硬性地限制物价的错误，将重心由治标的限价变为治本的对"有效需求"的节制。

蒋硕杰提出"善后的具体办法"如下。第一，即刻停止以发行金券收兑民间金银外币的"自杀政策"。第二，行庄之增资应迅速办理。行庄之增资之现款部分，照现在的办法，需存入中央银行，三个月不得动用。第三，奖励节约，并供给人民一种能保全储蓄实值的工具。蒋硕杰、李崇淮、吴大业、刘大中、胡寄窗等主张发行物价指数储蓄证券，等于将一般存放款利率提高至一般物价增长率以上。必须先取消限价政策，以限价为计算标准的指数储蓄券必无人愿购。在物价指数未能按自由市场价格编算之时，政府至少应将存款利息提高。第四，由硬性之限价到日用品之全面配给。政府应按照生产成本随时调整限价即采取议价制度，不使生产事业亏本，但同时应制止厂家及商人利用市上购买力坚强的时机过分提高价格以获暴利。至于生活必需品尤其是粮食则应继续限价并且应辅之以统购统售及全面配给（即限制私人购买），使限价成为事实。第五，投资及放款之控制。刘大中、陈振汉、吴景超、蒋硕杰等提出封冻存款及停止放款的办法（短期紧急措施）。作为统制全国银行钱庄的投资及放款的经常办法，可仿效日本在东北伪满时代实行过的所谓"共同融资制度"。第六，增加入超。今后的经济政策必须以收缩有效需求为重心。一面放任有效需求的疯狂膨胀，一面企图只用政治力量钉住物价，简直是违反经济常识的举动。①

徐毓楠认为，蒋硕杰低估了物资缺乏的严重性，所以想从金融财政方面想办法。"即使物资缺乏问题不严重，蒋先生所提办法，恐怕因为既得利益人民信心等关系，不容易行得通，即使行通了，其效果亦只能逐渐发生，而对于未来一月或一周内的严重情势，却为补不大。"所以主张政府在国外

---

① 蒋硕杰：《新币制的善后》，《新路》第1卷第23期，1948年10月，第4—7页。

购粮，在国内抛售。①

刘大中主张立即征收一次财产税，以猛烈的方法收回和毁灭一部分购买力，再用有效的方法继续吸收购买力，去促进生产和增加税收。其一，立即封冻所有银行钱庄的存款，把所有的存款移存中央银行，每月每户至多只得提取一百金圆（疾病死亡等情事自可申请）；其二，所有银行钱庄一概停止活动，在指定的期限内，不准接受存款，自然也不能放款。其三，有工厂和工人的厂商，可以向中央银行申请"订货贷款"，但须呈报各项收支详数，作为政府征收营业税直接税的根据。其四，立即征收一次财产税，政府如果能拿出良心来，它很清楚地知道谁有钱谁没钱，应限于一个月内缴付。政府如不愿、不敢、不能或不肯办这一件事，什么都可以不必再谈。在实施第四条期间，取消限价，改用议价，予各种价格以合理调整。在第一、二、四条切实施行以后，取消物价统制，听其涨落，同时实行第五、六项。其五，由各地学术机关编制物价指数，发行物价指数债券。其六，施行全面粮食配售。另外，政府应立即用搜刮来的金银外币到外国去购买日用品，运回来配给人民。②

1948年10月7日，蒋硕杰做出"总答复"，称物价跃涨和抢购简直已入恐慌状态，"所以毓楠先生和大中先生所批评的缓不济急是正当的。在这种情形之下，我们所需要的不是补救政策，而是救急政策。毓楠先生所提出的把以前收兑进来的金银美钞再行抛售的这贴强心剂很值得考虑。至于将美钞金银之抛售价格提高一倍的办法恐怕难行得通。大中先生所提议的一次财产税也是极需办理的事。这些办法都不免与既得利益相冲突，所以最后的关键是在于政府的诚意与勇气"。③

2. 汤心仪、方秉铸、鲁仲严等从不同角度分析金圆券改革难以成功

针对1948年8月20日起在全国实行的金圆券改革，汤心仪说："我国币制，既然由法币改为金圆券，最重要的目的，便在稳定物价。亦惟物价

---

① 徐毓楠：《物资与币制善后》，《新路》第1卷第23期，1948年10月，第7—8页。
② 刘大中：《善后办法的程序和严弛》，《新路》第1卷第23期，1948年10月，第8页。
③ 赵守愚：《最后的关键在乎政府之觉悟与诚意》，《新路》第1卷第23期，1948年10月，第8—9页。

第五章 抗战胜利后的币制改革思想（1945—1949）

稳定，而后改革币制，方才有其意义。"他认为稳定物价不是短期的工作，而是长期的工作，单靠当局采取限价、经济检查、奖励告密等手段，实在仍嫌不够。"我们知道物价所以上翔，一方面是生产不足，供不应求；一方面是通货数量，继续膨胀，再加以投机操纵，囤积居奇，所以踔厉奋发，青云直上。如其能够增加生产，疏导游资，双管齐下，则物价自然平稳。否则能够实行津贴制度，或者全面配给，则物价自然不致猖獗。如其只知强迫限价，作硬性规定，便有效力，不过是消极的，治标的，敬祈有关当局从积极的，治本的方面实施才好！"①

方秉铸认为，"政府如欲新币制的推行"，"只许成功，不许失败"，"则对目前的物价管制，不能不特别注意；当局必须以相当时期物价稳定的事实，来赢得人民对新币的信任"。"现在摆在面前的只有两条路：一为政府对于物价的全盘管制，有计划，有办法，全国物价能维持在半年内不大变动，人民对于新币的信心逐渐建立"；二为当局对于物价的行政管制。方秉铸认为前者是一条理想的路，"但并非决不能实现的一条路"；后者则"定不能持久"，是一条极可怕的路，但也是很容易出现的一条路。

他说："政府对于物价的全盘管制，有计划，有办法，全国物价能维持在半年内不大变动，人民对于新币的信心逐渐建立。这时一般囤货动机消灭，货币流通速度大为减低，使政府可增发相当数量的新币而令物价不涨；同时因囤积利润的不存在，使工业生产也能慢慢恢复正常，物资的供给可望增加；益以物价或币值稳定以后，政府复能借金圆公债的发行，来弥补财政收支的差额，使财政问题解决，真能遵守金圆券的最高发行额而不必再膨胀通货；如是，即在战乱情况下，经济仍可恢复平时状态。"

方秉铸说："当局对于物价的管制，并没有彻底的通盘计划，完全依靠武装力量实行强迫限价，既未从对货物本身的供需调节上着眼，也未顾到各种物品相对价格的适当配合，而除直接管制物价本身外，对于消费者的购买量既无限制，再于消费者的剩余购买力又未想好适当的出路。这样的管制，定不能持久，物价暂时的平稳也不过是慑于一时政令的威力。稍隔时日，破

---

① 汤心仪：《改革币制与稳定物价》，《银行周报》第32卷第36—37期，1948年8月，第12页。

绽必露，去年'经济紧急措施方案'的经验，可为殷鉴。万一不幸走入此种地步，那时的情况将不堪设想：物价如脱羁之马，首先奔腾，工资薪金调整不及，工潮随之而起，金钞黑市又将一日数跳，外汇管理的困难再起，财政情势的险恶更不必说；这时政府如思再有所改革，恐已不复可能。"①

鲁仲严提出，金圆券改革要想取得好结果，必须注意三个条件：第一，不再借发行以平衡预算；第二，新货币对内对外，均须维持其购买力；第三，准备独立，检查公开。他认为，新政策要想实行较久，必须考虑以下问题：第一，"在现有发行量还不到最高发行额时，今后财政收支不敷之数，是否仍将以一部分取给于金圆券之增发？除此以外，指定的款作担保而发行公债，是否比较妥善？"第二，"现有金银准备及保证准备，已足够为最高额（二十亿元）之担保。但今后金圆券势必慢慢增发，如全国生产不能相等的慢慢增加，则如何可以使其不发生通货膨胀？"第三，"金圆券之准备独立及检查公开，原有取信中外之作用。此项政策，一经实行，必须彻底，勿使人民有些微怀疑"。

鲁仲严指出，"此次各种美金票面之公债，将折合为金圆公债，如果政府无意再改汇价，则新公债不妨保持原来票面价值。否则可否添列保存保证票面价值之各款，以坚人民信心，俾将来可以续发保证性之公债或办理储备以随时收回通货"。"又这次改革时，外汇黄金之定价颇合现实，就技术言，不失为一优点。但有人认为黄金外汇定价，比八月十九日黑市略高，换言之，新定价即是在缓步上涨过程中八月二十日可能的市价。而一般物价，则定为一律照八月十九日折算金圆券，固两者之间，可说是有一天之距离，尤其是一部分依据官价计算成本之工料立即发生差异而有困难。此项差异，是否应予各别调整？如须调整，应及早调整，勿待将来调整，引起其他涨价之借口。""再者，此次物价，系以政治力量予以抑平，人民受益固非浅渺，但是否可以永久维持而不致碍及生产成本，影响货物来源，如去年（1947）棉花统制后之情形一样？"

关于金圆券之准备独立及检查公开，鲁仲严指出，"有下列各点，均关

---

① 方秉铸：《新币制与物价管制》，《经济评论》第3卷第21期，1948年9月，第13页。

第五章　抗战胜利后的币制改革思想（1945—1949）

重要：（甲）发行准备外汇部分如何可以绝对独立，而不致与央行业务资金混淆？（乙）辅币券发行额未有规定，在战前曾经有人讨论及此，现在是否应加规定？（丙）金圆券发行办法第十四条，载有'金圆券发行准备监理委员会，如发现金圆券之准备不足，或金银外汇之准备不及第八条第二项规定之百分比时，应即通知中央银行，停止发行，收回其超过发行准备之金圆券并分别报告行政院及财政部'等语。有些人因见此一规定，乃认为央行在不得已时，或亦可偶然为超额发行者；另有些人以为依此规定观之，央行可藐视发行限制，不算违法者。此项揣测，自非政府原旨，但如果政府既有不逾限额之决心，则本条可否删去？（丁）人民对于官商合办事业，近年以来，少感兴趣。推其原因，不外：（一）对于业务执行权，商股不能真正参加；（二）随时有收回官办可能，至少随时可听到收回官办之议论，故商股权利保障不切实；（三）股息亦无保障。为使人民相信保证准备确有流通价值起见，应否有针对上述各点之新政策？"①

3. 李崇淮主张推行物价指数储蓄，反对通货膨胀政策

李崇淮首先阐明推行物价指数储蓄之目的为：鼓励储蓄，稳定人民怕涨心理，借以避免投机信用之膨胀与囤积抢购之风气；借用人民剩余购买力以弥补财政支出，借以减少通货发行；引导游资趋入正轨，使用于正当生产事业之发展；缓和通货流转速度及确保金圆本位币制之成功；预防通货紧缩物价下跌之危机。然后，提出发行物价指数库券与举办物价指数储蓄存款办法如下。第一，由政府另定一种记账单位，其与现行国币金圆之比价开始定为1∶1（或其他法定之数），其后每日、每三日或每周按物价指数调整一次。第二，由全国金融、工商、农矿、新闻、学术及其他民意团体推选代表九人至十一人组织物价指数储蓄监理委员会，或称保值储蓄监理委员会，以负责前项物价指数之计算及库券与储蓄存款之监督事宜。第三，物价指数储蓄监理委员会设于上海，物价指数之计算亦以上海一地之物价为标准，其所包含之物种以广泛及富于代表性为原则。第四，由政府

---

① 鲁仲严：《金圆券之永久稳定》，《银行周报》第32卷第36—37期，1948年8月，第12—13页。

委托各地国家银行及指定之商业银行代为发行票面以记账单位为单位之短期库券一种，其收付悉按当日记账单位与金圆之比率折合金圆行之。第五，前项短期库券得分十、百、千或其他票面发行，期限得分一月、二月或三月，分别按月利五厘、六厘及七厘计息。第六，以上库券逾期后，任何期间均可按当时之比率兑换金圆，并得按原定利率继续计息，但在期限以内者，不得兑赎。第七，券票面于发售时加盖发售地点，到期异地兑取时，应扣除两地间之汇费。第八，各银行得受政府委托或自行举办储蓄存款，其收付悉按当时之比率以金圆行之。各银行对于此项储蓄存款之利息，得按照战前标准计算给付。第九，受政府委托办理该项储蓄存款之银行，应于每日营业终了时，将收付情形报告中央银行，并将差数当时结清，另由中央银行酌付手续费千分之一。第十，各银行均得以其资金投资于前项短期库券，并得以库券抵充储蓄存款准备金。

李崇淮认为，发行物价指数库券与举办物价指数储蓄存款，存在"成功基础"。第一，以绝对保障人民储蓄为前提。第二，库券期短，储蓄存款随时兑赎，可以吸收大量剩余购买力。第三，并不发生还本付息问题。他说，物价指数储蓄不但有利而无弊，且可发生下列作用：制衡作用、调剂作用、稳定心理作用。

最后，李崇淮指出，"政府如欲推行此办法，即不宜同时课以利得税，以自减低其收缩通货之效力。惟若政府必欲出此，则课征应仅以利息为对象"；"政府应于制定条例时，予以明文规定，嗣后不得有所更改，以祛除人民的顾虑，而利库券的推行"。他说："今若以指数储蓄保障人民之购买力，则政府非但不能借此而有所收入，反而更加负担，岂非有违政策原旨？实则此一问题殊为可笑，盖政府推行通货膨胀政策之恶果，已彰彰在目。此种挖肉补疮之政策实有害于人民，有害于工商各业，甚至有害于政府自己。非但就经济立场言，此种政策毫不足取，即就社会立场言，亦有背公平之旨。盖此种无形征课，多半由中小所得阶级来负担，豪门大户鲜受影响也。此种政策实应早为放弃。"[①]

---

① 李崇淮：《物价指数储蓄与经济稳定》，《实业金融》第 2 卷第 1—2 期，1949 年 3 月，第 77—79、84 页。

第五章 抗战胜利后的币制改革思想（1945—1949）

4. 金烽、赵广志、刘大中、徐仲尧、佩山、恒之等深刻批判金圆券改革

1948年9月，金烽发表《如此金圆券》一文，一针见血地指出，金圆券改革是国民党政府企图死里逃生，孤注一掷，"这真叫做'日暮穷途'、'异想天开'"，绝不可能成功。他说："金圆券不但是法币的翻版，而且简直是法币的劣版。"金烽指出，王云五撒下漫天大谎，"金圆二十四亿六千万元的收支，真不啻空中楼阁，使人无从置信"。国民党政府的财政赤字是无法用二十亿元金圆券发行限额填补好的，恶性通货膨胀"为期不远"。①

徐仲尧说，"新金圆券的'十足准备'是十足成为问题的"；金圆券改革是冒险的，因为它缺乏正当的条件；币制改革办法其实只是南京当局"狗急跳墙"的自杀行为。新金圆券是"一定要走法币的旧道路的"。②

赵广志指出，金圆券改革"对于工商业是有百害而无一利的"。他说："这样的改革，简直是给国内及部分华侨工商业以致命的打击，今后国内的工商业更迅速地走向破产，是可以预料得到的。……这是自取覆灭的办法！"③

佩山说："金圆券的发行，是全盘的掠夺。对于薪水工资阶级的掠夺，尤其露骨。……资产阶级的金钞国有做不到，大资产阶级的国外财产国有更做不到，但是赤贫如洗的薪工阶级的剥削，却立刻付之实施了。"④

恒之指出，金圆券改革方案中关于金融币制之要点，约有四端：一是黄金、白银准许人民买卖，中央银行为平准市价，亦得为金银之买卖。二是银元准许流通买卖，政府筹购白银，鼓铸银元。三是外国币券仍禁止流通。四是黄金、白银、银元及外国币券，除中央银行外，非经财经部特许，不得运送或携带出国。"其旅客携带金饰，总量不超过二市两，银饰不超过二十市两，外国币券不超过五百元者，不在此限。""新方案没有一点有利于改善民生的成份，相反，政府还想借重这个新方案向老百再搜刮一次。"国民党政府首先把金币抬到合法的地位，其次就大模大样地说："政府得随

---

① 金烽：《如此金圆券》，金烽、赵广志等：《国内币制改革与工商业》，第8页。
② 徐仲尧：《论币制改革》，金烽、赵广志等：《国内币制改革与工商业》，第12、18页。
③ 徐仲尧：《论币制改革》，金烽、赵广志等：《国内币制改革与工商业》，第23页。
④ 佩山：《金圆券怎样剥削薪工阶级》，金烽、赵广志等：《国内币制改革与工商业》，第28页。

时在公开市场上买卖金银,以稳定金圆券之价值。"所谓在公开市场上买卖金银者,实际就是参加投机。

恒之说:"政府本身既然公开投机,金圆券的价值还能稳定吗?我们不懂目前政府所实行的通货是一种什么本位?假使说仍以金圆券为法偿通货,为什么税收改用关元计算或以实物征收,这已明示政府不要金圆券了。在支出方面,政府今后拟以银元发给武职人员薪饷,而文职人员则另行拟定。假使金圆券仍是唯一法偿货币,为什么武职人员改用银元发饷?又为什么把文职人员的待遇放下不管?条文告诉我们,政府怕军队不打仗,所以以银元发饷;文人不会打仗,所以就放下不提。反过来说,假使政府今后采行的是银本位,则应即日宣布停止金圆券之发行,大量铸造银元应市。但央行总裁刘攻芸极力强调此次金融部分之改革,并非币制改革,并谓'金圆券仍为唯一法价本位货币,至于银元之流通,并非货币性质,而系商品性质,与黄金白银之为商品者无异,今后商店标价及一切交易行为,自应仍以金圆券为标准,方为合法,而金圆券亦必继续发行'。这样看来政府此次公布的金融币制新措施,既不是改行银本位制,也不是为时论所说的采行了'双本位币制',而是在金圆券继续膨胀的前提下,承认了若干既成事实。政府承认了金银自由买卖与自由流通的既成事实,不但不花本钱的送了一个人情,而且还可从中取利,政府的算盘不谓不精到了。"

恒之指出,金圆券改革方案中又禁止外币流通,据说这是"为了维持国家的体面"。但是"事实上政府大量搜购外汇证,促供外汇证及美钞价格激涨,大利所在,趋之若鹜。例如外汇证由新方案公布前数日之一千四五百元涨至公布后时之三千元大关,致使美钞价格亦随之上扬,其价格不但超过了中美货币购买力平价,而且超过了对银元应有的比价(按美钞对银元之合理比价应为美钞一元合银元一元五角之谱),因此最近旬日来美钞投机交易非常活跃"。

"总而言之,国民政府变来变去,万变不离其宗,就是尽量搜刮民脂民膏,以维持既得利益阶级,绝不会花费毫末为人民的生计想一想。假如政府真有诚意为民着想,或本'取之于民,用之于民'之旨,痛改前非,就应当把以前人民所兑给政府的两亿美元价值的金银外币,用来稳定金圆券

第五章　抗战胜利后的币制改革思想（1945—1949）

价值，或以之购买白银实行银本位币制，我们相信这样去做比一切枝节变法都有效。但是南京国民政府，根本未做此想，所以历来的办法总是文不对题，愈弄愈糟。""无疑的，这一次的金融币制新办法，没有任何意义，也绝不会产生任何奇迹。目前经济问题的症结，不在政府知不知，而在政府行不行。假如政府既不愿从经济方面解除人民的痛苦，就应当下最大决心觅取全国和平，从根本上解决一切困难。"①

以上尖锐批评指出，"金圆券改革"其实就是一个骗局。国民党政府在取消银本位后，一味地把货币发行作为解决财政困难的手段，而不重视纸币本身的信用，最终在国民党统治的区域制造了当时世界上最严重的恶性通货膨胀，致使普通百姓手中本不多的财富一再缩水，这成为其垮台的重要原因之一。

四　马列主义货币理论和资本主义货币理论之借鉴与批评

这一时期，很多学者对批判的马列主义货币理论与资本主义货币理论（名目主义与金属主义）的区别做了深入的探讨，得出的结论很有说服力。

王烈望说："我们可以而且必须从马列主义的观点来批判资产阶级的任何一种理论，但不能拿马列主义某一部分的理论与相对于资产阶级的某一部分理论来做比较研究，因为二者的阶级立场、观点、方法，都没有丝毫相同之点。因而，资产阶级的货币理论，不论它是货币名目说，货币金属说，还是货币数量说，都不能和马列主义的科学的货币理论相比拟。"

王烈望认为，大体说来，各种资产阶级的货币理论具有三个非科学的、违反实际的基本特点。其一，它们不是从历史的发展观点，而是从作为货币材料的物质效用与其他商品的交换关系来说明货币的现象形态。这特别表现在货币商品说或货币金属说。货币名目说自以为克服了前者的缺点，但依然违反了历史观点，它同样抹杀了货币是由商品发展而来的历史事实。

其二，由于这些货币理论不是从历史的发展观点，不是从货币的现象

---

① 恒之：《关于金融币制》，《经济评论》第4卷第20期，1949年3月，第2页。

形态去认识它的本质,再从本质去掌握它的现象,因之它们不能说明货币的发生与发展,不能说明货币的所有机能,不能说明货币流通的规律。它们的说明,不是因果倒置,便是"只见树木,不见森林"。随便举几个例来说,名目学派解释不了货币的跌价,金属学派解释不了纸币的流通,数量学派也解释不了货币价值和商品价值的变动所引起的物价波动。

其三,它们都不敢承认或故意抹杀货币的价值就是一定量的社会的抽象劳动。但是没有这一共通的东西,货币是不可能作为价值的尺度的,货币名目说和货币数量说干脆否定了货币的价值而歪曲地把货币看作一种"记账单位"。作为价值尺度的机能是形成货币的社会必要条件之一,否定了这一机能也就是否定了货币的存在。光从这一点而论,这两种货币学说的理论基础就可不攻自破了。资产阶级的经济学者却倒果为因,说货币之所以有价值,是因为它能交换(或购买)商品。至于金属学派,则以作为货币材料的金属本身的使用价值或其所谓边际效用来决定货币的价值,也仍然不能解释货币作为价值尺度的机能,因为商品的使用价值和个人对于商品的边际效用无共通之点,是无法比较的。[1]

金家麟说:"货币数量说(The Quantity Theory of Money),在现代货币价值学说中是最走红的一种。""这是一种主张物价的腾落与货币数量的增减成比例的学说,亦即主张货币数量的增减决定货币购买力的学说。"金家麟从四个方面对货币数量说的基本观点及特色进行了批评:数量说者以为货币在流通前无固有价值,商品在流通前无既定价格,货币购买力与商品价格都是在流动中决定的;数量说认为商品与货币的对立,是一种机械的物与物的对立,是一种相对的数量关系,而不是特定社会的价值关系;数量说者以为社会上的商品总量,可以划分为许多共通的物质单位,以物质数量的比较来替代商品价值之等价量的比较;数量说者曲解纸币流通的法则,而又将纸币流通与实币流通视为同一事实。可见,金家麟吸收了马克思关于货币的本质、货币的职能及流通中货币量的理论,指出了货币数量说的不足。这一点可以从其结论部分更清楚地看到。

---

[1] 《新建设》第4卷第4期,1951年7月,第67页。

第五章 抗战胜利后的币制改革思想（1945—1949）

金家麟的结论为：第一，货币具有既定价值，商品赋有既定价格，是商品流通或货币流通的前提；第二，商品与货币的对立，是商品交换的发展所促成的价值共通表现形态中，相对价值形态与等量价值形态的对立；第三，对于流通工具的需要，不能用商品的物质数量来表示，而必须以商品的价格来表示；第四，在实币流通的场合，是货币数量适应于社会上货币流通需要量，在纸币流通的场合，是社会上货币流通需要量与纸币实在量的对比，决定了纸币所能代表的实值货币量，从而间接决定了纸币的价值。①

醴生认为，费雪货币数量学说（费雪方程式 $MV=PT$）仍有以下缺点：一是应用公式未能表明现象之因果关系；二是通货量增加未必使物价上涨；三是忽略利率对物价之作用；四是对物品本身之供求关系未加判析；五是理论与事实未必尽符（此项困难，于任何经济学说中皆存在，固不限于货币数量说）。②

1949 年 3 月，《实业金融》第 2 卷第 1—2 期发表系列论文，探讨物价理论与物价政策。褚葆一从硬性政策与弹性政策之争论谈起，重点阐述凯恩斯学说与物价政策，并总结道，主张弹性政策的人，是偏重削减工资后对企业家、对商品供给的影响；主张硬性政策的人，偏重工资变动对劳工、对商品需求的影响。这两种不同的主张都有一套理论作为根据，然而这两套理论似乎都不够精密。他说："经济理论是没有国界的，只要前提具备，结论当然适用。任何一种高明的理论，都不容许盲目的使用，食而不化是读书人的大忌，谈经济政策者尤其应该深加警惕。硬性政策与弹性政策的论争，主要是在消灭商业循环的波动，和我们当前通货膨胀所造成的波动，当然大异其趣。不过，经济理论如果只认为是解决实际问题的工具，工具因竞争比较而精益求精，坐着独轮车的旅行家，试一试飞机的驾驶方法总还是有益的。"③

---

① 金家麟：《货币数量说之基本观点的批评》，《新中华》复刊第 6 卷第 13 期，1948 年 7 月，第 42、46 页。
② 醴生：《货币数量学说之新检讨》，《银行通讯》新第 34—35 期，1948 年 10 月，第 29—30 页。
③ 褚葆一：《凯恩斯学说与物价政策——硬性政策与弹性政策之争论》，《实业金融》第 2 卷第 1—2 期，1949 年 3 月，第 68 页。

民国时期的币制改革思想

方秉铸在分析维克塞尔、凯恩斯等人的物价稳定论的基础上,提出了批判意见。他说:"他们的理论只能适用于静态社会的情形,而实际社会是时时在进步的,这使他们的一套理论完全落空。如果在技术不断进步的社会里,仍不断执行稳定物价的政策……最后恐无法避免膨胀与经济恐慌。而实际上1929年由美国所发生的世界经济大恐慌,未始不是由于采取物价稳定政策所造成的恶果。"[①]

在20世纪20年代,货币政策居于极重要的地位,许多经济学者都对它之安定经济发展(stabilizing economic development)抱无限的希望。但到世界经济危机发生,才发现货币政策并无此种伟大的功效,故财政政策应运而生。刘涤源1948年时说:"到现在,货币政策与财政政策两者实属相辅相成,以期维持充分就业的水准。"[②]

刘涤源对货币政策、财政政策与充分就业之间的逻辑关系展开了深入分析,并得出了具有一定创新性的结论和观点。

刘涤源指出,货币政策的目的,在于减少经济变动之程度,进而求维持经济繁荣。所以,20世纪20年代以来,货币政策与商业循环之间有一种极密切的关联性存在。经济学者研究商业循环之原因时,有的认为货币因素是唯一的原因,有的认定货币因素是商业循环的主要原因之一。所以,他们在研究如何消除商业循环时,自然会运用各种货币政策来维持经济之繁荣。尤其是在第一次大战以后到世界经济危机的一个时期,特别注重货币政策:由中央银行控制货币数量、调节利率进而控制投资,以消除商业循环。过去注重短期利率,此时期则转而注重长期利率。过去注重贴现政策,此时期则转而注重公开市场政策(open market operation)之运用。此时期经济学界对于"自然利率"(natural rate)颇有兴趣,希望借此自然利率使储蓄与投资能趋于相等,庶使经济之剧烈变动,不会发生。

及1929年世界经济危机发生,经济学者之注意力仍集中在中央银行之

---

① 方秉铸:《物价稳定的理论及其批判》,《实业金融》第2卷第1—2期,1949年3月,第75—76页。
② 刘涤源:《货币政策财政政策与充分就业》,《实业金融》第1卷第3期,1948年9月,第71页。

货币政策,尤其是利率政策与公开市场政策两项工具。当时许多人认为经济危机之所以爆发,乃由于公开市场政策运用之规模不够大,时间之延续不够长,且运用在时机上与经济发动之配合不够紧密。事实上,此经济危机时期已充分显示出,单凭货币政策,不能防范经济危机于未然;而在经济危机爆发后,单用货币政策,又不能使经济及早恢复繁荣。从此,对于货币政策之功效,大家不再过分估量,而认定货币政策对于消除经济变动之功效虽大,但绝不能单独解救经济危机,而必须与财政政策相配合,方足以增大其影响。

刘涤源称,在理论方面,机械的货币数量说已失却其重要性,利率变动对于投资之影响,亦应重新加以估计。在过去认定调节货币数量是消除经济变动之"万应灵丹",20世纪30年代以来则认定从货币总数量不变,经济变动仍可因其他扰乱因素而发生。过去认定利率对于投资有决定性作用,最近则认定利息不过为生产成本之一,其对于投资之指挥作用毕竟有限,投资之主要决定因素实在于资本之边际效率,在于期望(expectations),其中心理方面之成分甚大。所以,要使"有效需要"能够大到维持充分就业的水准,单靠货币政策实在不够强而有力,必须政府采用财政政策,用财政收支等方法去提高消费倾向,弥补私人投资之不足与不安定两项缺憾,方足以使经济维持高度的繁荣。

刘涤源指出,第一次世界大战以前,国际金本位在各国普遍存在,那时的货币政策是以维持准备金为准绳,货币政策之运用纯以准备金之盈亏为准。第一次世界大战后,则货币政策之准绳不再以准备金之维持为主,而以安定物价水准为依归。至20世纪40年代,则重心移于支出(expenditure)量与所得(income)量,货币政策为在其能力范围之内(能力范围之外,则乞灵于财政政策与其他政策),去求消费与投资之增加。这样,物价水准退而成为一种象征(symptom),而不再为运用货币政策之准则(criterion)了。[1]

刘涤源认为,货币政策之工具[2],可概括为下列诸项。

---

[1] 以上均引自刘涤源《货币政策财政政策与充分就业》,《实业金融》第1卷第3期,1948年9月,第72—73页。

[2] Karl R. Bopp, "Central Banking at the CROSSROADS," *American Economic Review*, March 1944, pp. 200–277.

第一，贴现率。这是信用政策中历史最长久的工具，它能支配市场中的短期利率，进而决定金融市场短期借款的成本。刘涤源说："远在一百年以前，生产事业中长期资本所占的成分比较小，贴现率的变动确足以对企业界发生很大的影响。到现在，长期资本在生产事业中所占的重要性大为增加；同时，经济组织更形复杂，如建筑业、保险业等所需长期资本比例尤大，故短期利率变动对于经济活动之指挥作用，远不如过去之大。现在受贴现率变动之影响最大者，恐须推供商品存货之用的借款。但是，假如商品价格期望（price expectations）不利的话，贴现率之此种影响亦将被抵消。所以，吾人对贴现率政策之效验，不能估计太高。"

第二，商业银行之存款准备比率（cash reserve requirements）。提高或降低商业银行存款准备率，为使金融市场超于活跃或紧缩的方法之一。此一政策在美国较为普及。据刘涤源观察，"在现阶段中"美国银行几乎普遍的有"多余准备"（excess reserve）之现象。当现金准备率提高时，银行的应对办法是：一部分减少"多余准备"，一部分改变其所保有之政府债券数量。自然，这些对于市场能施以一般的压力，再配合其他政策，达到稳定金融之目的。

第三，公开市场政策。中央银行买卖证券以调节金融市场，是英美各国在第一次大战后普遍采行的政策。对于有些国家的中央银行，买卖证券可包括短期、中期及长期的政府债券，有些则只包括其中一种或两种。以此一政策之效率而论，自然应当包括长短期各种不同的证券，以免中央银行受不必要的限制。运行此种政策时，一方面对资金数量能有所影响，另一方面也能影响各种利率，间接对经济活动产生一些作用。

此外，如黄金政策等，也对金融市场的调节有辅助作用。总之，这些政策是以调节货币及信用的数量为着眼点，系对市场做一般的控制，而对各经济活动或各经济部门并无差别待遇的办法。①

20世纪40年代，有许多经济学者赞同对于信用的"质"的管制

---

① 刘涤源：《货币政策财政政策与充分就业》，《实业金融》第1卷第3期，1948年9月，第73—74页。

(qualitative control of credit),罗鲍孙（D. H. Robertson）即为其中之一。①"此种政策尚在值得讨论和争论的阶段，离普遍应用的时机尚远。"依刘涤源的意见，"此种办法是值得采行的"。尤其是英美诸国的经济情报工作（如各种资料的搜集、统计与分析等）做得很完备，如政府或中央银行欲对某类企业的信用加以扩张，而对另某企业的信用加以紧缩，在技术上实有可能性。同时，经济组织日益复杂，信用之"量"的管制（quatitative control of credit）下，同一政策可使某类企业获益，令某类企业受害。例如，贴现率的提高或压低，在毫无差别待遇的情形下，有时很可能对某些企业或经济活动有利，对另一部分则有害。如能采用信用的"质"的管制，根据经济情报的指示，对应扩张者多予以信用上的便利，对应紧缩者则予以信用上的压迫，势必能补救信用"量"的管制在效率上的不足。但是，在自由的资本主义经济制度中，此种严密的信用的"质"的管制，其基本精神与整个制度在本质上不甚协调，故实行时可能遭遇许多困难。所以信用的"质"的管制，即为对于银行资产在种类上加以选择性的管制（selective control），对于银行放款在种类上加以选择性的管制。刘涤源关于信贷的质量控制的观点具有一定的创新性。

刘涤源认为，货币政策主要为信用管制，其中包括二大范畴：一为信用的"量"的管制，着重点在于信用及存款的数量的调节；一为信用的"质"的管制，着重点在银行资产及银行放款在种类上的选择性调节。两者虽性质不同，作用各异，但对经济繁荣的维持，彼此实属相辅相成，而非互相冲突。②

刘涤源还指出，货币政策的各种工具中，美国更有所谓"道德劝说"（moral suasion），即联邦准备银行对会员银行的过分扩张信用，或做投机性放款过多者，加以警告。自然，只有在情形相当严重时，才采此一武器。警告发出后，如受警告的会员银行不听指挥，则联邦准备银行即可取消其

---

① J. G. Smith, "Quantitative Versus Qualitative Control of Money and Credit," *People's Money*, Vol. I, 1935, pp. 215–217, 229.
② 刘涤源：《货币政策财政政策与充分就业》，《实业金融》第 1 卷第 3 期，1948 年 9 月，第 74 页。

民国时期的币制改革思想

再贴现的特权等,以资惩戒。

他指出,货币政策的目的在求经济安定与维持充分就业的水准。但是,货币或信用在供给方面的变动,非价格不安定的唯一原因。而价格变动又非经济不安定的唯一原因。有时价格变动为经济不安定的结果,而非原因。所以,要用货币政策去消除经济不安定的一切因素,实不可能。[①]

刘涤源指出,大部分的经济理论具有社会性和历史性的限制。凯恩斯的宏观经济学理论是以高度发达的英美资本主义私有制经济为背景而演化出来的,对于工业落后的中国经济社会不适用。他说:"凯氏就业理论是以正常时期的英美经济机构为背景,而非以不正常时期(如通货膨胀)的经济社会为根据。所以,凯氏理论决不能适用于通货膨胀、人心不正常的时期。我国许多读过凯氏理论的人,看到抗战后期及内战期中,社会上有剩余的劳动力与原材料存在,认定尚未达到充分就业的境界,主张采用凯氏理论所指示的方法去增加生产;而不知生产萎缩是通货膨胀后期的必有现象,与凯氏的充分就业问题没有多少关系。通货膨胀后期中,整个经济机构都被扰乱,全呈不正常状态,这时的失业问题与生产萎缩,决非凯氏就业理论及政策所能挽救。"[②]

[①] 刘涤源:《货币政策财政政策与充分就业》,《实业金融》第 1 卷第 3 期,1948 年 9 月,第 74 页。
[②] 刘涤源:《经济理论与经济现实》,《实业金融》第 2 卷第 1—2 期,1949 年 3 月,第 14 页。

结　语

一　民国币制改革思想的进步性

（一）紧跟时代步伐，不断创新发展

近代中国，饱受列强欺凌，同时受国际影响颇深，与世界交流日益密切。民国时期的币制改革思想深受西方金融思想的启发与影响，紧随世界币制改进步伐，不断创新发展。这与近代中国的经济社会现实完全吻合。

19世纪的世界币制本位论争，主要为复本位与金本位两派之争。随着金本位制的普遍实行，争论的结果是让更多的人了解到本位制的进化程序：银本位—复本位—金本位。清末民初，中国的币制本位思想就是在这种逻辑的影响下产生的。

自1931年英国停止金本位、1933年美国放弃金本位以后，货币数量说及管理通货说成为民国学者探讨的热点话题。学者们试图借鉴西方进步理论和成功经验，分析当时中国经济之实际状况，寻求和探讨中国币制改革方案，取得了不少创新性研究成果，彰显出中国特色和时代烙印。他们能够及时将马克思主义先进思想与中国币制改革探索相结合，深刻批判资产阶级货币理论的历史局限性，并合理吸收货币数量说及管理通货说的理论方法，加以改进，灵活运用于民国货币问题的解决方案。前者如王烈望、孙冶方、章乃器、钱俊瑞等，后者如姚庆三、刘涤源、马寅初、方显廷、刘大中、蒋硕杰、余捷琼、赵兰坪、张成达、邹宗伊等。

（二）正视现实，凸显中国特色

民国时期，国人已经清楚货币问题的严重性和币制改革的迫切性，能够正确把握货币政策对经济社会的影响力和局限性，从中国现实出发，充分考虑到国内外市场、政治局势、财政收支、政府行为、购买能力、民众心理、消费习惯等多种因素对币制改革的影响。

吴小甫说："货币问题在经济问题中处有枢纽的地位，这是不能否认的。不过货币是经济体系中的一个部门，货币问题能否获得解决，要看经济问题能否获得解决。一般的说来，经济发展的程度，决定货币制度的高下；经济的安危，自然也影响货币制度的安危。当然，在金融资本威力如此高张的今日，币制上的设施与一切货币政策，对于经济确有不小的影响。但是我们却不能因此即把货币问题的重要性估计得太高；自然，把它估计得太低，也是不对的。"[①]

北洋军阀混战时期，国内外人士都看得明白：没有一个稳定的国内环境，没有一个具有权威的中央政府，币制改革政策或币制改革方案再完美也无济于事。抗日战争全面爆发前夕，吴小甫说："在中国，只要市场问题有相当满意的解决，只要一切国货能够有着占据大部分乃至全部分的国内市场及相当的国外市场之机会，则币制的改进与货币政策的实施，不但可能，而且会大大的助长经济的发展。但如果市场问题没有办法，则经济与货币的真正进展，恐怕不易实现。"[②] 全面抗战时期和解放战争时期，很多币制改革思想，尤其是治理通货膨胀的各种主张都会关注到战争和政局的影响。

学者们在选取货币本位制度的时候，能够带着批判的眼光正视银本位制度的不足，指出废两改元的必要性和过渡性；能够维护国家主权和民族利益，看穿日、美、英三国争夺中国货币主权的阴谋，反对带有殖民地特性的金汇兑本位制和日元汇兑制度。

---

① 吴小甫编《中国货币问题丛论》，"编者的话"，第1—2页。
② 吴小甫编《中国货币问题丛论》，"编者的话"，第2页。

针对中国货币杂乱不一、外币侵扰的严重问题，学者们能够细致入微地出谋划策，提供统一国币、整理辅币、驱逐外币等各种执行方策，强调建设中央银行的重要性和必要性，明确改善金融制度与财政制度的紧迫性和艰巨性。

（三）百家争鸣，百花齐放

民国时期，政治上的多元状态造就了思想上的高度自由。许多学派互相争鸣，宣传自己的观点和学说，不同的币制改革思想一齐涌现。中外人士高度关注中国的币制改革问题，举国上下纷纷发表自己的主张。真理越辩越明，民国币制改革思想在各派人士的激烈论争下不断取得进步成果。

货币本位制度方面的论争，精彩纷呈。不仅有关于银本位、金银复本位（含平行本位制、双本位制和跛行本位制）、金币本位、金汇兑本位、金块本位、纸币本位等已被西方国家率先采用的本位制度是否应该在中国施行的反复论争，还有自主创新的货物本位论、科学银元本位论、有限银本位论、能力本位论、虚粮本位论、物产证券论等种种不够成熟的币制改革思想的交锋。

在对法币政策思想的评论方面，既有熟练运用西方货币理论对法币政策的合理解读，又有运用马克思主义货币理论点评法币与英镑或美元挂钩所带来的金融控制主权丢失问题；既有论证法币政策如何合理施行的各类主张，又有担忧法币政策无法顺利实施，或将导致通货膨胀的种种看法；既有讨论准备金应该是黄金还是白银抑或外汇的问题，又有分析法币政策与通货管理制度的差距大小问题。

在治理通货膨胀方面，既有合理利用西方货币数量学说从货币供给与通货流通速度两个方面深入分析得出的币制改革方案，又有立足中国本土，开创物价指数储券、物价指数存款以稳定币值的新想法，还有运用马克思主义先进理论深刻揭露国民政府的反动统治，并提出根治恶性通货膨胀之良方：推翻国民党的反动统治，结束战争，建立人民政府，在全国推行人民币。

此外，汇价稳定与国内经济的关系为当时货币理论界讨论甚烈的问题。

一派认为倘国外物价不能同时保持稳定，则汇价与物价二者必须牺牲其一，而以稳定物价为重要；另一派则认为汇价与物价的稳定并非处于绝对冲突的地位，汇价稳定亦可帮助国内经济的安定。针对国民政府实行的各项或开放或管制的外汇政策，时人有褒有贬，更多的是指出其不足，痛陈时弊，并提出了相应解决方案。

二 民国币制改革思想的局限性

（一）时代烙印深刻

民国初年，币制改革思想主要围绕本位币制和废两改元两大主题展开。但战火纷飞、军阀混战的国内外局势阻挡着币制改革政策的试行和改进，币制改革思想成果有限。这一时期，关于金属本位制的各种主张争论不休。孙中山、康有为、朱执信、廖仲恺等提出了不兑现纸币流通制度的理论。纸币制度符合货币演变的方向，但当时信者寥寥，而且理论本身还不成熟，康有为的纸币理论缺陷更多。

南京国民政府统治前期，币制改革思想紧紧围绕废两改元及法币改革展开，充分吸收西方货币理论，并立足中国社会现实，涌现出一系列日益成熟和完善、正确的币制改革方案，但也不乏带有严重空想性质的主张。

全面抗日战争时期，大批爱国学者纷纷奋笔疾书，为救国救民出谋划策，涌现出一系列充满爱国情怀的币制改革及经济救国主张。这一时期的币制改革思想都离不开稳定物价、治理通货膨胀这一主题，一方面利用西方货币数量学说分析中国通货膨胀难题，另一方面马克思主义和中国实际相结合在币制改革方面不断探索。

抗战结束后，面对法币贬值、通货膨胀的严重问题，很多学者开始怀疑纸币本位制，建议实施金本位制。这一时期的币制改革思想主要围绕通货管理、稳定币值、治理通货膨胀以及金圆券改革展开。

（二）千变万化，未成体系

民国时期，先后经历两次世界大战的"洗礼"，历经北洋军阀割据混战、国共第一次内战、抗日战争、解放战争。政治局势瞬息万变,经济局面时好时坏。西方经济学说和马克思主义资本主义危机理论先后传入中国,国人在不断吸取理论养分的同时,密切关怀现实问题,不断探索、创新、改进币制改革方案,甚至常有前后不一致的说法出现,币制改革思想并未形成完善的体系。

(三) 鱼龙混杂,良莠不齐

民国时期的币制改革思想既有体现西方金融理论与中国实际合理结合的废两改元论、法币政策思想、治理通货膨胀学说,也有不切实际、主观幻想的各种货物、能力、虚粮本位论调;既有吸收马克思主义理论,合理批判现实问题,提出根治中国货币"癌症"的良好方略,又有利用空想社会主义迷惑民众、迎合官僚资产阶级利益、倒行逆施的物产证券论,还有借用币制改革的名义谋取私利,不惜出卖国家主权的《金券条例》的出台,以及利用金圆券、银圆券改革条例搜刮民脂民膏的歪理邪说。一言以蔽之,真可谓鱼龙混杂,良莠不齐。

参考文献

一　史料

财政部泉币司编印《币制汇编》第1—4册第1—7编，1919。

陈仲秀：《银行存款通货数量及其流通速率计算法商榷》，出版社不详，1937。

戴铭礼：《中国货币史》，商务印书馆，1934。

东方杂志社：《货币制度》，商务印书馆，1923。

〔奥〕耿爱德：《中国货币论》，蔡受百译，商务印书馆，1933。

〔美〕甘末尔：《甘末尔货币论》，李百强译，会文堂新记书局，1935。

金烽、赵广志等：《国内币制改革与工商业》，南方论坛社，1948。

〔日〕吉田虎雄：《中国货币史纲》，周伯棣译，中华书局，1934。

李芳：《中国币制统一论》，商务印书馆，1918。

刘涤源：《货币相对数量说》，中华书局，1945。

刘振东：《中国币制改造问题与有限银本位制》，商务印书馆，1934。

马寅初：《通货新论》，商务印书馆，2010。

寿勉成：《世界币制问题》，商务印书馆，1936。

唐庆永：《现代货币银行及商业问题》，世界书局，1935。

王恒：《货币概论》，中华书局，1924。

伍启元等：《昆明九教授对于物价及经济问题的呼吁》，求真出版社，1945。

吴东初译《货币膨胀各国公债略史》，商务印书馆，1947。

吴小甫编《中国货币问题丛论》，光明书局，1936。

吴东初译《货币膨胀各国公债略史》，商务印书馆，1947。

徐沧水编《中国今日之货币问题》，银行周报社，1921。

徐青甫：《经济革命救国论》，浙江经济学会，1932。

余捷琼：《中国的新货币政策》，商务印书馆，1937。

章乃器、钱俊瑞、骆耕漠、狄超白：《中国货币制度往那里去》，新知书店，1935。

赵兰坪：《现代币制论》，正中书局，1936。

周伯棣：《货币与金融（二）》，中华书局，1934。

中国经济研究所：《新币制——金圆券》，华夏图书出版公司，1948。

周叔媜：《周止庵先生别传》，台北，文海出版社，1966。

中国人民银行总行参事室金融史料组编《中国近代货币史资料》第1辑，中华书局，1964。

中国第二历史档案馆编《中华民国金融法规档案资料选编》，中国档案出版社，1989。

中国人民银行总行参事室编《中华民国货币史资料》第1辑，上海人民出版社，1986。

中国人民银行总行参事室编《中华民国货币史资料》第2辑，上海人民出版社，1991。

Gustav, Cassel, *The Downfall of the Gold Standard*, Oxford: Clarendon Press, 1936.

Wei-Ying, Lin, *The New Monetary System of China: A personal Interpretation*, London, 1936.

Wei-Ying, Lin, *China Under Depreciated Silver, 1926–1931*, Shanghai: Commercial Press Limited, 1935.

二 著作

段艳：《1830—1949年中国货币危机与币制改革》，广西民族出版社，2016。

彭信威：《中国货币史》，上海人民出版社，2007。

魏建猷：《中国近代货币史》，黄山书社，1986。

杨端六：《清代货币金融史稿》，武汉大学出版社，2007。

叶世昌、李宝金、钟祥财：《中国货币理论史》，厦门大学出版社，2006。
张家骧主编《中国货币思想史》，湖北人民出版社，2001。
邹进文：《民国财政思想史研究》，武汉大学出版社，2008。
邹进文：《近代中国经济学的发展：以留学生博士论文为中心的考察》，中国人民大学出版社，2016。
卓遵宏：《中国近代币制改革史（1887—1937）》，台北，"国史馆"，1986。

三 论文

曹立前、葛计星：《20世纪30年代中国币制改革与美、英、日三国的态度》，《山东师范大学学报》（人文社会科学版）2006年第4期。
崔志海：《精琪访华与清末币制改革》，《历史研究》2017年第6期。
杜林远、邹进文：《世界经济思想文明进程中的民国经济思想——以无形资产理论、货币理论和发展经济学为中心的考察》，《河北经贸大学学报》2016年第3期。
段艳、陆吉康：《1830—1856年中国"银荒"危机成因考辨》，《云南财经大学学报》2012年第2期。
段艳：《"银荒"危机促使咸丰朝整改货币发行（1830年—1856年）》，《玉林师范学院学报》2014年第3期。
段艳：《1939—1949年国民政府的黄金政策述论》，《江西社会科学》2011年第3期。
段艳：《基于中国金融史角度谈货币危机与币制改革》，《商业时代》2013年第7期。
段艳：《清末银元单位问题的论争》，《北方论丛》2019年第1期。
段艳：《晚清自铸银元说》，《商业文化》2018年第28期。
段艳：《鸦片战争前后中国"银荒"传染路径》，《广东金融学院学报》2012年第6期。
马腾：《近代中国金融监管思想研究》，博士学位论文，中南财经政法大学，2017。
〔韩〕丘凡真：《精琪的币制改革方案与晚清币制问题》，《近代史研究》

2005 年第 3 期。

宋丽智、邹进文：《凯恩斯经济思想在近代中国的传播与影响》，《近代史研究》2015 年第 1 期。

王海龙：《晚清财政困局下的货币思想研究》，硕士学位论文，西北大学，2017。

王能应：《管理通货制：20 世纪 30 年代中国币制改革方案的讨论》，《中国地质大学学报》（社会科学版）2005 年第 6 期。

姚会元：《探研日本侵华战争中的货币战》，《福建论坛》（人文社会科学版）2015 年第 9 期。

叶世昌、丁孝智：《孔祥熙的经济思想》，《河北经贸大学学报》2006 年第 6 期。

叶世昌、欧阳文和：《许涤新在民主革命时期的经济思想》，《复旦学报》（社会科学版）2014 年第 4 期。

叶世昌、童丽：《章乃器金融思想初探》，《上海金融》2014 年第 7 期。

叶世昌：《对货币数量论的一点思考》，《世界经济文汇》1989 年第 3 期。

叶世昌：《货币理论发展的两个时期》，《世界经济文汇》1998 年第 2 期。

叶世昌：《简论 20 世纪中国纸币理论的演变》，《复旦学报》（社会科学版）2006 年第 2 期。

叶世昌：《孔祥熙的货币理论批判》，《上海金融》1998 年第 9 期。

叶世昌：《民初金属本位制度的讨论》，《中国钱币》1993 年第 3 期。

叶世昌：《明中叶至鸦片战争时期一些思想家反对用银的倾向》，《江淮论坛》1983 年第 2 期。

叶世昌：《钱恂的货币理论》，《经济评论》1991 年第 5 期。

叶世昌：《清末的纸币理论》，《南京政治学院学报》1991 年第 5 期。

叶世昌：《清末关于本位制度的讨论》，《中国钱币》1992 年第 4 期。

叶世昌：《晚清政府错失"金本位"？》，《21 世纪经济报道》2005 年 12 月 26 日。

叶世昌：《王塗的名目主义货币学说》，《学术月刊》1962 年第 7 期。

叶世昌：《王茂荫货币理论在中国货币理论史上的地位——答王毅同志》，《人文杂志》1986 年第 1 期。

叶世昌：《徐青甫的物本币末论》，《学术月刊》1992年第7期。
叶世昌：《阎锡山的物产证券论和孙冶方对它的批判》，《复旦学报》（社会科学版）1994年第1期。
张士杰：《中国货币金融问题与国际经济关系——20世纪30年代币制改革的历史考察》，《南京财经大学学报》2007年第1期。
钟祥财：《阎锡山的"物产证券"论剖析》，《金融研究》1986年第9期。
朱明尧：《清代发行纸币中的一场争论》，《浙江金融》1987年第2期。
邹进文、陈亚奇：《清末货币本位之争——以张之洞、精琪币制思想为中心的考察》，《贵州社会科学》2018年第3期。
邹进文、黄爱兰：《中国古代的货币政策思想："称提"述论》，《华中师范大学学报》（人文社会科学版）2010年第5期。
邹进文、邱小明：《马克思主义经济学在中国近代的早期传播：立足于留学生的考察》，《贵州社会科学》2016年第3期。
邹进文、张夏青：《中国马克思主义货币理论的早期开拓——李达的货币思想研究》，《江汉论坛》2015年第9期。
邹进文：《近代中国经济学的发展——来自留学生博士论文的考察》，《中国社会科学》2010年第5期。
邹进文：《民国时期的经济思想史研究——来自留学生博士论文的考察》，《中国经济史研究》2015年第3期。
邹进文：《明末清初启蒙思想家关于用银问题的论述》，《河南师范大学学报》（哲学社会科学版）1997年第6期。
邹进文：《中国近代货币思想的发展：以留学生英文博士论文为中心的考察》，《求索》2017年第9期。

图书在版编目（CIP）数据

民国时期的币制改革思想 / 段艳著. -- 北京：社会科学文献出版社，2022.7（2022.10 重印）
ISBN 978 - 7 - 5228 - 0089 - 9

Ⅰ.①民… Ⅱ.①段… Ⅲ.①货币改革 - 研究 - 中国 - 民国 Ⅳ.①F822.9

中国版本图书馆 CIP 数据核字（2022）第 076636 号

民国时期的币制改革思想

著　　者 / 段　艳

出 版 人 / 王利民
责任编辑 / 邵璐璐
责任印制 / 王京美

出　　版 / 社会科学文献出版社
　　　　　 地址：北京市北三环中路甲 29 号院华龙大厦　邮编：100029
　　　　　 网址：www.ssap.com.cn

发　　行 / 社会科学文献出版社（010）59367028
印　　装 / 唐山玺诚印务有限公司

规　　格 / 开　本：787mm × 1092mm　1/16
　　　　　 印　张：28.25　字　数：432 千字

版　　次 / 2022 年 7 月第 1 版　2022 年 10 月第 2 次印刷
书　　号 / ISBN 978 - 7 - 5228 - 0089 - 9
定　　价 / 168.00 元

读者服务电话：4008918866

版权所有 翻印必究